FANOMICS® – Mitarbeiter zu Fans machen

Frederik Meyer · Roman Becker

FANOMICS® – Mitarbeiter zu Fans machen

Wie Sie von der Ökonomie des Fan-Prinzips profitieren

Springer Gabler

Frederik Meyer
2HMforum. GmbH
Mainz, Rheinland-Pfalz, Deutschland

Roman Becker
2HMforum. GmbH
Mainz, Rheinland-Pfalz, Deutschland

ISBN 978-3-658-43162-4 ISBN 978-3-658-43163-1 (eBook)
https://doi.org/10.1007/978-3-658-43163-1

Die Deutsche Nationalbibliothek verzeichnet diese Publikation in der Deutschen Nationalbibliografie; detaillierte bibliografische Daten sind im Internet über https://portal.dnb.de abrufbar.

Titelbild: Roman Becker

Planung/Lektorat: Imke Sander
Springer Gabler ist ein Imprint der eingetragenen Gesellschaft Springer Fachmedien Wiesbaden GmbH und ist ein Teil von Springer Nature.
Die Anschrift der Gesellschaft ist: Abraham-Lincoln-Str. 46, 65189 Wiesbaden, Germany

Wie man Mitarbeiter *wirklich* zu Fans macht ...

Der Wettbewerb um Mitarbeiter ist längst zu *dem* limitierenden Wachstumsfaktor vieler Unternehmen geworden, und dieser Wettbewerb wird sich in den nächsten Jahren vor dem Hintergrund des rasant voranschreitenden demographischen Wandels weiter verschärfen. Drei zentrale Herausforderungen rücken somit in den Mittelpunkt aller Überlegungen:

Wie nutzen Unternehmen das Potenzial ihrer Mitarbeiter optimal?

Wie binden Unternehmen ihre Mitarbeiter?

Wie gewinnen Unternehmen durch eine profilierte Arbeitgebermarke die richtigen Mitarbeiter?

Mit FANOMICS geben wir Ihnen ein Management-Steuerungssystem an die Hand, mit dem Sie diese Herausforderungen erfolgreich meistern werden und sich so entscheidende Vorteile im Wettbewerb verschaffen. Der Schlüssel dafür: Sie wenden das Wissen über Fans, wie wir sie alle aus dem Sport, der Kunst, der Musik kennen, systematisch auf Ihr Mitarbeiterbeziehungsmanagement an.

Zugegeben: Es gibt zahlreiche Publikationen, die Ihnen den Weg zum Fan-Mitarbeiter versprechen. Doch diese Ansätze verwenden den Begriff des Fan-Mitarbeiters nur oberflächlich: Sie setzen sich nicht mit den grundlegenden sozialpsychologischen Eigenschaften von Fan-Beziehungen auseinander, sondern ignorieren diese Zusammenhänge. Der Fan-Mitarbeiter verkommt bei ihnen zur reinen Metapher, hinter der sich in der Umsetzung dann doch nicht mehr verbirgt als herkömmliche Maßnahmen zur Steigerung der Mitarbeiterzufriedenheit.

Mit *FANOMICS* erfahren Sie *wirklich,* wie Sie Mitarbeiter zu Fans machen, und wie Sie davon nachhaltig profitieren – unabhängig von Ihren Kernmärkten und -produkten, ökonomischen und kulturellen Rahmenbedingungen, Ihren Zielgruppen, Ihrer Branche und Ihrer Unternehmensgröße.

Denn unser Ansatz ist grundlegend anders, da wir den Begriff des Fans wörtlich genommen haben. Wir haben anhand der wissenschaftlichen Fan-Forschung analysiert, wie Fan-Beziehungen prinzipiell funktionieren, und darauf aufbauend Messinstrumente entworfen, die Fans und auch Fan-Mitarbeiter identifizieren können. Auf dieser Grundlage haben wir anschließend ein umfangreiches Steuerungskonzept entwickelt, das es

Unternehmen ermöglicht, mit Fan-Mitarbeitern erfolgreicher zu werden – und diesen Erfolg durch den Zugewinn neuer Fan-Mitarbeiter noch zu steigern. Unser Ansatz versetzt somit Unternehmen *wirklich* in die Lage, Mitarbeiter zu Fans zu machen – im Gegensatz zu vielen anderen, die das nur vorgeben. Unser Vorgehen besteht aus vier zentralen einzigartigen Schritten:

1. Basierend auf den Befunden der wissenschaftlichen Fan-Forschung haben wir entdeckt, was die prinzipiellen Bedingungen einer *Fan-Beziehung* sind. Eine wahre Fan-Beziehung entsteht durch das Zusammenspiel von Identifikation und gefühlter Einzigartigkeit, die entsteht, wenn Fans das, was sie einst zu Fans machte, immer und immer wieder erleben. Dieses Zusammenspiel nennen wir das *Fan-Prinzip*. Sie werden in der Literatur zur Unternehmensführung keinen zweiten Ansatz finden, der so tiefgehend und wissenschaftlich fundiert wie das *Fan-Prinzip* herausarbeitet, was ein Fan ist und wieso Menschen zu Fans werden.
2. Wir haben das *Fan-Prinzip* auf die Beziehung von Mitarbeitern zu ihren Arbeitgebern übertragen. Wir belegen, dass es Mitarbeiterbeziehungen gibt, die Eigenschaften von Fan-Beziehungen aufweisen, und können dies anhand des von uns entwickelten *Fan-Indikators* messen. Wir identifizieren so für jedes Unternehmen die Fan-Mitarbeiter und ihren Anteil am gesamten Mitarbeiterportfolio, die sogenannte *Fan-Quote*. Diesen Transfer des *Fan-Prinzips* in wirtschaftliche Zusammenhänge nennen wir *FANOMICS* – als Bezeichnung für das systematische Wirtschaften, also für die Ökonomie des *Fan-Prinzips*.
3. *FANOMICS* bedeutet, seine Mitarbeiterbeziehungen – basierend auf den Erkenntnissen des *Fan-Prinzips* – an den Mechanismen von Fan-Beziehungen auszurichten: Das heißt, die zentralen Bedürfnisse seiner Mitarbeiter zu kennen und diese im Arbeitsalltag immer wieder erlebbar zu machen. *FANOMICS* umfasst zahlreiche Steuerungstools, die es Ihnen ermöglichen, die *Fan-Quote* unter ihren Mitarbeitern zu steigern und so nachweislich erfolgreicher zu werden.
4. *FANOMICS* bedeutet auch, dieses Wissen um die zentralen Bedürfnisse der Mitarbeiter gezielt für die erfolgreiche Ausrichtung der Arbeitgebermarke zu nutzen, um so die passenden Mitarbeiter zu gewinnen.

Das von uns entdeckte *Fan-Prinzip* beschreibt somit alle Phänomene von Fan-Beziehungen, wie sie sich aus der sozialwissenschaftlichen Forschung ableiten lassen. *FANOMICS* hingegen ist die Übertragung dieser Erkenntnisse auf die Mitarbeiterbeziehungen und umfasst die von uns entwickelten Steuerungs- und Analysetools, die Unternehmen anwenden sollten, wenn sie ihre Mitarbeiter wirklich zu Fans machen wollen.

Die konsequente Ausrichtung eines Unternehmens an *FANOMICS* erfordert eine Neuorientierung. Denn sie bricht mit vielen liebgewonnenen Glaubenssätzen des herkömmlichen Managements und zeigt einen komplett neuen Weg auf, sich das Potenzial von Mitarbeitern zu erschließen und Unternehmen nachhaltig wirtschaftlich erfolgreicher zu machen. Wir verwenden den Begriff „nachhaltig“ bewusst, weil *FANOMICS* nicht nur ein Wachstumsmotor ist, sondern gleichzeitig menschliche Grundbedürfnisse bedient und so aus Mitarbeitern glücklichere Menschen macht.

Wir wollen Ihnen im vorliegenden Buch unseren gesamten Ansatz – von der Definition des Fan-Begriffs bis zur ausgefeilten Konzeption von *FANOMICS* – näherbringen. Wir werden Ihnen die theoretische Konzeption hinter unseren Überlegungen sowie zahlreiche theoretische und empirische Belege für die Validität unseres Ansatzes präsentieren. Zudem stellen wir Ihnen erprobte Werkzeuge zum Messen und Steuern vor, mit denen Sie Ihr Unternehmen erfolgreicher machen – wie den *Fan-Indikator* und die *Fan-Quote* als Währungen für den Wert der Mitarbeiterbeziehungen.

Im ersten Kapitel beantworten wir zunächst einige für unseren Ansatz grundlegende Fragen, nämlich was Fans bzw. Fan-Mitarbeiter ausmacht, wie man sie identifizieren kann und wie man sein Mitarbeitermanagement und seine Mitarbeitergewinnung an der Idee des Fan-Mitarbeiters ausrichtet. Im zweiten Kapitel belegen wir den Nutzwert von *FANOMICS,* indem wir gestützt auf breite empirische Daten aufzeigen, welch überragendes Potenzial Fan-Mitarbeiter für jedes Unternehmen haben. Im dritten Kapitel zeigen wir, was wir unter *FANOMICS* als einem ganzheitlichen, potenzialbasierten Steuerungsinstrument verstehen und welchen zentralen Stellenwert Fokussierung und Orchestrierung in unserem Ansatz haben. Im vierten Kapitel erläutern wir anhand eines strukturierten Implementierungsmodells, wie man Mitarbeiter zu Fans macht und wie man durch die richtige Profilierung der Arbeitgebermarke neue Fan-Mitarbeiter gewinnt. Das fünfte Kapitel beschäftigt sich mit der Nutzung von *FANOMICS* zur verzahnten Steuerung von Mitarbeiter- und Kundenbeziehungen. Das sechste Kapitel zeigt die zentralen Erfolgsfaktoren von *FANOMICS* und ist vor allem für diejenigen gedacht, die anhand unseres Buches schon selbst und sofort konkrete Maßnahmen in ihrem Unternehmen einleiten wollen. Im siebten und letzten Kapitel wird mit einem Gastbeitrag erläutert, wie die LIEBLANG Dienstleistungsgruppe ihre Mitarbeiter zu Fans macht.

Unsere Ausführungen erläutern wir mit vielen plastischen Beispielen. Wir werden unsere grundlegenden Überlegungen zu der Frage, was Fans sind und warum Menschen überhaupt Fans von etwas werden, mit Beispielen von Fans und Fanverhalten aus Musik, Sport und Kultur illustrieren. Und wir werden Beispiele von Unternehmen präsentieren, die das Gedankengut von *FANOMICS* erfolgreich einsetzen. So erhalten Sie einen noch tieferen Einblick, wie Sie mit *FANOMICS* ihre Mitarbeiter zu Fans machen und davon profitieren.

Am Ende werden Sie sehen: Durch die Ausrichtung am *Fan-Prinzip* und die Umsetzung von *FANOMICS* werden Ihre Investitionen in Mitarbeiterbeziehungen und -gewinnung nicht steigen, sondern sinken. Denn Sie setzen Ihre Ressourcen dann gezielt dort ein, wo sie sich wirklich bezahlt machen. Unser Versprechen ist: Unabhängig von der Branche, unabhängig von der Größe Ihres Unternehmens, unabhängig davon, ob Sie im B2B- oder B2C-Bereich unterwegs sind, Ihr wirtschaftlicher Erfolg wird bei der Anwendung von *FANOMICS* steigen. Doch *FANOMICS* wirkt noch weitreichender: Konsequent umgesetzt, rückt es Menschen, deren Bedürfnisse und deren Beziehungen in den Mittelpunkt allen Handelns – die Rendite stellt sich als Ergebnis dieser Fokussierung quasi von selbst ein. *FANOMICS* ist somit, wie wir zum Abschluss dieses Buches zeigen werden, nicht nur der Weg zu wirtschaftlichem Erfolg, sondern auch für jedes Unternehmen und seine Entscheider die detaillierte Anleitung, wie das eigene Handeln sinnstiftend ausgerichtet werden kann.

Das *Fan-Prinzip* mittels *FANOMICS* konsequent umzusetzen, verspricht Ihnen somit Fortschritte auf zahlreichen Ebenen: Es schafft Unternehmenswachstum und steigende Gewinne, es wirkt sinnstiftend aufgrund der Ausrichtung auf die Qualität von Beziehungen und fördert so Unternehmenskultur und Mitarbeiterloyalität, und es verschafft Ihnen als Anwender Wissens- und Kompetenzvorsprünge im Unternehmensalltag. All das zahlt am Ende auf Ihre Profilierung als Entscheider und auf Ihre persönliche Sichtbarkeit im Unternehmen ein – und damit auf Ihren ganz persönlichen Erfolg. Wir zeigen Ihnen also nicht nur, wie Sie aus Mitarbeitern *wirklich* Fans machen – sondern auch, wie *Sie* davon profitieren.

FANOMICS – Die Ökonomie des Fan-Prinzips

FANOMICS – Die Ökonomie des Fan-Prinzips – eignet sich zur Steuerung der Beziehungen von Unternehmen zu all ihren zentralen Stakeholdern. So ist es naheliegend, FANOMICS auch zur wertbasierten Steuerung der Kundenbeziehungen einzusetzen. Das entsprechende Buch ist seit fast einem Jahrzehnt ein Management-Klassiker, und die Umsetzung erweist sich in vielen Unternehmen als hochgradig erfolgswirksam.

Zwar verweisen wir an einigen Stellen des vorliegenden Buchs auf dieses lange etablierte Werk, für das Verständnis von FANOMICS und seine Anwendung auf Mitarbeiterbeziehungen und -gewinnung ist die Kenntnis aber nicht erforderlich.

Auch wenn wir uns schon länger mit der Anwendung von FANOMICS zur Steigerung des Kundenwerts beschäftigen, so sind wir überzeugt, dass seine Anwendung zur Steuerung von Mitarbeiterbeziehungen noch erfolgswirksamer ist. Denn traditionell waren die Arbeitsmärkte geprägt von einem Nachfrageüberhang: Die Arbeitgeber konnten sich in der Regel aus einem Bewerberfeld den für sie geeigneten Mitarbeiter aussuchen. Deshalb wurden die Themen Mitarbeiterbindung und -gewinnung in den Unternehmen weniger konsequent und strategisch verfolgt als die Kundengewinnung und -bindung. Die Verhältnisse auf dem Arbeitsmarkt verschieben sich nun zugunsten der Arbeitnehmer, und der demographische Wandel wird die Situation für die Unternehmen drastisch verschärfen. Unternehmen reagieren darauf mit immer neuen kostspieligen Angeboten, Aktionen und Kampagnen zur Bindung und Gewinnung von Mitarbeitern, ohne sich darüber im Klaren zu sein, was davon wirklich nützt. Unter diesen Umständen bietet der Steuerungsansatz FANOMICS gleichermaßen schnelle und nachhaltige Wettbewerbsvorteile für alle, die sich zügig für eine Implementierung entscheiden. Denn durch Fokussierung und Orchestrierung nutzen Unternehmen die Potenziale der bestehenden

Mitarbeiter konsequenter und stellen sich gleichzeitig attraktiv für Interessenten auf. Mehr noch, sie sparen durch den Ausstieg aus dem „Mehr-ist-Mehr-Mantra" jede Menge Geld und Ressourcen.

Ohnehin ist der Einsatz von FANOMICS am wirksamsten, wenn die Beziehungen zu Mitarbeitern und Kunden gleichermaßen nach den zugrunde liegenden Mechanismen gesteuert werden: Gerade in der Verzahnung der Beziehungen mittels übergreifender, identischer Steuerungsgrößen und -mechanismen steckt ein besonderer, ein einzigartiger Mehrwert von FANOMICS. Darauf werden wir im Folgenden (siehe Kap. 4 und 5) noch ausführlich zu sprechen kommen.

In diesem Sinne: Schlagen Sie mit FANOMICS ein neues Kapitel Ihres Beziehungsmanagements auf und bauen Sie Ihre Fan-Kurven aus.

Frederik Meyer und Roman Becker, Mainz, im September 2024

Drei Hinweise zu diesem Buch:

Aus Gründen der besseren Lesbarkeit verzichten wir in diesem Buch auf die gleichzeitige Verwendung der Sprachformen männlich, weiblich und divers. Sämtliche Personenbezeichnungen gelten natürlich gleichermaßen für alle Geschlechter.

Die in diesem Buch verwendeten Begriffe *FANOMICS, Fan-Indikator, Fan-Portfolio, Mitarbeiterfocus Deutschland, Fanfocus Deutschland* sowie *Motiversum* sind als Wort-/Bildmarken der 2HMforum. GmbH, Mainz geschützt.

Weitere Informationen zum Fan-Prinzip und FANOMICS sowie Videos und Podcasts mit den Autoren finden Sie im Internet unter: www.fanomics.de

Frederik Meyer
Roman Becker

Inhaltsverzeichnis

Über Die Autoren

Dr. Frederik Meyer ist Mitglied der Geschäftsleitung des Marktforschungs- und Beratungsunternehmens „2HMforum. Für beste Beziehungen.“ in Mainz. Sein Arbeitsschwerpunkt ist die Gestaltung von kundenzentrierten Unternehmenskulturen. In den vergangenen 20 Jahren hat er Entscheider nationaler und internationaler Unternehmen dabei unterstützt, Kunden- und Mitarbeiterkontaktpunkte sowie -beziehungen zu gestalten und zu optimieren.

Meyer studierte Betriebswirtschaft, promovierte an der Johannes Gutenberg-Universität Mainz und ist Fan von Werder Bremen.

Roman Becker ist Gründer und geschäftsführender Gesellschafter des Marktforschungs- und Beratungsunternehmens „2HMforum. Für beste Beziehungen.“ in Mainz. Er ist Pionier in der Analyse und Optimierung von emotionaler Kunden- und Mitarbeiterbindung. In den vergangenen 25 Jahren hat er Entscheider nationaler und internationaler Unternehmen dabei unterstützt, Kunden- und Mitarbeiterbeziehungen mithilfe des *Fan-Prinzip* zu optimieren und so erfolgreicher zu werden.

Roman Becker ist zudem Initiator der Benchmark-Studien *„Fanfocus Deutschland“* und *„Mitarbeiterfocus Deutschland“* sowie des renommierten Unternehmenswettbewerbs *„Deutschlands Kundenchampions“*. Becker studierte Publizistik und Volkswirtschaftslehre an der Johannes Gutenberg-Universität Mainz und war dort zudem viele Jahre als Statistik-Dozent tätig. Er ist Fan von Mainz 05 und leidenschaftlicher Wintersportler.

Das *Fan-Prinzip:* Fans und Fan-Mitarbeiter

1

1.1 Worum es geht

In diesem Buch geht es um Fan-Mitarbeiter. Also um Mitarbeiter, deren Beziehung zu einem Arbeitgeber ebenso intensiv ist wie die Beziehung, die Fans zu einem Star, einem Kultobjekt oder einem Sportverein haben. Falls Sie daran zweifeln sollten, ob es solche Mitarbeiter bzw. solche Mitarbeiterbeziehungen gibt: Es gibt sie, das werden wir noch schlüssig und überzeugend belegen, und zwar in jeder Art von Unternehmen, unabhängig von Größe, Branche und Ausrichtung. Und wir werden beweisen, dass solche Mitarbeiter der wichtigste Faktor für den Erfolg eines jeden Unternehmens sind. Spannende Aussichten also – dennoch müssen wir Sie noch um ein klein wenig Geduld bitten. Denn bevor wir uns so eingehend über Fan-Mitarbeiter auslassen, gilt es, einen anderen zwingend notwendigen Schritt zu gehen: Wir müssen zunächst das Wesen des Fans erläutern. Denn nur wer verstanden hat, was ein Fan ist und wie sich ein Fan verhält, ist in der Lage, Fan-Mitarbeiter zu verstehen und angemessen mit ihnen umzugehen.

1.2 Was ist ein Fan?

Was ist überhaupt ein „Fan"? Woher kommt der Begriff, wen bezeichnet man heutzutage damit, und welche Merkmale zeichnen typische Fans aus, wie wir sie aus den Bereichen Sport, Musik oder Medien kennen? Was verstehen wir in diesem Buch unter dem Etikett „Fan"? Diese Fragen werden wir im Folgenden beantworten. Ziel ist es zu analysieren, welche Eigenschaften Fans haben und was Fan-Verhalten ausmacht, um daraus Indikatoren und Gesetzmäßigkeiten abzuleiten, die sich auf die Beziehung von Mitarbeitern zu Unternehmen übertragen lassen.

F. Meyer und R. Becker, *FANOMICS® – Mitarbeiter zu Fans machen,*
https://doi.org/10.1007/978-3-658-43163-1_1

1.2.1 Der Fan-Begriff und seine Entstehungsgeschichte

Etymologisch geht der aus dem Englischen stammende Begriff „Fan" auf das lateinische Wort „fanaticus" zurück, mit dem im Mittelalter maßlose religiöse Eiferer, also „Fanatiker", bezeichnet wurden. Erst im 19. Jahrhundert erfolgte eine Säkularisierung des Begriffs: Als „fanatics" titulierte man nun auch die Gefolgschaft und Mitläufer der erstmals auftretenden politischen Massenbewegungen. Ende des 19. Jahrhunderts wurde der Begriff in seiner Kurzform „Fan" erstmals in US-amerikanischen Zeitungen für Anhänger bestimmter Baseballteams verwendet (sowie für Theaterbesucherinnen, denen man offenbar eine nicht ernstzunehmende Rezeption des Bühnengeschehens unterstellte). Fan-ähnliche Verhaltensweisen – natürlich ohne Bezug auf den heutigen Fan-Begriff – werden allerdings schon vom Publikum der antiken Olympischen Spiele oder des römischen Circus berichtet.[1]

Im 20. Jahrhundert wurde frei verfügbare Lebenszeit – also Freizeit – erstmals zu einem Massenphänomen. Eine ausgedehntere Nutzung kultureller Angebote war die Folge, wovon insbesondere die Entwicklung der Film- und Sportsparte sowie später auch die Gastronomie, Musik- und Eventindustrie nachhaltig profitierten. Mit der Ausweitung und Professionalisierung dieser Freizeitsparten wurden auch ihre Akteure immer prominenter – so bauten sich Stars oder Star-Ensembles und mithin auch die Fan-Kultur immer weiter auf.

Das englische Kurzwort „Fan" ist heute in nahezu allen Sprachen akzeptiert und übernommen. Die Adaption des Lehnwortes „Fan" in den nicht-englischen Sprachraum erfolgte meist in den 50er-Jahren des 20. Jahrhunderts im Zuge von sich weltweit verbreitenden US-Jugendtrends wie Jeans, Twist, Hula-Hoop oder Rock'n'Roll. In manchen Kulturkreisen drückte der neue Fan-Begriff gleichzeitig auch die Geringschätzung der Elterngeneration für die jugendlichen Anhänger dieser Trends aus. Vor der Etablierung des Wortes „Fan" waren in vielen Sprachen für dieses Phänomen noch synonyme Begriffe wie etwa „Bewunderer" oder „Anhänger" üblich.[2] Auch wenn noch heute die beiden Wörter „Anhänger" und „Fans" alltagssprachlich meist synonym verwendet werden, illustrieren bereits ihre unterschiedlichen sprachlichen Wurzeln eine Ambivalenz, die dem Fan-Phänomen bis heute innewohnt: Der „Fan" ist auf der einen Seite ein „Anhänger", d. h. er folgt einer Bewegung und gehört somit zu den passiven Gefolgsleuten

---

[1] Vgl. Göttlich et al. 2003 sowie Roose et al. 2017a. Auch vor der Entstehung der modernen Konsumgesellschaften und vor der Prägung des Begriffs „Fan" gab es vermutlich – bis zurück in die Antike – schon „Fans", wenn auch nicht in den heutigen massenartigen Bewegungen. Der „Fan" ist also kein reines Phänomen der Moderne. Vgl. hierzu die historischen Abrisse von Schmidt-Lux (2017) sowie Schlicht und Strauß (2003, S. 236 ff.).

[2] Auch in manchen romanischen Sprachen wurde das Lehnwort „Fan" erst durch das US-amerikanische Vorbild in die Alltagssprache übernommen, obwohl die Wortwurzel „fanaticus" dort schon vorher existierte (z. B. „fanatico" im Spanischen).

Abb. 1.1 Fan-Hysterie als neue Massenbewegung: Die *Beatlemania*. (Mit freundlicher Genehmigung von © picture alliance / Heritage Images I Keystone Archives 2021. All Rights Reserved)

eines Trends, dessen Richtung durch andere Akteure bestimmt wird. Dieser passive „Anhänger“ ist aber zugleich auch ein „Fan“, d. h. ein hoch involvierter, nahezu fanatischer Akteur, der sich überdurchschnittlich für seine Sache einsetzt – eine Sache, der er eben nicht nur am Ende des Zuges passiv folgt, sondern die er durch eigenes Engagement an der Spitze der Bewegung auch gleichzeitig aktiv vorantreibt. Mit dieser Janusköpfigkeit als Follower und Leader zugleich werden Fans heutzutage in nahezu allen Kulturen wahrgenommen. Und tatsächlich ist, wie wir im Weiteren zeigen werden, ein Fan weder ausschließlich ein willenloser Trendkonsument noch ausschließlich ein unkontrollierbarer Überzeugungstäter, sondern eine komplexe Mischform dieser beiden Typen.

Durch die sogenannte *Beatlemania* (vgl. Abb. 1.1) in den 60er-Jahren trat erstmals Fan-Verhalten als hysterische Massenkultur ins öffentliche Bewusstsein. In dieser Zeit hatte der Fan-Begriff durchaus noch eine verbreitete negative Konnotation. Allein dies belegt schon, dass die vom Fan selbst positiv erlebte Leidenschaft von Außenstehenden auch negativ empfunden werden kann: Von Nicht-Fans werden Fans häufig als suspekt wahrgenommen – als übertriebene Enthusiasten sowie als skurrile oder schrullige Gefolgsleute einer Idee. Und extreme Fans werden nicht selten als verrückte Jünger oder gar pathologisch Besessene abgestempelt. Der Fan-Begriff ist also im Alltag nicht nur positiv besetzt (Mikos 2010, S. 108).

In den Folgejahren wandelte sich diese vorherrschend negative Sichtweise: Zum einen brachte die Postmoderne eine größere Toleranz für individuelle Leidenschaften und Lebensentwürfe, was auch den akzeptierten Artikulationsraum für Fans erweiterte. Zum anderen setzte sich gleichzeitig die Erkenntnis durch, dass die vielen verschiedenen Fangruppierungen auch einen gesellschaftlich relevanten Wirtschaftsfaktor mit hoher Zahlungsbereitschaft darstellen. Aufgrund dieser Vermarktungspotenziale wurde das Fan-Phänomen sukzessive Teil einer heute selbstverständlichen Kulturindustrie (Akremi und Hellmann 2017; Göttlich et al. 2003, S. 168). Die Folge war eine zunehmende gesellschaftliche Akzeptanz des „Fan-Seins", was wiederum zu einem frei ausgelebten und somit auch aktiveren Fan-Verhalten führte. Fans begannen durch Vereinigungen, Zusammenkünfte und eigene Veröffentlichungen, ihr Fan-Sein selbst zu organisieren. Diese kreativen Aktivitäten von Fans und Fangruppierungen bekamen in den letzten 20 Jahren durch das Web 2.0 mit seinen Möglichkeiten zur weltweiten Verbreitung von *User-Generated-Content* einen entscheidenden kommunikativen Schub: Auf Social-Media-Plattformen haben Fans heute erstmals die Möglichkeit, sich weltweit zu vernetzen, auszutauschen und die aktiv-kreative Seite ihres Fan-Seins über alle Grenzen hinweg auszuleben.

Die zunehmende Akzeptanz und Vermarktung des Fan-Phänomens lösten seit den 60er-Jahren neue Marketingstrategien in der Kulturindustrie aus, die nun Stars und Kultobjekte am Reißbrett entwarf, um Fan-Verhalten zu stimulieren und so Absatzmärkte zu schaffen oder zu beleben. Beispielsweise schufen in der Pop-Musik erfindungsreiche Produzenten seit den 70er-Jahren immer wieder artifizielle Musikgruppen: Profi-Musiker spielten im Studio Musiktitel ein, die dann durch eingekaufte Protagonisten mit Playback-Auftritten vermarktet wurden. Die ersten Fälle solcher konzeptionierter Pop-Gruppen wie z. B. in den USA „The Monkees" oder in Europa „Boney M." führten interessanterweise zu großer Empörung – dass die Musiker, die auf den Tonträgern zu hören waren, nicht auch die in der Öffentlichkeit auftretenden Akteure waren, wurde vielerorts als unauthentisch oder gar als Betrug empfunden. Heutzutage hingegen werden solche Divergenzen völlig unaufgeregt zur Kenntnis genommen: Strategisch geplante Starkonzeptionen vom Reißbrett sind in der Pop-, Massen- und Jugendkultur nahezu selbstverständlich geworden. Fasst man die skizzierten Veränderungen im Verhalten von Fans, Stars und Kulturindustrie zusammen, so wird deutlich: Der Fan von heute hat drei Gesichter. Er ist erstens Konsument eines Kulturgutes, zweitens ein aktiver Mitgestalter dieser Kultur sowie oft auch ein Produkt der zugehörigen Kulturindustrie.

1.2.2 Was versteht man unter einem Fan?

Die Frage, wer oder was nach heutigem Verständnis ein Fan ist, erscheint auf den ersten Blick trivial, denn das Wort ist mittlerweile ein Alltagsbegriff, der uns in vielerlei Ausprägungen begegnet. Wenn wir den Begriff „Fan" hören, sehen wir ganz unterschiedliche Phänomene vor uns: *Sportfans,* die in den Farben ihres Teams zum Stadion strömen; *Beyoncé*-Fans, die als kreischende Teenagerhorde vor der Bühne mitfiebern; *Donald-Duck*-Fans, die sich zu Fachtagungen über Entenhausen treffen; *Jaguar-E-Type*-Fans, die Rallyes fahren und sich auf eigenen Webseiten austauschen; *Will-Smith*-Fans, die stundenlang vor dem roten Teppich ausharren, um ein Autogramm oder gar ein Selfie mit ihrem Star zu erheischen; *Taylor-Swift*-Fans, die die farbigen Vinyl-Ausgaben des neuen Albums ihres Stars auch dann kaufen, wenn sie selbst keinen Plattenspieler dafür besitzen und sogar einen eigenen Namen – Swifties – haben; *Herr-der-Ringe-Fans,* die sich in *Elbensprache* unterhalten, *Harry-Potter-Fans,* die sich zu *Quidditch-Turnieren* treffen, *Haute-Couture-Fans,* die jede Modenschau ihres Meisters besuchen oder *Star-Trek-Fans,* die sich mit dem *Vulkaniergruß* willkommen heißen. Sie alle bezeichnen wir im Alltag als Fans im engeren Sinne, obwohl die Art und Weise, wie sie ihr Fan-Sein ausleben, völlig unterschiedlich ist. Was sie eint, ist der offenbar positiv empfundene emotionale Bezug zu einem außerhalb ihrer Person liegenden Phänomen sowie die sich daraus ergebenden Verhaltensweisen. Dieses Phänomen, auf das sich der Fan fokussiert, kann sowohl eine reale Person sein wie beispielsweise ein Schauspieler oder ein Pop-Star, als auch eine fiktive Figur wie zum Beispiel Spiderman. Es kann sich um ein materielles Objekt wie beispielsweise ein Automobil handeln, um ein bestimmtes kulturelles Genre wie etwa *Westernfilme* oder *Rap-Musik,* oder gar um ein reines Fantasieprodukt wie zum Beispiel das Universum des *Raumschiff Enterprise.*

Zusätzlich zu dieser Vielgestaltigkeit des Fan-Begriffs im engeren Sinne hat sich in der Alltagssprache ein Fan-Begriff im weiteren Sinne entwickelt. Im Alltag benutzen wir das Wort „Fan“ mittlerweile als Synonym für die Worte „Kenner“ oder „Liebhaber“ – so, wie es den „Weinkenner“ oder den „Kuchenliebhaber“ gibt. So bezeichnen Sie vielleicht Ihr Kind als „*Nutella*-Fan“, Ihren Freund als „Rotwein-Fan“ oder sich selbst als „Pasta-Fan“ – ohne damit jedoch ein übertrieben besessenes Verhalten zu meinen. Menschen, die auf Social-Media-Plattformen irgendwen oder irgendetwas mit einem Klick auf einen Button „liken“ und damit im Grunde nur eine vage Zustimmung oder Sympathie ausdrücken, werden mittlerweile ebenfalls als „Fans“ bezeichnet. Und Sportjournalisten sprechen häufig von „den Fans“, wenn sie nur die Gesamtheit der Stadionbesucher meinen. Mit dieser weitesten Verwendung des Begriffs sind eigentlich nur noch harmlose Vorlieben charakterisiert, ohne dass damit – im Gegensatz zu dem engeren Fan-Begriff – bestimmte Verhaltensweisen impliziert sind. Es scheint also auf den ersten Blick unzählig viele Auffassungen des Fan-Begriffs zu geben. Und je weiter wir in die alltagssprachliche Verwendung schauen, umso facettenreicher und schillernder wird der Begriff. Am Ende scheint er sich nahezu beliebig auszudehnen – und nicht mehr zu sein als ein Synonym für das Wort „Sympathisant“.

Offensichtlich hilft uns das Alltagsverständnis des Begriffs nicht weiter, wenn wir dem Phänomen „Fan“ auf die Spur kommen wollen. Werfen wir also stattdessen einen Blick in die Wissenschaft. Interessanterweise tut sich hier eine Parallele zum Alltagsverständnis auf: Auch in den Sozialwissenschaften war der Fan-Begriff zunächst fast ausschließlich negativ besetzt. Bis in die 80er-Jahre hinein galt das Fan-Sein in der soziologischen Literatur als ein triviales und nicht ernstzunehmendes Verhalten, und Fans galten eher als besessene Einzelgänger oder hysterische Masse. Das Verständnis wandelte sich erst, als im Zuge des gesellschaftlichen Wertewandels in den 80er-Jahren

Soziologen des angloamerikanischen Sprachraums im Rahmen der sogenannten *Cultural Studies* begannen, sich ernsthaft mit den Phänomenen und Begriffen populärer Kultur auseinanderzusetzen (vgl. hierzu z. B. den Überblick in Winter 2017). Diese Forschungsansätze wurden in den 90er-Jahren auch in Europa aufgegriffen und führten zu einer positiveren Rezeption des Fan-Phänomens in der internationalen sozialwissenschaftlichen Literatur. Seitdem sind in Deutschland wie auch international zahlreiche soziologische Studien zu Fans und Fan-Verhalten erschienen (Fritzsche 2011, S. 29 ff.). Viele davon setzen sich – der Tradition der Cultural Studies folgend – in qualitativen Analysen mit den Erscheinungsformen, Motiven und Verhaltensweisen spezieller *Fan-Communities,* auseinander. Anfangs handelte es sich dabei – entsprechend der noch fraglichen Akzeptanz des Fan-Phänomens – meist um distanzierte wissenschaftliche Betrachtungen. In jüngeren sogenannten ethnographischen Studien hingegen sind die Forscher oft selbst Teil der untersuchten *Fan-Community* (z. B. Benzecry 2011). Entsprechend mehren sich auch die Arbeiten, die in ihrem Grundtenor Fans gegen Stigmatisierung oder Geringschätzung verteidigen (z. B. Maar 2018, S. 24). Ungeachtet dessen verharren die meisten dieser Studien allerdings einzelfallbezogen in der Beschreibung des Verhaltens konkreter *Fan-Gruppierungen* (Fritzsche 2011). Fallübergreifende Untersuchungen hingegen, die theoriebildend abstrahieren und herausarbeiten, was über die vielen verschiedenen konkreten *Fan-Communities* hinweg Fan-typische Verhaltensmuster und Motive sind, sind ebenso rar wie quantitative Studien mit großen repräsentativen Stichproben.

Dementsprechend heterogen, wenn auch längst nicht so vielfältig wie in der alltagssprachlichen Begriffsverwendung, ist auch die Definition des Fan-Begriffs in der wissenschaftlichen Literatur. Eine verbindlich anerkannte Definition gibt es nicht. Allerdings gibt es zentrale Merkmale, die als konstituierende Bestandteile in vielen Definitionen wiederkehren. So betonen ausnahmslos alle Definitionen das Moment der leidenschaftlichen und längerfristigen Beziehung des Fans zu seinem Kultobjekt (z. B. König 2002, S. 44). Beide Phänomene – Leidenschaft und Dauerhaftigkeit – lassen sich unter dem Begriff der *Emotionalen Bindung* zusammenführen. *Emotionale Bindung* ist somit nach dem derzeit geltenden wissenschaftlichen Verständnis ein wesentlicher Bestandteil jeder Fan-Definition.

1.2.3 Was wir unter einem Fan verstehen

Zusätzlich zur emotionalen Bindung rücken viele Fan-Definitionen deren spezifische Verhaltensweisen in den Vordergrund. Dies ist in der Tat plausibel, weil es in der Regel ja gerade die Fan-typischen, mitunter recht extravertierten, exponierten oder auffälligen Verhaltensweisen sind, mit denen Fans in der Öffentlichkeit wahrgenommen werden. Fans, die ihr Fantum nicht nach außen tragen, wären somit keine echten Fans. Allerdings kann das aus der Fan-Beziehung resultierende Verhalten so verschiedenartig sein wie die Kultobjekte der Fan-Beziehung. Kriterien wie die „Investition von Zeit und/oder Geld“ erscheinen uns als Definitionsbestandteil daher zu eng geführt (Roose et al. 2017a, S. 4).

Für unsere Zwecke ist es vorerst ausreichend festzuhalten, dass Fan-Sein nicht nur eine bestimmte innere Haltung zu einem Objekt bedeutet, sondern vom jeweiligen Fan auch durch beobachtbare Verhaltensweisen ausgelebt wird.

Neben diesen beiden fundamentalen Elementen – der emotionalen Bindung sowie dem daraus resultierenden Verhalten – sollte unserer Ansicht nach eine Fan-Definition notwendigerweise noch folgende vier Elemente enthalten: 1) Die Fan-Beziehung bezieht sich in jedem Fall auf ein außerhalb des Fans liegendes Objekt, gleichgültig, ob es sich hierbei um Personen, Gegenstände oder ideelle Objekte handelt; 2) dieses Fan-Objekt kann für jeden einzelnen Fan unterschiedlich sein, weil mit jeder Fan-Beziehung individuell verschiedene, aber jeweils zentrale Bedürfnisse erfüllt werden können; 3) ein Fan ist, wie schon gezeigt, sowohl Follower als auch Leader – er gehört also zur Gefolgschaft eines Trends, den er selbst auch führend mitgestaltet; 4) ein Fan grenzt sich aktiv durch seine Leidenschaft von anderen ab, die diese Leidenschaft nicht teilen.

Aufgrund dieser Überlegungen definieren wir den Begriff des Fans folgendermaßen:

▶ Ein Fan ist Konsument und gleichzeitig Mitgestalter eines spezifischen Kulturgutes[3], der hierdurch die Erfüllung eines zentralen Bedürfnisses erlebt und daher eine leidenschaftliche und dauerhafte, Beziehung (also emotionale Bindung) zu diesem Kulturgut entwickelt, die ihn von anderen unterscheidet und ihn zu spezifischen Verhaltensweisen veranlasst.

Somit sind Fan-Beziehungen durch sieben zentrale Merkmale gekennzeichnet:

1. Der Fan erlebt die Fan-Beziehung als die Erfüllung eines zentralen individuellen Bedürfnisses.
2. Die Fan-Beziehung stiftet soziale Zugehörigkeit, Individualität und Selbstverwirklichung.
3. Fan-Objekte sind Fan-spezifisch: Für jeden Fan erfüllt nur *sein* individuelles Fan-Objekt seine zentralen individuellen Bedürfnisse in hinreichendem Maße.
4. Ein Fan ist in der Beziehung zu einem Fan-Objekt sowohl passiver Anhänger als auch aktiver Mitgestalter.
5. Der Fan hat eine leidenschaftliche und längerfristige Beziehung (also emotionale Bindung) zu seinem Fan-Objekt.
6. Der Fan unterscheidet sich durch diese Beziehung von anderen Konsumenten und grenzt sich aktiv von diesen ab.
7. Der Fan entwickelt aufgrund dieser Beziehung Handlungs- und Verhaltensweisen, die ihn in der Öffentlichkeit als Fan identifizierbar machen.

[3] Unter „Kulturgut" wird in den Sozialwissenschaften auch jedes von Menschen geschaffene Produkt, Artefakt oder gesellschaftliche Phänomen verstanden.

Diese Definition bündelt nicht nur unser Verständnis vom Fan-Begriff und von Fan-Beziehungen, sondern hilft uns auch, diese von den zuvor skizzierten vielfältigen Alltagsbedeutungen abzugrenzen. Wenn wir im Folgenden von Fans oder von Fan-Beziehungen sprechen, beziehen wir uns auf diese Definition. Sie besagt im Kern, dass Fan-Beziehungen leidenschaftliche und dauerhafte Beziehungen sind, weil für den Fan zentrale Bedürfnisse erfüllt werden. Dass Fan-Beziehungen diese Bedürfniserfüllung leisten können, beruht auf zwei notwendigen Eigenschaften, die jede Fan-Beziehung hat: Fan-Beziehungen basieren auf Identifikation. Und Fan-Beziehungen werden als einzigartig erlebt. In den folgenden Ausführungen werden wir dies erläutern.

1.2.4 Die Suche nach Identifikation als Basis jeder Fan-Beziehung

Mit unserer Definition vom Fan haben wir nun zwar umrissen, was ein Fan ist und welche Eigenschaften ihn ausmachen. Eine drängende, wenn nicht sogar die zentrale Frage haben wir allerdings bislang ausgeklammert: Weshalb werden Menschen überhaupt zu Fans von irgendetwas? Warum begeistern sich Menschen für ein Phänomen außerhalb ihrer eigenen Person, ja sogar außerhalb ihres eigenen Lebensumfelds? Warum investieren sie Ressourcen in die Beziehung zu einem Akteur oder Objekt, zu dem sie häufig nicht einmal direkten Kontakt haben? Welche Bedürfnisse motivieren den späteren Fan zum Aufbau einer solchen Beziehung? Und welche Belohnung zieht er daraus?

Es liegt auf der Hand, dass man diese Fragen am besten den Fans selbst stellt. Das ist in der Forschung auch oft getan worden – interessanterweise sind jedoch die Antworten wenig erhellend. „Weil es Spaß macht …", „weil es mich fasziniert …", „weil der Star so toll ist …", „weil es mich begeistert …" sind die typischen Rückmeldungen der Befragten. Diese Antworten sind Scheinerklärungen, weil sie nicht wirklich erläutern, *warum* das Fan-Sein Spaß macht und was daran fasziniert oder begeistert. Offenbar, und dieses Phänomen werden wir wenig später noch einmal aufgreifen, ist vielen Fans nicht bewusst oder es ist für sie sprachlich nicht fassbar, was das zentrale Motiv ihrer Leidenschaft ist.

Wenn also schon die Fans selbst keine überzeugende Begründung für ihr Treiben liefern können, hilft uns vielleicht wieder ein Blick in die Wissenschaft. Doch auch dieser fällt ernüchternd aus. Denn viele Studien aus dem Bereich der Fan-Forschung klammern die Frage „Warum wird ein Mensch zum Fan?" schlichtweg aus. Immerhin gibt es stellenweise erste theoretische Erklärungsansätze. Roose et al. (2017b, S. 20) beispielsweise diskutieren, ob sich Fan-Verhalten auf Basis der Rational-Choice-Theorie erklären lässt. Das würde – kurz gesagt – bedeuten, dass der Fan sich bewusst, rational und nutzenmaximiert für sein Fantum entscheidet, weil er sich hiervon Vorteile verspricht. Die Autoren zeigen, und das spricht zunächst für ihre Vermutung, durchaus soziale Belohnungsstrukturen des Fan-Seins auf, z. B. dass besonders dauerhafte Fan-Beziehungen soziale Anerkennung in der Fan-Community verschaffen, oder dass das Fan-Sein die Chancen für wiederholtes positives emotionales Erleben erhöht. Allerdings greift, wie die Verfasser selbst eingestehen, dieser Erklärungsansatz dennoch zu kurz. Denn er erklärt zwar, warum der Fan durch diese Belohnungen immer wieder im Ausüben seines Fan-Verhaltens bestärkt wird. Jedoch sind die skizzierten Belohnungsstrukturen für einen Nicht-Fan völlig unattraktiv. Daher vermag der Ansatz auch nicht zu erklären, warum ein Nicht-Fan überhaupt zum Fan wird – und dies war ja die Ausgangsfrage.

Maar (2018) untersuchte, ob Fans bestimmte psychologische Persönlichkeitsmerkmale aufweisen. Auch dieser Erklärungsansatz kann das Phänomen des Fan-Seins nicht zufriedenstellend erklären – möglicherweise, weil die zugrunde liegende Prämisse zweifelhaft ist: nämlich die Vermutung, dass nur bestimmte Menschen mit bestimmten Eigenschaften Fans werden. Diese Annahme mag auf den ersten Blick zutreffend erscheinen, weil wir bei dem Begriff des Fans häufig nur bestimmte Stereotype vor Augen haben, wie z. B. Fußballfans. Und wir uns natürlich die nette ältere Dame von nebenan nicht mit Fan-Schal im Stadion vorstellen können. Deshalb neigen wir spontan zu der Annahme, nur bestimmte Menschen könnten Fans sein. Tatsächlich kann die ältere Dame aber durchaus Fan von etwas sein, z. B. von Pilcher-Romanen oder von der Sitcom „Golden Girls" (um nur klischeehafte Beispiele zu erwähnen – sie könnte natürlich auch eine *Harley-Davidson* fahren ...). Mit anderen Worten: Da man Fan „von fast allem werden" kann (Roose et al. 2017a, S. 11), kann im Umkehrschluss auch jeder ein Fan werden – weil es für jede noch so skurrile Leidenschaft auch ein Zielobjekt gibt. Fans sind also kein bestimmter Charaktertyp oder Menschenschlag. Fan kann jeder sein, und möglicherweise ist ja sogar jeder ein Fan von irgendetwas, ohne es zu wissen – was aber noch immer nicht erklärt, *warum* man zum Fan wird.

In einigen Studien wird das Fantum als Folge des neu entstandenen Phänomens der Freizeit dargestellt – schließlich entstand vor etwa 120 Jahren erstmals ein größeres Publikum, das über Zeit- und Geldressourcen für kulturelle Darbietungen verfügte. Mit Sicherheit hat dieser Faktor das Aufkommen des Fantums begünstigt – als alleinige Ursache taugt diese Erklärung allerdings nicht. Denn es hat schon damals mit Sicherheit mannigfach andere Möglichkeiten gegeben, seine Zeit zu vertreiben und Geld auszugeben, als diese Ressourcen in eine Fan-Beziehung zu investieren.

Die vorliegenden Erklärungen sind somit unbefriedigend – was uns veranlasst, eigene theoretische Überlegungen darüber anzustellen, warum Menschen Fan-Beziehungen eingehen. Dabei ist die oben erwähnte Beobachtung ein hilfreicher Ausgangspunkt, wonach sich das Phänomen des Fans erst im 20. Jahrhundert mit dem Aufkommen von Freizeit entwickelte. Es setzten allerdings zeitgleich noch zwei gravierendere soziale Veränderungen ein: Zum einen wurden die industriellen und die postindustriellen Gesellschaften immer wohlhabender. Für breite Bevölkerungsschichten wurde es immer selbstverständlicher, dass grundlegende Bedürfnisse wie Hunger, Obdach oder körperliche Unversehrtheit gesichert waren. Dementsprechend rückten insbesondere im breiten Mittelstand zuvor nachrangige Bedürfnisse wie soziale Teilhabe, Identifikation oder Selbstverwirklichung (Maslow 1981) in den Fokus. Parallel zu dieser wachsenden Suche nach Identifikationsmöglichkeiten kam es auf der „Angebotsseite" zu einer gegenläufigen Entwicklung, da traditionell sinnstiftende Identifikationsobjekte mehr und mehr wegbrachen. Es waren allen voran die Kirchen, mit denen sich zahlreiche Menschen nicht mehr identifiziert und in der Folge von ihnen distanziert haben. Ähnliche Bindungsverluste sind auch hinsichtlich staatlicher Instanzen zu beobachten, im Verschwinden familiärer Strukturen begründet sowie im Verlust von Heimat. All diese Bezugsobjekte gingen nach und nach verloren – und mit ihnen identitätsstiftende Angebote, die zum Selbstverständnis und Selbstbild vieler Menschen gehörten. Somit war spätestens mit dem Beginn der Postmoderne in westlichen Gesellschaften ein Dreiklang entstanden, der zu einem „Identifikationsvakuum" führte und das Fan-Phänomen, wie wir es heute kennen, auslöste und beschleunigte: 1) Das Bedürfnis nach Identifikationsangeboten war gestiegen, 2) die vorhandenen Identifikationsinstanzen waren weggebrochen und 3) eine breite Gesellschaftsschicht verfügte sowohl über die Zeit- als auch über die Geldmittel, ihr Bedürfnis nach identifikationsstiftenden Angeboten anderweitig zu stillen.

Das Wegbrechen sozialer Instanzen führte bei vielen nicht nur zur Verunsicherung in Bezug auf das eigene Selbstkonzept und die eigene Identität – es hatte vielmehr auch soziale Folgen. Denn bei dem Bedürfnis nach Identität geht es immer auch um die eigene Positionierung im sozialen Umfeld: „In welchem Umfeld ordnet man sich ein, von wem grenzt man sich ab?" sind soziale Fragen, die direkt mit der Identitätsfindung einhergehen. Der Verlust von Identifikationsinstanzen löst somit nicht nur eine Suche nach neuer Identität, sondern immer auch die Suche nach sozialer Teilhabe in neuen sozialen Gruppen aus. Diese neuen sozialen Orientierungen bleiben nicht ohne Folgen: Die Sozialpsychologen Tajfel und Turner (1986) zeigen im Rahmen der Theorie der sozialen Identität auf, wie sich Menschen und ihre Verhaltensweisen durch die wahrgenommene Zugehörigkeit zu einer sozialen Gruppe verändern. Sobald Menschen glauben, mit bestimmten Personen Gemeinsamkeiten zu haben, die sie mit anderen Menschen nicht teilen, bauen sie eine tiefgründige Beziehung zu dieser wahrgenommenen Gruppe auf und beginnen, ihre Mitgliedschaft in dieser Gruppe positiv zu bewerten. Sie fangen an, pro-sozial für die Gruppe zu agieren (ingroup bias) und sich gleichzeitig von Nicht-Gruppenmitgliedern aktiv zu distanzieren (outgroup bias). Grund hierfür ist das Streben nach einer positiveren sozialen Identität. Zu ähnlichen Ingroup-Effekten (Verinnerlichung der Haltung der eigenen Gruppe) führt nach George Herbert Mead auch das Bedürfnis nach kultureller Identität (Jörissen und Zirfas 2010). Ein Verlust an identitätsstiftenden Angeboten führt also in der Regel zu sozialen Neuorientierungen, die auf den Gewinn neuer Identitätsanker zielen.

Durch das Wegbrechen von Identifikationsinstanzen in der Postmoderne blieb somit ein grundlegendes menschliches Bedürfnis mehr und mehr unerfüllt: das Bedürfnis, dazuzugehören und über diese Zugehörigkeit ein eigenes Selbstverständnis, eine eigene Identität zu finden. Wir hatten bereits bei der Erläuterung der Frage, warum Fan-Beziehungen eine so hohe emotionale Qualität haben, herausgearbeitet, dass sie das Bedürfnis nach sozialer Zugehörigkeit, nach Individualität und Selbstverwirklichung erfüllen. Folgt man diesen Überlegungen, ist das heutzutage vielerorts brachliegende Bedürfnis nach identitätsstiftender sozialer Zugehörigkeit der zentrale Treiber dafür, warum es Fans gibt: Weil Menschen auf der Suche nach passgenauen Werten und Haltungen

Quelle: Baseball: ©The Canadian Press / Alamy Stock Foto / Frank Gunn, Ice Hockey: ©IMAGO / xJustPictures.ch/JarixPestelaccix, Teenage fans: ©picture alliance / PYMCA/Photoshot | Gonzales Photo/Stian S. Moller, Rugby: ©Action Plus Sports Images / Alamy Stock Foto, Bruce Springsteen: ©picture alliance / REUTERS | ELOY ALONSO, Star Wars: ©picture alliance / Kyodo, Tour de France: ©picture alliance / Roth | Roth

Abb. 1.2 „Everybody's got a hungry heart": Warum werden wir zu Fans?

sind – also nach Identitätsbausteinen, die sie sich aneignen und ihrem Selbstbild hinzufügen können. Sie benötigen Personen, Aussagen, Objekte oder Ideen, mit denen sie sich identifizieren können, weil diese für eigene Werte und Haltungen stehen – und sie fühlen sich geborgen, wenn sie spüren, dass gleichzeitig andere Menschen diese Werte und Haltungen mit ihnen teilen (vgl. Abb. 1.2). Daraus resultiert unsere zentrale Folgerung: Das Bedürfnis nach Identifikation ist die Ursache jeder Fan-Beziehung.[4]

Eine solche Identifikation kann jedoch nur entstehen, wenn der Fan intuitiv eine maximale Kongruenz, also eine optimale Passung zwischen sich und seinem Star empfindet. Wie kann es zu dieser Empfindung kommen, wodurch entsteht dieses subjektive Gefühl der Passung? Dazu muss es notwendigerweise eine gefühlte Übereinstimmung geben – die wahrgenommenen prägenden Merkmale des Stars müssen mit den zentralen Bedürfnissen und Motiven des Fans zusammenfallen. Der Star muss also in den Augen des Fans

[4] Damit wird auch intuitiv plausibel, warum ausgerechnet Jugendliche häufig besonders ausgeprägtes Fanverhalten zeigen: Sie befinden sich in der Lebensphase der Identitätssuche.

genau bezüglich derjenigen Kriterien herausragend sein, die für den Fan subjektiv von besonderem Wert sind. Die Bedürfnisse des einen und die Charakteristika des anderen müssen also miteinander korrespondieren. Wenn das Bild, das der Fan von seinem Star entwickelt, diese hohe Deckung mit seinen zentralen Motiven und Werten verspricht, dann ist der Star als Träger dieses Bildes eine prädestinierte Fan-Plattform (Mikos 2010, S. 116). Ist diese Identifikation gar in höchster Ausprägung gegeben, verschmelzen Träger und Fan sogar. Der Star wird Teil der eigenen Identität, der eigenen Persönlichkeit. Er wird für den Fan quasi identitätsstiftend. Typisch für diese maximale Form der Identifikation ist, dass sich Fans eine Welt ohne ihren Star, also ohne ihre Fan-Plattform, gar nicht mehr vorstellen können (Schäfer 2017; Fritzsche 2011) – man erinnere sich beispielsweise an die fatalen Suizidversuche von Fans als Folge der Auflösung der Boygroup *Take That.*

Für eine Fan-Beziehung ist somit eine maximale Identifikation zwingend notwendig. Sie beruht auf einer subjektiv wahrgenommenen Übereinstimmung von zentralen Bedürfnissen und Motiven auf der Fan-Seite und den wahrgenommenen Stärken des Stars auf der anderen Seite. Fan zu werden ist also nicht eine bewusste, spaßgetriebene hedonistische Entscheidung. Fan zu sein befriedigt vielmehr eine tiefe innere Sehnsucht – und diese Sehnsucht mündet häufig in eine zentrale Leidenschaft. Es geht gewissermaßen um das Bedürfnis nach einem erweiterten Selbst – um das Bedürfnis, Teil eines Ganzen zu sein, das über das eigene Ich hinausgeht. Noelle-Neumann bezeichnete dieses Bedürfnis als „soziale Isolationsfurcht" des Menschen (Noelle-Neumann 1980).

Akzeptiert man die Suche nach Identifikationsobjekten als Erklärung des Fan-Seins, so ergibt sich daraus ein bedeutsamer Umkehrschluss, der unterstreicht, was wir oben schon erwähnt hatten: Im Grunde ist jeder Mensch Fan von irgendetwas – oder er hat zumindest das Potenzial dazu, weil im Grunde jeder nach sozialer Identität sucht: danach, zu einem erweiterten Selbst dazuzugehören. Und wahrscheinlich gibt es Abertausende, die derzeit mit offenen emotionalen Fan-Synapsen durch die Welt gehen und mit Sehnsucht darauf warten, endlich an ein genau für sie passendes Angebot anzudocken. Oder, um es populärer und treffender mit den Worten von *Bruce* Springsteen (1980) auszudrücken: *„Everybody's got a hungry heart …"*.

1.2.5 Die Suche nach Einzigartigkeit als Basis jeder Fan-Beziehung

Da Identifikation der zentrale Treiber einer Fan-Beziehung ist, ist die Passung zwischen dem Fan und seinem Kultobjekt von entscheidender Bedeutung (Mikos 2010, S. 115). Die Projektionsfläche, die der Star oder das Kultobjekt anbietet, muss in ihrem Angebot an identitätsstiftenden Inhalten exakt den Sehnsüchten des nach Identifikationsobjekten suchenden Fans entsprechen.[5] Je mehr der Fan eine solche Passung verspürt, umso stärker erlebt er das Identifikationsmoment. Mit anderen Worten: Das Angebot muss die

[5] Schlicht und Strauß (2003, S. 140) sprechen sogar davon, dass der Fan „einen Teil seines Selbstkonzepts aus der Verbindung zum Star" aufbaut.

Abb. 1.3 Identifikation mit dem Nationalteam: Erlernt oder angeboren? (Mit freundlicher Genehmigung von © Adobe Stock/picture alliance (dpa/Revierfoto/Sven Simon I Frank Hoermann) 2021. All Rights Reserved)

zentralen Bedürfnisse des Fans bedienen. Ist dies der Fall, wird das Fan-Sein als Belohnung erlebt, denn es verspricht Identitätsstiftung und soziale Zugehörigkeit zu einer Gemeinschaft.[6] Besonders deutlich ist dieses Moment identitätsstiftender sozialer Zugehörigkeit an den Fans von Nationalmannschaften im Sport abzulesen: Fans küren fast ausschließlich die Mannschaft ihres eigenen Landes zum Kultobjekt (vgl. Abb. 1.3) – eben weil dort die kulturellen und sozialen Gemeinsamkeiten am größten und damit die Möglichkeiten zur Identifikation am passendsten sind (vgl. Otte 2017, S. 65 f. sowie Schlicht und Strauß 2003, S. 140). Dies erscheint uns im Alltag so selbstverständlich, dass es keiner Frage mehr wert scheint – es ist aber, wie wir noch zeigen werden, alles andere als selbstverständlich.

Aus dieser empfundenen Passung heraus ergibt sich die vom Fan empfundene Einzigartigkeit als zweites konstitutives Merkmal jeder Fan-Beziehung. Denn jede echte Fan-Beziehung besitzt eine unvermeidbare Exklusivität: Innerhalb des Genres – zum Beispiel Fußball oder Popmusik – wird sich ein Fan immer nur *einen* echten Star erwählen (Mikos 2010, S. 117). Aus Sicht des Fans bietet stets nur *ein* Fan-Objekt die optimale

---

[6] Vgl. Roose et al. (2017b). Diese Überlegungen sind kongruent zur Mood-Management-Theorie, wonach Individuen gezielt (mediale) Außenreize einsetzen, um ihre eigene Stimmung zu regulieren.

Passung – der Fan findet also *ein* einzigartiges Versprechen in der Person seines Stars. Der Star nimmt eine Ausnahmestellung im Kopf des Fans ein. Diese Einzigartigkeit wirkt wiederum identitätsstiftend: Ein Anhänger von exakt diesem Star und nicht von irgendeinem anderen Star zu sein, wird für den Fan zur bewussten Handlung – es wird Teil seiner Persönlichkeit. Und langfristig wird das individuelle Bild, das der Fan von seinem Star wahrnimmt, somit ein Teil seines eigenen Selbstkonzepts (Leistner 2017, S. 249–279). Die Konsequenz ist: Man hat eben nur *einen* Fußballverein – man kann nicht wirklich Fan von *Real* und *Barca* gleichzeitig sein, oder von den *San Francisco 49ers* und den *New England Patriots* – oder von den *Dallas Mavericks* und den *LA Lakers*. Oder man schwärmt eben entweder für die *Beatles* oder die *Rolling Stones*. Was natürlich nicht ausschließt, dass man unter *Real*-Fans dann gleichermaßen Fans der *Beatles* wie der *Stones* finden kann – denn nach der Theorie der sozialen Identität ist immer nur die Abgrenzung zur jeweils *relevanten* Outgroup interessant, im Fall von Fußballfans also die Abgrenzung zum anderen Fußballverein.

Warum schließen sich mehrere Stars eines Genres aus? Weil sie dann dem Prinzip der Identifikation, also der optimalen Passung, widersprechen würden. Entscheidend für die maximale Identifikation mit dem Star bis hin zur identitätsstiftenden Verschmelzung ist eben nicht nur, dass er in der Wahrnehmung des Fans optimal zu den zentralen Motiven und Bedürfnissen passt, sondern dass er dies in den Augen des Fans so gut wie kein anderer Star erfüllt (Mikos 2010, S. 117). Das heißt: Für den Fan nimmt der Star stets eine Ausnahmeposition ein – ihm wird quasi das Monopol für die Erfüllung der zentralen Fan-Bedürfnisse zugeschrieben.

Wir halten also zusammenfassend fest: Neben der Identifikation ist die Einzigartigkeit eine weitere notwendige Bedingung jeder Fan-Beziehung. Denn aus Sicht des Fans gibt es für die Erfüllung seiner zentralen Bedürfnisse keine Alternative – dem Star wird so ein Alleinvertretungsanspruch zugeschrieben. Die Folge: Aus dem dargestellten Zusammenspiel der beiden genannten Komponenten *Identifikation* und *Einzigartigkeit* erlangt der Star eine „Monopolstellung im Kopf" des Fans.

1.2.6 Wie der Fan seinen Star findet

Wenn jeder Mensch im Grunde das Potenzial zu einer Fan-Beziehung hat, stellt sich allerdings sofort die nächste Frage: Wieso werden manche Menschen Fans eines bestimmten Vereins oder Stars, während andere Menschen diesen völlig gleichgültig gegenüberstehen? Nach welchen Kriterien wählen Menschen ihre Kultfiguren?[7] Sicher ist: Die Auswahl des Kultobjekts und die Etablierung der Fan-Beziehung erfolgt durch den (späteren) Fan, nicht durch das sich hierfür anbietende Objekt. Es ist unter zahl-

[7] Zu den Motiven von Sportfans vgl. Gabler (2002).

reichen möglichen Identifikationsobjekten nur eines von vielen – eine Projektionsfläche, die sich anbietet und erwählt wird.

Doch auch, wenn die „Wahl" des Stars durch den Fan erfolgt: Die Entscheidung zur Aufnahme der Fan-Beziehung erscheint dem Fan selbst wie auch Beobachtern von außen meist nicht rational oder bewusst. Gerade Fußballfans wissen das. Als Pfälzer liebt man den *FCK,* als Dortmunder die *Borussia* und als Franke die *Clubberer* (vorausgesetzt, man ist nicht in Fürth geboren). Wieso und wie es dazu kam, weiß man oft selbst nicht mehr – es ist eben einfach so. Die meisten dieser „eingeborenen" Fans haben nicht das Gefühl, sich jemals für diese Fan-Beziehung bewusst entschieden zu haben. Sie war einfach da. Fan zu sein, so empfinden sie es, kann man nicht lernen. Fan ist man einfach. Oder, wie es in einem Song der Kölner Band *Wise Guys* scherzhaft heißt: „Im Leben gibt's für jedermann zwei Dinge, die man sich nicht aussuchen kann: die Familie, denn die ist schon vorher da, und seinen Fußballclub – traurig, aber wahr …" (Wise Guys 2002/2003). Auf den ersten Blick erscheint dies plausibel: Fußballfans aus Köln sind tatsächlich entweder Fans des *1. FC* oder der *Fortuna* – in jedem Fall aber eines Kölner Vereins. Doch muss dies so sein? Gehen wir einmal heraus aus den Großstädten mit ihren Fußballtraditionsvereinen, hinaus in weniger dicht besiedelte Gegenden. Dorthin, wo es zum nächsten Erstligastadion mehr als 100 Kilometer sind. Auch dort finden wir Fußballfans – aber bunt gemischt: Da finden wir *Bayern-, Dortmund-* und *HSV*-Fans. Dies ist keine Verbindung von Geburt an – diese Fans haben sich ihren Club offensichtlich erwählt.[8]

Das Beispiel zeigt: Tatsächlich wird niemand als Fan von irgendwem oder irgendetwas geboren. Es bedarf in der Regel eines Erlebnisses, das die Fan-Beziehung auslöst. So gerät man vielleicht durch einen Zufall in ein Konzert eines Musikers, dessen Werk man bis dahin ganz anders eingeschätzt hatte, und ist nach diesem Abend völlig hingerissen. Oder es ist ein Kinofilm, in dem uns plötzlich der Hauptdarsteller aus der Seele zu sprechen scheint. Oder man wird von einer Leidenschaft aus dem Freundeskreis angesteckt. Zahlreiche Interviews mit Fans zeigen zwei bemerkenswerte Aspekte: Zum einen gehen nahezu alle Fan-Biografien auf solche Initialerlebnisse zurück. Und zum anderen wurden diese Auslöseereignisse von den späteren Fans meist nicht aktiv gesucht, sondern passiv erlebt. Ein biografischer Zufall sorgte häufig für das initiale Erlebnis, das dann zur Basis einer lebenslangen Fan-Beziehung wurde. Das bedeutet nicht, dass dieses Auslöseereignis austauschbar gewesen wäre – der besondere biografische Wert des Ereignisses liegt vielmehr genau in diesem seltenen Zufall des Zusammentreffens: dass eine Person zufällig an genau das Identifikationsangebot gerät, das in dem Moment exakt zu ihren Bedürfnissen passt.[9] Im Übrigen gilt dies auch für die meisten Fußballfans – sie

[8] Dabei wird die Wahl des Stars bzw. des Objekts der Begierde in einer globalisierten und medialisierten Welt mehr und mehr kulturunspezifisch, vgl. hierzu Roose (2017) sowie Ohr (2017).

[9] Das erklärt auch, warum es vermeintlich so wenig Fans gibt, obwohl doch jeder ein Fan werden kann: Weil der biografische Zufall erforderlich ist, auf das entsprechende Angebot zu stoßen.

wissen es in der Regel nur nicht mehr (Akremi und Hellmann 2017, S. 276 f.). Denn in ihrem Fall liegen solche Erlebnisse oft weit zurück in der Kindheit.[10] Beispielsweise, dass sie miterlebten, wie die Familie vor dem Fernseher mitfieberte. Oder wie der Vater samstags mit dem Fan-Schal ins Stadion ging. Oder, dass man als Kind oder Jugendlicher erstmals ein volles Stadion erlebt – so erging es einem der Autoren. Als der *1. FSV Mainz 05* im Jahr 1977 im *DFB-Pokal* 1:4 gegen den *HSV* verlor, stand dieser im Mainzer *Bruchweg-Stadion*. Seitdem lebt und leidet dieser mit den 05ern.

Sie werden keinen Fan finden, der sich irgendwann aufgrund bewusster Planung entschieden hat, ein Fan seines Stars zu werden. Die meisten Fan-Biografien beruhen vielmehr auf diesen zufällig zustande gekommenen Auslöseereignissen. Die Ursache hierfür liegt in der vom Fan wahrgenommenen Einzigartigkeit der Fan-Beziehung: Der spätere Fan macht durch Zufall die Erfahrung, dass ein Identifikationsangebot eines Stars genau seine Identitätssuche, also exakt seine subjektiven Bedürfnisse bedient. Dieser Zufall wird emotional als überwältigend erlebt – geradezu wie eine Offenbarung, und mündet in eine sofortige Hingabe des Fans, die dann später auch nicht mehr in Worte gefasst werden kann.

Eine Fan-Beziehung hat also zum einen immer ein Auslöseereignis. Zum anderen ist eine Fan-Beziehung häufig eine sozial vermittelte Beziehung (Skrobanek und Jobst 2017). Sie entsteht, weil wir auf die Vorlieben von Bezugspersonen aufmerksam werden und diese Vorlieben zu teilen beginnen. In vielen Fan-Communitys hat diese soziale Vermittlung sogar einen zentralen Stellenwert. Es bedarf mancherorts sogar eines formalen Aufnahmeritus durch etablierte Fans. Auch das ist ein initiales Erlebnis.

Wie bereits erwähnt, sind die meisten Fans nicht in der Lage, mit Worten zu begründen, warum sie Fans sind. Ähnlich unbewusst, das wurde hier nun deutlich, ist auch die Wahl des Bezugsobjekts, der häufig ein biografischer Zufall zugrunde liegt. Fragt man Fans danach, was sie konkret an ihrem Star „toll“ finden und warum, erhält man oft ebenfalls keine schlüssigen Antworten. Das ist typisch für emotionale Bindungen. Wenn Sie gefragt würden, warum Sie Ihre Kinder lieben, würden Sie irritiert mit den Achseln zucken. Denn schon die Frage nach dem „Warum?“ erscheint Ihnen geradezu absurd. Sie lieben sie, weil sie Ihre Kinder sind. Punkt. Eines weiteren Grundes bedarf es nicht. Ähnlich geht es einem echten Fan. Er liebt seinen Star oder sein Fan-Objekt – jede weitere Begründung wäre überflüssig. Denn man wird nicht Fan, weil man damit einen rationalen Zweck verfolgt oder ein bestimmtes Ziel erreichen möchte, sondern weil man darin die Erfüllung eines zentralen Bedürfnisses erlebt. Fan zu sein ist eben eine emotionale Bindung (Schäfer 2017).

---

[10] „Nur auf Vaters Schultern, konnte ich was seh’n, und sofort war es um mich geschehen… Meine neuen Helden, die Elf in Rot-Weiß… Mainz 05, Liebe meines Lebens…“ Rimini Piranhas (2004).

1.2.7 Wie der Star seinen Fan findet

Werfen wir nun einmal einen Blick auf die andere Seite der Beziehung, nämlich auf die Stars. Was tragen die Stars dazu bei, damit eine Fan-Beziehung entsteht? Was sind die zentralen Mechanismen, mit denen Stars aus Kunst, Musik oder Sport die gewaltige emotionale Bindung erzielen, die eine Fan-Beziehung ausmacht?

Auch die Stars haben in der Mediengesellschaft längst gelernt, wie sie aktiv an der Gestaltung ihrer Fan-Beziehungen arbeiten können. Denn deren Ausgestaltung liegt nicht allein in den Händen des Fans. Zwar „erwählt" der Fan den Star, eröffnet somit aktiv die emotionale Beziehung zu ihm und füllt diese mit Hinwendung und Leidenschaft aus. Und dennoch können die Stars oder die Produzenten des Kultobjekts entscheidend am Entstehen und Erhalt des Fantums mitwirken. Sie müssen dies sogar tun (Akremi und Hellmann 2017).

Wir haben gezeigt, dass eine Fan-Beziehung nur durch Identifikation entstehen kann, also wenn es eine vom Fan intuitiv verspürte Passung zwischen ihm und seinem zukünftigen Star gibt. Der Star muss somit vermitteln, für welche Bedürfnisse er steht. Und er muss dabei eine Unverwechselbarkeit des eigenen Auftritts herstellen und so die Grundlage für eine einzigartige Wahrnehmung des Fans schaffen. Nur wer eine Identifikationsplattform anbietet, die eine klare und einzigartige Botschaft vermittelt, wird auf Dauer auch eine Fan-Community um sich scharen können. Das bedeutet: Der Star benötigt eine Positionierung. Hierfür ist natürlich einerseits die Ausbildung eines unverwechselbaren Images eine notwendige Grundlage. Wer nicht erkennbar macht, wofür er steht, wird niemals eine Star-Karriere machen. Aber für den nachhaltigen Erfolg ist Image allein noch nicht ausreichend: Der Star muss andererseits auch entsprechend „liefern": Er muss die Positionierung, die er nach außen kommuniziert, auch glaubwürdig umsetzen, sonst werden sich die Fans nach kurzer Zeit enttäuscht abwenden, weil das zentrale Versprechen nicht eingelöst wird. Der Popstar, der als ewiger Junggeselle gilt, darf nicht heiraten; der Schlagersänger, der sich das Image des Vorzeigeschwiegersohns gibt, darf sich nicht danebenbenehmen; der Künstler dagegen, der das Enfant terrible mimt, darf sich nicht anpassen; und wer vorgibt, es bereite ihm große Freude, auf der Bühne Musikinstrumente zu zertrümmern, der muss das dann auch wirklich tun, wie wir im Folgenden noch sehen werden. Der Star ist somit gewissermaßen Gefangener seiner Fan-Identifikationen.

Dies gilt selbst dann, wenn diese Fan-Identifikationen auf Positionierungen zurückgehen, die der Star absichtlich und bewusst herbeigeführt hat. *Helene Fischer* beispielsweise zählt trotz (oder vielleicht auch gerade wegen) ihrer Fokussierung auf deutschsprachigen Schlager zu den weltweit kommerziell erfolgreichsten Musikerinnen. Sie hat eine professionelle Ausbildung als Musical-Darstellerin und tanzte in der *Rocky-Horror-Picture-Show* – sie war somit ursprünglich in musikalischen Genres weit weg vom deutschen Schlager unterwegs. Ihre spätere Fokussierung auf deutschsprachigen

Schlager war, wie sie selbst in Interviews preisgab, eine bewusste Entscheidung, die sie zusammen mit ihrem Management traf, da in diesem Genre – im Gegensatz zur fast nur noch über das Internet verkauften Popmusik – Tonträger noch deutlich besser zu vermarkten seien. Diese bewusste Positionierung, die *Fischer* von Karrierebeginn an professionell und glaubwürdig verkörperte, hat ihr zwar hohe Fan-Zahlen beschert. Dennoch ist sie auch Gefangene dieser Positionierung.

Man stelle sich nur einmal vor, *Helene Fischer* würde morgen verkünden, zukünftig statt deutschem Schlager nur noch englischsprachige Heavy-Metal-Songs zum Besten geben zu wollen – sie würde den Großteil ihrer alten Fans sofort verlieren, da sie in deren Augen aufgäbe, wofür sie steht: für den volkstümlichen deutschen Schlager, der emotionale Geborgenheit mit eingängigen Texten und Melodien zum Mitsingen anbietet. Sie würde aber – trotz ihrer zahlreichen darstellerischen und musikalischen Talente – auch zunächst keine neuen Fans hinzugewinnen, da ihr bisheriges Schlager-Image eine Positionierung als rebellische Heavy-Rock-Lady für potenzielle Heavy-Fans absolut unglaubwürdig machen würde und daher für diese Fan-Bedürfnisse keine Passung bietet. Oder, ein weiteres Beispiel: Obwohl es weltweit Millionen von *ABBA*-Fans gibt, würde die Hard- und Bluesrock-Band *ZZ Top* vermutlich sämtliche alten Fans verlieren und kaum neue hinzugewinnen, wenn sie von nun an nur noch *ABBA*-Songs covern würde. Fazit: Ein Image-Wechsel, der den Kern der Identifikation des Fans berührt, ist für einen Star stets ein langer und steiniger Weg. Und nicht umsonst sagen manche Manager sarkastisch, dass verstorbene Künstler leichter zu vermarkten seien als lebendige – eben deshalb, weil diese nicht mehr auf die Idee kämen, unabgestimmt ihre Positionierung zu ändern.

Das Beispiel veranschaulicht, wie wichtig die Positionierung des Stars ist: Die Passung des Star-Angebots zu den zentralen Bedürfnissen des Fans ist wesensprägend für die Fan-Beziehung. Denn die Erfüllung der Bedürfnisse erzeugt, wie bereits in Abschn. 1.2.3 erläutert, emotionale Erregung, positive Gefühle und letztlich langfristige emotionale Bindung.

Zusätzlich zur konsequenten Positionierung muss der Star die Fan-Beziehung für den Fan erlebbar machen. Denn der Fan will das verbindende Erlebnis mit dem Star – und er will es immer und immer wieder. Es gilt also, regelmäßige, rituell wiederkehrende Berührungspunkte zu schaffen, bei denen der Fan sein Fan-Sein ausleben und bei denen die Fan-Beziehung gleichzeitig emotional neu aufgeladen werden kann, weil Fans immer wieder aufs Neue die Passung zu ihren zentralen Bedürfnissen erleben wollen. Nur wer dauerhaft und regelmäßig solche Kontaktmöglichkeiten mit hohem Wiedererkennungswert anbietet, wird mittelfristig seine Fan-Community ausweiten können.

Die Schaffung von Identifikation und Einzigartigkeit könnte der Star nun dem Zufall überlassen, was beispielsweise in den frühen Zeiten der Popmusik auch häufig der Fall war. So waren die *Beatles* selbst von dem Phänomen der *Beatlemania* so überrascht, dass sie in den ersten Jahren nicht wussten, wie sie mit diesem Hype umgehen sollten. Doch aus den unorganisierten Woodstock-Zeiten der Popmusik ist heutzutage längst ein milliardenschweres Pop-Business geworden, in dem die Positionierung der Stars nicht mehr dem Zufall überlassen bleibt. Diese Prozesse werden vielmehr aktiv angestoßen, auf dem Reißbrett geplant und kontrolliert – bis hin zu den Castingshows im Fernsehen (Daschmann 2007; Schneider 2004). Diese Vermarktungsprozesse setzen vor allem auf eine vollumfassende Kommunikationsstrategie. Hierdurch wird der konsistente Aufbau eines auf die Fan-Gemeinde abgestimmten Images vorangetrieben, denn erst das Image ist die Projektionsfläche, die dem Fan die Aufnahme der Beziehung ermöglicht. Mit dieser Imagebildung geht oft auch eine Fokussierung einher. Der Star vermittelt nicht nur, wofür er steht, sondern auch, welche Fans er *nicht* haben will. Es ist also ein Irrtum zu glauben, dass ein Star mehr Fans einsammelt, je breiter er sich aufstellt. Wichtiger ist, dass die Positionierung des Stars klar vermittelt, welche Fan-Zielgruppe er bedient und an welchen Fans er hingegen gar nicht interessiert ist. Denn nur die Ansprüche einer homogenen Fan-Community kann er auf Dauer befriedigen.

Die Maßnahmen, auf die sich ein Star aus Sport, Film, Kunst oder Musik konzentrieren muss, wenn er erfolgreich eine Fan-Gemeinde aufbauen will, ergeben sich dabei quasi zwingend aus dem Katalog der zuvor herausgearbeiteten Eigenschaften von Fans und Fan-Beziehungen. Identifikation zu ermöglichen und als einzigartig wahrgenommen zu werden, sind also für den Star zentrale Faktoren des Erfolgs. Hierfür muss er die relevanten Bedürfnisse der Fans identifizieren und sich an diesen ausrichten: Er muss wahrnehmbar machen, dass er genau diese Bedürfnisse bedient. Zudem muss er eine Unverwechselbarkeit des eigenen Auftritts herstellen – also den Eindruck vermitteln, dass er diese Bedürfnisse wie kein Zweiter erfüllt. Nur so wird Austauschbarkeit vermieden und wahrnehmbare Einzigartigkeit erzeugt.

Auch wenn man es aus heutiger Sicht kaum glauben mag: Solcher Konzepte haben sich erfolgreiche Stars schon vor Jahrzehnten bedient – teils unbewusst und ohne diesen theoretischen Hintergrund zu kennen, teils aber auch ganz zielgerichtet. Die Pop-Gruppe *The Who* aus England ist hierfür ein gutes Beispiel. Erst 1964 gegründet, schien es für das Quartett unmöglich, gegen den Siegeszug der *Beatles* und der *Rolling Stones* – und dazu noch unter dem Druck der gleichzeitig auf den Markt drängenden *Kinks* – die britischen Hitparaden zu erobern. Also musste eine Strategie her, die Identifikation ermöglichte und Einzigartigkeit versprach.

Kit Lambert, der damalige Manager von *The Who,* wusste, dass es unter den Jugendlichen im England der frühen 60er-Jahre brodelte: Schlechte Berufsaussichten, autoritäre Elternhäuser sowie verkrustete gesellschaftliche Strukturen ließen viele junge Leute verzweifeln. Rebellentum stand somit hoch im Kurs. Mit Ungeheuerlichem auf sich aufmerksam zu machen und aufzubegehren – das war das zentrale Bedürfnis vieler Jugendlicher (Schmidt-Joos und Kampmann 2008). Schon die *Stones* hatten sich deshalb am Reißbrett ein *Bad-Boy-Image* verpassen lassen – auch, um sich von den als eher brav geltenden *Beatles* erkennbar zu unterscheiden. *Lambert* ahnte, dass er hier noch einen Schritt weiter gehen musste: Er wies Schlagzeuger *Keith Moon* und Gitarrist *Pete Townshend* an, am Ende jedes Auftritts, insbesondere im Fernsehen, ihre Instrumente mit

Abb. 1.4 Inszenierte Wiederholung: *The Who* auf Zerstörungskurs. (Mit freundlicher Genehmigung von © Getty Images/Chris Morphet 2021. All Rights Reserved)

brachialer Gewalt zu zerstören (vgl. Abb. 1.4) (Winkler 2010).[11] *Lambert* spürte das zentrale Verlangen der jungen Fans, so etwas Unerhörtes und nie Dagewesenes zu sehen – und setzte so intuitiv nichts anderes um als das, was Fan-Beziehungen ausmacht: Er richtete die Positionierung von *The Who* an den zentralen Bedürfnissen potenzieller Fans aus.

Die *BBC*-Aufzeichnung, bei der *Townshend* eine E-Gitarre mit dem Hals vorweg in eine Lautsprecherbox rammt, ist bis heute legendär.[12] Und *The Who* waren mit einem Schlag in aller Munde. Sie hatten ihr einzigartiges Image als Rebellen herausgestellt. Instinktiv koppelte Manager *Lambert* diese neue Positionierung mit einer klaren Zielgruppenfokussierung: Er verpasste den *The-Who*-Musikern das Image einer Mod-Band, einer jugendlichen Subkulturbewegung der 60er-Jahre, die fortwährend mit der gleichzeitig aufkommenden Rockerbewegung im Clinch lag (Winkler 2010).[13] Die Botschaft war eindeutig: Wer Mod ist, hört *The Who* – Rocker hören etwas anderes. Wenige Tage später musste sich der blonde Bassist der Band, *John Entwhistle,* auf Weisung des Managers die Haare schwarz färben (Geisselhart 2008, S. 123 ff.). Nur Sänger *Roger Daltrey*

[11] In einem Interview mit der *Süddeutschen Zeitung* erklärt Sänger *Roger Daltrey,* wie es überhaupt dazu kam, dass die Zerstörung der Instrumente zum Markenzeichen von *The Who* wurden: „Die Leute in dem Club, in dem wir auftraten, begannen plötzlich wie hypnotisiert zu stampfen. Pete Townshend machte das etwas nervös. Er schlug mit dem Gitarrenhals gegen den Verstärker. Unser Manager Kit Lambert freute sich. Von da an musste Pete es dann erstmal immer machen." (Winkler 2010, S. 2).

[12] Anfangs war diese Vorgehensweise alles andere als rentabel: Die Kosten der zertrümmerten Instrumente und Verstärker überstiegen die Gagen der Band bei weitem, vgl. Winkler (2010, S. 2).

[13] Aus dem Interview der Süddeutschen Zeitung: „Aber Sie waren doch ein Mod!" Daltrey: „Nein, ich habe den Mod gespielt". (Zitiert nach Winkler 2010, S. 3).

sollte als Blondschopf erscheinen, damit die Fans wüssten, wer die Identifikationsfigur der Band sei. Offensichtlich hatte *Lambert* intuitiv den Stellenwert von Identifikation und Einzigartigkeit für Fan-Beziehungen verstanden. Der Erfolg gab ihm Recht. *The Who* wurden – trotz der Konkurrenz durch *Beatles, Stones* und *Kinks* – eine der einflussreichsten und erfolgreichsten Rockbands aller Zeiten. Und *Entwhistle* trug bis zu seinem Tod schwarze Haare.

Fan-Beziehungen basieren somit auf Identifikation und Einzigartigkeit, haben aber noch weitere Eigenschaften, die aus den beiden ersten resultieren: Sie sind dauerhaft, sie sind hoch belastbar und sie führen zu spezifischem kommunikativem Fan-Verhalten. Auf diese Aspekte von Fan-Beziehungen werden wir in den folgenden Kapiteln genauer eingehen.

1.2.8 Eigenschaften der Fan-Beziehung: Dauerhaftigkeit und Wiederholbarkeit

Ist eine Fan-Beziehung wirklich tiefgehend, ist der Fan ihr nahezu ausgeliefert. Denn eine Fan-Beziehung wird nicht aufgekündigt – man ist in ihr quasi gefangen. Stellen Sie sich nur folgende Situation vor: Ein Fußballverein ist in die zweite Liga abgestiegen. Werden dessen Fans nun in das Stadion des Lokalrivalen pilgern, um dort Erstligafußball zu sehen? Natürlich nicht. Dieser Gedanke scheint jedem Fußballfan absurd – man wechselt nicht den Verein, man könnte es auch gar nicht. Die Verbindung zum Verein ist für den Fan quasi eine Schicksalsgemeinschaft – gerade die ewige Treue ist ja das besondere Markenzeichen dieser Verbindung (Roose und Schäfer 2017). Der Fan kann nicht aussteigen – und er will es auch gar nicht. Denn Fan-Beziehungen sind langanhaltend, wenn nicht sogar lebenslänglich. Sie werden so blauäugig und optimistisch eingegangen, wie wir auch andere emotionale Bindungen in unserem Leben eingehen: Sie sind auf Dauer angelegt. Zumindest im Moment der Etablierung der Beziehung ist der Fan sich sicher, diese Bindung nie mehr aufgeben zu wollen. Er tut das Gleiche, was wir alle tun, wenn wir ein Bindungsversprechen abgeben – sei es der Treueschwur unter Freunden oder vor dem Traualtar: Der Fan bindet sich nicht auf Zeit, sondern für sein ganzes Leben. Und für manche Fans geht die emotionale Bindung sogar über den Tod hinaus – wie eigens eingerichtete Fan-Friedhöfe in aller Welt anschaulich belegen (vgl. Abb. 1.5).

Dem scheint nun auf den ersten Blick zu widersprechen, dass gerade bei jugendlichen Fans die Fan-Beziehungen zwar heftig, aber nur von kurzer Dauer sind. Jugendliche zeigen einerseits besonders auffälliges Verehren und hingebungsvolles Schwärmen für einen Star. Dies mag kaum verwundern, denn in der sinnsuchenden Lebensphase der Adoleszenz verspricht die Identifikation mit den Stars Halt und Orientierung. Andererseits sind manche dieser Fan-Beziehungen offensichtlich nur ein kurzes pubertäres Phänomen (Fritzsche 2017): Die Leidenschaft für *Nena, Tamagotchis, Britney Spears* oder ähnliche „Teenie-Schwärme" scheint bei 14-Jährigen eine stabile und dauerhafte Fan-Beziehung zu sein, von der dieselben Fans wenige Jahre später dann plötzlich nichts

Abb. 1.5 Fan-Beziehung über den Tod hinaus: Fan-Friedhöfe in Hamburg und auf Schalke. (Mit freundlicher Genehmigung von © picture alliance (S. 04: Bernd Thissen, HSV: Marcus Brandt) 2021. All Rights Reserved)

mehr wissen wollen (Fritzsche 2011, S 56 ff.). Dies ist jedoch kein Widerspruch zur festgestellten Dauerhaftigkeit von Fan-Beziehungen. Denn in Wirklichkeit werden diese jungen Fans nicht untreu, jedenfalls empfinden sie es nicht so. Was sich hier tatsächlich wandelt – und das ist der Unterschied zu Fan-Beziehungen im Erwachsenenalter –, ist vielmehr die Grundlage der Fan-Beziehung, nämlich die zentralen Bedürfnisse der jungen Fans, die sich unausweichlich mit der persönlichen Reife verändern. Altersbedingt steigt nun die Sehnsucht nach anderen identitätsstiftenden Inhalten sowie das Bedürfnis, sich mit der Wahl seiner Stars nicht mehr an seine ursprüngliche Bezugsgruppe anzugleichen, sondern sich von ihr abzugrenzen. Die bisherigen Stars werden deshalb nicht verstoßen, aber sie können das zentrale Versprechen einer Fan-Beziehung, nämlich perfekt zu den Sehnsüchten des Fans zu passen, nicht mehr einlösen.

Genau betrachtet ist die Auflösung dieses Versprechens der einzige Anlass, aus dem heraus eine Fan-Beziehung überhaupt zerbrechen kann. Wie bei jeder dauerhaften Bindung basiert auch die Fan-Beziehung auf Vertrauen. Auf Vertrauen in die Integrität des Stars. Mit dieser Integrität ist keine moralische Integrität gemeint, sondern das Vertrauen darauf, dass der Star das identitätsstiftende Versprechen auch weiterhin und dauerhaft einlöst. Mit anderen Worten: dass der Star sich selbst treu bleibt. Dass er nicht die gemeinsamen Werte verrät. Ein sich regelmäßig wiederholendes Beispiel für einen solchen Verrat ist der Wechsel eines von den Fans verehrten Fußballprofis zu einem anderen Verein – wenn nicht gar zum Erzrivalen. Etwa der Wechsel von *Christiano Ronaldo* vor wenigen Jahren von Madrid nach Turin, was seine eingefleischten Fans ebenso überraschte wie wenig später der Transfer Lionel Messis von Barcelona nach Paris.[14] Für die Fans

[14] Dass Ronaldo nach wenigen Jahren von Turin weiter nach Manchester zog, hatte hingegen aus Sicht der Turin-Fans längst nicht diesen Geruch des Verrats: Ronaldo war als Söldner gekommen, und so verließ er den Verein auch wieder.

Abb. 1.6 Unsere Leidenschaft muss man sich verdienen – britische Fan-Proteste gegen die Einführung der Super-League. (Mit freundlicher Genehmigung von © Getty Images (Chloe Knott – Danehouse) 2021. All Rights Reserved)

dieser Fußballerpersönlichkeiten mögen diese Vertragswechsel noch hinnehmbar gewesen sein. Für die Fans der verlassenen Vereine hingegen gilt es regelmäßig schlichtweg als Verrat an den als identitätsstiftend betrachteten Werten. Der Star darf somit die in ihn gestellten Erwartungen keinesfalls enttäuschen. Und wenn millionenschwere Fußballvereine den Spielmodus der gesamten Sportart umzukrempeln versuchen, ohne die Fans dabei mitzunehmen, endet das in einem Desaster – wie die Auseinandersetzungen um die Einführung der Super-League im Frühjahr 2021 gezeigt haben (vgl. Abb. 1.6).

Will der Star seine Fan-Gemeinde zusammenhalten, muss er wiederholbare, ja rituelle Ereignisse schaffen, die die Bedürfnisse der Fans bedienen. Der Star ist somit dazu verdammt, das Identifikationserlebnis, mit dem er einst Fans gewann, immer und immer wieder zu ermöglichen. So konnte beispielsweise der Schauspieler *Leonard Nimoy* in seinem weiteren Berufsleben der Rolle des *Mr. Spock* nie wieder entkommen – bis er sie schließlich als sein Lebenswerk akzeptierte (Nimoy 1977 und 1995). (vgl. Abb. 1.7). Und der deutschsprachige Sänger *Udo Jürgens* war nahezu 50 Jahre lang dazu verdammt, bei seinen Konzerten zur letzten Zugabe im Bademantel auf der Bühne zu erscheinen – nachdem er dies in den 60er Jahren einmal getan hatte. Insofern können Stars sogar zu Gefangenen ihrer Fans werden.

Denn der Fan sucht nicht die Abwechslung. Er will keine Überraschungen. Er erwartet vielmehr die ritualisierte Wiederholung des initialen Erlebnisses, das ihn einst zum Fan machte (Mikos 2010, S. 116 f.). Wer beispielsweise jemals in einem Fußballstadion war, hat eine Vorstellung davon, wie ritualisiert Fan-Veranstaltungen sein können: Von den Gesängen vor dem Spiel über das gemeinsame Aufsagen der Mannschaftsaufstellungen und der gefallenen Tore bis hin zur anschließenden Siegesfeier mit der

Abb. 1.7 Der Star als Gefangener: Verdammt zur Wiederholung. (Mit freundlicher Genehmigung von © picture alliance (Spock: Michael_Stephens/epa/dpa) (Udo Jürgens: Volker Dornberger), © Getty Images (Helene Fischer: Isa Foltin) 2021. All Rights Reserved)

sogenannten „Humba" (ein Fan-Ritual, das von Mainz aus die Fußballstadien der Welt eroberte): Der gesamte Ablauf ist nicht nur komplett choreographiert – er gleicht schon fast einer Liturgie. Und das gilt nicht nur im Sport: Popstars können von dieser Sehnsucht der Fans nach Wiederholung – im Wortsinn – ein Lied singen. Denn die Fans fordern die großen Hits, die Kristallisationspunkte ihrer Identifikation, bei jeder Begegnung immer wieder aufs Neue ein. Ein Rockmusiker, der auf seinen Konzerten ausschließlich Songs seines neuen Albums präsentiert, ohne die alten großen Hits zu spielen, wird seine Fans enttäuschen (Fritzsche 2011, S. 259 ff.). Der kanadische Songwriter *Neil Young* gestand einmal dem *Rolling Stone Magazine* über seinen größten Hit „Heart of Gold", er hasse dieses Lied, denn er könne seit Jahrzehnten nicht die Bühne verlassen, ohne es gespielt zu haben. *Young* ist kein Einzelfall. Ob *Oasis* mit „Wonderwall", *Madonna* mit „Like a Virgin", *Frank Sinatra* und „Stranger in the night", *Led Zeppelins* „Stairway to heaven", *R.E.M.* mit „Shiny happy people", *James Blunt* mit „You're beautiful" oder die *Simple Minds* mit „Don't you forget about me": Alle diese Interpreten hassen ihre erfolgreichen Welthits, weil sie sie immer wieder auf die Bühne bringen müssen.

Doch gerade diese rituelle Wiederholung ist das, was der Fan einfordert. Er will den Kern seines Fan-Seins wieder erleben, konservieren und festhalten. Er will kein *„variety-seeking"*, er will *„more of the same"*. Wie anders ist es zu erklären, dass das Kino *Museum Lichtspiele* in München seit mehr als 45 Jahren die *„Rocky Horror Picture Show"* wöchentlich im Programm hat (was einen Eintrag ins Guinness Buch der Rekorde einbrachte) und sich über mangelnden Zuschauerzuspruch dennoch – oder gerade deswegen – nicht beklagen kann? Die eingeschworenen Fans, die allesamt den Film schon zigfach gesehen haben, genießen das Ritual: Man kommt in Verkleidung, singt lauthals mit und wirft während der Hochzeitsszene Reis. Und der Abend ist nur dann ein Genuss, wenn er so war wie immer. Fans wollen die Uhr anhalten – sie wollen Unwiederbringliches wiederholbar machen, sie wollen Ereignisse mit Wiedererkennungswert. Und je häufiger der Star Möglichkeiten und Kontaktpunkte anbietet, um diesen gefühlten Kern des Fan-Seins erlebbar zu machen, umso fester wird auch die Bindung der Fans.

Unser Beispiel der Rockband *The Who,* die durch das Zertrümmern der Instrumente auf sich aufmerksam machte, verdeutlicht diesen Zwang zur Wiederholung eindrucksvoll. Denn bei allem Erfolg seiner Band-Positionierung musste *Who*-Manager *Lambert* erkennen: Die Geister, die er gerufen hatte, wurden *The Who* nie mehr los. Von nun an forderten die Fans bei jedem Konzert die legendäre abschließende Zerstörungsorgie auf der Bühne – ja, ein Großteil der Fans kam überhaupt nur deshalb zu den Konzerten.[15] Doch die Musiker wollten sich auf dieses Verhalten nicht festlegen lassen. Denn jedes gute Instrument ist ein Einzelstück – und jeder Gitarrist weiß: Hat man erst einmal die perfekte Gitarre gefunden, will man sie keinesfalls wieder verlieren. So fühlte auch *Townshend,* der kaum Lust verspürte, solcherart liebgewonnene Instrumente auf der Bühne zu zertrümmern (Winkler 2010).[16] Auf der anderen Seite wusste *Lambert* aber auch, dass die Forderungen der Fans erfüllt werden mussten, wenn *The Who* ihrem Image als Rebellenband treu bleiben und dauerhaft erfolgreich sein wollten. *Lambert* löste das Problem elegant: Er wies die Stagehands an, *Townshend* während des letzten Songs rasch eine billige, zweitklassige Gitarre zuzuschustern (Stein 1979), die dieser dann wie gehabt rebellisch zertrümmern konnte – unter tosender Begeisterung der Fans.

Stars sind somit nicht nur Stars – sie sind aufgrund ihrer erfolgreichen Positionierung auch Gefangene ihrer Fans, weil sie ihre Positionierung immer und immer wieder bestätigen müssen. Die Forderung der Fans nach Wiederholung des Fan-Erlebnisses zwingt sie, immer wieder zu „liefern" – also an jedem Kontaktpunkt mit dem Fan das zu sein, was dem Bild des Stars im Kopf des Fans entspricht. Und nur denjenigen Stars, die diesen Ruf nach Wiederholung immer wieder erfüllen, schwören die Fans die ewige Treue – denn nur sie verraten die gemeinsamen Werte nicht. Wiederholbarkeit ist also der zentrale Mechanismus, mit dem Stars ihre Fans binden – und das Instrument, mit dem sie ihre Fan-Gemeinde zusammenhalten. Wichtig ist: Dieser Mechanismus funktioniert nur, wenn das Fan-Erlebnis, dessen Wiederholbarkeit geboten werden soll, auch authentisch und glaubhaft angeboten wird. Es genügt also nicht, um das Beispiel von *The Who* noch einmal abschließend aufzugreifen, nur das *Image* eines „Gitarrenzertrümmerers" zu haben – man muss dann auch tatsächlich regelmäßig Gitarren zertrümmern, will man die Fans bei der Stange halten. *The Who*-Manager *Lambert* wusste das.

---

[15] *Roger Daltrey:* „Sie kamen dann nicht mehr wegen der Musik, sondern weil sie zuschauen wollten, wie Pete die Gitarre opferte", zitiert nach Winkler (2010, S. 2).

[16] *Roger Daltrey:* „Es wurde aber irgendwann nicht bloß teuer, sondern auch lästig", zitiert nach Winkler (2010, S. 2).

1.2.9 Eigenschaften der Fan-Beziehung: Belastbarkeit und Konsumbereitschaft

Fan-Beziehungen sind leidenschaftlich und dauerhaft, denn sie sind nur durch wenig zu erschüttern. Erst recht nicht durch Unzufriedenheit. Das bereits erwähnte Beispiel der Fußballfans, die den Verein trotz Erfolglosigkeit nie wechseln würden, verdeutlicht dies: Für die affektive Bindung des Fans ist die „Leistung" seiner Kultfigur oder seiner Stars im Grunde zweitrangig. Mag sein, dass dies in den Anfängen der Beziehung für die aufkommende Leidenschaft zunächst eine Rolle spielt. Doch ist die Fan-Beziehung erst einmal etabliert, ist es für die Bindung unerheblich, ob der Star mit seiner Performance sein Leistungsniveau dauerhaft hält (Göttlich et al. 2003, S. 169). Auch wenn der geliebte Rockstar seit Jahrzehnten keinen Top-Ten-Hit mehr hat, der Fußballverein in die dritte Liga absteigt oder die Lieblingsschriftstellerin in ihrem neuen Buch zum dritten Mal den gleichen Plot bemüht: Der Fan bleibt Fan, auch wenn der Star hinter den Ansprüchen zurückbleibt. Und er hat kein Verständnis für diejenigen, die sich aufgrund schwächerer Leistungen vom Star abwenden. Zuschauer beispielsweise, die nur dann im Stadion auftauchen, wenn die Mannschaft gerade eine hervorragende Saison spielt, also wenn die Leistung stimmt, sind dem selbsternannten „echten" Fan als „Modefans" sogar ein Dorn im Auge.

Ein anderes Beispiel: Ein amerikanischer Literaturkritiker hat einmal behauptet, *Stephen King* könne auch seine Wäscheliste veröffentlichen – seine Fans würden das Buch auch dann noch kaufen. Einmal davon abgesehen, dass dieser Spott dem literarisch oft unterschätzten Werk *Kings* kaum gerecht wird, trifft er, was die Fan-Beziehung angeht, doch den Nagel auf den Kopf: Es ist nicht die immer wiederkehrende Erbringung von Top-Leistung, mit der der Star seine Fans bindet. Es ist die stets wiederholbare Möglichkeit zur Identifikation. Aus ihr heraus ist der Fan bereit, vieles zu verzeihen und auch unter widrigen Bedingungen Fan zu bleiben. Es sei denn, gerade die Erbringung von Top-Leistungen ist das identitätsstiftende Moment, wofür der Star steht. Dann ist durchgehende Top-Performance notwendig, um Fan-Bedürfnisse zu erfüllen. Wir denken in diesem Zusammenhang zum Beispiel an die Fans von *Real Madrid* oder *Bayern München,* für die schon eine Vize-Meisterschaft an den Fundamenten ihrer Fan-Beziehung rüttelt.

Überhaupt ist der Fan extrem einsatzbereit und leidensfähig:[17] Er ist bereit, weite Wege zurückzulegen, um seinen Star zu treffen; er zahlt klaglos überteuerte Preise für Konzertkarten oder Merchandising-Artikel; er investiert Zeit, Energie und Geld in die Arbeit der Fan-Community, oder er steht bei Wind und Wetter im Stadion (Schlicht und Strauß 2003, S. 141). Für den „echten" Fan ist dieses Engagement selbstverständlich. Zuschauer, die nur bei Sonnenschein das Stadion aufsuchen, betrachtet er geringschätzig als „Schönwetterfans". Er empfindet, auch wenn sie seinen Verein unterstützen, keine

[17] Bis hin zu Gesundheitsrisiken, vgl. Kohlmann und Eschenbeck (2009, S. 635–680).

Abb. 1.8 Fans sind leidensfähig: Protestierende Fußballfans. (Mit freundlicher Genehmigung von © picture alliance (Sven Simon|Anke Waelischmiller). All Rights Reserved)

Sympathie für sie. Denn in seinen Augen fehlt ihnen die Bereitschaft, alles für diese Fan-Beziehung zu geben (Hornby 1992).

Um hier Missverständnisse zu vermeiden: Dass Fan-Beziehungen nicht vorrangig auf Leistung basieren, heißt nicht, dass dem Fan die Leistung gleichgültig ist. Der Fan ist kritisch gegenüber seinem Star, insbesondere, was dessen Leistung angeht.[18] Er hat überdurchschnittlich hohe Ansprüche und Erwartungen an seine Kultfiguren. Und wenn die Leistung ausbleibt, ist er ebenso unzufrieden wie andere Anhänger und fordert diese Leistung ein. Er kommuniziert verzweifelt mit anderen Fans darüber, er wendet sich flehend via Facebook an seinen Star, oder er hält in der Kurve Transparente in die Höhe. Wenn die Fußballsaison für den Club schlecht läuft, versammeln sich schon einmal hartgesottene Fans vor dem Vereinshaus und singen: „Wir haben die Schnauze voll!" (König 2002, S. 51 ff.). Und kommt es noch schlimmer und die Saison endet in einer sportlichen Katastrophe, kann die Fan-Zuneigung sogar in Aggression umschlagen (vgl. Abb. 1.8).

Kein Zweifel: Fans sind äußerst kritisch und unbequem, und sie können durchaus unzufrieden sein (Schmidt-Lux 2017). Nur entscheidet diese Unzufriedenheit, die aus mangelnder Leistung resultiert, nicht über ihre dauerhafte Verbundenheit. Die kritische

[18] Zu Versagensängsten durch Zuschauereinflüsse vgl. Alfermann (2000, S. 65–109) sowie Alfermann und Würth (2008, S. 719–778); zur Sportlermotivation durch Fans vgl. Daschmann (2014b, S. 46–62).

und fordernde Haltung des Fans tut seiner affektiven Verehrung keinen Abbruch – solange der Star nicht das zentrale Versprechen aufkündigt, das ihn mit dem Fan verbindet: die Projektionsfläche zu sein, mit der der Fan sich identifizieren kann. Fans bleiben also zunächst einmal Fans – auch dann noch, wenn die erwartete Leistung einmal ausbleibt. Erst wenn ihr Vertrauen auf lange Sicht immer und immer wieder enttäuscht wird, empfinden sie ihr Fan-Sein als Belastung und beginnen sich abzuwenden.

Dank dieser Hingabe ist der Fan ein erstklassiger Konsument (Akremi und Hellmann 2017). Er konsumiert nicht nur den Gegenstand seines Kults, sondern auch zahlreiche weitere Utensilien, mit denen er sein Fan-Sein ausdrückt und seine Zugehörigkeit zum Fantum demonstriert. Er hat bezüglich sämtlicher Angebote, die mit seinem Fan-Objekt in Zusammenhang stehen, eine hohe Kaufbereitschaft (Mikos 2010, S. 109). Mit der zunehmenden Bedeutung der Unterhaltungsindustrie seit dem Zweiten Weltkrieg wurde auch dieses Vermarktungspotenzial von Fan-Kulturen erkannt. Mittlerweile wird Letzteres durch Merchandising und andere kultbezogene Vermarktungsaktivitäten nicht mehr nur bedient, es wird geradezu entfacht und sorgt aufseiten der Vereine und der Stars für klingende Münze. Das berühmteste Beispiel hierfür ist wohl das Trikot des portugiesischen Fußballstars *Christiano Ronaldo.* Nachdem *Real Madrid* den Star von *Manchester United* abgeworben hatte, ging sein Trikot über 1,2 Mio. Mal über den Ladentisch der *Real*-Fanshops. Die 94 Mio. Eur Ablösesumme für *„CR7"*, wie ihn die Fans nennen, die Madrid einst an Manchester gezahlt hatte, wurden damit komplett refinanziert (Mikos 2010, S. 110). Und als vor wenigen Jahren die Nachricht kam, dass *Ronaldo* für die Ablösesumme von 105 Mio. zu *Juventus Turin* wechselte (vgl. Abb. 1.9), verkaufte der italienische Verein allein in den ersten 24 h 520.000 *Ronaldo*-Trikots (20 min.ch 2018). Der letzte Wechsel von Ronaldo im Sommer 2021 zurück nach Manchester brach dann alle Rekorde: Innerhalb von einer Woche verkaufte ManU Ronaldo-Trikots im Wert von 220 Mio. Eur (Bild 2021).

Abb. 1.9 Fans sind kaufbereit: *Ronaldo*-Trikot als Kassenschlager. (Mit freundlicher Genehmigung von © Getty Images/Isabella Bonotto, AFP 2021. All Rights Reserved)

Kein Zweifel: Das in allen Genres festzustellende Ansteigen des Fantums ist nicht allein durch die wachsende Suche nach Identifikationsobjekten in der postindustriellen Gesellschaft zu erklären, es wird wesentlich verstärkt durch das aktive Geschäft mit den Bedürfnissen der Fans – und wird durch entsprechende Vermarktungsinteressen zusätzlich vorangetrieben.

1.2.10 Eigenschaften der Fan-Beziehung: Kommunikation und Community

Der Fan ist kein Einzelgänger, sondern Teil einer wahren Fan-Kultur (Göttlich et al. 2003, S. 169). Er lebt in einer virtuellen oder tatsächlichen Fan-Gemeinschaft, die man als kulturelle Geschmacksgemeinschaft mit gemeinsamen Deutungen und Praktiken verstehen kann. Die Gesamtheit dieser Fan-Gemeinschaft und ihrer Aktivitäten wird in der Literatur in der Regel als „Fandom“ bezeichnet. Sie definiert sich durch eine gemeinsame kulturelle und soziale Praxis. Sie beruht auf gemeinsamen ästhetischen, sinnlichen oder affektiven Erlebnissen, gemeinsamen Handlungspraktiken und gemeinsamer Weltdeutung. Den Kult und seine Praktiken schaffen die Fans dabei selbst. Es sind gemeinsame Lebensstilgruppen, die ihre Kulthandlung expressiv ausleben. Fans treffen sich auf eigenen *Conventions* und genießen in der Gruppe das Verbindende ritueller Verhaltensweisen (vgl. Abb. 1.10). Die hierfür erforderlichen Gemeinsamkeiten müssen nicht kommunikativ ausgehandelt werden: Sie sind Teil der Fan-Kultur – und gerade, weil sie latent und implizit sind, stiften sie Gemeinschaft (Fritzsche 2011, S. 38 ff.).

In diesem Gemeinschaftserleben liegt vermutlich die eigentliche soziale und emotionale Belohnung des Fan-Daseins: Mit seinem Bekenntnis zum Fan-Objekt und zur damit einhergehenden Fan-Gemeinschaft schafft sich der Fan einen positiven Flucht- und Erlebnisraum mitten im häufig ernüchternden Alltag (Schlicht und Strauß 2003, S. 141).

Abb. 1.10 Fans als Community: *Star-Trek*-Kostüm-Rekord in Las Vegas. (Mit freundlicher Genehmigung von © Getty Images/David Livingston 2021. All Rights Reserved)

Er gewinnt durch den Gruppenprozess des Fantums ein Stück individuell empfundener Identität. Er schafft sich eine soziale Heimat und geschützte Erfahrungsräume. Betrachtet man das Phänomen aus dieser Perspektive, wird deutlich, dass Fantum keineswegs pathologische Züge trägt, sondern nachvollziehbare soziale und emotionale Bedürfnisse nach Identität und Geborgenheit bedient (Mikos 2010, S. 113). Ebenso wird sichtbar, warum gleichzeitig mit dem Wegbrechen klassischer sinnstiftender Instanzen wie Kirche, Staat oder Familie das Fan-Phänomen und die Fan-Communitys solchen Zulauf erhielten.

Mit dem so gesteigerten Ingroup-Gefühl der Fan-Community geht eine Abgrenzung nach außen einher. Es geht um das Vergnügen, anders zu sein und sich herauszuheben. Das Fan-Verhalten, das dem unbeteiligten Beobachter von außen als Konformität und Massenverhalten erscheint, wird vom Fan selbst als ein Vorgang der Identitätsstiftung und damit der Individualisierung erlebt. Hierdurch erlangt die Beziehung zu seinem Star eine Einzigartigkeit. Fan zu sein heißt für ihn somit auch immer, anders sein zu wollen, auffallen zu wollen und sich der Normalität zu entziehen – und dies nicht isoliert tun zu müssen, sondern in einer Gruppe vermeintlich Gleichgesinnter (Gebhardt 2017). Die Unterscheidung zwischen der eigenen Peergroup, also den Fans, mit denen man die Leidenschaft teilt, und dem „Rest" der Gesellschaft, ist dabei für ihn zwingend notwendig.

Soziodemografisch gibt es den „typischen" Fan eines bestimmten Stars oder Kultobjekts daher im Grunde nicht. Fans teilen zwar den gemeinsamen Star, sie sind aber dennoch meist keine homogene soziologische Gruppe. Zwar gibt es Fan-Gemeinschaften, insbesondere unter Jugendlichen, die soziodemografisch sehr homogen sind bzgl. Alter, Geschlecht oder sozialer Herkunft, andere Fan-Communitys z. B. von Sportvereinen oder Filmstars zeigen aber, dass Fan-Gemeinschaften soziodemografisch in der Regel heterogen besetzt sind (Otte 2017).

Der Fan ist als Kommunikator und Multiplikator von unschätzbarem Wert. Er ist ständiger Botschafter seines Kultobjekts. Nicht nur, dass er seine Verehrung öffentlich macht durch Insignien, die er bewusst zur Schau stellt – wie z. B. ein Logo, ein T-Shirt oder auch ein Tattoo. Hinzu kommt sein *Word-of-Mouth*-Marketing, durch das er den Star und seinen Kult in persönlichen Gesprächen in seinem Umfeld immer wieder thematisiert. Die Bedeutung dieses *Word-of-Mouth* und der Botschafterrolle des Fans erfuhr durch das Aufkommen der sozialen Netzwerke eine wesentliche Aufwertung. Denn der Fan braucht Plattformen, um sein Fan-Sein ausleben zu können – und Online-Plattformen ermöglichen dies in nie dagewesener Weise (Winter 2017). Fans sind dank der neuen Kommunikationstechnologien nicht mehr lokal oder regional gebunden. Die Fan-Gemeinschaft kann jetzt virtuell in Foren, Blogs oder auf Facebook-Seiten zusammenkommen – die Community wird so für den Einzelnen trotz erheblicher räumlicher Distanzen täglich erfahrbar, in ihrer Willensbildung handlungsfähiger und nach außen hin wahrnehmbarer. Hinzu kommt, dass Fans sich nun vielgestaltiger in die öffentliche Debatte um ihren Star oder ihr Kultobjekt einmischen können.

Das betrifft auch die Kommunikation mit den Stars oder den Produzenten der Kultobjekte selbst. Denn Fans sind nicht nur Rezipienten, sie sind auch aktive Produzenten kultureller Produkte. Fans schreiben Bücher und Handlungsstränge ihrer Kultautoren fort, sie produzieren eigene Musikvideos ihrer Lieblingstitel, sie komponieren eigene Fan-Gesänge für die Fan-Kurve, überlegen sich Stadionchoreografien für den Moment des Einlaufens der Mannschaften oder entwerfen eigene Kleidung, die zum geliebten Fantasyroman passt. *Herr-der-Ringe*-Fans beispielsweise lernen die Fantasy-Sprachen, die *J.R.R. Tolkien* einst in seiner Trilogie ersann, nicht nur auswendig, sie ergänzen sie um neue Vokabeln. Die Fans eignen sich den Gegenstand ihres Kults an und treiben ihn weiter voran. Sie sind somit aktiver Mitarbeiter am Fantum des Stars sowie Impulsgeber und Innovator für seine Performance.

1.2.11 Zusammenfassung: Was ist ein Fan?

Wir haben – basierend auf der sozialwissenschaftlichen Fan-Forschung – herausgearbeitet, was wir unter einem Fan verstehen: Ein Fan ist Konsument und gleichzeitig Mitgestalter eines spezifischen Kulturgutes, der sich durch eine starke leidenschaftliche, dauerhafte Beziehung gegenüber diesem Kulturgut von anderen Konsumenten unterscheidet und infolgedessen spezifische Verhaltensweisen entwickelt. Wir haben aufgezeigt, dass die Suche nach Identifikation und das Bedürfnis nach sozialem Anschluss die grundlegenden Motive sind, die den unbewussten Impuls zur Aufnahme einer Fan-Beziehung geben, und dass es kennzeichnend für diese Beziehung ist, dass sie vom Fan als exklusiv und einzigartig erlebt wird. Die mit dieser Qualität von Identifikation und Einzigartigkeit ausgestattete Fan-Beziehung zeigt zahlreiche Folgeeigenschaften, die wir ebenfalls herausgearbeitet haben. Alle diese Merkmale finden Sie im Folgenden noch einmal aufgeführt und inhaltlich sinnvoll gruppiert. Die hierdurch entstandenen Bündel von Merkmalen bezeichnen wir als Dimensionen der Fan-Beziehung. Allerdings gibt es zwischen diesen Dimensionen eine klare Hierarchie: Während Identifikation und Einzigartigkeit die ursächlichen Treiber sind, ohne die keine Fan-Beziehung zustande kommen kann, sind die drei weiteren Dimensionen Folgeeigenschaften, die zwar auch in jeder Fan-Beziehung zu finden sind, aber für das Entstehen der Beziehung nicht ursächlich sind. Dieser Katalog der Wesensmerkmale von Fan-Beziehungen sowie die Identifikation der hierarchischen Bezüge zwischen diesen verschiedenen Merkmalen machen den zentralen Entdeckungsgehalt des *Fan-Prinzips* aus: Es beschreibt, welchen grundlegenden Prinzipien echte Fan-Beziehungen folgen.

Dimensionen und Merkmale von Fan-Beziehungen

Identifikation und Einzigartigkeit als Grundlage jeder Fan-Beziehung:

1. *Identifikation als grundlegendes Motiv jeder Fan-Beziehung*
   - Die Fan-Beziehung bedient Bedürfnisse nach Identitätsstiftung und sozialer Zugehörigkeit.
   - Die Fan-Beziehung basiert auf Identifikation: Der Star verkörpert zentrale Werte des Fans.
   - Der Fan erwählt den Star aufgrund dieser individuell wahrgenommenen Passung.
   - Die Fan-Beziehung schafft hierdurch maximale affektive und emotionale Bindung.
   - Der Fan hat konkrete Erwartungen und Ansprüche an die Performance seines Stars.
   - Der Fan kann leidenschaftlich und dauerhaft verbunden, aber dennoch unzufrieden sein.
2. *Einzigartigkeit als notwendiges Element jeder Fan-Beziehung*
   - Die Fan-Beziehung ist exklusiv. In den Augen des Fans ist sie ein Alleinstellungsmerkmal.
   - Die Fan-Beziehung vermittelt dem Fan das Gefühl der Individualität.
   - Der Fan grenzt sich durch sein Fantum von anderen „Nicht-Fans“ ab.

Eigenschaften der Fan-Beziehung, die aus Identifikation und Einzigartigkeit resultieren:

3. *Dauerhaftigkeit der Fan-Beziehung und die Wiederholbarkeit des Identifikationserlebnisses*
   - Die Fan-Beziehung entsteht durch Initialereignisse.
   - Die Fan-Beziehung ist auf Dauerhaftigkeit angelegt.
   - Der Fan braucht häufige Kontaktmöglichkeiten, die das Fan-Sein erlebbar machen.
   - Der Fan braucht wiederholbare Erlebnisse, die Identifikation immer wieder ermöglichen.
   - Der Fan braucht Ereignisse mit Wiedererkennungswert: Er sucht „more of the same“.
   - Der Fan empfindet jede Veränderung der identitätsstiftenden Eigenschaften als Bedrohung. Sie kann zur Aufkündigung der Fan-Beziehung führen.
4. *Der Fan als Botschafter und als Mitglied der Fan-Community*
   - Die Fan-Beziehung ist eine sozial vermittelte Beziehung.
   - Der Fan ist ein aktiver Botschafter des Stars.
   - Der Fan ist Multiplikator durch *Word-of-Mouth.*

- Der Fan bewegt sich in einer Fan-Community.
- Der Fan kommuniziert aktiv in seiner Community.
- Der Fan braucht eine Plattform, um sein Fan-Sein auszuleben.

5. *Die Belastbarkeit der Fan-Beziehung und die Konsumbereitschaft des Fans*
   - Die Fan-Beziehung ist geprägt von hohem Vertrauen in die Integrität des Stars.
   - Der Fan ist bereit, sein Fan-Sein auch unter widrigen Bedingungen auszuleben.
   - Der Fan verzeiht vieles und hat eine hohe Leidensfähigkeit.
   - Der Fan ist ein aktiver Mitarbeiter am Fandom seines Stars.
   - Der Fan ist Impulsgeber und Innovator für die Leistung des Stars.
   - Der Fan ist bereit, einen hohen Preis für sein Fan-Erlebnis zu zahlen.

1.3 Vom *Fan-Prinzip* zu *FANOMICS*: Was ist ein Fan-Mitarbeiter?

Nachdem wir eingehend erläutert haben, was ein Fan ist und welche Eigenschaften typisch für ihn sind, stehen wir nun vor der entscheidenden Frage: Gibt es so etwas wie „Fan-Mitarbeiter" – also Mitarbeiter, deren Mitarbeiterbeziehung zu ihrem Anbieter einer Fan-Beziehung gleicht? Lassen sich die Erkenntnisse über Fans und Fan-Beziehungen gewinnbringend auf Mitarbeiter und Mitarbeiterbeziehungen übertragen? Kann man aus den Eigenschaften von Fans etwas lernen, um das wertschöpfende Potenzial der Mitarbeiter zu steigern, sie längerfristiger zu binden und passende Mitarbeiter zu gewinnen? Wir werden uns mit den skizzierten Fragen im Folgenden auseinandersetzen.

1.3.1 Fans gibt es auch in Mitarbeiterbeziehungen

Das Internet ist voll von Bildern mit Mitarbeitern, die sich in Kleidung ihres Arbeitgebers zeigen, stolz als Repräsentant auf Veranstaltungen auftreten, für 25 Jahre oder mehr Betriebszugehörigkeit gefeiert werden oder mit Freude und Begeisterung ihrer Arbeit nachgehen. Diese Beispiele machen nicht nur deutlich, dass es Fan-Mitarbeiter gibt. Sie vermitteln zugleich eine erste Vorstellung, dass Fan-Mitarbeiter für jedes Unternehmen von unschätzbarem Wert sind. Daher ist es nur zu verständlich, dass die Sehnsucht nach solchen Mitarbeitern viele Unternehmensentscheider umtreibt. Starke Mitarbeiterbeziehungen mit all den positiven Folgen sind Stabilitäts- und Wachstumsmotoren für jedes Unternehmen: Solche Fan-Mitarbeiter schwören offensichtlich auf ihr Unternehmen und Ihre Marke. Für ihre Bedürfnisse gibt es keinen passenderen

Arbeitgeber als Sie. Daher verhalten sie sich loyal, stellen keine überzogenen Gehaltsforderungen, sie empfehlen ihren Arbeitgeber gerne weiter und – am wichtigsten – sie arbeiten sehr zuverlässig und mit großem Engagement, kurzum, sie „brennen" für ihren Arbeitgeber.

Natürlich gibt es solche Mitarbeiter. Doch obwohl Unternehmen viele solcher hochwertigen Mitarbeiterbeziehungen haben könnten – sie haben sie nicht. Warum haben die meisten Unternehmen nur so wenig Fan-Mitarbeiter? Wir sind überzeugt: Weil sie im Mitarbeiterbeziehungsmanagement auf das falsche Pferd setzen – nämlich auf die Mitarbeiterzufriedenheit. Und das ist, wie wir im Folgenden sehen werden, ein schwerwiegender Fehler.

1.3.2 Vorsicht vor zufriedenen Mitarbeiter

Auf den ersten Blick mag die Überschrift irritieren: Wieso sollte man vor zufriedenen Mitarbeitern warnen? Denn ein zufriedener Mitarbeiter – so die weitverbreitete Annahme – ist ein loyaler und damit gleichzeitig ein wertvoller Mitarbeiter. Tatsächlich jedoch ist es gefährlich, das Mitarbeiterbeziehungsmanagement eines Unternehmens vorrangig oder gar ausschließlich an der Mitarbeiterzufriedenheit auszurichten. Denn zum einen führt Mitarbeiterzufriedenheit in gesättigten Arbeitsmärkten eben *nicht* zu nachhaltiger Mitarbeiterbindung. Und zum anderen verschlingt der Versuch, Mitarbeiterzufriedenheit zu steigern, immense Unternehmensressourcen, die an anderer Stelle wesentlich gewinnbringender eingesetzt werden könnten. Die folgenden Ausführungen werden dies verdeutlichen.

Mitarbeiterzufriedenheit allein schafft noch keine Mitarbeiterbindung

Die Gewinnung und Bindung von Mitarbeitern wird in der sich aktuell zuspitzenden Situation auf dem Arbeitsmarkt und dem schon lange thematisierten „War for talents" für die meisten Unternehmen ein zunehmend bedeutsamer Bestandteil der Unternehmensstrategie. Entsprechend intensiv investieren sie seit vielen Jahren vermeintlich in die Qualität ihrer Mitarbeiterbeziehungen. Dieses Engagement beruht auf der Einsicht, dass gut gepflegte, dauerhafte und loyale Mitarbeiterbeziehungen ein zentraler, wenn nicht zunehmend DER zentrale unternehmerische Erfolgsfaktor sind – denn unter den Bedingungen des sich dramatisch verschärfenden Wettbewerbs auf den Arbeitsmärkten ist es wesentlich rentabler, einen Mitarbeiter zu halten und die Beziehung zu ihm zu pflegen, als einen neuen Mitarbeiter aufwendig zu gewinnen, einzuarbeiten und aufzubauen.

Als Gradmesser für den Erfolg ihrer aufwendigen Maßnahmen zur Steigerung der Mitarbeiterbeziehungsqualität orientieren sich die Unternehmen vor allem an einem zentralen Parameter: an der Zufriedenheit ihrer Mitarbeiter. Das ist nicht weiter überraschend. Denn zufriedene Mitarbeiter, dessen schien man sich lange sicher, sind loyalere Mitarbeiter mit stabileren und dauerhafteren Mitarbeiterbeziehungen – in der

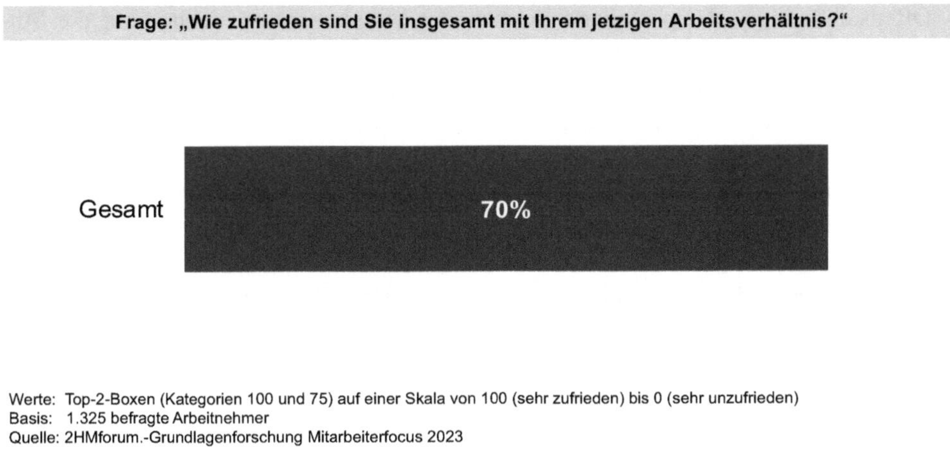

Abb. 1.11 Mitarbeiterzufriedenheitswerte für Deutschland

einschlägigen Personalmanagement-Literatur[19] ist diese Ansicht, wonach Mitarbeiterzufriedenheit unweigerlich zu Mitarbeiterbindung führt, noch immer weit verbreitet. Die Annahme scheint sogar so selbstverständlich, dass sie vielerorts nicht hinterfragt wird. Und so wurde beim Streben nach Mitarbeiterbindung die Mitarbeiterzufriedenheit zum Mantra der Mitarbeiterorientierung. Entsprechend wird in erheblichem Maß in Mitarbeiterzufriedenheit investiert. Und dies mit Erfolg, denn in Deutschland sind 70 % der Arbeitnehmer mit ihrem Arbeitgeber zufrieden (vgl. Abb. 1.11).

Um diese hervorragenden Zufriedenheitswerte zu erreichen, waren immense Anstrengungen nötig. Gewaltige Summen wurden in die Verbesserung der Arbeitsbedingungen, in die Personalentwicklung in Zusatzleistungen und nicht zuletzt in die Gehaltssteigerungen investiert, um die Mitarbeiter erst zufrieden und dann immer noch zufriedener zu machen.

Tatsächlich führte der eingeschlagene Weg in die Irre. Denn die Unternehmen haben zwar in Sachen Mitarbeiterzufriedenheit ihre Hausaufgaben gemacht, aber sie haben hierdurch ihr eigentliches Ziel, eine höhere Mitarbeiterbindung, nicht erreicht. Zahlreiche Unternehmen machen vielmehr die gegenteilige Erfahrung: Mitarbeiter werden zwar immer zufriedener – dennoch verlassen sie ihren Arbeitgeber am Ende doch oder – wenn sie ihm erhalten bleiben – sind sie weder produktiver noch motivierter. Offensichtlich verhalten sich zufriedene Mitarbeiter zunehmend genauso illoyal wie unzufriedene. Die immensen Investitionen in die Mitarbeiterzufriedenheit blieben wirkungslos, da sie zwar mehr Zufriedenheit, jedoch keinerlei Bindung schufen.

[19] Dass gesteigerte Zufriedenheit langfristig Bindung erzeugt, wird selbst in der einschlägigen betriebswissenschaftlichen Literatur ungeprüft vorausgesetzt (vgl. z. B. Homburg 2016).

Offensichtlich gilt der postulierte Einfluss der Mitarbeiterzufriedenheit auf die Mitarbeiterbindung also nur noch bedingt. Der Grund dafür erschließt sich, wenn wir uns das Konstrukt der Mitarbeiterzufriedenheit näher anschauen. In der Forschung gibt es dazu zahlreiche Modelle und Ansätze. Sie alle verstehen Mitarbeiterzufriedenheit im Kern als das Ergebnis eines Prozesses, bei dem der Mitarbeiter seine Erwartungen an seinen Arbeitsplatz mit seinen Erfahrungen hinsichtlich der ihm gebotenen Leistungen im Arbeitsalltag vergleicht. Werden die Erwartungen nicht erfüllt, kommt es zu Unzufriedenheit oder Ärger. Halten sich Erwartung und Erfahrung die Waage, ist der Mitarbeiter zufrieden (Homburg und Stock-Homburg 2016). Übertreffen die gemachten Erfahrungen die Erwartung, gilt er als hochzufrieden oder begeistert (Oliver et al. 1997). Am Ende, so die Annahme, entsteht bei hochzufriedenen Mitarbeitern eine höhere Mitarbeiterloyalität, also eine Steigerung der Mitarbeiterbindung (Homburg und Bucerius 2016). Steigende Mitarbeiterzufriedenheit, so wird zudem gemeinhin postuliert, führt zu wachsender Loyalität, Produktivität und Motivation. Kurzum, zufriedene Mitarbeiter seien folglich die Mitarbeiter mit dem höchsten Potenzial[20].

Doch dieser Wirkzusammenhang hat sich längst erledigt. Denn Mitarbeiterzufriedenheit basiert auf Leistung – genauer gesagt reflektiert sie die Leistungs*wahrnehmung* der Mitarbeiter im Arbeitsalltag. Sie steigern zu wollen, bedeutet für ein Unternehmen, kostspielig in ein „Immer Mehr" an Qualität und Leistung rund um den Arbeitsplatz zu investieren: so sehen wir in den letzten Jahren einen Überbietungswettbewerb bei Home-Office, Urlaubstagen und diversen Benefits. Die Crux hierbei ist jedoch: Durch die Steigerung der Leistungen ist es kaum mehr möglich, sich tatsächlich von konkurrierenden Arbeitgebern zu differenzieren. Erst recht dann nicht, wenn diese ebenso darauf setzen, die Zufriedenheit ihrer Mitarbeiter durch ein Mehr an Leistung zu steigern. Was dann entsteht, ist ein ruinöser Wettbewerb zwischen Unternehmen, die permanent ihre Leistungen steigern und für ihre Mitarbeiter dennoch – oder sogar gerade deswegen – kaum unterscheidbar sind. Die wahrgenommene Leistung führt somit nicht zu einer stärkeren Bindung der Mitarbeiter, sondern vielmehr zu seiner Verunsicherung: Die Mitarbeiter nehmen wahr, dass sie absolut vergleichbare Angebote auch bei anderen Arbeitgebern antreffen. Arbeitgeber werden für sie zunehmend austauschbarer.

Zusätzlich gilt es zu bedenken: In vielen Branchen hat die Leistungswahrnehmung der Mitarbeiter bereits das Maximum erreicht. Erinnern wir uns: Wenn die Leistungen die Erwartungen erfüllen, sind die Mitarbeiter zufrieden. Das entspricht auf einer fünfstufigen Skala von 1 (beste Note) bis 5 (schlechteste Note) in etwa der Bewertung „2". Doch schon jetzt machen viele Unternehmen die Erfahrung, dass sie in der Zufriedenheit mit der Bestnote – also mit „1" – bewertet werden. Das heißt: Einige Unternehmen übererfüllen jetzt schon die Leistungserwartungen – sie differenzieren sich aber trotzdem

[20] Diese Zusammenhänge wurden bisher primär für die Kundenforschung beschrieben, lassen sich so aber aufgrund des Zufriedenheitskonzepts 1:1 auf Mitarbeiterbeziehungen übertragen (vgl. z. B. Matzler 2003, Martensen und Gronholdt 2001).

nicht von ihren Wettbewerbern auf dem Arbeitsmarkt, die eine ebensolche Übererfüllung anbieten und daher von ihren Mitarbeitern auch mit „sehr gut“ bewertet werden.

Eben dieser Mechanismus führt dazu, dass hochzufriedene Mitarbeiter nicht automatisch loyal sind, sondern sich genauso schnell dem Angebot anderer Arbeitgeber zuwenden können wie unzufriedene Mitarbeiter. Aufgrund der mangelnden Profilierung der Unternehmen steigt die Wechselbereitschaft auch bei hochzufriedenen Mitarbeitern – und bei attraktiverer Vergütung steigt die Wechselbereitschaft abrupt. Die zufriedenen Mitarbeiter sind somit teilweise ebenso illoyal wie die unzufriedenen.

Dass wir vor den „nur“ zufriedenen Mitarbeitern warnen, hat aber noch einen anderen wesentlichen Grund. Denn im Gegensatz zu den „nur“ zufriedenen Kunden, die söldnerhaft von Angebot zu Angebot wechseln, gibt es unter ihnen eine zwar sinkende, aber immer noch stattliche Fraktion, die keine Wechselabsichten zeigt. Sie sind demnach zwar loyal, wie wir an anderer Stelle noch ausführlich erläutern werden (vgl. Kap. 2), fehlt es diesen Arbeitnehmern allerdings an vielen weiteren für ihren Arbeitgeber wertstiftenden Eigenschaften. So zeichnen sie sich durch unterdurchschnittliche Produktivität, Motivation, Kundenorientierung und Weiterempfehlungsbereitschaft aus.

Wenn Unternehmen sich also fragen, warum sie trotz großer Investitionen zwar zufriedene, aber nicht in gleichem Maße treue und engagierte Mitarbeiter haben, so finden sie die Antwort in einer verhängnisvollen Fehlerkette: Sie haben einseitig auf Mitarbeiterzufriedenheit gesetzt, die keine Bindung und Motivation schafft. Und sie haben zur Steigerung dieser Zufriedenheit zu einseitig auf Leistungsaspekte gesetzt, die eine wahrnehmbare Profilierung gegenüber konkurrierenden Arbeitgebern kaum noch ermöglichen. Die Folge dieses ruinösen „war for talents“ war nicht etwa eine Abkehr der Unternehmen von der Mitarbeiterzufriedenheit als zentraler Orientierungsgröße der Mitarbeiterzentrierung, sondern eine weitere Intensivierung der Anstrengungen, die ohne jede Fokussierung auf die wahren Bedürfnisse der Mitarbeiter gleichermaßen streut, dabei Unsummen verschlingt und die gewünschte Wirkung vermissen lässt. Wir nennen dieses Verhaltensmuster das „Mehr-ist-Mehr“-Mantra des Zufriedenheitsmanagements.

Mit dieser fehlerhaften Strategie machen die Firmen ihre Mitarbeiter geradezu entweder zu Söldnern oder zu Bewohnern, die die Inflation an Leistungen und Benefits gerne mitnimmt, sich dafür aber nicht in gleichem Maße einbringt. Unwillkürlich denkt man in diesem Zusammenhang an die berühmten Worte des ehemaligen amerikanischen Präsidenten John F. Kennedy bei dessen Antrittsrede: „Frage nicht, was dein Land für dich tun kann – frage, was du für dein Land tun kannst“.

Doch besagtes „Mehr-ist-Mehr“-Mantra verfehlt nicht nur sein Ziel, es kostet auch jede Menge Geld, Das heißt: Zufriedenheitsmanagement alleine verfehlt nicht nur das Ziel, Mitarbeiterloyalität und -motivation zu steigern. Es ist auch unprofitabel. So führt die Ausrichtung an der Mitarbeiterzufriedenheit unweigerlich auch in eine Kostenfalle.

Das bedeutet: Mitarbeiterzufriedenheit ist zwar ein notwendiger und unverzichtbarer Bestandteil intakter Mitarbeiterbeziehungen, denn niemand wird ernsthaft behaupten, dass ein Unternehmen mit unzureichender Leistung und dementsprechend unzufriedenen

Mitarbeitern langfristig erfolgreich sein kann. Als alleinige Steuerungsgröße des Mitarbeiterbeziehungsmanagements greift die Mitarbeiterzufriedenheit jedoch offensichtlich zu kurz. Denn auch hochzufriedene Mitarbeiter zeigen häufig keine Bindung mehr an ihren Arbeitgeber und verhalten sich stattdessen illoyal. Oder sie verhalten sich loyal, sind aber nicht so produktiv und motiviert, wie sie sein könnten. Für Unternehmen, die Mitarbeiterbindung erreichen wollen, ist somit neben der Zufriedenheit eine neue, zusätzliche Orientierungsgröße zwingend notwendig.

Was wäre, wenn man als eine solche zusätzliche Orientierungsgröße eine Indikation hätte, ob eine Mitarbeiterbeziehung Fan-Qualität hat? Diese neue Kenngröße müsste einerseits in der Lage sein, innerhalb der Belegschaft eines Unternehmens Mitarbeiter mit Fan-typischen Verhaltensmustern zu identifizieren. Und sie müsste dies unabhängig von der Mitarbeiterzufriedenheit leisten, da – wie soeben gezeigt – sich zunehmend auch hochzufriedene Mitarbeiter illoyal und unmotiviert verhalten. Es kommt also entscheidend darauf an, mit der neuen Kenngröße Mitarbeiter mit hoher und niedriger Bindung auch innerhalb der hochzufriedenen Mitarbeiter differenzieren zu können.

Eine solche Kenngröße wäre aus zwei Gründen anderen Maßen der Mitarbeiterbeziehungsqualität überlegen: Zum einen würde sie das messen, was eine Fan-Beziehung ausmacht – eine leidenschaftliche, langfristige Beziehungsqualität zwischen Mitarbeiter und Arbeitgeber. Und zum anderen würde sie uns in der Folge in die Lage versetzen, diese Beziehungsqualität zu steigern, indem wir die Erkenntnisse aus der sozialwissenschaftlichen Fan-Forschung auf die Beziehung von Unternehmen und Mitarbeiter übertragen. Und tatsächlich ist es uns gelungen, eine solche Kenngröße, die die Fan-typische Beziehung von Mitarbeitern unabhängig von ihrer Zufriedenheit erheben und identifizieren kann, zu entwickeln. Wir nennen sie den *Fan-Indikator.* Er ist das Herzstück des Transfers der Erkenntnisse des *Fan-Prinzips* in unser Steuerungsmodell *FANOMICS.*

1.4 Die *FANOMICS*-Grundlage: Der *Fan-Indikator*

Wir hatten auf theoretischer und empirischer Grundlage hergeleitet, dass eine Fan-Beziehung eine leidenschaftliche, dauerhafte Beziehung mit hoher emotionaler Bindung ist. Und wir hatten anschließend aufgezeigt, dass es Fan-Mitarbeiter gibt, die eine solche Fan-ähnliche Beziehung zu ihrem Arbeitgeber haben. Es liegt also nahe, ausgehend von den Merkmalen von Fan-Beziehungen eine Kenngröße für das Fan-typische Verhalten von Mitarbeitern zu entwickeln. Mit dieser Vorgehensweise lösen wir ein zentrales Problem der Handhabbarkeit einer Kenngröße für emotionale Bindung: Das Unterfangen, emotionale Mitarbeiterbindung *direkt* messen zu wollen, hätte wenig Aussichten auf Erfolg. Es würde bedeuten, dass man den emotionalen Bezug der Mitarbeiter zum Unternehmen oder zur Marke messen müsste. Dies ist zwar möglich und wird in wenigen Ansätzen auch verfolgt, gleichwohl ist es aber empirisch schwierig und vor allem wirtschaftlich kaum praktikabel. Denn die Messung von Emotionen setzt ein ausgeklügeltes und extrem umfangreiches Inventar an psychologischen

Messinstrumenten voraus (Müller und Kuchinke 2019). Genau dies würde aber unserem Ziel widersprechen. Denn wir suchen nicht nur eine valide Kenngröße, um emotionale Mitarbeiterbindung zu messen, sondern wollen auf Basis dieser Messung *FANOMICS* als ein schlankes, alltagstaugliches Steuerungsinstrument entwickeln. Wir suchen also nach einem Indikator, der wiederholt und mit geringem Aufwand gemessen werden kann.

Auf der Suche nach einer schlanken und praktikablen Lösung zur Messung von emotionaler Bindung nutzen wir unser Wissen über die Fan-Eigenschaften. Um Mitarbeiter, die eine emotionale Bindung an ihren Arbeitgeber zeigen, identifizieren zu können, müssen wir nicht zwingend deren Emotionen erfassen. Denn unser Ziel ist ja nicht, die Emotionen der Mitarbeiter zu kennen, sondern deren Beziehungsqualität. Wenn wir Mitarbeiter identifizieren können, deren Beziehungsqualität zu ihrem Arbeitgeber eine ähnliche Qualität aufweist wie die Beziehung eines Fans zu seinem Star, haben wir, da Fan-Beziehungen immer eine hohe emotionale Bindung aufweisen, somit auch die Mitarbeiter mit hoher emotionaler Bindung identifiziert. Es reicht daher völlig aus, diejenigen Beziehungsmerkmale zu erfassen, von denen wir wissen, dass sie auch konstitutiv für Fan-Beziehungen sind. Und eben diese Merkmale haben wir als *Fan-Prinzip* im Abschn. 1.2 anhand des sozialwissenschaftlichen Forschungsstands sowie aufgrund theoretischer Überlegungen identifiziert: *1) Identifikation und 2) Einzigartigkeit der Beziehung.*

Der Kern unserer Argumentation lautet somit: Fan-Beziehungen sind Beziehungen mit hoher emotionaler Bindung, weil sie für den Fan ein zentrales Bedürfnis erfüllen. Mitarbeiter, die sich ähnlich wie Fans mit ihrem Arbeitgeber identifizieren und die Beziehung zu ihm als einzigartig wahrnehmen, weisen eine vergleichbare emotionale Beziehungsqualität wie Fans auf und sind daher, so definieren wir es hier und im Folgenden, „Fan-Mitarbeiter". Der Begriff des Fan-Mitarbeiters ist dabei als Transfer zu verstehen: Es ist unerheblich, ob diese Mitarbeiter tatsächlich „Fans" des Unternehmens im Sinne der sozialwissenschaftlichen Definition sind. Sie sind Mitarbeiter, die eine Fan-ähnliche Beziehung zu diesem Anbieter haben – mehr soll dieses Etikett nicht besagen.

Somit war unser Ziel, die beiden konstituierenden Merkmale von Fan-Beziehungen, Identifikation und Einzigartigkeit, in Mitarbeiterbefragungen messbar zu machen – und dies mit minimalem Aufwand. Dabei galt es, die zu messenden Eigenschaften sprachlich, treffend und so knapp wie möglich auf Beziehungen zwischen Unternehmen und ihren Mitarbeitern zu übertragen. Basierend auf zahlreichen eigenen empirischen Erhebungen und Analysen operationalisieren wir diese beiden Merkmale *„Identifikation und Einzigartigkeit"* folgendermaßen:

1. Als Identifikationspotenzial der Beziehung messen wir, ob der Mitarbeiter angibt, der Arbeitgeber sei wie geschaffen für jemanden wie ihn.
2. Zur Einzigartigkeit der Beziehung erheben wir, ob der Mitarbeiter den Arbeitgeber als den attraktivsten in diesem Bereich ansieht.

Den Grad der Zustimmung zu diesen Aussagen erheben wir in fünfstufigen Skalen.

Diese beiden Dimensionen haben wir nun – basierend auf zahlreichen empirischen Erhebungen und Analysen – in einem rechnerischen Wert, in einem zentralen Indikator, zusammengefasst. Die beiden Messgrößen fließen dabei gewichtet nach ihrer Bedeutsamkeit ein, die sie für die Beziehungsqualität haben. Das Ergebnis ist ein gewichteter Indexwert, der sogenannte *„Fan-Indikator"* (vgl. Abb. 1.12). Die ihm zugrunde liegende Messung erfasst die notwendigen und hinreichenden Merkmale, die es braucht, um Fan-Mitarbeiter zu identifizieren. Das heißt, Fan-Mitarbeiter zeigen immer diese Beziehungsmerkmale, und umgekehrt: Beziehungen, die diese Merkmale nicht zeigen, sind keine Beziehungen von Fan-Mitarbeitern.

Der *Fan-Indikator* ist somit ein bivariates Konstrukt, dessen Bestandteile zunächst theoretisch und qualitativ hergeleitet, anschließend verdichtet und dann gestützt auf empirische Analysen gewichtet zusammengeführt wurden. Da er auf den zentralen Merkmalen basiert, die wir zuvor im *Fan-Prinzip* als typisch für Fan-Beziehungen identifiziert hatten, ist er auch ein Indikator für emotionale Bindung – ohne selbst direkt Emotionen zu messen. Da dieser Indikator die grundlegenden sozialwissenschaftlichen Erkenntnisse aus dem *Fan-Prinzip* schlüssig auf Mitarbeiterbeziehungen überträgt, vollziehen wir durch seine Entwicklung den Schritt vom *Fan-Prinzip* in unser darauf aufbauendes ökonomisches Steuerungsmodell. Weil sich hierin theoretische Überlegungen und empirische Befunde aus *Fan-Forschung* und Ökonomie vereinen, bezeichnen wir dieses Steuerungsmodell entsprechend als *FANOMICS*. Es beinhaltet, aufbauend auf dem *Fan-Indikator*, den gesamten unternehmerischen Werkzeugkasten zur Umsetzung des *Fan-Prinzips* in Mitarbeiterbeziehungen und wird in den Folgekapiteln ausführlich vorgestellt.

Wir hatten in Abschn. 1.2 herausgearbeitet, dass die Passung zwischen dem Angebot des Stars einerseits und den zentralen Bedürfnissen des Fans andererseits entscheidend ist für die Fan-Beziehung. Exakt dieselben inhaltlichen Zusammenhänge misst der *Fan-Indikator* für das Verhältnis zwischen dem Angebot eines Arbeitgebers (ausgedrückt durch seine Kultur, seine Unternehmenswerte, Mission und Vision, die Arbeitgebermarke)

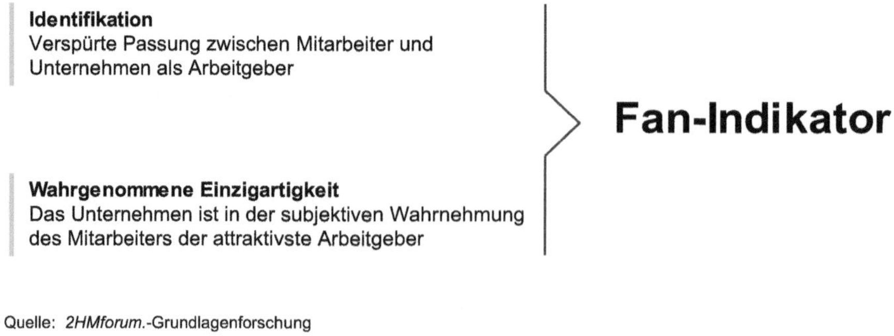

Abb. 1.12 Die Dimensionen des *Fan-Indikators*

und den zentralen Bedürfnissen seiner Mitarbeiter: Durch die stetige Erfüllung zentraler Bedürfnisse erleben die Mitarbeiter Identifikation und gefühlte Einzigartigkeit. Wir sprechen dann von Mitarbeitern mit einer hohen *Fan-Indikation.* Dies wiederum führt zu einer Fan-ähnlichen Mitarbeiterbeziehung. Wir bezeichnen diesen Indikator im Folgenden auch als Maß der *emotionalen Mitarbeiterbindung*. Wir drücken damit aus, dass der *Fan-Indikator* aufgrund der Fan-typischen Leidenschaft und Identifikation weit über das konventionelle Verständnis von Mitarbeiterbindung hinausgeht und bündeln diese zusätzliche Qualität in dem Attribut „emotional".

Im Unterschied zum weitläufig verbreiteten Indikator der Mitarbeiterzufriedenheit, der ausschließlich auf der Leistungswahrnehmung basiert, beruht der *Fan-Indikator* als Maß der Beziehungsqualität auf zwei Komponenten, die den Grad der Passung spiegeln. Während die Mitarbeiterzufriedenheit ausdrückt, bis zu welchem Grad *irgendwelche* Bedürfnisse erfüllt werden – von „überhaupt nicht" bis hin zur Übererfüllung – drückt der *Fan-Indikator* aus, in welchem Maß das *zentrale* Bedürfnis der Mitarbeiter erfüllt wird, damit wahrgenommene Passung entsteht. Stellen wir beides zueinander in Beziehung, so erhalten wir eine Matrix von Zufriedenheit und Fan-typischem Verhalten (vgl. Abb. 1.13):

Das Schaubild stellt im Grunde das „Mehr ist Mehr"-Mantra des Zufriedenheitsmanagements dem zentralen Kennwert von *FANOMICS* gegenüber, der wiederum auf den empirischen Erkenntnissen des *Fan-Prinzips* beruht. Die horizontale Achse verdeutlicht uns das Ergebnis der reinen Zufriedenheitsorientierung: Mehr und mehr wird ziellos in Leistungsbereiche investiert, um Zufriedenheit zu steigern. Dies schafft aber

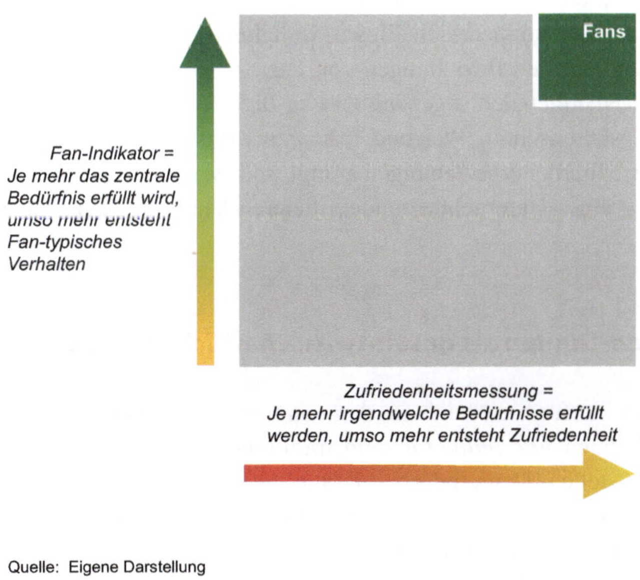

Abb. 1.13 Die Matrix von Zufriedenheit und Fan-typischem Verhalten

in der Regel weder die gewünschte Verbundenheit noch die benötigte Motivation, weil hier *irgendwelche* Bedürfnisse der Mitarbeiter bedient werden – aber eben nicht gezielt ihre *zentralen* Bedürfnisse. Ganz anders der *Fan-Indikator* auf der vertikalen Achse: Hier ist die Passung zwischen den *zentralen* Bedürfnissen der Mitarbeiter und der wahrgenommenen Identität des Arbeitgebers abgetragen. Je mehr diese deckungsgleich sind, umso höher die Bedürfnisbefriedigung und damit die Fan-typische, auf Leidenschaft und Langfristigkeit basierende Beziehungsqualität.

Es kommt also für den Arbeitgeber darauf an, fokussiert das Richtige zu tun und sich entsprechend zu positionieren. Und wenn beides – Ausrichtung auf zentrale Bedürfnisse und bedarfsgerechte Bedürfniserfüllung – zusammenkommt, sprechen wir von Fan-Mitarbeitern: Mitarbeiter, deren zentrale Bedürfnisse vom Arbeitgeber stets fokussiert erfüllt werden, sodass gefühlte Einzigartigkeit entsteht. Die Validität und Erklärungskraft dieses Ansatzes ist ausgesprochen hoch. Das werden wir im Folgenden anhand der Daten aus unserer Grundlagenforschung unter repräsentativ ausgewählten Arbeitnehmern in Deutschland belegen.

1.5 Die *Fan-Quote* als KPI

Lassen Sie uns die bisherigen Schritte noch einmal zusammenfassen: Wir hatten zunächst gezeigt, dass die in vielen Unternehmen angewandte Steuerungsgröße „Mitarbeiterzufriedenheit" vor allem auf Leistungs- und Qualitätsurteile über den Arbeitgeber und den Arbeitsplatz zurückgeht. Wir hatten weiter festgestellt, dass Mitarbeiterzufriedenheit nicht ausreicht, um die Verbundenheit und die Motivation zu erklären – denn auch hochzufriedene Mitarbeiter können sich illoyal verhalten oder unmotiviert sein. Wir haben deshalb, basierend auf den Beziehungen von Fans zu ihren Stars, eine neue Steuerungsgröße entwickelt, nämlich den sogenannten *Fan-Indikator:* ein Maß für Beziehungsqualität und Leistungsbereitschaft. Welchen Erkenntnisfortschritt diese neue Messgröße für die Analyse der Mitarbeiterbeziehungen bringt und wie man mit ihrer Hilfe Fans unter den Mitarbeitern eines Unternehmens identifizieren kann, ist Gegenstand des folgenden Abschnitts.

1.5.1 Die *Fan-Quoten* als gesamtwirtschaftlicher Index

Als erster Schritt hierfür bietet sich an, den von uns aus den beiden zentralen Fan-Eigenschaften hergeleiteten *Fan-Indikator* dem traditionellen Maß der Mitarbeiterzufriedenheit gegenüberzustellen. Denn natürlich ist und bleibt die Zufriedenheit – das haben wir stets betont – eine für die Steuerung im Mitarbeiterbeziehungsmanagement relevante Größe, da man mit unzufriedenen Mitarbeitern nicht erfolgreich ist. Wie ausführlich beschrieben, ist sie als alleinige Steuerungsgröße nicht ausreichend. Vielmehr benötigen wir eine zusätzliche Messgröße, die innerhalb des Segments der zufriedenen Mitarbeiter

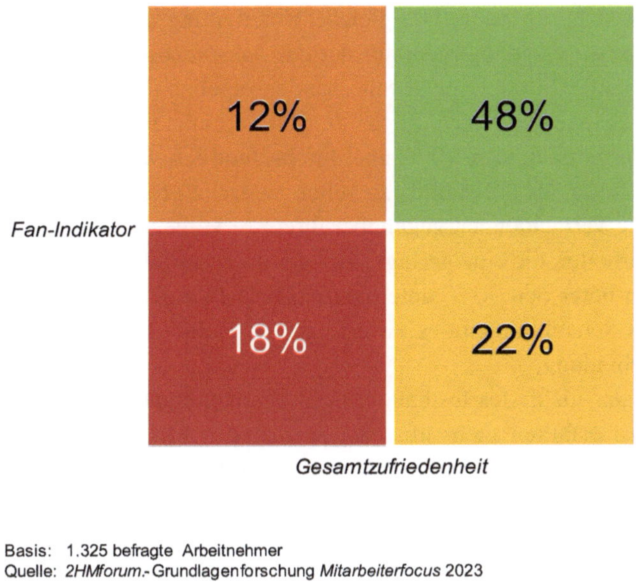

Abb. 1.14 Der Zusammenhang zwischen Mitarbeiterzufriedenheit und Fan-typischem Verhalten als Ausdruck einer leidenschaftlichen, langfristigen Beziehung

eine Differenzierung hinsichtlich der Verbundenheit und der Leistungsbereitschaft ermöglicht. Daraus folgt im Umkehrschluss: Der von uns entwickelte Indikator ist gegenüber dem herkömmlichen Maß der Mitarbeiterzufriedenheit nur dann ein Fortschritt, wenn er solche weiteren Differenzierungen innerhalb der zufriedenen Mitarbeiter ermöglicht. Genau diesen Mehrwert bietet unser *Fan-Indikator.* Wir werden dies im Folgenden anhand der Daten aus unserer Grundlagenforschung illustrieren, die wir regelmäßig unter dem Namen *Mitarbeiterfocus Deutschland* veröffentlichen (2HMforum. 2023). Abb. 1.14 illustriert den Zusammenhang zwischen Mitarbeiterzufriedenheit und Fan-typischem Verhalten – basierend auf den Daten des Mitarbeiterfocus Deutschland 2023, für den wir 1.325 sozialversicherungspflichtig Beschäftigte befragt haben (zur genauen Erhebungsmethode vgl. Abschn. 1.6.1).

Wenn wir, wie in Abb. 1.14 geschehen, die konventionelle Steuerungsgröße „Mitarbeiterzufriedenheit" gegen den neuen *Fan-Indikator* stellen, wird deutlich, wie wichtig es ist, beide Indikatoren zur Einteilung der Mitarbeiterlandschaft heranzuziehen. Denn es zeigt sich eine spannende Differenzierung. Wenn man die horizontale Achse, auf der die Zufriedenheit abgetragen wird, anhand des Durchschnittswerts unterteilt, wie wir es hier getan haben, kann man zwischen überdurchschnittlich und unterdurchschnittlich zufriedenen Mitarbeiter unterscheiden. Wir sehen, dass insgesamt 70 % der Mitarbeiter überdurchschnittlich zufrieden sind. Das ist exakt der Wert, den wir auch in Abb. 1.11 hierfür ausgewiesen hatten. Dementsprechend sind 30 % der Mitarbeiter nur unterdurchschnittlich zufrieden. Die gleiche Unterteilung am Mittelwert haben wir auf der vertikalen Achse vorgenommen, auf der der *Fan-Indikator* abgetragen wird. Kombiniert man nun beide Unterteilungen miteinander, ergeben sich vier Felder, die das, was wir im vorausgegangenen Abschnitt theoretisch vermuteten, empirisch klar bestätigen: Offenbar empfindet unter den 70 % überdurchschnittlich zufriedenen Mitarbeitern, die auf der rechten Seite des Schaubilds zu sehen sind, die große Mehrheit auch eine überdurchschnittliche Verbundenheit gegenüber ihrem Arbeitgeber. Aber ebenso gibt es hochzufriedene Mitarbeiter, die eine geringe oder gar keine emotionale Bindung zeigen (48 % vs. 22 %). Auch unter den 30 % unterdurchschnittlich zufriedenen Mitarbeitern auf der linken Seite des Schaubilds gibt es zwei Lager: 12 % haben eine hohe, 18 % eine niedrige Mitarbeiterbindung.

Wir können also als Erstes festhalten: Beide Indikatoren messen offensichtlich Unterschiedliches. Wir erfahren mehr über die zufriedenen Mitarbeiter, wenn wir auch den *Fan-Indikator* betrachten. Wir können sie nun unterteilen in Mitarbeiter mit hoher und niedriger Beziehungsqualität. Die in Abschn. 1.3 gemachte Feststellung, dass auch zufriedene Mitarbeiter nicht immer gebundene Mitarbeiter sein müssen, bestätigt sich somit deutlich. Wir erfahren aber auch mehr über die Mitarbeiter mit überdurchschnittlich ausgeprägtem Fan-typischem Verhalten, denn sie können mehr oder weniger zufrieden sein.

Die zweite Feststellung ist: Schon aus diesem Schaubild ergibt sich, dass Mitarbeiterzufriedenheit allein als Orientierungsgröße für das Management unbrauchbar ist – wie schon zuvor erläutert. Denn sie differenziert in der Betrachtung nicht zwischen zufriedenen Mitarbeiter, die gebunden und daher loyal sind, und zufriedenen Mitarbeiter, die trotz dieser Zufriedenheit untreu zu werden drohen, weil sie keine emotionale Bindung aufweisen. Es liegt auf der Hand, dass die Ansprache beider Mitarbeitergruppen sehr unterschiedlich sein muss, um erfolgreich zu sein. Wer nur nach Zufriedenheit steuert, kann hierauf nicht adäquat reagieren.

Die dritte Feststellung ist: Diese Gegenüberstellung im Schaubild ermöglicht es uns zudem, im Folgenden denjenigen Mitarbeiter-Typus zu identifizieren, der Ausgangspunkt unserer gesamten Überlegungen war: den Fan-Mitarbeiter. Der Quadrant rechts oben (48 %) in Abb. 1.14 weist diejenigen Mitarbeiter aus, die überdurchschnittlich zufrieden sind und eine überdurchschnittliche Beziehungsqualität haben. Es ist intuitiv plausibel, dass wir Fan-Mitarbeiter nur in diesem Quadranten finden werden. Allerdings würde es unseren bisherigen Ausführungen widersprechen, wenn wir nun alle Mitarbeiter dieses Quadranten zu Fans deklarieren würden. Entsprechend unserer Definition müssen die Fans vielmehr innerhalb dieses Segments diejenigen Mitarbeiter mit ganz besonders hoher Beziehungsqualität sein. Denn eine „nur überdurchschnittliche" Beziehung würde kaum das charakterisieren, was eine Fan-Beziehung ausmacht. Als „Fan-Mitarbeiter" betrachten wir vielmehr jetzt und im Folgenden diejenigen Mitarbeiter, die sich sowohl hinsichtlich des *Fan-Indikators* – also der Identifikation und der wahrgenommenen Einzigartigkeit – als auch bei der Mitarbeiterzufriedenheit durch maximale Bewertungen ihrer Anbieter auszeichnen. Wir können sie somit in der Kombination beider Merkmale

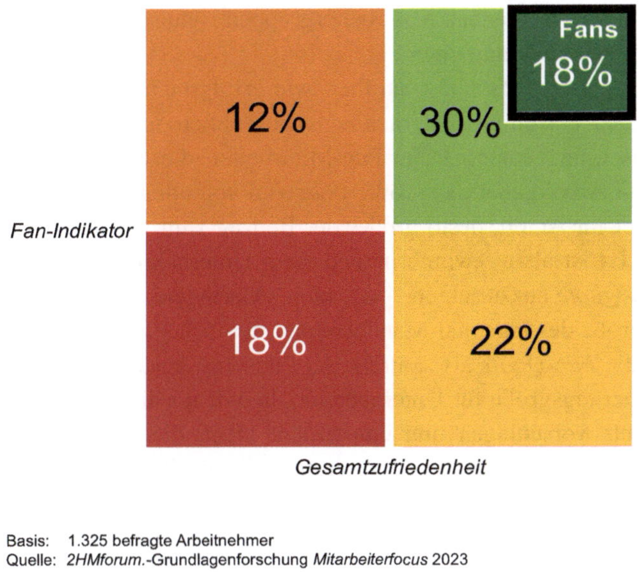

Abb. 1.15 Fan-Mitarbeiter: Mitarbeiter mit höchster Zufriedenheit und höchster *Fan-Indikation*. (Als Ausdruck maximaler Identifikation und gefühlter Einzigartigkeit)

als ein ganz besonderes Mitarbeitersegment identifizieren, das sich – wie wir in Kap. 2 noch zeigen werden – durch das höchste Mitarbeiterpotenzial auszeichnet. Wir haben es in der Grafik in Abb. 1.15 dunkelgrün eingefärbt. Diese Mitarbeiter, so unsere Definition, werden wir im Folgenden als „Fans" oder als „Fan-Mitarbeiter" bezeichnen. Fans sind somit nicht nur mit den Leistungen sehr zufrieden, sondern haben auch eine sehr hohe emotionale Bindung zu ihrem Arbeitgeber.

Im Zusammenhang mit Abb. 1.14 hatten wir auf die 48 % der Mitarbeiter im oberen rechten Viertel der Grafik mit überdurchschnittlicher Zufriedenheit und *Fan-Indikation* hingewiesen, die überdurchschnittlich zufrieden und gebunden sind. Aufgrund unserer besonders hohen Messlatte an Fan-Mitarbeiter unterteilen wir diese Gruppe noch einmal: in überdurchschnittlich zufriedene und gebundene Mitarbeiter einerseits sowie in hochzufriedene und hochgebundene Mitarbeiter andererseits, die Fans. Diese Fan-Mitarbeiter sind in der rechten oberen Ecke der Grafik zu finden – denn es sind die Mitarbeiter, die höchste Zufriedenheit und höchste emotionale Bindung miteinander vereinen. Durch diese Unterteilung wird nun auch der Anteil der Fans an der Gesamtheit der Mitarbeiter erkennbar: 18 %, also nahezu ein Fünftel der Mitarbeiter, sind Fan-Mitarbeiter – im Durchschnitt über die in Deutschland sozialversicherungspflichtig Beschäftigten. Wir können somit eine prozentuale Kenngröße ablesen: die *Fan-Quote.* Je nach Branche oder Unternehmen können die *Fan-Quote* wie auch die Werte der vier Quadranten in Abb. 1.15 deutlich variieren – was wir später noch zeigen werden. Konstant jedoch bleibt die Erkenntnis, dass die Gegenüberstellung von *Fan-Indikator* und Zufriedenheit es ermöglicht, fünf verschiedene Mitarbeitergruppen trennscharf zu identifizieren – darunter eben auch die Fan-Mitarbeiter.

Die *Fan-Quote* gibt Aufschluss darüber, wie erfolgreich das Mitarbeiterbeziehungsmanagement eines einzelnen Unternehmens tatsächlich ist. Je höher die *Fan-Quote,* desto besser das Management. Denn Fan-Mitarbeiter, diesen Beweis werden wir noch führen, haben für Arbeitgeber das größte Potenzial von allen Mitarbeitersegmenten (vgl. Kap. 2). Je höher ihr Anteil, desto größer der Beitrag zum wirtschaftlichen Erfolg eines Unternehmens. Es ist also gewinnbringend, sein Unternehmen auf eine stetige Steigerung dieser *Fan-Quote* auszurichten – was nichts Geringeres bedeutet, als sie zur zentralen Steuerungsgröße des Personal-Managements zu machen.

Somit kann die *Fan-Quote* als zentraler *KPI* unseres Ansatzes verstanden werden. Sie ist die neue Steuerungsgröße für Unternehmen, die wir für die grundlegende Ausrichtung des Managements vorschlagen und empfehlen. Denn die *Fan-Quote* macht die Mitarbeiterbeziehungsqualität und das damit einhergehende Potenzial der Mitarbeiter messbar und bietet so den Unternehmen eine valide und verlässliche Steuerungsmöglichkeit. Neben ihrer inhaltlichen und theoretischen Aussagekraft hat die *Fan-Quote* als Kenngröße noch drei weitere praktikable Vorzüge:

- Sie kann mit geringem empirischem Aufwand gemessen werden. Dieser Aspekt scheint auf den ersten Blick nachrangig, ist jedoch von zentraler Bedeutung. Denn um ein Unternehmen nach dem *Fan-Prinzip* zu steuern, ist es notwendig, es immer wieder an der *Fan-Quote* auszurichten. Nur regelmäßige Messungen der *Fan-Quote* versprechen hier also nachhaltigen Erfolg.
- Die *Fan-Quote* ist kein abstraktes Maß, sondern intuitiv nachvollziehbar und leicht verständlich. Die Aussage, dass beispielsweise „23 % der Mitarbeiter Fans sind", kann jeder Mitarbeiter, vom Praktikanten bis zum CEO, verstehen und auch weitervermitteln.
- Dies bringt uns zum dritten Vorteil der *Fan-Quote:* Sie ist innerhalb der Firmenhierarchie einfach und nachdrücklich kommunizierbar. Wer sie als Steuerungsinstrument wählt, wird vermutlich bei seinen Mitarbeitern rasch auf Akzeptanz stoßen. Denn die *Fan-Quote* ist plastisch, prägnant, intuitiv, konkret und nachvollziehbar. Den Anteil der Fan-Mitarbeiter des eigenen Unternehmens zu kennen und steigen zu sehen, ist für viele Mitarbeiter wesentlich verständlicher als beispielsweise ein abstrakter Weiterempfehlungs- oder Engagement-Score. Zumal der Informationsgehalt der *Fan-Quote* weit über solche Scores hinausgeht, wie wir in Kap. 2 noch zeigen werden.

1.5.2 Die *Fan-Quoten* als Benchmark-Tool

Wir haben empirisch gezeigt, dass Fan-Mitarbeiter ein besonders wertvolles Mitarbeitersegment sind, das über Zufriedenheitsmessungen allein nicht identifizierbar ist. Und wir hatten darauf basierend die *Fan-Quote* als wichtigsten Indikator für die Qualität von Mitarbeiterbeziehungen und somit als bedeutende Steuerungsgröße für Unternehmen herausgearbeitet. Doch die *Fan-Quote* ist nicht nur aufgrund ihrer theoretischen Herleitung und ihrer intuitiven Plausibilität überzeugend – sie eignet sich ebenso als Benchmark-Tool zur Beurteilung von Unternehmen, Branchen und Märkten.

Dies ergibt sich aus dem Potenzial der Fan-Mitarbeiter für ihre Arbeitgeber. Fans sind motivierter und loyaler: Sie bleiben länger als andere Mitarbeiter „ihrem" Arbeitgeber treu. Des Weiteren sind sie weniger konditionenorientiert und können in Richtung Zusammenhalt und der Organisationsentwicklung für „ihr" Unternehmen ein wichtiger und hilfreicher Partner sein. All diese überragenden Vorteile der Fan-Mitarbeiter werden wir in Kap. 2 detailliert herausarbeiten und belegen. Bis wir dieses Versprechen einlösen, bitten wir Sie, liebe Leser, einfach von folgender Prämisse auszugehen: Unternehmen, die mehr Fan-Mitarbeiter haben, sind – unter sonst gleichen Bedingungen – auch wirtschaftlich erfolgreicher. Und unter dieser Prämisse sind auch die nachfolgenden Ergebnisse des *Mitarbeiterfocus Deutschland* zu betrachten und erhalten ihre besondere Relevanz: Sie zeigen anhand der Darstellung der *Fan-Quote,* welche Sektoren und Unternehmenstypen in Deutschland besonders erfolgreich sind – weil sie es verstehen, aus Mitarbeitern Fans zu machen.

Im ersten Schritt wollen wir einen Blick auf die Ergebnisse für zentrale Sektoren werfen. Die Stichprobe ermöglicht eine differenzierte Betrachtung von insgesamt 10 Sektoren. Beim Vergleich der durchschnittlichen *Fan-Quoten* zeigen sich enorme Unterschiede: An der Spitze steht das Baugewerbe mit einer *Fan-Quote* von 30 %, Schlusslicht ist innerhalb des Dienstleistungssektor der Bereich Verkehr und Lagerei mit einer *Fan-Quote* unter den Mitarbeitern von 9 %. Besonders kritisch einzustufen sind die unterdurchschnittlichen Werte für die Industrie mit 14 %, denn insbesondere die Mittelständische Industrie gilt als Rückgrat der Deutschen Wirtschaft. Offensichtlich fällt es vielen Industrieunternehmen schwer, sich als attraktive Arbeitgeber zu positionieren. Aufgrund zahlreicher Beratungsprojekte in einschlägigen Unternehmen haben die Autoren den Eindruck, dass in Industrieunternehmen unverändert das Produkt der „Star" ist und die Notwendigkeit der Professionalisierung des Personalmanagements erst nach und nach erkannt wird, wenn es immer schwerer wird, freiwerdende Stellen nachzubesetzen. Ebenfalls bedenklich stimmt das Ergebnis für das Gesundheits- und Sozialwesen – wenn gleich die unterdurchschnittliche *Fan-Quote* von 15 % die wenigsten Leser überraschen wird. Wenn wir den enormen gesellschaftlichen Stellenwert dieser Branche vor Augen haben, so ist sicher ein grundsätzliches Umdenken erforderlich, wenn es gelingen soll, vakante Stellen zu besetzen. Der Ruf nach „nur" mehr Gehalt greift sicher zu kurz, wenn es um den Ausbau der *Fan-Quote* geht.

Abb. 1.16 zeigt in einem Ranking die durchschnittlichen *Fan-Quoten* der 10 Sektoren aus dem Mitarbeiterfocus Deutschland 2023.

Ebenfalls interessante, wenn auch nicht ganz so extreme Unterschiede sind bei einer Gegenüberstellung der Unternehmen entsprechend der Betriebsgrößenklassen zu erkennen. Die höchsten *Fan-Quoten* von durchschnittlich 21 % erreichen die kleinen

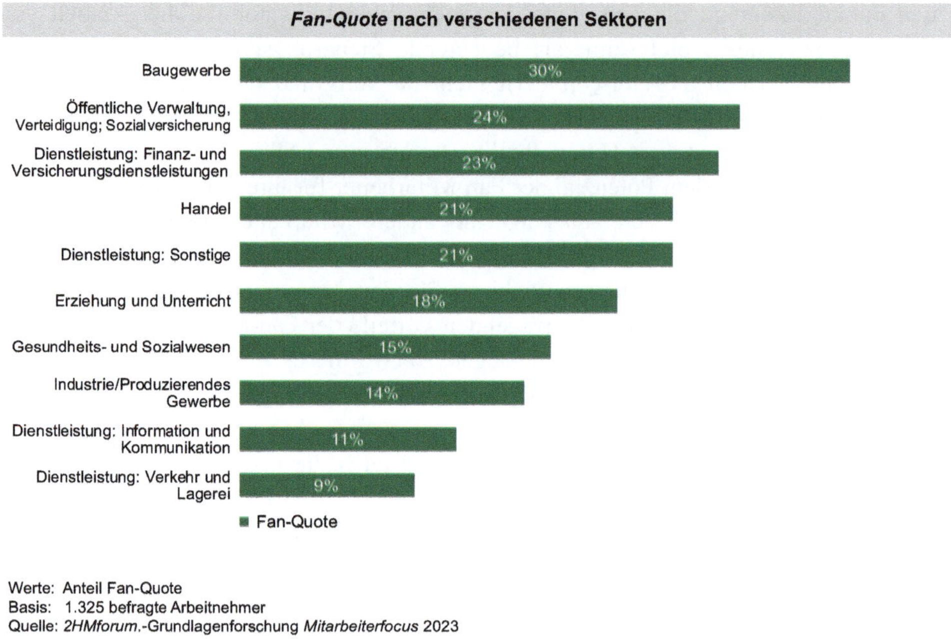

Abb. 1.16 Ranking die durchschnittlichen *Fan-Quoten* der 10 Sektoren aus dem Mitarbeiterfocus Deutschland 2023

Unternehmen mit bis zu 50 Mitarbeitern. Diesen kommt wohl zugute, dass durch die enorme Nähe zwischen Management und Mitarbeitern die Vermittlung der Identität und der Werte intuitiv funktioniert. Kaum schlechter schneiden die großen Unternehmen ab mit einer *Fan-Quote* von 19 % ab. Ihnen gelingt es offensichtlich, durch professionelles Personalmanagement, klare Strukturen und Leitplanken die Identität ähnlich gut zu vermitteln wie den kleinen Unternehmen. Deutlich zurück liegt der Mittelstand mit einer *Fan-Quote* von 15 %. Es zeigt sich das klassische Phänomen des „stuck in the middle“ – zu groß, als dass die intuitive Vermittlung noch funktioniert, zu klein für eine konsequente Professionalisierung und die einhergehende Spezialisierung von Tätigkeiten im Personalmanagement. Manchmal mag es auch an der (noch) mangelnden Sensibilisierung für die Bedeutung des Themas liegen (vgl. Abb. 1.17).

Tatsächlich zeigen sich also Unterschiede hinsichtlich der *Fan-Quote* unter den Mitarbeitern in Abhängigkeit von Unternehmensgröße und Branche respektive Sektor. Teilweise lassen sich diese Unterschiede gut erklären, denn es gibt offensichtlich systemische, strukturelle und kulturelle Rahmenbedingungen, die sich positiv oder negativ auf die Mitarbeiterbeziehungsqualität auswirken. Teilweise sind die Unterschiede aber auch überraschend. Auch das lässt sich gut erklären. Denn im Grunde spielt es keine Rolle, in welcher Branche ein Unternehmen tätig ist, und auch nicht, wie groß es ist. Jedes Unternehmen hat die gleiche Chance, seine Mitarbeiter zu Fans zu machen. Ein-

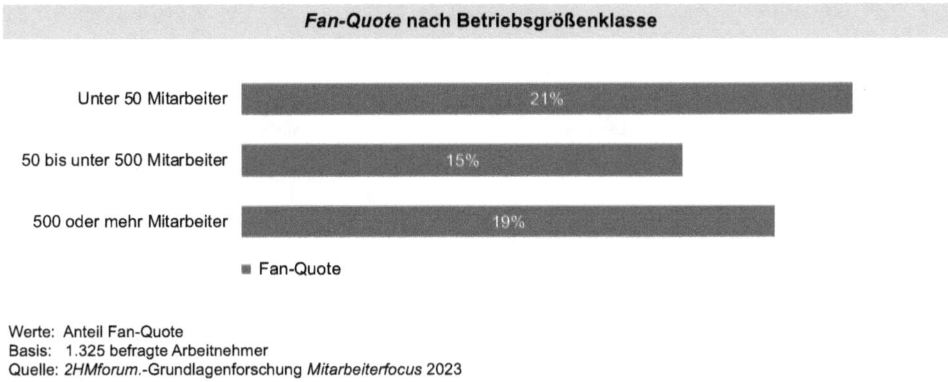

Abb. 1.17 Die durchschnittliche *Fan-Quote* nach Betriebsgrößenklasse

zige Voraussetzung: Es folgt den Mechanismen von *FANOMICS*. Dies lässt sich verdeutlichen, indem wir uns die *Fan-Quoten* von 20 willkürlich aus unserem Kundenportfolio ausgewählten Unternehmen anschauen. Sie erkennen, dass die Branche und die Unternehmensgröße überhaupt keine Rolle spielen. Es gibt unabhängig von diesen strukturellen Rahmenbedingungen Unternehmen mit hohen, durchschnittlichen und niedrigen *Fan-Quoten* unter ihren Mitarbeitern.

Ein weiteres Indiz dafür, dass es Unternehmen in der Hand haben, zeigt sich bei der Betrachtung im Zeitvergleich. Dazu haben wir insgesamt drei Unternehmen ausgewählt, wobei wir auf die detaillierte Erläuterung der zugrunde liegenden Maßnahmen verzichten, dies soll systematisch im Kap. 4 erfolgen. Eine kursorische Erläuterung soll an dieser Stelle ausreichen (vgl. Abb. 1.18).

1. Das erste Unternehmen stammt aus der Zeitarbeitsbranche. Zum Projektstart hatte das Unternehmen gerade die Übernahme durch einen neuen Investor sowie die Fusionierung verschiedener früherer Unternehmen hinter sich. Die Unsicherheit war groß, ebenso die Heterogenität hinsichtlich der Kulturen. Im ersten Schritt wurde gemeinsam mit dem Management eine einheitliche neue Arbeitgebermarke entwickelt und für diese wurden die Werte sowie das Führungsleitbild entwickelt. Im Folgenden wurde dieses Werteleitbild in Workshops vermittelt. In den Folgemessungen zeigte sich, dass sich die untersuchten Geschäftsbereiche sehr unterschiedlich entwickelten. Bei genauerer Analyse und auf der Grundlage intensiver Gespräche mit den zuständigen Führungskräften stellte sich heraus, dass nicht alle Führungskräfte konsequent hinter der gemeinsam definierten Kultur standen. Indem das Management Schritt für Schritt diese durch kulturaffine Führungskräfte ersetzte, konnte die *Fan-Quote* sukzessive weiter gesteigert werden. Kontinuierliche Maßnahmen auf Führungskräfte- und Mitarbeiterebene zur Vertiefung und Konkretisierung der Kultur erwiesen sich als weiterer zentraler Erfolgsfaktor. So konnte die *Fan-Quote* unter den Mitarbeitern in einem Zeitraum von über vier Jahren mehr als verdoppelt werden.

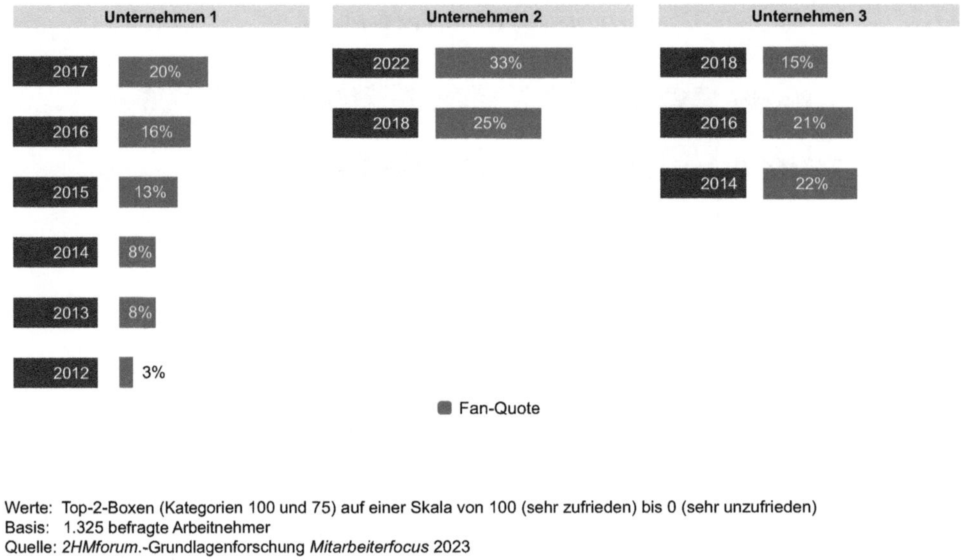

Abb. 1.18 Die Entwicklung der *Fan-Quoten* von drei ausgewählten Unternehmen

2. Beim zweiten Beispiel handelt es sich um ein Unternehmen aus dem Bereich Facility-Management. Das Unternehmen hatte schon immer ein besonderes Augenmerk auf die Mensch-Mensch-Beziehungen und daher bereits in der Initialmessung eine für die Branche und die typischen strukturellen Rahmenbedingungen überdurchschnittlich hohe *Fan-Quote*. Eine wesentliche Bereicherung war im folgenden Beratungsprozess die Schärfung der Positionierung zum Kunden und daraus abgeleitet die Konkretisierung der Werte und des Führungsleitbilds im Hinblick auf die Erfordernisse des Marktes. So konnte die Rolle der Mitarbeiter in der Durchführung der täglichen Arbeit beim Kunden geschärft werden, was gleichermaßen zu einer Effizienzsteigerung als auch zu einer spürbaren Entlastung der Mitarbeiter führte, die sich in einer Steigerung der *Fan-Quote* innerhalb von 3 Jahren um fast 10 Prozentpunkte niederschlägt.
3. Im dritten Beispiel handelt es sich um eine Sparkasse. Hier beschränkten sich die Aktivitäten im Nachgang an die turnusmäßigen Messungen auf die Einführung einiger weiterer klassischer Benefit-Leistungen. Die substanzielle Problemstellung, dass sich die mittlere Führungsebene dem notwendigen Transformationsprozess verweigerte, stellte sich das Management hingegen nicht. Entsprechend wenig überraschend stagnierten die Ergebnisse, und die Sparkasse entschloss sich, das Projekt nicht weiterzuführen.

Soweit die Darstellung unserer empirischen Befunde zu den *Fan-Quoten* in Deutschland. Die Ergebnisse lassen sich wie folgt zusammenfassen:

- Die *Fan-Quote* ist ein Maß mit Aussagekraft, das deutlich und trennscharf zwischen Arbeitgebern differenziert.
- Die *Fan-Quoten* verschiedener Unternehmen und Branchen können intuitiven Vorstellungen widersprechen. Hier geben nur empirische Erhebungen verlässlich Auskunft.
- Die Höhe der *Fan-Quote* ist weder eine Frage der Branche noch der Unternehmensgröße.
- Der Steigerung der *Fan-Quote* sind keine Grenzen gesetzt.
- Die *Fan-Quote* von Unternehmen, die unter ansonsten gleichen Rahmen- und Marktbedingungen agieren, kann sehr stark divergieren. Dies beweist, dass die auslösenden Faktoren hierfür in den Unternehmen selbst liegen.

Die Befunde zeigen, um es mit einem Satz zu sagen: Fan-Mitarbeiter kann es überall geben, und jedes Unternehmen, gleichgültig ob groß oder klein, ob B2B oder B2C, ob attraktive Produktpalette oder angestaubte Ladenhüter, hat die Chance, seine Mitarbeiter zu Fans zu machen – solange es nach *FANOMICS* vorgeht. Mit der Identifikation der Fans und der Ermittlung der *Fan-Quoten* ist der Nutzen unseres Ansatzes allerdings beileibe nicht erschöpft. Vielmehr eröffnet die Gegenüberstellung von Mitarbeiterzufriedenheit und *Fan-Indikator* zahlreiche weitere Perspektiven. Denn es lassen sich hiermit nicht nur Fans identifizieren. Es entsteht eine völlig neue Segmentierungsmöglichkeit sämtlicher Mitarbeiter entsprechend ihrer Beziehungsqualität: das *Fan-Portfolio*. Im Folgenden beschreiben wir diesen Weg vom Fan-Mitarbeiter zum *Fan-Portfolio* – und wir zeigen auf, welche Potenziale in dieser Aufschlüsselung der gesamten Mitarbeiterlandschaft liegen.

1.6 Das *Fan-Portfolio*

Wir haben gesehen, dass alle Unternehmen Fans unter ihren Mitarbeitern haben – oder zumindest haben könnten. Bevor wir uns weiter mit den Fans beschäftigen, lassen Sie uns nochmal einen Schritt zurückgehen. Erinnern Sie sich noch, auf welchem Weg wir die Fans unter den Mitarbeitern identifiziert hatten? Wir hatten – ausgehend von der wissenschaftlichen Fan-Forschung – ein empirisches Messinstrument entwickelt, das in der Lage ist, Beziehungsqualität zu messen: den sogenannten *Fan-Indikator* (vgl. Abschn. 1.4). Diesen hatten wir anschließend (vgl. Abschn. 1.5) der Mitarbeiterzufriedenheit gegenübergestellt und so die Fans identifiziert: Fan-Mitarbeiter definierten wir als diejenigen Mitarbeiter, die hochzufrieden und gleichzeitig emotional besonders stark gebunden sind. In Abb. 1.15 hatten wir diesen Zusammenhang anhand der Daten aus dem *Mitarbeiterfocus Deutschland* auch grafisch dargestellt und dabei bereits auf einen überaus spannenden Sachverhalt hingewiesen – nämlich, dass es unter den verbleibenden „Nicht-Fans" Mitarbeitergruppen gibt, bei denen das Zusammenspiel zwischen Zufriedenheit und emotionaler Bindung keineswegs so gleichgerichtet ausfällt wie bei den Fan-Mitarbeitern. Offensichtlich gibt es auch Mitarbeiter mit hoher Zufriedenheit bei gleichzeitig geringer Bindung – und umgekehrt. Das Zusammenspiel beider Parameter fällt also sehr unterschiedlich aus – als Ausdruck unterschiedlicher Formen von Beziehungsqualität. Die hierdurch entstehende Vielfalt der Mitarbeitertypen verdeutlicht den überlegenen Erklärungsansatz des *Fan-Portfolios,* in dem Beziehungsqualität – im Gegensatz zu vielen anderen gängigen Modellen – nicht länger eindimensional dargestellt wird, sondern zweidimensional. Dies eröffnet völlig neue Erklärungsperspektiven und damit einhergehend neue Möglichkeiten, verschiedene Mitarbeitergruppen entsprechend ihres Beziehungsstatus differenzierter anzusprechen. Auf diese verschiedenen Mitarbeitergruppen wollen wir nun näher eingehen.

Wir betrachten also im Folgenden die „Nicht-Fans". Und das ist in fast allen Unternehmen die Mehrheit der Mitarbeiter: Wie die einzelnen mit Prozentwerten etikettierten Segmente in Abb. 1.19 zeigen, verteilen sich 85 % der im *Mitarbeiterfocus Deutschland* befragten Beschäftigten – nämlich alle, die wir nicht als Fans bezeichnet haben – recht breit gestreut über die gesamte Diagrammfläche.

Diese Fläche des Diagramms haben wir eingeteilt in fünf weitere Bereiche und diese mit verschiedenen Farben kenntlich gemacht. Wie wir die Grenzen dieser Bereiche festgelegt haben, hatten wir bereits in Abschn. 1.5 erläutert: Es sind die durchschnittliche Zufriedenheit bzw. die durchschnittliche emotionale Bindung, die auf beiden Achsen die Messwerte in „unterdurchschnittlich" versus „überdurchschnittlich" unterteilen. Die Einteilung beruht also auf empirischen Befunden. Aus ihr resultieren vier gleich große Felder – abzüglich der Fans, die eine in jeder Hinsicht besondere Rolle einnehmen und die

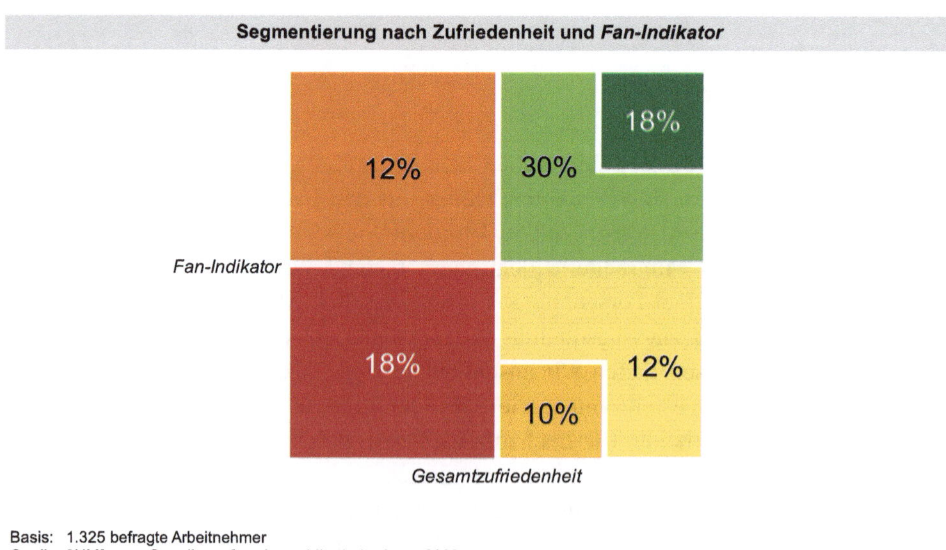

Abb. 1.19 Die Mitarbeitertypen im *Mitarbeiterfocus Deutschland*

Extremwerte des rechten oberen Quadranten belegen. Zudem ist im unteren rechten Quadranten eine Besonderheit zu beachten. Denn die Gruppe der hochzufriedenen und wenig verbundenen Mitarbeiter zeigt zwei unterschiedliche Verhaltensweisen. Wir teilen daher diesen Quadranten ebenso wie den oberen rechten weiter auf. Die Prozentwerte innerhalb eines jeden der vier Felder sind keine Werte für Flächenintegrale; sie geben also nicht wieder, wie viel Prozent der Diagrammfläche von dem jeweiligen Segment eingenommen wird. Sie geben vielmehr – bezogen auf den *Mitarbeiterfocus Deutschland* – den Anteil der Befragten wieder, den wir dem jeweiligen Segment zuordnen konnten. So schaffen wir die Grundlage für eine zielgruppenspezifische, ursachenadäquate Ansprache.

1.6.1 Die Mitarbeitertypen des *Fan-Portfolios*

Die Sympathisanten

Die erste Gruppe, auf die wir uns konzentrieren wollen, ist der hellgrüne Quadrant rechts oben: das Feld, das mit 30 % der Befragten direkt an die schon identifizierte und ausführlich besprochene Gruppe der Fans angrenzt (vgl. Abb. 1.19). Diese Personen scheinen den Fans offenbar sehr ähnlich zu sein: Wie bei den Fans sind also auch bei ihnen Mitarbeiterzufriedenheit und *Fan-Indikation* gleichermaßen positiv ausgerichtet. Allerdings sind beide Werte bei ihnen nicht so stark ausgeprägt wie bei den Fan-Mitarbeitern. Es sind also Mitarbeiter, die in vielerlei Hinsicht eine Sympathie für das Unternehmen als Arbeitgeber haben, dies jedoch nicht (oder noch nicht) in vergleichbarem Ausmaß wie die Fan-Mitarbeiter durch Fan-typisches Verhalten ausdrücken. Wir nennen sie deshalb die „Sympathisanten". Solche Sympathisanten-Mitarbeiter sind für jedes Unternehmen wertvoll, denn sie sind zum einen – ähnlich wie die Fans – treu, zufrieden und motiviert, und zum anderen bilden sie die Gruppe, aus der heraus auch kurzfristig weitere echte Fan-Mitarbeiter entstehen können. Und der Aufwand dafür lohnt sich, denn Ihre Identifikation mit dem Unternehmen als Arbeitgeber reicht nicht an die der Fans heran. Das gilt vor allem für ihr Auftreten nach außen: Während die Fans ihr Fan-Sein kommunikativ und extravertiert ausleben und so aktive Botschafter „ihres" Arbeitgebers sind, gilt dies nur eingeschränkt für die Sympathisanten. Sie sind in ihrer Kommunikation eher zurückhaltend. Sympathisanten sind eher die „stillen" Genießer unter den treuen Mitarbeitern – mit erheblichen Konsequenzen hinsichtlich ihres Potenzials für ihre Arbeitgeber (vgl. Kap. 2).

Die Söldner und die Bewohner

Während die Zusammenhänge bei Fans und Sympathisanten noch leicht nachvollziehbar sind, weil Zufriedenheit und Verbundenheit gleichermaßen positiv ausfallen, finden wir in Abb. 1.19 drei weitere Mitarbeitergruppen, die schwieriger zu verstehen sind, denn sie vereinen offenbar widersprüchliche Eigenschaften. Wir sehen zum einen – unterhalb der Sympathisanten – zwei Gruppen von Mitarbeitern, die zwar hochzufrieden sind, aber dennoch kein Fan-typisches Verhalten zeigen. Und wir finden zum anderen – links von den Sympathisanten – Mitarbeiter, die sich zwar Fan-typisch verhalten, aber dennoch unzufrieden sind. All dies sind also Mitarbeitertypen, die in einer gewissen Zerrissenheit leben: Bei ihnen stimmen offensichtlich Zufriedenheit und emotionale Bindung nicht miteinander überein.

Zunächst wollen wir uns die beiden Mitarbeitergruppen im unteren rechten Quadranten genauer anschauen, bei denen eine überdurchschnittliche Zufriedenheit mit einem unterdurchschnittlichen Fan-typischen Verhalten einhergeht. Dabei fokussieren wir zunächst auf das kleine dunkelgelbe Quadrat innerhalb des unteren rechten Quadranten. Hier finden wir diejenigen Mitarbeiter, die bei Befragungen angeben, mit der Leistung, wie z. B. Gehältern und Benefits, zufrieden zu sein, aber dann plötzlich und augenscheinlich grundlos zu einem anderen Arbeitgeber abwandern oder schlichtweg wenig für ihren Arbeitgeber geben, wenn es darauf ankommt. Sie verhalten sich demnach – ähnlich wie die Kunden mit gleicher Beziehungsqualität – söldnerhaft: Sie stellen ihrem Arbeitgeber ihre Leistung gegen Bezahlung und in der Regel zeitlich befristet zur Verfügung. Dieses Verhaltensmuster rechtfertigt die Bezeichnung der Gruppe als ***Söldner-Mitarbeiter.*** Bundesweit entsprechen etwa 10 % aller Mitarbeiter diesem Typus – mit steigender Tendenz. Die Gründe hierfür liegen auf der Hand, und wir haben sie schon in einem der Eingangskapitel (vgl. Abschn. 1.3) erläutert: Diese Mitarbeiter schätzen die Leistung ihres Arbeitgebers, aber sie haben – aus Gründen, die wir noch herausarbeiten werden – keine emotionale Beziehung zu ihm aufgebaut. Deshalb haben sie keinerlei Skrupel, den Arbeitgeber zu wechseln, sofern ihnen dieser eine aus ihrer Sicht mindestens vergleichbare Leistung bei höherer Entlohnung bietet.

Schauen wir nun auf das zweite Mitarbeitersegment im unteren Quadranten, die hellgelb eingefärbte Gruppe, die die dunkelgelb eingefärbte Gruppe der *Söldner-Mitarbeiter* umschließt (Abb. 1.19). Bundesweit entsprechen etwa 12 % aller Mitarbeiter diesem Typus. Solche Mitarbeiter hat nahezu jedes Unternehmen. Obwohl sie um die *Söldner-Mitarbeiter* gruppiert sind, ist das typische Verhaltensmuster dieser Mitarbeitergruppe aber ein grundsätzliches anderes. Denn sie sind nicht auf der ständigen Suche nach einem besseren Angebot, sondern sie „nisten" sich richtiggehend bei ihrem Arbeitgeber ein. Sie fühlen sich wohl bei ihm, sie sind mit seinen Angeboten sehr zufrieden, sie sind aber kaum bereit, dafür eine angemessene Gegenleistung zu bringen. Daher sprechen wir bei dieser Mitarbeitergruppe von den ***Bewohnern.*** Ihre Motivation fokussieren Sie häufig auf Tätigkeiten außerhalb der Arbeit, zum Beispiel auf die Familie, ihre Hobbys oder ehrenamtliche Tätigkeiten. Vor diesem Hintergrund sprechen wir auch davon, dass die *Bewohner* bei ihrer beruflichen Tätigkeit eine freizeitorientierte Schonhaltung einnehmen.

Wenn auch mit unterschiedlichen Konsequenzen hinsichtlich der Loyalität, so handelt es sich bei den beiden Gruppen im unten rechten gelben Quadranten des *Fan-Portfolios,* also sowohl bei den *Söldner-Mitarbeitern* als auch bei den *Bewohnern* um hochzufriedene, aber wenig produktive Mitarbeiter. Und genau wegen dieser beiden Gruppen, die durchschnittlich 22 % und damit mehr als sein Fünftel aller Arbeitnehmer in deutschen Unternehmen ausmachen, mahnten wir eingangs unseres Buches: „Vorsicht vor zufriedenen Mitarbeitern!" Denn *Söldner-Mitarbeiter* und *Bewohner* kommen jedes Unternehmen gleichermaßen teuer zu stehen – sie sind quasi ein Indikator dafür, dass ein Arbeitgeber seine Ressourcen falsch investiert. Ein großer Anteil von *Söldnern* und *Bewohnern* bedeutet nämlich nichts anderes, als dass ein Unternehmen das Gros seiner Anstrengungen immer wieder in die kostspielige Verbesserung irgendwelcher Leistungen für Mitarbeiter gesteckt hat, um deren Zufriedenheit durch die Befriedigung von wenig relevanten Bedürfnissen weiter zu steigern. Und es dabei gleichzeitig versäumt hat, sich auf die zentralen Bedürfnisse zu fokussieren. Die Folge: Die Mitarbeiter blieben Söldner oder Bewohner – also Mitarbeiter, die sich trotz hoher Zufriedenheit genauso wenig motiviert und im Falle der Söldner genauso illoyal verhalten wie unzufriedene Mitarbeiter – mit verheerenden Effekten für den wirtschaftlichen Erfolg. Die Söldner und die Bewohner sind zwar verfügbare Kapazitäten und können folglich auch produktiv eingesetzt werden, aber dafür zahlen die Arbeitgeber einen (zu) hohen Preis. Dies ist das Ergebnis eines einseitig auf Zufriedenheit fokussierten und damit verfehlten Personalmanagements.

Die Enttäuschten

Der zweite widersprüchliche Mitarbeitertyp verhält sich gegenüber seinem Arbeitgeber eher Fan-typisch, ist aber dennoch unzufrieden. Wir sprechen von dem orangefarbenen Quadranten links oben in Abb. 1.19, der 12 % der Mitarbeiter umfasst. Es handelt sich dabei um Mitarbeiter, die zu ihrem Arbeitgeber zwar eine gefühlsmäßige Beziehung aufgebaut haben, bei denen aber die Leistung des Arbeitgebers ihre Erwartungen aktuell nicht erfüllt.

Wie kommt es dazu? Erinnern Sie sich noch an unseren Abschnitt über Fans? Dass Fans auch unzufrieden mit der Leistung sein können und trotzdem Fans bleiben? Dass sie vor dem Vereinsheim ihres Lieblingsvereins wüste Protestparolen skandieren – die nicht etwa bedeuten, dass diese Fans keine Fans mehr sind, sondern die im Gegenteil gerade belegen, dass es sich bei ihnen um echte Fans handelt. Solche enttäuschten Fans erleben die Situation, dass ihr Fußballverein oder ihr Unternehmen die erwartete Leistung nicht erbringt, nicht als angenehm. Sie leiden darunter, weil die Verbindung zu diesem Akteur extrem relevant ist, die Leistung desselben aber einfach grad nicht stimmt. Sie haben in diese Beziehung schlichtweg emotional investiert, und sind dementsprechend „enttäuscht" vom aktuellen Verhalten des Akteurs. Deshalb bezeichnen wir dieses Mitarbeitersegment als „Enttäuschte".

Was also ist passiert, dass ein Mitarbeiter vom Sympathisanten oder Fan zum Enttäuschten wurde? Ursprünglich war er von seinem Arbeitgeber sehr angetan: Seine Erwartungen wurden erfüllt, die Zufriedenheit war also hoch, und gleichzeitig konnte er sich stark mit seinem Arbeitgeber identifizieren. Dann ging die Leistung des Arbeitgebers zurück, nehmen wir für den Moment beispielhaft an, der Mitarbeiter fühle sich nicht mehr ausreichend über die Belange seines Arbeitgebers informiert – jedenfalls hat dieser Mitarbeiter es so wahrgenommen. Dabei ist es übrigens unerheblich, ob sich die

Leistung tatsächlich verschlechtert hat oder ob es sich „nur“ um eine Wahrnehmung handelt. Für den Mitarbeiter spielt dies keine Rolle. Für ihn ist lediglich entscheidend: Er ist subjektiv davon überzeugt, dass die Leistung zurückging.

Was passiert nun aufgrund dieser Wahrnehmung einer vermeintlich schlechteren Leistung? Wird dieser Mitarbeiter dem Unternehmen gleich den Rücken kehren und sich auf die Suche nach einem neuen Arbeitgeber machen? Nein, das wird er nicht tun. Denn er fühlt sich seinem Arbeitgeber verbunden, er ist ein Sympathisant oder gar ein Fan. Und Fans, das hatten wir eingangs ja ausführlich dargestellt, verzeihen Fehler. Dieser Mitarbeiter hat sich, weil er seine Erwartungen nicht mehr erfüllt sah, vermutlich mit seiner Führungskraft oder einem anderen Unternehmensvertreter, bei dem das Anliegen gut platziert scheint, gemeldet und die erwartete Leistungserbringung eingefordert. Und damit lag der entscheidende Schlüssel zur Vermeidung der „Wanderung“ dieses Mitarbeiters vom Fan zum Enttäuschten in der Hand des Unternehmens:

- Zum einen bedarf es einer offenen Kultur, in der subjektiv wahrgenommene Unzulänglichkeiten offen angesprochen werden können. Ist dies nicht der Fall, wird der Mitarbeiter sein Unbehagen gar nicht erst artikulieren und somit dem Unternehmen gar keine Chance bieten, die Ursachen seiner Unzufriedenheit zu beseitigen
- Zum anderen müssen die Ursachen für die aufkommende Unzufriedenheit schnell beseitigt werden, sodass die Leistungserbringung wieder in Einklang mit den Erwartungen steht. In diesem Beispiel könnte das bedeuten, dass der Mitarbeiter an einem bestimmten Routinemeeting teilnehmen kann und sich fortan wieder ausreichend informiert fühlt. An seinem Status des Sympathisanten oder Fans wird sich dann nichts ändern.

Gelingt es allerdings nicht, aufkommende Unzufriedenheiten zu kanalisieren und gezielt gegenzusteuern, so wird aus einem Fan oder Sympathisant ein Enttäuschter. Aber was wird aus den Enttäuschten? Werden sie ewig treu ergeben bleiben und – wie Fußballfans ihrem Verein – im übertragenen Sinn auch den Abstieg in die Dritte Liga verzeihen? Werden sie ein dauerhaftes Leistungsdefizit akzeptieren? Wohl kaum. Vielmehr zeigen unsere Panelstudien, dass bei den enttäuschten Mitarbeitern eine langsame Erosion der emotionalen Verbundenheit stattfindet. Bekommt das Unternehmen die Leistungsdefizite dauerhaft nicht in den Griff oder vermittelt es dem enttäuschten Mitarbeiter nicht, dass es alles unternimmt, um die wahrgenommenen Probleme in den Griff zu bekommen, so wendet er sich sukzessive ab – im schlimmsten Fall wandelt sich die ursprüngliche, nun unerfüllte Liebe in Abneigung: Die Enttäuschten „wandern“ nach unten links in unserem Schaubild – zu den Gegnern.

Die Gegner

Diese letzte Gruppe, die in unserem Diagramm (vgl. Abb. 1.19) identifizierbar ist, ist der rote Quadrant links unten mit 18 % der Mitarbeiter. Es sind Personen, die – wie die Fans oder Sympathisanten – in Bezug auf ihren Anbieter offensichtlich ein recht konsistentes Verhältnis zwischen Zufriedenheit und emotionaler Bindung aufweisen, was in ihrem Fall allerdings alles andere als beruhigend ist. Denn es sind Mitarbeiter, die unzufrieden und nicht emotional gebunden sind. Um Missverständnissen vorzubeugen: Es handelt sich bei dieser Gruppe um aktuelle Mitarbeiter des Unternehmens. Möglicherweise sind sie dies nicht mehr lange, aber sie waren es zumindest zum Zeitpunkt der Befragung noch. Diese Mitarbeiter sind mit Blick auf Verbundenheit und Zufriedenheit das genaue Gegenteil der Fans – und: Sie verhalten sich auch so. Denn diese Mitarbeiter sind mehr als nur enttäuscht. Sie sind zu wahren Widersachern des Unternehmens geworden (vgl. Abschn. 4.4). Sie kommunizieren diese Gegnerschaft aktiv nach innen und außen und können so im Hinblick auf Mitarbeiterbindung und -gewinnung gravierend stören. Es sind Gegenspieler, die wie Guerillakämpfer plötzlich und unerwartet querschießen, insbesondere dann, wenn ein Arbeitgeber versucht, kommunikativ seine Anziehungskraft als Arbeitgeber zu steigern oder aber auch intern Maßnahmen durchführt, um die Unternehmenskultur im positiven Sinne zu verändern oder zu zelebrieren. Wir nennen sie deshalb Gegner.

Gegner-Mitarbeiter sind keine schlechteren oder asozialeren Menschen als die anderen Mitarbeitergruppen. Sie sind nicht grundsätzlich Miesepeter, Nörgler oder destruktive Zeitgenossen, die einem Unternehmen nur aus Missgunst das Leben schwermachen wollen. Und: Sie waren nicht immer Gegner. Denn niemand wird bereits als Gegner Mitarbeiter eines Unternehmens. Gegner-Mitarbeiter sind also Mitarbeiter, die vermutlich eine lange Reise durch das gesamte Mitarbeiterportfolio hinter sich haben – in der sie vom erwartungsvollen und anfangs zufriedenen Neu-Mitarbeiter mit langfristigem Potenzial langsam zum Gegner wurden. An den Gegner-Mitarbeitern wird deutlich, was passiert, wenn Unternehmen Mitarbeiter dauerhaft weder zufriedenstellen noch emotional binden – ja, sie in deren Wahrnehmung sogar massiv verärgern. Diese Mitarbeiter wandern eben nicht „nur" ab, was für sich genommen bereits einen erheblichen Schaden darstellt, wenn man sich vergegenwärtigt, dass es sich um ehemalige Fans oder Sympathisanten handeln kann, also um Mitarbeiter, bei denen die ursprüngliche emotionale Zuneigung aufgrund nachhaltiger Leistungsdefizite ins Gegenteil umgeschlagen ist. Sondern diese Gegner-Mitarbeiter arbeiten zudem aktiv gegen das Unternehmen, um ihrer Enttäuschung Ausdruck zu verleihen. Sie werden aufgrund ihrer negativen Kommunikation ein empfindlicher Störfaktor und Unruheherd und vielen potenziellen oder tatsächlichen Mitarbeiter aktiv von ihrem Arbeitgeber abraten. Das macht sie für jedes Unternehmen zum echten Schreckgespenst (vgl. Abschn. 4.2 und 4.5).

Betrachten wir nun die beschriebenen Mitarbeitertypen – Fans, Sympathisanten, Bewohner, Söldner, Enttäuschte und Gegner – zusammen, so erkennen wir, dass die in Abschn. 1.5 vorgenommene Gegenüberstellung von Zufriedenheit und *Fan-Indikation* weitaus mehr Früchte trägt als „nur" die Identifikation der *Fans*. Es spannt sich vor uns vielmehr eine umfassende Segmentierung der gesamten Mitarbeiterlandschaft eines Unternehmens auf – ein vollständiges Portfolio von Mitarbeitertypen. Abb. 1.20 zeigt das *Fan-Portfolio* für die Arbeitnehmer in Deutschland nun noch einmal im Gesamtüberblick.

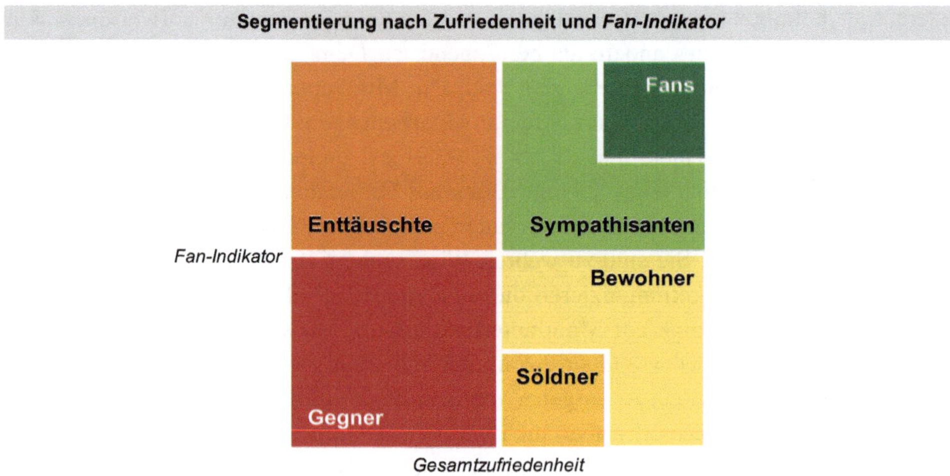

Quelle: *2HMforum*.-Grundlagenforschung

Abb. 1.20 Die Mitarbeitertypen im *Mitarbeiterfocus Deutschland* segmentiert

1.6.2 Die vollständige Segmentierung der Mitarbeiterlandschaft durch das *Fan-Portfolio*

Unternehmen erhalten mit dem *Fan-Portfolio* eine völlig neue, wirtschaftlich hochrelevante Mitarbeitersegmentierung und damit den Zugang zu einer zielgruppenspezifischen Steuerung vieler mitarbeiterbezogener Prozesse. Denn die entstehenden Mitarbeitersegmente differenzieren sich in ihrer Beziehungsqualität und in ihrem Potenzial für ihre Arbeitgeber (vgl. Kap. 2).

Das *Fan-Portfolio* – und es ist wichtig, sich das zu vergegenwärtigen – ist eine Segmentierung der Mitarbeiter eines Unternehmens, jedoch nicht des gesamten Arbeitsmarktes. Es bildet also nicht ab, wie Nicht-Mitarbeiter ein Unternehmen einschätzen oder ob sie eine Fan-typische Beziehung zu ihm haben. Die Gesamtheit aller potenziellen Mitarbeiter muss man sich quasi als Umgebung um das *Fan-Portfolio* herum vorstellen. Darunter sind ehemalige Mitarbeiter, die dem Arbeitgeber – aus welchen Gründen auch immer – den Rücken gekehrt haben; potenzielle Neu-Mitarbeiter, die man erst noch anwerben will; Mitarbeiter der Konkurrenz – die Wechselwilligen genauso wie die Gebundenen – sowie Menschen, die außerhalb der Zielgruppe „Mitarbeiter" liegen und deshalb nur als beobachtende Öffentlichkeit interessant sind, aber kein potenzielles Mitarbeitersegment darstellen. Vergegenwärtigt man sich diesen Zusammenhang, so wird klar, dass es Veränderungen im *Fan-Portfolio* eines Unternehmens nicht nur durch Verschiebungen und Wanderungen zwischen den fünf verschiedenen Mitarbeitertypen geben kann. Ebenso wichtig ist, dass eine Zuwanderung aus der umgebenden Grundgesamtheit der potenziellen Mitarbeiter in die einzelnen Mitarbeitertypen hinein (oder umgekehrt eine Abwanderung aus den Mitarbeitertypen heraus) jederzeit erfolgen kann – und in der Regel auch erfolgt.

Anhand des *Fan-Portfolios* lässt sich die Schlüssigkeit unserer bisherigen Argumentation und Herleitung klar ablesen: Es zeigt einerseits, dass Zufriedenheit nicht ausreicht, um Mitarbeiter zu Fans zu machen – dazu braucht es vielmehr zusätzlich eine Fan-typische, auf Leidenschaft und Langfristigkeit ausgerichtete emotionale Bindung. Das *Fan-Portfolio* zeigt andererseits, dass auch eine hohe Bindungsqualität, ausgedrückt durch den *Fan-Indikator,* allein nicht ausreicht. Erst die mit der Bindungsqualität einhergehende maximale Zufriedenheit macht aus Mitarbeitern wirkliche Fans. Die Aussagekraft dieses beschriebenen Zusammenspiels von Zufriedenheit und *Fan-Indikation* lässt sich gut veranschaulichen, wenn wir uns nun – in Kenntnis des gesamten *Fan-Portfolios* und der verschiedenen Mitarbeitertypen – noch einmal die Befunde unserer empirische Grundlagenstudien anschauen, auf die wir schon in Abschn. 1.5 eingegangen sind. Abb. 1.21 zeigt zunächst die *Fan-Portfolio*-Anteile der verschiedenen Mitarbeitergruppen für den *Mitarbeiterfocus Deutschland.* Die fünf Mitarbeitertypen von Fans bis Gegner sind hier allerdings nicht orthogonal angeordnet, sondern horizontal in einem Balkendiagramm. Denn im Gegensatz zur Darstellung im *Fan-Portfolio* können wir so anhand der Größenverhältnisse der einzelnen farbigen Blöcke zueinander auch direkt die Größenverhältnisse der einzelnen Mitarbeitertypen ablesen. Die Definition der verschiedenen Mitarbeitergruppen, die farbliche Zuordnung und ihre Abgrenzung voneinander sind allerdings identisch zur Segmentierung im Rahmen des *Fan-Portfolios.*

Durch die Änderung der Darstellung vom *Fan-Portfolio* auf die Balkenform in Abb. 1.21 können wir nun deutlich erkennen: Die Arbeitgeber in Deutschland machen ihre Sache nicht schlecht. Neben den 18 % echten Fans, mit denen wir uns schon eingehender befasst hatten, verfügen sie im Durchschnitt über 30 % Sympathisanten. Nahezu die Hälfte ihrer Mitarbeiter ist also zufrieden und emotional gebunden. Weitere jeweils 22 % sind Bewohner (12 %) und Söldner (10 %), also zufriedene, aber emotional nicht

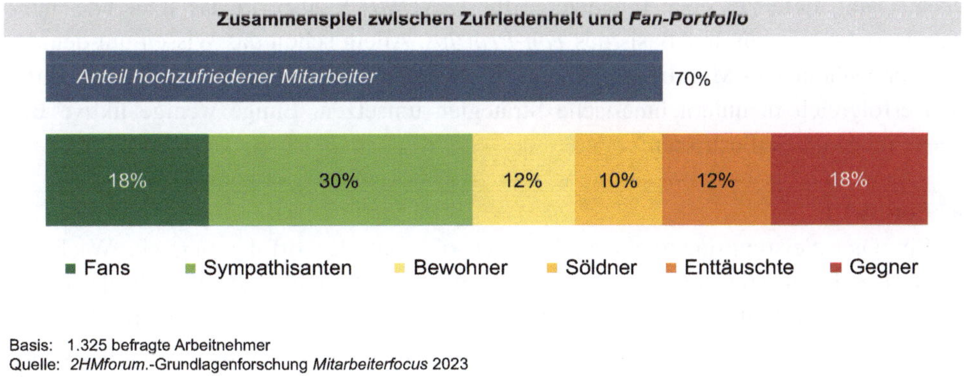

Abb. 1.21 70 % sind zufrieden – aber nur jeder fünfte Mitarbeiter ist ein Fan

gebundene Mitarbeiter, 12 % sind Enttäuschte und immerhin 18 % sind Gegner. Doch was auf den ersten Blick im Gesamtbefund zufriedenstellend erscheint, birgt enormes Verbesserungspotenzial. Dies wird deutlich, wenn wir uns die Bestwerte aus unseren individuellen Projekten vor Augen führen. Demnach werden von einzelnen Arbeitgebern *Fan-Quoten* von deutlich mehr als 30 % sowie Werte für die Fans und die Sympathisanten zusammen von über 70 % erreicht. Im Umkehrschluss finden sich bei diesen Unternehmen einstellige Prozentwerte an Bewohnern und Söldnern und weniger als 5 % Gegner. In Verbindung mit den Ergebnissen aus Kap. 2, in dem wir den spezifischen Wert von Fan-Mitarbeitern erläutern, macht dies deutlich, welch erhebliches Verbesserungspotenzial viele Unternehmen hinsichtlich der Qualität ihres Mitarbeiterbeziehungsmanagements noch haben – und welche Auswirkungen dies auf den Unternehmenserfolg hätte.

Die Daten aus Abbildung Abb. 1.21 belegen zudem eine unserer Kernaussagen, warum die Mitarbeiterzufriedenheit als Steuerungsgröße für den Unternehmenserfolg und das darauf aufsetzende Mitarbeiterzufriedenheitsmanagement nur noch begrenzt erfolgreich sein können. Betrachten Sie hierzu noch einmal die in der Abbildung durch Klammern markierten Anteile der zufriedenen Mitarbeiter. Dort wird deutlich: Über die untersuchten Branchen hinweg sind 70 % der deutschen Arbeitnehmer bereits zufrieden – doch nicht einmal jeder fünfte Mitarbeiter ist wirklich ein Fan seines Arbeitgebers. Die *Fan-Quote* ist also noch steigerungsfähig – die Mitarbeiterzufriedenheit jedoch ist schon hoch. Gerade im Hinblick auf unsere Erkenntnisse zum Potenzial der verschiedenen Mitarbeitergruppen (vgl. Kap. 2) ist abzuwägen, inwieweit sich kostspielige Investitionen auf der Leistungsebene zur Steigerung der Mitarbeiterzufriedenheit überhaupt (noch) lohnen.

Zieht man hingegen den *Fan-Indikator* als Steuerungsgröße hinzu, sieht man, wie mächtig dieser Ansatz ist, denn er leistet genau das, was vorher nicht möglich war: Innerhalb der Masse der hochzufriedenen Mitarbeiter trennt der *Fan-Indikator* die Spreu vom Weizen und hilft dabei, sich so auszurichten, dass man nicht „nur" zufriedene Mitarbeiter, sondern möglichst viele Sympathisanten oder, noch besser, Fans hat.

Das *Fan-Portfolio* ermöglicht strategische Überlegungen, wie man die verschiedenen Mitarbeitergruppen am besten differenziert behandelt, um sie möglichst zu Fans zu machen. Damit liefert es erste Fingerzeige für *FANOMICS,* also für das steuernde unternehmerische Handeln auf Basis des *Fan-Prinzips.* Allein schon das Wissen um den Anteil der wahren Fan-Mitarbeiter, Söldner, Bewohner oder Enttäuschte lässt sich direkt und erfolgreich in unternehmerische Strategien umsetzen. Einige wenige fiktive Beispiele mögen dies illustrieren:

- **Beispiel 1**
  Ein Dienstleistungsunternehmen befindet sich auf der Erfolgsspur, ein Wachstum ist aber kurzfristig nur durch eine Steigerung der Produktivität möglich, da die benötigten Fachkräfte auf dem Arbeitsmarkt kaum verfügbar sind. Die Mitarbeiterbefragung weist eine geringe *Fan-Quote*, aber eine hohe Quote an Söldnern und Bewohnern aus. Gelingt es diesem Unternehmen, durch gezielte Steigerung der emotionalen Verbundenheit die Bewohner und Söldner in Richtung Sympathisanten oder

Fans zu entwickeln, so wird damit automatisch auch die Produktivität steigen und somit ein Wachstum ohne die Gewinnung neuer Mitarbeiter möglich.

- **Beispiel 2**
  Einem Arbeitgeber wird von Bewerbern immer wieder geschildert, dass sie sich aufgrund der kritischen Bewertungen auf den einschlägigen Bewertungsportalen für Arbeitgeber gegen das Unternehmen entschieden haben. Die Mitarbeiterbefragung weist eine hohe Quote an *Gegnern* aus, aber auch eine stattliche *Fan-Quote*. Das Unternehmen sollte kurzfristig die hohe Kommunikationsbereitschaft und das Involvement seiner Fan-Mitarbeiter aktivieren, um durch möglichst viele positive Bewertungen den negativen Eindruck auf den Bewertungsplattformen für Arbeitgeber zu relativieren. Gleichzeitig ist es gehalten, die Ursachen für die hohe Gegner-Quote zu ergründen und gegenzusteuern.
- **Beispiel 3**
  Ein Unternehmen verliert einen Großteil der mit großem personellem und finanziellem Aufwand rekrutierten Mitarbeiter in den ersten drei Jahren nach Beschäftigungsstart wieder. Es entschließt sich, die Mitarbeiter zeitnah nach der Einstellung anhand der einschlägigen Fragen im *Fan-Portfolio* einzusortieren. Es fällt auf, dass sich überdurchschnittlich viele im Segment der Söldner wiederfinden. Offensichtlich kommt es für dieses Unternehmen entscheidend darauf an, bei der Rekrutierung stärker auf das Identifikationspotenzial und weniger auf finanzielle Anreize zu setzen, um dieses kostspielige Problem in den Griff zu bekommen.
- **Beispiel 4**
  Eine konjunkturell bedingte Krise führt bei einem Unternehmen in der Baubranche zu dramatischen kurzfristigen Umsatzeinbrüchen, die mittelfristige Perspektive ist positiv, sodass das Unternehmen über Kurzarbeit anstatt über Entlassungen nachdenkt, damit nach dem Abflauen der Krise schnell wieder eine maximale Leistungsfähigkeit erreicht werden kann. Aufgrund der letzten Mitarbeiterbefragung weiß das Unternehmen, dass insbesondere unter den Führungskräften und zentralen Leistungsträgern die *Fan-Quote* sehr hoch ist. Das Unternehmen kann also diese schwierige Situation durch Kurzarbeit überbrücken, da Fan-Mitarbeiter auch in schwierigen Phasen zu ihrem Arbeitgeber stehen und diesen nicht verlassen werden.

1.6.3 Die Unschärfen der Fan-Selbsteinschätzung

Nun mag der Leser einwenden, dass es zwar höchst plausibel sei, Fans als neue Währung für die Qualität des Mitarbeiterbeziehungsmanagements zu verwenden, dass man die Mitarbeiter doch direkt fragen könne, ob sie Fans ihres Arbeitgebers sind – um sich auf diese Weise die geschilderte implizierte Vorgehensweise zu sparen. Tatsächlich stellen wir diese Frage immer auch im Rahmen unserer Grundlagenforschung. Und das Ergebnis verdeutlicht die Überlegenheit unserer impliziten Messmethodik (vgl. Abb. 1.22):

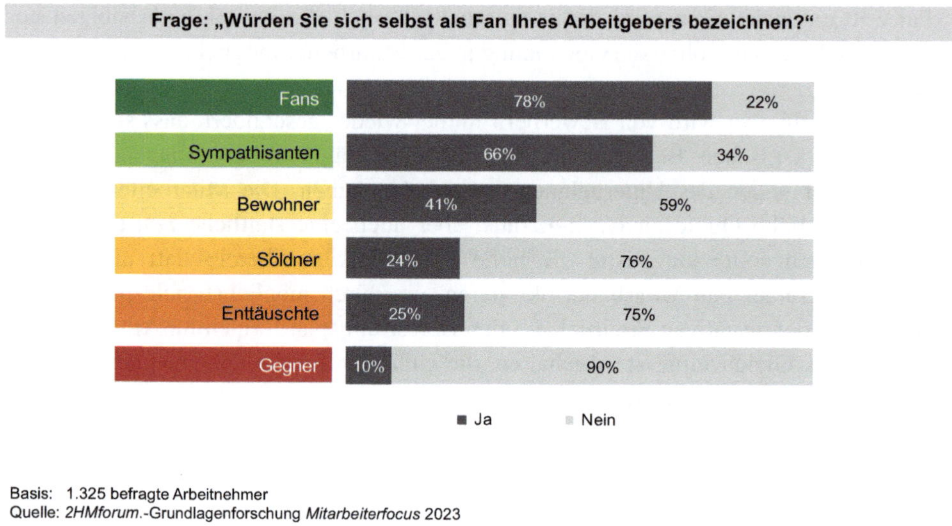

Abb. 1.22 Die Unschärfe der Fan-Selbsteinschätzung

Denn über alle sechs Gruppen im *Fan-Portfolio* hinweg finden sich Mitarbeiter, die sich selbst als Fan ihres Arbeitgebers bezeichnen, obwohl unsere valide Messmethodik dies für die entsprechenden Mitarbeiter in fünf Gruppen nicht bestätigt: Dies gilt für 66 % der Sympathisanten, immerhin 41 % der Bewohner und sogar noch für jeweils ein Viertel der Söldner und Enttäuschten und für jeden zehnten Gegner. Gleichzeitig bezeichnen sich knapp ein Viertel der tatsächlichen Fan-Mitarbeiter selbst nicht als solche – was bedeutet, dass ihnen gar nicht bewusst ist, wie sehr sie emotional an ihren Arbeitgeber gebunden sind. Um Fan-Mitarbeiter zu identifizieren, reicht es demnach nicht aus, die Mitarbeiter selbst nach ihrer subjektiven Einordnung zu fragen – weil man hierdurch einerseits nahezu ein Viertel der Fans nicht identifizieren und andererseits einen großen Teil der Nicht-Fans zu Unrecht als Fans etikettieren würde.

1.6.4 Sozioökonomische Einflüsse auf die Beziehungsqualität

Bevor wir uns das Potenzial der verschiedenen Mitarbeitergruppen im *Fan-Portfolio* genauer anschauen und *FANOMICS* als Steuerungssystem herleiten, wollen wir uns mit einer Frage beschäftigen, in welchem Maße Unternehmen überhaupt Einfluss auf die Beziehungsqualität ihrer Mitarbeiter haben: Was können Sie überhaupt tun, um aus ihren Bewohnern und Söldnern im ersten Schritt Sympathisanten und nachfolgend sogar Fans zu machen? Und in welchem Maße ist der Grad der Beziehungsqualität auf persönlichkeitsspezifische Merkmale der Arbeitnehmer zurückzuführen:

- Fühlen sich etwa Frauen grundsätzlich ihrem Arbeitgeber gegenüber verbundener als Männer?
- Oder sind fantypische Verhaltensmuster bei älteren Mitarbeitern häufiger zu beobachten als bei Jüngeren?
- Und welche Rolle spielt möglicherweise das Bildungsniveau der Arbeitnehmer?

Um diese Fragen genauer zu beleuchten, schauen wir uns im Folgenden den Zusammenhang zwischen bestimmten soziodemografischen und ökonomischen Eigenschaften und der Verteilung im *Fan-Portfolio* an.

Das Ergebnis gibt uns Aufschluss darüber, in welchem Maße *FANOMICS* als Management-Steuerungssystem Einfluss auf die Beziehungsqualität der Mitarbeiter nehmen kann, und in welchem Maße die persönlichkeitsspezifischen Merkmale als Rahmenbedingungen eine beeinflussende Rolle spielen.

Lassen Sie uns im ersten Schritt einen Blick auf die Verteilung im *Fan-Portfolio* in Abhängigkeit vom Geschlecht werfen (vgl. Abb. 1.23): Es zeigt sich lediglich ein bedeutsamer Unterschied zwischen Frauen und Männern, und zwar hinsichtlich des Anteils der Bewohner. Dieser ist unter den männlichen Beschäftigten mit 13 % um 4 Prozentpunkte höher als bei den weiblichen Beschäftigten. Zukünftige Untersuchungen werden zeigen, ob sich dieser Befund bestätigt, und wenn ja, welche Ursachen sich dafür identifizieren lassen. Zwischen den verbleibenden Gruppen im *Fan-Portfolio* beträgt der maximale Unterschied zwischen Männern und Frauen höchstens zwei Prozentpunkte – und ist daher vernachlässigbar.

Schauen wir nun auf die verschiedenen Altersgruppen. Hier zeigen sich einige interessante Unterschiede (vgl. Abb. 1.23):

- Die *Fan-Quote* ist in der Altersgruppe „50 Jahre und älter“ mit Abstand am höchsten. Der Wert von 25 % ist fast doppelt so hoch wie in den Altersgruppen „Unter 30 Jahren“ und „40 bis unter 50 Jahre“. Dieses Ergebnis finden wir in nahezu allen Studien auch kundenseitig. Es hängt damit zusammen, dass mit fortschreitendem Alter die Bindungsbereitschaft von Menschen generell steigt (Lois 2011; Geo 2011). Umgekehrt bedeutet das, dass Arbeitgeber mehr Aufwand betreiben müssen, um ihre jüngeren Mitarbeiter zu binden. Das Bild relativiert sich allerdings deutlich, wenn wir zusätzlich zu den Fans auch die zweite loyale Mitarbeitergruppe der Sympathisanten bei der Betrachtung berücksichtigen. Dann ist der Wert für die „50-Jährigen und älter“ mit insgesamt 52 % zwar immer noch am höchsten, allerdings wird der Abstand zu den anderen Altersgruppen geringer. Tatsächlich zeigt sich ein sogenannter „Badewanneneffekt“, denn den zweithöchsten Wert für die Summe der loyalen Mitarbeitergruppen finden wir mit 48 % bei den jüngsten „Unter 30 Jahren“. Bei diesem „Badewanneneffekt“ könnte es sich um eine Frustrationskurve bei den beiden mittleren Altersgruppen handeln, die auf unerfüllte Erwartungen im Berufsleben im Hinblick auf die Erfüllung der eigenen Karriereziele zurückzuführen ist. Genauso denkbar ist, dass sich die Mehrfachbelastung durch die Familiengründung und die empfundene Überlastung in den mittleren Altersgruppen grundsätzlich negativ auf die Beziehungsqualität zum Arbeitgeber auswirkt. Jedenfalls verdient dieser Befund besondere Beachtung bei der zielgruppenspezifischen Ausrichtung des internen Beziehungsmanagements.

- Zu der eben formulierten These hinsichtlich der möglichen Ursachen des Badewanneneffekts passt ein weiteres Ergebnis, mit Blick auf die Enttäuschten. Deren Anteil ist nämlich ebenfalls in den beiden mittleren Altersgruppen mit 15 % respektive 16 % überdurchschnittlich hoch. Auch das könnte ein Ausdruck davon sein, dass hohe Erwartungen leistungsseitig von den Arbeitgebern nicht erfüllt werden.

Dies sind reflektionswürdige Unterschiede, die insbesondere den Blick der Arbeitgeber auf die besonders zentralen mittleren Altersgruppen richten, bei denen eine hohe Erfahrung mit einer hohen Leistungsfähigkeit einhergeht, also eine besonders hohe Produktivität erzielt werden kann, wenn Arbeitgeber die aufgezeigten Beziehungsdefizite besser verstehen und entsprechend in den Griff bekommen.

Lassen Sie uns im letzten Schritt auf das Bildungsniveau schauen und untersuchen, inwieweit es Zusammenhänge zwischen dem höchsten Bildungsabschluss und dem Grad der emotionalen Verbundenheit mit dem Arbeitgeber gibt (vgl. Abb. 1.23). Diese

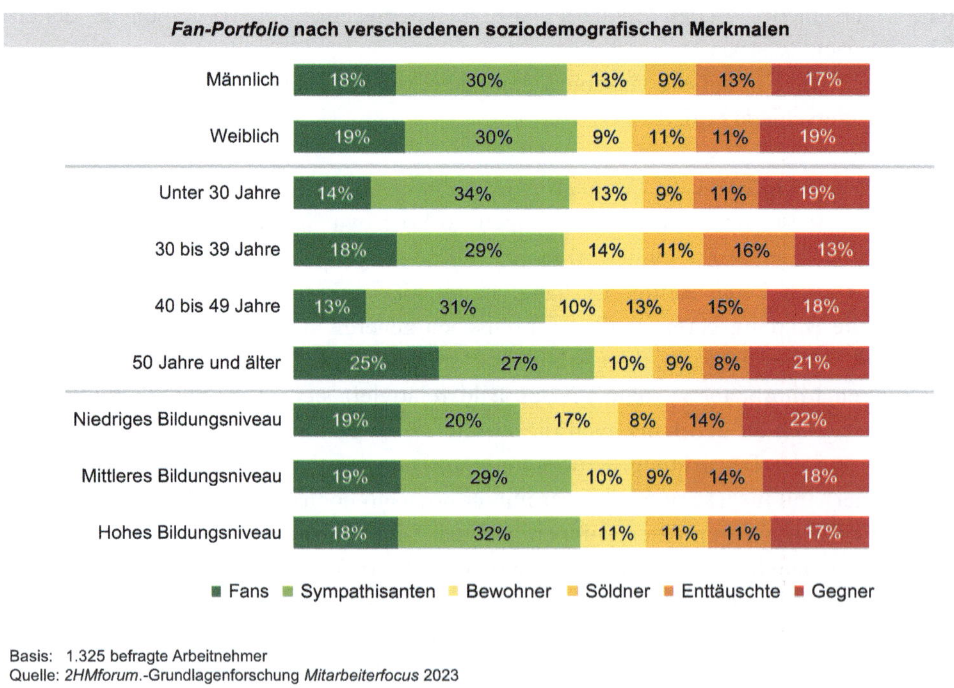

Abb. 1.23 Das *Fan-Portfolio* in Abhängigkeit von Geschlecht, Alter und Bildungsniveau

Betrachtung macht nur unter Vorbehalt Sinn, denn das Bildungsniveau korreliert mit bestimmten zu erreichenden Karriere- und damit auch Gehaltsstufen. Umso erstaunlicher ist, dass sich die *Fan-Quoten* der Mitarbeiter mit niedriger, mittlerer und hoher Bildung praktisch überhaupt nicht unterscheiden. Erst wenn man die Betrachtung um die Sympathisanten erweitert, fallen die Mitarbeiter mit niedriger Bildung mit in Summa 39 % loyalen Mitarbeitern gegenüber den mittleren und hoch Gebildeten mit 48 % bzw. 50 % leicht ab.

1.6.5 Einfluss von Führungsaufgaben auf die Beziehungsqualität

Es ist schon mit dem jetzigen Wissen um die grundlegenden Mechanismen von Fan-Beziehungen offensichtlich, dass es im Hinblick auf die Implementierung von *FANOMICS* auf die Führungskräfte ankommt. Denn sie sind Vorbilder und Identifikationsfiguren für die Mitarbeiter, also wesentliche Vermittler der Passung zwischen Mitarbeitern auf der einen und der Unternehmenskultur auf der anderen Seite. Es ist naheliegend, dass es für den Erfolg des Mitarbeiterbeziehungsmanagements von Vorteil ist, wenn viele, am besten alle Führungskräfte auch Fans ihres Arbeitgebers sind. Natürlich werden wir auf diese Zusammenhänge und die Konsequenzen im Folgenden noch detaillierter zu sprechen kommen. Doch lässt sich diese Annahme anhand der empirischen Daten überhaupt belegen? Sind die *Fan-Quoten* von Führungskräften tatsächlich deutlich höher als die von Mitarbeitern ohne Führungsverantwortung?

Um diese Frage zu beantworten, schauen wir uns zunächst basierend auf den Daten des *Mitarbeiterfocus Deutschland* 2023 die Verteilung aller Führungskräfte im Vergleich zu den Mitarbeitern ohne Führungsfunktion an (vgl. Abb. 1.24). Es lässt sich nur eine leichte Tendenz in die erwartete Richtung nachweisen: Die *Fan-Quote* unter den Führungskräften ist mit 23 % höher als bei den restlichen Mitarbeitern mit 16 %, und auch die Summe der loyalen, also der Fans und der Sympathisanten, ist unter den Führungskräften mit 56 % höher als unter den Mitarbeitern ohne Führungsverantwortung. Dieses Ergebnis bedeutet aber im Umkehrschluss, dass fast die Hälfte der Führungskräfte deutscher Unternehmen weder Fans noch Sympathisanten sind, also hinsichtlich ihres Commitments oder ihrer Zufriedenheit nicht vollumfänglich mit ihrem Arbeitgeber in Einklang stehen. Dabei handelt es sich zu 15 % um Bewohner, zu 12 % um Gegner, zu 11 % um Enttäuschte und zu 7 % um Söldner. Selbst wenn man die Enttäuschten nicht berücksichtigt und unterstellt, dass es sich bei diesen um eine vorübergehende Unzufriedenheit handelt, so verbleiben immer noch ein Drittel der Führungskräfte, die entweder auf dem Sprung sind (die Söldner), sich nicht aktiv um den Erfolg des Unternehmens bemühen (die Bewohner) oder sogar aktiv gegen ihren Arbeitgeber agieren (die Gegner). Geht man davon aus, dass ungefähr 1,9 Mio. Beschäftigte einer leitenden Tätigkeit nachgehen (Schuster und Stahl 2019), so bedeutet die Gegner-Quote von 12 %, dass ca. 200.000 Führungskräfte der Deutschen Wirtschaft sich aktiv gegen

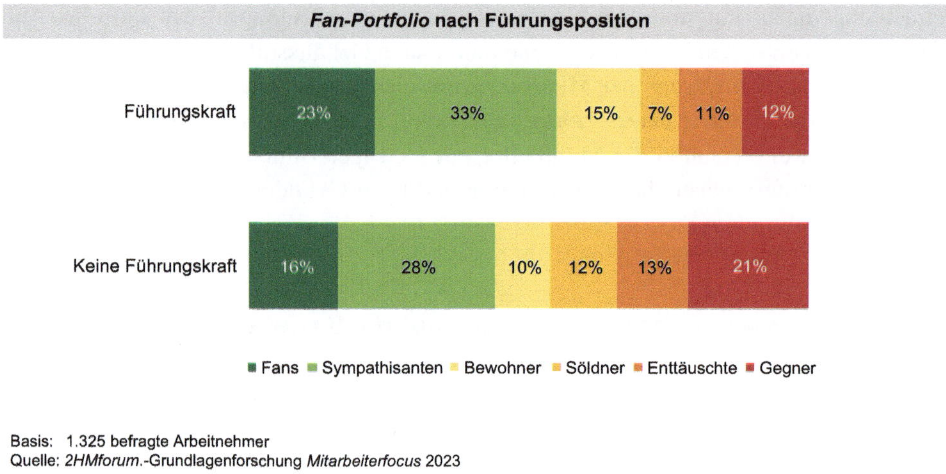

Abb. 1.24 Das *Fan-Portfolio:* Führungskräfte im Vergleich zu Mitarbeitern ohne Führungsfunktion

ihren Arbeitgeber stellen und diesem versuchen zu schaden. Unterstellt man weiter, dass diese Gegner im Schnitt 10 Mitarbeiter führen, so wird an dieser Stelle schon intuitiv der Schaden erkennbar, der durch zu geringes Commitment der Führungskräfte ausgelöst wird.

Um die Erkenntnislage weiter zu verfeinern, schauen wir uns im nächsten Schritt weiter differenziertere Ergebnisse an, und zwar getrennt für das obere und das mittlere/untere Management. Unter „Oberem Management" haben wir Geschäftsführung, Geschäftsstellen- und Bereichsleitung subsumiert, unter „Mittlerem/unterem Management" die Abteilungs- und Teamleitung (vgl. Abb. 1.25). Es zeigen sich große Unterschiede, und zwar insbesondere mit Blick auf die *Fan-Quote* und die Gegner-Quote:

- Während im Top-Management immerhin 30 % Fans ihrer Arbeitgeber sind, gilt das im mittleren/unteren Management nur für 19 %.
- Dagegen finden sich im mittleren/unteren Management 14 % Gegner-Mitarbeiter, wohingegen dieser Anteil im Top-Management nur bei der Hälfte, also bei 7 %, liegt.

Diese Ergebnisse zu der Verteilung der Führungskräfte im *Fan-Portfolio* sind im Hinblick auf die Ausführungen zur Implementierung von *FANOMICS* in den Kap. 3 ff. bemerkenswert. Wir werden dort im Detail der Frage nachgehen, welche Auswirkungen es auf das Mitarbeiter-Beziehungsmanagement hat, dass die *Fan-Quote* unter den Führungskräften generell so niedrig ist, und was es konkret bedeutet, dass sich insbesondere das mittlere/untere Management nur in geringem Maße mit seinem Arbeitgeber identifiziert.

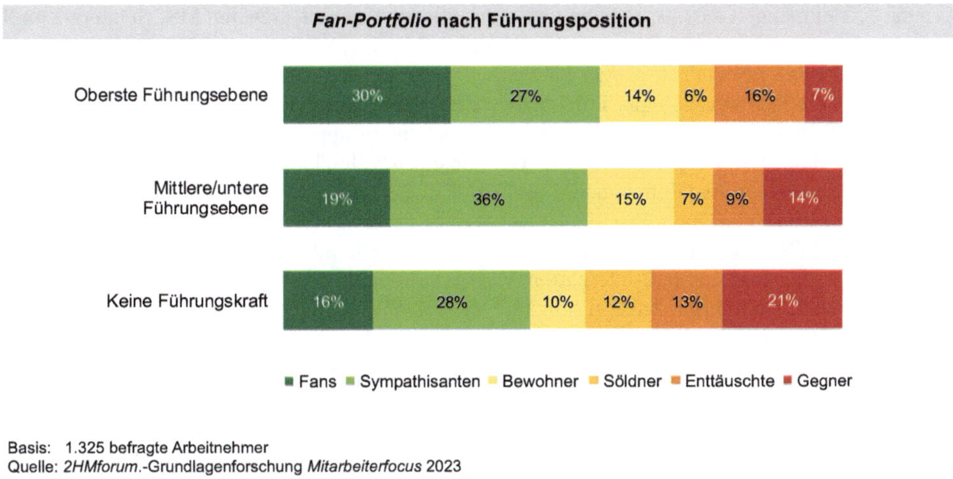

Abb. 1.25 Das *Fan-Portfolio* nach oberen und mittlerem/unteren Management

1.7 Fazit

In diesem Kapitel haben wir – basierend auf den Befunden der wissenschaftlichen Fan-Forschung – den *Fan-Indikator* hergeleitet und darauf aufbauend das *Fan-Portfolio* entwickelt, das es ermöglicht, die Gesamtheit der Mitarbeiter eines Unternehmens nach emotionaler Bindung und Zufriedenheit in fünf Gruppen zu segmentieren. Wir haben die spezifischen Merkmale und Eigenheiten dieser Gruppen herausgearbeitet, und wir haben erste inhaltliche Überlegungen und strategische Hinweise dafür gegeben, welchen unverzichtbaren Erkenntniswert das *Fan-Portfolio* als Grundlage für die Unternehmenssteuerung mit *FANOMICS* liefert – weil es Entscheider in die Lage versetzt, die richtigen Maßnahmen abzuleiten, um Mitarbeiter zu Fans zu machen. All diese Überlegungen und Maßnahmen aber basieren auf einer zentralen Prämisse, die wir im bisherigen Verlauf auch schon mehrfach angerissen haben: nämlich, dass Fans ein höheres Potenzial haben und damit ein Unternehmen tatsächlich erfolgreicher machen. Die Richtigkeit dieser Behauptung werden wir im folgenden Kap. 2 ausführlich belegen.

Literatur

20min.ch (2018) Millionen verdient: Juve hat schon 520.000 Ronaldo-Trikots verkauft. https://www.20min.ch/story/juve-hat-schon-520-000-ronaldo-trikots-verkauft-808069671351. Zugegriffen: 12. Okt. 2023

2HMforum. (2023) Mitarbeiterfocus Deutschland. https://fanomics.de/mitarbeiterfocus-deutschland/. Zugegriffen: 15. Nov. 2023

Akremi L, Hellmann K-U (2017) Fans und Konsum. In: Roose J, Schäfer MS, Schmidt-Lux T (Hrsg) Fans. Soziologische Perspektiven, 2. Aufl. VS Verlag, Wiesbaden, S 273–292

Alfermann D (2000) Soziale Prozesse im Sport. In: Gabler H, Nitsch JR, Singer R (Hrsg) Einführung in die Sportpsychologie. Teil 2: Anwendungsfelder. Karl Hofmann, Schondorf, S 65–109

Alfermann D, Würth S (2008) Gruppenprozesse und Intergruppenbeziehungen. In: Schlicht W, Strauß B (Hrsg) Grundlagen der Sportpsychologie. Enzyklopädie der Psychologie, Bereich D, Serie V, Bd. 1. Hogrefe, Göttingen, S 719–778

Benzecry CE (2011) The Opera Fanatic. University of Chicago Press, Ethnography of an obsession

Bild-Zeitung (2021) 220 Millionen Euro. Ronaldo-Trikot bricht alle Verkaufsrekorde. https://www.bild.de/sport/fussball/fussball-international/cristiano-ronaldo-cr7-trikot-bricht-alle-verkaufs-rekorde-77644220.bild.html. Zugegriffen: 12. Okt. 2023

Daschmann G (2007) Der Preis der Prominenz. Medienpsychologische Überlegungen zu den Wirkungen von Medienberichterstattung auf die dargestellten Akteure. In: Schierl T (Hrsg) Prominenz in den Medien. Zur Genese und Verwertung von Prominenten in Sport, Wirtschaft und Kultur. Von Halem, Köln, S 184–201

Daschmann, G (2014) Schneller, Höher, Weiter – Twitter? Der Einfluss des Social Media-Kontakts zu Fans auf die Motivation von Spitzensportlern. In Kommunikationsmanagement und Markenstrategien im Social Web, Hrsg. Schmidt H, Schmidt J, S 46–62, Eimo, Berlin

Fritzsche B (2011) Pop-Fans. Studie einer Mädchenkultur, 2. Aufl., VS Verlag, Wiesbaden

Fritzsche B (2017) Fans und Gender. In: Roose J, Schäfer MS, Schmidt-Lux T (Hrsg) Fans. Soziologische Perspektiven, 2. Aufl. VS Verlag, Wiesbaden, S 201–218

Gabler H (2022) Motive im Sport. Motivationspsychologische Analysen und empirische Studien. Karl Hofmann, Schondorf

Gebhardt W (2017) Fans und Distinktion. In: Roose J, Schäfer MS, Schmidt-Lux T (Hrsg) Fans. Soziologische Perspektiven, 2. Aufl. VS Verlag, Wiesbaden, S 161–180

Geisselhart C (2008) The Who – Maximum Rock: Die Geschichte der verrücktesten Rockband der Welt. Hannibal Verlag, Innsbruck

Geo (2022) Studie: Oxytocin lässt uns besonders im Alter zufrieden leben. Geo. https://www.geo.de/wissen/gesundheit/oxytocin-hormon-macht-nett-und-zufrieden---menge-nimmt-im-alter-zu-31806828.html#:~:text=Der%20Studie%20zufolge%20haben%20%C3%A4lte-re,Ausl%C3%B6ser%20der%20beobachteten%20Verhaltensweisen%20ist. Zugegriffen: 12. Okt. 2023

Göttlich U, Krischke-Ramaswamy M (2003) Event/Erlebniskultur, Freizeitkultur/Fan. In: Hügel HO. (Hrsg) Handbuch Populäre Kultur. J.B. Metzler, Stuttgart, S 167–172

Homburg C, Bucerius M (2016) Mitarbeiterzufriedenheit als Managementherausforderung. In Mitarbeiterzufriedenheit. Konzepte – Methoden – Erfahrungen. 9. Auflage. Gabler Verlag, Wiesbaden, S 53–92

Homburg C (2016, Hrsg.): Mitarbeiterzufriedenheit. Konzepte – Methoden – Erfahrungen. 9. Auf. Gabler Verlag, Wiesbaden

Homburg C, Stock-Homburg R (2016) Theoretische Perspektiven zur Mitarbeiterzufriedenheit, In Homburg: C (Hrsg) Mitarbeiterzufriedenheit. Konzepte – Methoden – Erfahrungen, 9. Aufl. Gabler Verlag, Wiesbaden, S 17–52

Hornby N (1992) Fever Pitch. Ballfieber – Die Geschichte eines Fans. Verlag Kiepenheuer & Witsch GmbH & Co KG, Köln

Jörissen B, Zirfas J (Hrsg) (2010) Schlüsselwerke der Identitätsforschung. VS Verlag, Wiesbaden

Kohlmann KW, Eschenbeck H (2009) Stress und Stressbewältigung. In: Schlicht W, Strauß B. (Hrsg) Grundlagen der Sportpsychologie Enzyklopädie der Psychologie. Bereich D, Serie V, Bd. 1. Hogrefe, Göttingen, S 635–680

König T (2002) Fankultur: Eine soziologische Studie am Beispiel des Fußballfans. LIT, Münster

Leistner A (2017) Fans und Gewalt. In: Roose J, Schäfer MS, Schmidt-Lux T (Hrsg) Fans. Soziologische Perspektiven. VS Verlag für Sozialwissenschaften, Wiesbaden, S 219–246

Lois, (2011) „Living apart together": Sechs Typen einer heterogenen Lebensform. Zeitschrift für Familienforschung. https://doi.org/10.20377/jfr-172

Maar S (2018) Fansegmentation und Fanpsychologie. Nomos Verlagsgesellschaft mbH & Co, KG, Baden-Baden

Martensen A, Gronholdt L (2001) Using employee satisfaction measurement to improve people management: an adaptation of Kano's quality type. Total Quality Management 12(7&8), S 949 –957

Maslow AH (1981) Motivation und Persönlichkeit, 12. Aufl. Rowohlt, Reinbek bei Hamburg

Matzler, K. et al (2003) Werte mit und für die Mitarbeiter schaffen. In: K. Matzler et al (Hrsg) Werte schaffen – Perspektiven einer stakeholderorientierten Unternehmensführung. Gabler, Wiesbaden, S 305 –318

Mikos L (2010) Der Fan. In: Moebius S, Schroer S (Hrsg) Diven, Hacker, Spekulanten: Sozialfiguren der Gegenwart. Suhrkamp, Berlin, S 108–118

Müller CJ, Kuchinke L (2019) Lassen sich Emotionen messen? Emotionskonzepte der Physiologie. In: Kappelhoff H, Bakels JH, Lehmann H, Schmitt C (Hrsg) Emotionen. Ein interdisziplinäres Handbuch. J.B. Metzler, Wiesbaden, S 65–72

Nimoy L (1977) I Am Not Spock. Celestial Arts Publishing, Milbrae, USA

Nimoy L (1995) *I Am Spock.* Hyperion, New York, USA

Noelle-Neumann E (1980) Die Schweigespirale. Öffentliche Meinung – unsere soziale Haut. Piper, Zürich/München

Ohr D (2017) Fans und Medien. In: Roose J, Schäfer MS, Schmidt-Lux T (Hrsg) Fans. Soziologische Perspektiven, 2. Aufl. VS Verlag für Sozialwissenschaften, Wiesbaden, S 293–318

Oliver RL, Rust RT, Sajeev V (1997) Customer delight: Foundations, findings, and managerial insight. Journal of Retailing 73(3), S 311–336

Otte G (2017) Fans und Sozialstruktur. In: Roose J, Schäfer MS, Schmidt-Lux T (Hrsg) Fans. Soziologische Perspektiven. VS Verlag für Sozialwissenschaften, Wiesbaden, S 57–82

Rimini Piranhas (2004) Mainz 05 – Liebe meines Lebens. Suppenkazper Noise Imperium. Mainz

Roose J (2017) Fans und Globalisierung, In: Roose J, Schäfer MS, Schmidt-Lux T (Hrsg) Fans. Soziologische Perspektiven. VS Verlag für Sozialwissenschaften, Wiesbaden, S 367–388

Roose J, Schäfer MS (2017) Fans und Partizipation. In: Roose J, Schäfer MS, Schmidt-Lux T (Hrsg) Fans. Soziologische Perspektiven, 2. Aufl. VS Verlag für Sozialwissenschaften, Wiesbaden, S 319–342

Roose J, Schäfer MS, Schmidt-Lux T (2017a) Einleitung. Fans als Gegenstand soziologischer Forschung. In Roose J, Schäfer MS, Schmidt-Lux T (Hrsg) Fans. Soziologische Perspektiven, 2. Aufl. VS Verlag für Sozialwissenschaften, Wiesbaden, S 1–18

Roose J, Schäfer MS, Schmidt-Lux T (2017b) Fans in theoretischer Perspektive. In: Roose J, Schäfer MS, Schmidt-Lux T (Hrsg) Fans. Soziologische Perspektiven, 2. Aufl. VS Verlag für Sozialwissenschaften, Wiesbaden, S 19–38

Schäfer MS (2017) Fans und Emotionen. In: Roose J, Schäfer MS, Schmidt-Lux T (Hrsg) Fans. Soziologische Perspektiven, 2. Aufl. VS Verlag für Sozialwissenschaften, Wiesbaden, S 93–114

Schlicht W, Strauß B et al (2003) Sozialpsychologie des Sports. Eine Einführung. In Sportpsychologie, Hrsg. Strauß B. Hogrefe, Göttingen

Schmidt-Joos S, Kampmann W (2008) Rock-Lexikon 1 und 2. Rowohlt Verlag, Hamburg

Schmidt-Lux T (2017) Die Geschichte der Fans, In: Roose J, Schäfer MS, Schmidt-Lux T (Hrsg) Fans. Soziologische Perspektiven, 2. Aufl. VS Verlag für Sozialwissenschaften, Wiesbaden, S 37–56

Schneider UF (2004) Der Januskopf der Prominenz. VS Verlag, Wiesbaden, Zum ambivalenten Verhältnis von Privatheit und Öffentlichkeit

Schuster E, Strahl J (2019) Statistik der Bundesagentur für Arbeit, Grundlagen: Methodenbericht – Beschäftigte mit Leitungsfunktion. https://statistik.arbeitsagentur.de/DE/Statischer-Content/Grundlagen/Methodik-Qualitaet/Methodenberichte/Beschaeftigungsstatistik/Generische-Publikationen/Methodenbericht-Beschaeftigte-mit-Leitungsfunktion.pdf?__blob=publicationFile. Zugegriffen: 10. Okt. 2023

Skrobanek J, Jobst S (2017) Fans und Sozialisation. In: Roose J, Schäfer MS, Schmidt-Lux T (Hrsg) Fans. Soziologische Perspektiven, 2. Aufl. VS Verlag, Wiesbaden, S 181–200

Stein J (1979) The Kids Are Alright. Shepperton Studios, Shepperton, England

Springsteen B (1980) Everybody's got a hungry heart. The River. Columbia Records, New York

Tajfel H, Turner JC (1986) The social identity theory of intergroup behavior. In: Worchel S, Austin WG (Hrsg) Psychology of intergroup relations. Nelson-Hall, Chicago, S 7–24

Winkler W (2010) Roger Daltrey „Wir haben vermutlich einen Weltkrieg verhindert", Süddeutsche.de vom 17. Mai 2010. https://www.sueddeutsche.de/kultur/roger-daltrey-wir-haben-vermutlich-einen-weltkrieg-verhindert-1.429001. Zugegriffen: 12. Okt. 2023

Winter R (2017) Fans und kulturelle Praxis. In: Roose J, Schäfer MS, Schmidt-Lux T (Hrsg) Fans. Soziologische Perspektiven. VS Verlag für Sozialwissenschaften, Wiesbaden, S 141–160

2 Der Wert der Fan-Mitarbeiter

Die Segmentierung der Belegschaft durch das *Fan-Portfolio,* die Identifikation von Fan-Mitarbeitern und die Steigerung ihres Anteils – mit anderen Worten die Orientierung an der *Fan-Quote* – all das macht nur dann Sinn, wenn es das zentrale Ziel eines jeden Unternehmens nachhaltig fördert. Und dieses Ziel heißt: Steigerung des wirtschaftlichen Erfolgs. Wir werden in diesem Kapitel zeigen, dass unser Ansatz genau dieses erreicht: Fan-Mitarbeiter machen Unternehmen wirtschaftlich erfolgreicher, und zwar auf mehreren Wegen gleichzeitig. Hierfür werden wir im Folgenden zahlreiche empirische Belege präsentieren. Dabei greifen wir – wie schon in Kap. 1 – auf Daten unserer Grundlagenforschung zurück. Allerdings bleiben wir nicht bei dieser zwar empirischen, aber immer noch exemplarischen Beweisführung stehen. Vielmehr gehen wir einen entscheidenden Schritt weiter: Wir werden im Folgenden den Beitrag der Fan-Mitarbeiter zur erfolgreichen Unternehmensentwicklung schlüssig nachweisen und dabei aufzeigen, dass sie in drei zentralen strategischen Stoßrichtungen des Personal-Managements das größte Potenzial mitbringen:

1. Die Fan-Mitarbeiter machen Unternehmen produktiver und helfen auf diese Weise, kurzfristige Wachstumsziele zu realisieren, ohne dass dafür neue Mitarbeiter gewonnen werden müssen.
2. Die Fan-Mitarbeiter sind loyaler. Indem sie ihrem Arbeitgeber länger treu bleiben und auch in schwierigen Zeiten zu ihm stehen, sind sie eine stabile Planungsgröße für kurz- und mittelfristiges Wachstum – denn sie bilden eine stabile Kalkulationsgrundlage für die Produktionsmöglichkeiten, sie sind wesentliche Know-how-Träger, und – als Nebeneffekt – halten sie die Kosten für die Neubesetzung von Stellen und für das Onboarding gering.

F. Meyer und R. Becker, *FANOMICS® – Mitarbeiter zu Fans machen,*
https://doi.org/10.1007/978-3-658-43163-1_2

3. Die Fan-Mitarbeiter sind wichtige – weil authentische, glaubwürdige und motivierte Botschafter zur Stärkung der Arbeitgebermarke – und somit eine wesentliche Quelle für die Gewinnung neuer Mitarbeiter in Zeiten sich stetig verschärfender Wettbewerbsbedingungen auf den Arbeitnehmermärkten.

Im Folgenden wollen wir uns die Befunde zu diesen drei strategischen Stoßrichtungen detaillierter anschauen und auf diese Weise zweifelsfrei belegen, dass die Steigerung der *Fan-Quote* unter den Bestandsmitarbeitern erfolgswirksam ist.

Dabei konzentrieren wir uns auf die vier Mitarbeiter-Gruppen rechts im *Fan-Portfolio*, die sich hinsichtlich ihrer Zufriedenheit gar nicht oder nur unwesentlich unterscheiden. Denn der Mehrwert der neuen „Fan-Währung" besteht gerade darin, dass sie die unterschiedlichen Potenziale der Mitarbeitergruppen sichtbar macht, die gleichermaßen hochzufrieden sind.

2.1 Die Fan-Mitarbeiter als Produktivfaktor

Schauen wir zunächst auf den Beitrag der Fan-Mitarbeiter zur Produktivitätssteigerung von Unternehmen. Unter sich verschärfenden Bedingungen auf den Arbeitsmärkten ist dies ein lohnenswertes strategisches Ziel, um insbesondere kurzfristige Wachstumschancen zu realisieren. Dies lässt sich anhand eines Rechenbeispiels erläutern. Aufgrund empirischer Erfahrungen aus unseren Kundenprojekten gehen wir davon aus, dass die Produktivität der Fan-Mitarbeiter um durchschnittlich 50 % höher liegt als die der anderen Mitarbeitergruppen im *Fan-Portfolio*. Dann bedeutet eine Steigerung der *Fan-Quote* unter den Mitarbeitern um 10 Prozentpunkte eine durchschnittliche Erhöhung der Produktivität von 5 %, und das Jahr für Jahr bei gleichbleibenden oder sinkenden Kosten, weil nicht das „Mehr-ist-Mehr-Paradigma" angewendet wird, sondern sich die Unternehmen auf wesentliche Bedürfnisse ihrer Mitarbeiter fokussieren (vgl. dazu Abschn. 3.4.7).

Was genau sind die einzelnen Effekte, die sich positiv auf die Produktivität der Fan-Mitarbeiter auswirken?

2.1.1 Unmittelbar produktivitätssteigernde Eigenschaften der Fan-Mitarbeiter

Wir haben eine ganze Reihe von Eigenschaften der Fan-Mitarbeiter gefunden, die sich produktivitätssteigernd auswirken.

So lässt sich anhand verschiedener Indikatoren nachweisen, dass die Fan-Mitarbeiter motivierter als die übrigen Mitarbeiter sind (vgl. Abb. 2.1). Ein wichtiger Indikator im Hinblick auf die Motivation ist die Leistungsfähigkeit der Mitarbeiter. Und das Ergebnis ist beeindruckend. Während 55 % der Fans der Aussage vollumfänglich zustimmen,

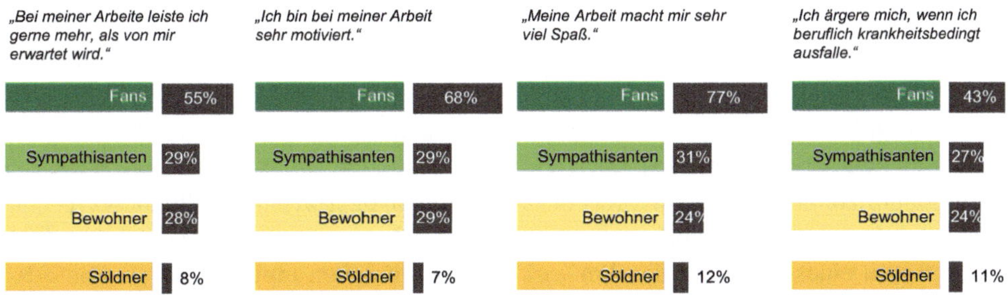

Werte: Top-1-Boxen (Kategorie 100) auf einer Skala von 0 (trifft überhaupt nicht zu) bis 100 (trifft vollständig zu) bzw. auf einer Skala von 0 (stimme überhaupt nicht zu) bis 100 (stimme vollständig zu)
Basis: 1.325 befragte Arbeitnehmer
Quelle: *2HMforum.*-Grundlagenforschung *Mitarbeiterfocus* 2023

Abb. 2.1 Unmittelbar produktivitätssteigernde Eigenschaften der Fan-Mitarbeiter

dass sie bei der Arbeit gerne mehr leisten, als von ihnen erwartet wird, gilt dies nur für jeweils etwa ein Viertel der Sympathisanten und Bewohner und sogar nur für jeden 12. Söldner. Noch deutlicher fällt das Ergebnis aus, wenn man die Mitarbeiter direkt nach ihrer Motivation fragt. Dann sind es sogar über zwei Drittel der Fan-Mitarbeiter, die vollkommen der Aussage zustimmen, dass sie bei der Arbeit sehr motiviert sind, während dies bei den anderen drei, gleichermaßen zufriedenen Mitarbeitergruppen nur für je ein knappes Drittel der Sympathisanten und Bewohner zutrifft sowie für jeden 15. Söldner (vgl. Abb. 2.1).

Auch wenn diese Daten aus einer Selbsteinschätzung der Mitarbeiter resultieren, so haben sie gerade in der Gegenüberstellung eine hohe Aussagekraft. Denn sollte es zu positiven Verzerrungen kommen, weil sich Mitarbeiter in einer solchen Befragungssituation positiver darstellen wollen, so würde dieser Effekt für alle vier zufriedenen Mitarbeitergruppen gleichermaßen gelten, und damit der Vergleich belastbare Unterschiede ausweisen. Ebenso gilt zu berücksichtigen, dass es sich bei unserer immer wieder zitierten Grundlagenstudie *Mitarbeiterfocus Deutschland* (2HMforum. 2023) um eine anonyme, auf eine Bevölkerungsstichprobe aussetzende Befragung handelt. Das bedeutet, dass wir nicht wissen, für welchen Arbeitgeber die Befragten tatschlich tätig sind. Auf ihre Bereitschaft, glaubwürdige Rückmeldungen zu geben, hat dies sicher positive Auswirkungen, da die typischen Ängste aus klassischen Mitarbeiterbefragungen vor Sanktionen keine Rolle spielen.

Ebenfalls ein stark produktivitätsteigender Faktor ist der empfundene Spaß bei der Arbeit: Tätigkeiten, denen wir mit Freude nachgehen, setzen besondere Kräfte frei. Umso bedeutsamer ist das Ergebnis aus unserer Grundlagenstudie einzuschätzen: Mehr als drei Viertel aller Fans stimmen der Aussage vollumfänglich zu, dass ihnen ihre Arbeit sehr viel Spaß macht. Schon bei den Sympathisanten sinkt dieser Wert dramatisch auf gerade noch knapp ein Drittel, unter den Bewohnern ist es nur noch rund ein Viertel, bei den Söldnern sogar gerade einmal rund jeder zehnte, dem seine Arbeit sehr viel Spaß bereitet (vgl. Abb. 2.1). Dieser Aspekt sollte demnach insbesondere bei der Rekrutierung stark in den Vordergrund rücken, indem die Arbeitgeber den Bewerbern das Tätigkeitsprofil der zu besetzenden Stelle so detailliert und authentisch wie möglich beschreiben, und durch den Abgleich mit den Erwartungen herausfinden, wie stark sich die Bewerber damit identifizieren. Auch in den regelmäßigen Personalgesprächen sollte dieses Thema immer wieder zur Sprache kommen, um durch stetiges Optimieren dem Zielbild des Mitarbeiters von einer Tätigkeit, die ihm wirklich Spaß bereitet, immer näher zu kommen. Auch wenn dies mit einigem Aufwand verbunden ist, wie zum Beispiel mit Investitionen in Weiterbildungsmaßnahmen oder mit umfassendem „training on the job". Die Daten belegen, dass sich dieser Aufwand schnell amortisiert, denn kaum ein anderer Hebel erweist sich als vergleichbar wirksam, wenn es darum geht, Produktivitätsreserven zu aktivieren.

Sehr naheliegend ist der Zusammenhang zwischen dem Krankenstand eines Unternehmens und seiner Produktivität. Wenn der Krankenstand steigt, dann wird dies schnell zu einem ernstzunehmenden Problem. Denn damit sinkt die Produktivität, die Kosten steigen und andere müssen die Arbeit erledigen, was wiederum zu Mehrbelastung und Demotivation führt. Inwieweit nehmen die Arbeitnehmer diese Zusammenhänge in einem Krankheitsfall als belastend wahr? Um das besser zu verstehen, fragen wir in unserer Grundlagenstudie, ob sich die Arbeitnehmer ärgern, wenn sie krankheitsbedingt ausfallen. Dem stimmt immerhin fast die Hälfte der Fans, aber nur rund ein Viertel der Sympathisanten und Bewohner zu und sogar nur rund jeder zehnte Söldner (vgl. Abb. 2.1). Es ist davon auszugehen, dass sich der unterschiedlich ausgeprägte Ärger auf den konkreten Umgang mit der Erkrankung auswirkt. Fans werden alles daransetzen, ihrem Arbeitgeber so schnell wie möglich wieder gesund zur Verfügung zu stehen, was sich positiv auf die Produktivität auswirkt.

2.1.2 Mittelbar produktivitätssteigernde Eigenschaften der Fan-Mitarbeiter

Neben diesen sich direkt auf die Produktivität auswirkenden Eigenschaften gibt es auch solche, die sich mittelbar auswirken. Eine solche ist die Bereitschaft von Arbeitnehmern, proaktiv neue Ideen einzubringen, um ihren Arbeitgeber weiterzuentwickeln. Diese Ideen zielen unter anderem auf die Produktivitätssteigerung, denn sie helfen, interne Entwicklungskosten zu reduzieren.

Wie vermutet, ist die Zustimmung unter den Fan-Mitarbeitern zu der Aussage „Ich bringe proaktiv neue Ideen ein, um mein Unternehmen weiterzuentwickeln" am größten: Während über die Hälfte der Fans vollständig zustimmen, sinkt der Anteil bereits bei den Sympathisanten auf ein Viertel, bei den Bewohnern auf rund ein Fünftel, und bei den Söldnern ist nur noch ca. jeder zwanzigste bereit, seinen Arbeitgeber auf diese Weise zu unterstützen (vgl. Abb. 2.2).

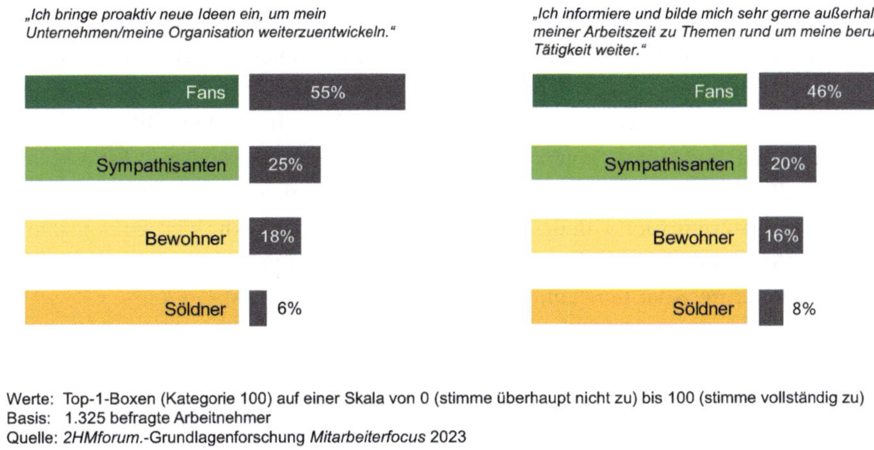

Abb. 2.2 Mittelbar produktivitätssteigernde Eigenschaften der Fan-Mitarbeiter

In eine ähnliche Richtung zielt eine weitere Frage, und zwar die nach der Bereitschaft der Arbeitnehmer, sich außerhalb ihrer Arbeitszeit zu Themen rund um ihre berufliche Tätigkeit weiterzubilden. Es ist klar, dass diese Aktivitäten auch den Arbeitgebern zugutekommen, da sich die neu erworbenen Kompetenzen auch auf die Qualität und die Produktivität der Arbeit auswirken. Das Ergebnis auf die entsprechende Frage ist beeindruckend. Immerhin fast die Hälfte aller Fan-Mitarbeiter stimmen der Aussage vollumfänglich zu, sich auch außerhalb ihrer Arbeitszeit zu Themen rund um ihre berufliche Tätigkeit weiterzubilden, schon bei den Sympathisanten fällt der Anteil auf ein Fünftel, bei den Bewohnern und Söldnern sind es nur noch 16 % respektive 8 % (vgl. Abb. 2.2). Diese Ergebnisse sind auch dahingehend interessant, dass diese Weiterbildung nicht nur dem aktuellen Arbeitgeber nutzt, sondern auch den Marktwert der Arbeitnehmer selbst steigert. Die Ergebnisse legen nahe, dass die Notwendigkeit dafür insbesondere von den Arbeitnehmern nicht gesehen wird, die ernsthaft über einen Wechsel nachdenken. Warum das so ist, darüber können wir nur spekulieren. Möglicherweise ist es Ausdruck eines insgesamt niedrigeren Stellenwerts der beruflichen Tätigkeit bei den Söldner-Mitarbeitern – und somit ein weiterer erklärender Faktor, warum die Identifikationsbereitschaft mit dem Arbeitgeber bei dieser Gruppe tendenziell geringer ausfällt.

2.1.3 Die höhere Kundenorientierung der Fan-Mitarbeiter

Bereits in der Einleitung haben wir darauf hingewiesen, dass ein zentraler Mehrwert von *FANOMICS* die Verzahnung von Kunden- und Mitarbeiter-Beziehungsmanagement ist, und zwar sowohl über die zugrunde liegenden KPIs als auch die detaillierte Beschreibung der Wirkzusammenhänge und entsprechenden Implementierungsansätze, mit denen durch Steigerung der *Fan-Quote* unter den Mitarbeitern auf den Kundenwert Einfluss genommen wird. Ausführlicher werden wir uns diesen Zusammenhängen in Kap. 5 widmen. Für unsere Argumentation zum Thema „Potenzial von Fan-Mitarbeitern" ist es ausreichend, wenn wir den Nachweis führen, dass sich Fan-Mitarbeiter tatsächlich kundenorientierter verhalten und somit einen größeren Beitrag als alle anderen Mitarbeitergruppen im *Fan-Portfolio* zur Steigerung der *Fan-Quote* unter den Kunden leisten.

Zur Operationalisierung der Kundenorientierung verwenden wir vier wissenschaftlich hergeleitete Attribute, die gleichermaßen die kundenorientierte Haltung und das Verhalten der Mitarbeiter messbar machen, und zwar:

- Ich fühle mich persönlich für die Zufriedenheit der Kunden verantwortlich.
- Es ist mir klar, dass mein Gehalt letztendlich vom Kunden bezahlt wird.
- Es fällt mir leicht, mich in die Lage der Kunden zu versetzen.
- Ich empfinde häufigen Kundenkontakt als angenehm.

Um die Informationen aus diesen vier Aussagen zu bündeln, berechnen wir einen Kundenorientierungsindex, der maximal 100 Punkte betragen kann. Das Ergebnis entspricht den theoretisch formulierten Erwartungen, denn dieser Kundenorientierungsindex ist bei den Fan-Mitarbeitern mit 81 Punkten am höchsten, gefolgt von den Sympathisanten mit 73 Punkten, den Bewohnern mit 68 Punkten und den Söldnern mit 65 Punkten (vgl. Abb. 2.3).

Auch an dieser Stelle verweisen wir darauf, dass diese Einschätzung aus der subjektiven Perspektive der Mitarbeiter erfolgt und davon auszugehen ist, dass sie ihre Kundenorientierung, wie sie von den Kunden erlebt wird, überschätzen. Da es an dieser Stelle nicht um die valide Messung der Kundenorientierung geht, sondern um den Vergleich

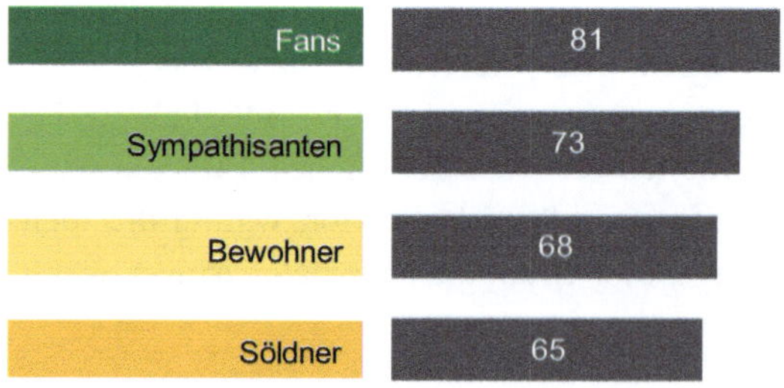

Werte: Mittelwerte, Skala von 0 (keine Kundenorientierung) bis 100 (maximale Kundenorientierung)
Basis: 1.325 befragte Arbeitnehmer
Quelle: 2HMforum.-Grundlagenforschung Mitarbeiterfocus 2023

Abb. 2.3 Die Kundenorientierung der Fan-Mitarbeiter als Erfolgsfaktor

zwischen den Gruppen, spielen solche subjektiven Verzerrungen keine Rolle, da wir davon ausgehen können, dass diese in allen Mitarbeitergruppen gleichermaßen auftreten.

An dieser Stelle nutzen wir die Gelegenheit und validieren das Ergebnis aus der Kundenperspektive, denn wir stellen die gleichen Fragen zur Wahrnehmung der Kundenorientierung auch in unseren Kundenbefragungen. Beispielhaft haben wir dazu aus einer unserer Grundlagenstudien die Antwort der Kunden auf die Frage ausgewählt, inwieweit sich die Mitarbeiter persönlich für die Zufriedenheit der Kunden verantwortlich fühlen – eine starke Indikation für den Grad der subjektiv von den Kunden empfundenen Kundenorientierung. Das Ergebnis könnte kaum klarer ausfallen: Während 97 % der Fans unter den Kunden dieser Aussage zustimmen, sind es unter den Sympathisanten 82 % und unter den Söldnern nur 47 % (vgl. Abb. 2.4).

Auch wenn sicher wechselseitige Effekte bestehen und Fans generell den Mitarbeitern gegenüber gewogener sind, so zeigt dieser Befund beispielhaft, wie stark sich die Kundenorientierung der Mitarbeiter auf die *Fan-Quote* unter den Kunden auswirkt.

Da wir zeigen konnten, dass sich die Fan-Mitarbeiter durch die mit Abstand höchste Kundenorientierung auszeichnen, bedeutet dies, dass sich der enorme Wert der Fan-Mitarbeiter auch an ihrer direkten Wirkung auf die *Fan-Quote* unter den Kunden und damit auf den Kundenwert festmachen lässt (vgl. dazu auch die Ausführungen von Becker und Daschmann 2022, S. 95 ff.).

Aus unserer *Mitarbeiterfocus Deutschland*-Studie gibt es dafür eine weitere interessante Indikation. Wir haben die Mitarbeiter gefragt, was sie glauben, wie viele Kunden ihres Arbeitgebers Fans des Unternehmens sein könnten – und zwar jeweils im Branchenvergleich. Die Fan-Mitarbeiter schätzen zu fast der Hälfte, dass ihr Arbeitgeber sehr viel mehr oder zumindest mehr Fans als der Branchendurchschnitt hat. Unter den Sympathisanten liegt dieser Anteil immerhin noch bei 41 %, dann sinkt er bei den Bewohnern auf 30 % und bei den Söldnern sogar auf 25 % (vgl. Abb. 2.5). Daraus lässt sich die These formulieren, dass Unternehmen mit vielen Fans unter den Mitarbeitern auch

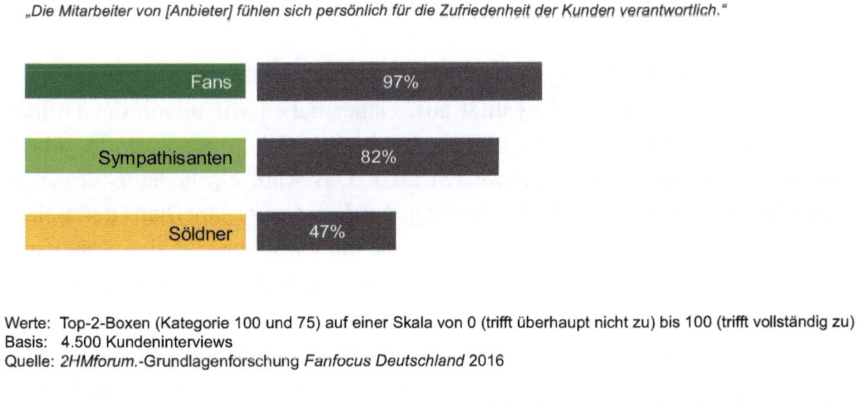

Abb. 2.4 Wahrnehmung der Kundenorientierung von Mitarbeitern aus der Kundenperspektive

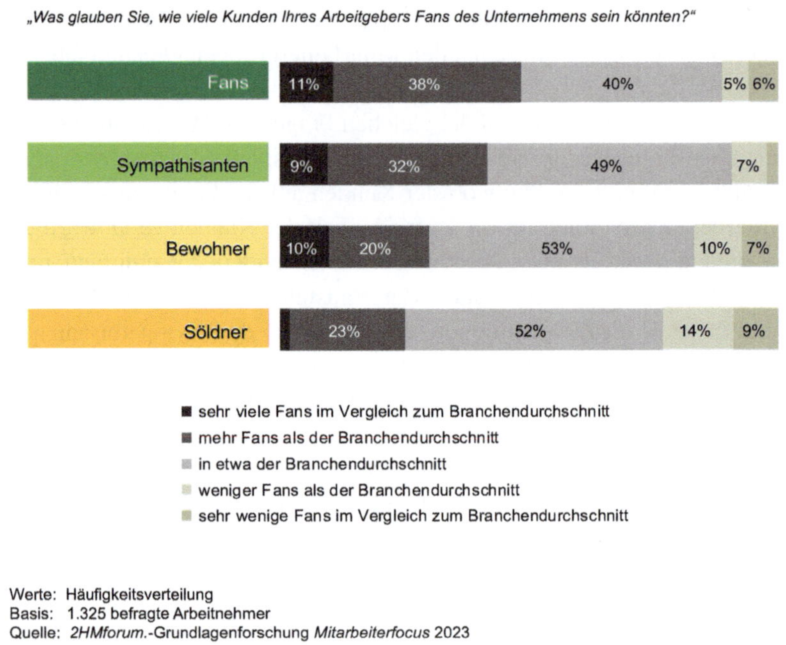

Abb. 2.5 Fan-Mitarbeiter stufen den Fan-Anteil ihres Arbeitgebers unter den Kunden am höchsten ein

überdurchschnittlich viele Fans unter ihren Kunden haben. Weiterführende Analysen dazu planen die Autoren auf Grundlage der gemessenen *Fan-Quoten* unter den Mitarbeitern und Kunden gleicher Unternehmen. In den folgenden Auflagen dieses Buches werden wir dies weiter konkretisieren.

2.2 Der Mitarbeiter als Loyalitätsfaktor

Wie in der Herleitung der Fan-typischen Eigenschaften ausführlich thematisiert, zeichnen sich diese durch besondere Loyalität aus. Daher haben wir uns in der Grundlagenforschung auch mit der Frage beschäftigt, inwieweit sich diese nutzstiftende Eigenschaft auch für Fan-Mitarbeiter nachweisen lässt. Das wäre ein bedeutendes Argument für Arbeitgeber, konsequent in die Steigerung der *Fan-Quote* innerhalb der Belegschaft zu investieren. Denn in dem Maße, in dem sich die Situation auf den Arbeitsmärkten immer weiter verschärft und die Gewinnung neuer Arbeitskräfte mit immer höherem Aufwand einhergeht, gewinnt die Bindung der Bestandsmitarbeiter immer weiter an Bedeutung. Denn zunehmend werden die verfügbaren Arbeitskräfte zum produktionslimitierenden Faktor. Dabei sind die klassischen Engpässe unter IT-Spezialisten, Ingenieuren oder Vertrieblern gemeint. Man denke in diesem Zusammenhang aber auch an personalintensive Branchen wie die Gastronomie, die Hotellerie oder die Pflege. Betriebsschließungen, leerstehende Betten und geschlossene Abteilungen sind Ergebnis mangelnder personeller Ressourcen. Zunehmend betrifft dieser Personalmangel auch die Industrie, wo es zu erheblichen Produktionsverzögerungen kommt, weil nicht nur Rohstoffe nicht ausreichend zur Verfügung stehen, sondern weil es schlichtweg auch am Personal mangelt (z. B. Peichl et al. 2022; Zeit 2022).

Es ist also offensichtlich, dass es von besonderem Vorteil für Arbeitgeber ist, wenn sie ihre Belegschaft effektiver und länger binden als ihre Wettbewerber. In unserer Grundlagenstudie haben wir die Loyalität von Arbeitnehmern mit drei Fragen gemessen und wieder die vier zufriedenen Mitarbeitergruppen aus dem *Fan-Portfolio* gegenübergestellt.

Die erste Frage bezieht sich auf die Wiederwahl des Arbeitgebers: Wie hoch ist der Anteil der Arbeitnehmer, die ihren aktuellen Arbeitgeber jederzeit wiederwählen würden? Das Ergebnis könnte kaum drastischer ausfallen (vgl. Abb. 2.6): Während 86 % der Fan-Mitarbeiter dieser Aussage vollständig zustimmen, sind es unter den Sympathisanten bereits nur noch 39 % und unter den Bewohnern nur 22 %. Bei den Söldner-Mitarbeitern wird selbst der niedrige Wert der Bewohner noch einmal deutlich untertroffen: Nur 7 % und damit ungefähr jeder fünfzehnte Söldner-Mitarbeiter gibt an, dass er seinen Arbeitgeber jederzeit wieder wählen würde. Das verdeutlicht, dass bei den Söldnern schon beim Rekrutierungsprozess einiges schieflaufen muss, denn hier werden serienweise Erwartungen geweckt und Auswahlentscheidungen getroffen, die sich im Arbeitsalltag als nicht belastbar erweisen.

In eine ähnliche Richtung zielt die zweite Frage, mit der wir die Loyalität unter den Mitarbeitern messen. Sie lautet: „Ich möchte noch lange bei einem Arbeitgeber beschäftigt bleiben". Damit messen wir die aktuelle Wechselbereitschaft. Auch hier ist die vollständige Zustimmung der Fans unter den Mitarbeitern mit 83 % fast maximal, unter den Sympathisanten fällt sie mit 45 % bereits nur noch etwas mehr als halb so

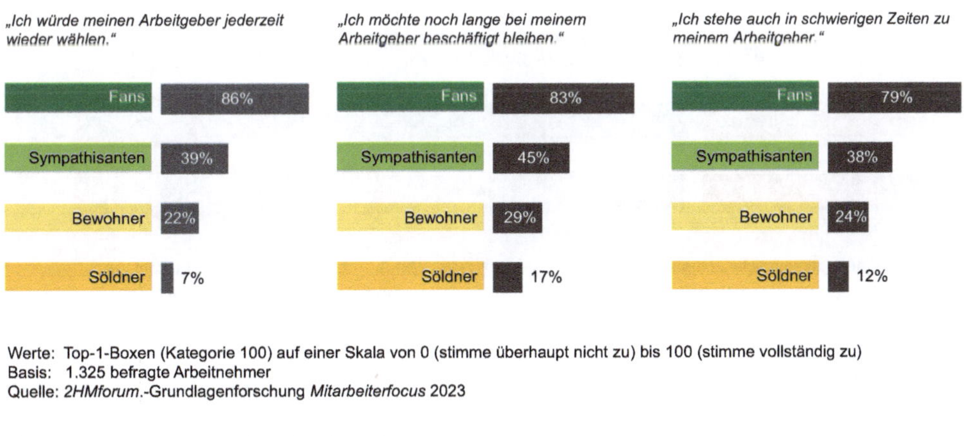

Abb. 2.6 Höhere Loyalität der Fan-Mitarbeiter

hoch aus. Bei den Bewohnern sinkt der Wert um ein weiteres Drittel auf nur noch 29 % und erreicht bei den Söldner-Mitarbeitern mit 17 % Zustimmung seinen Tiefpunkt (vgl. Abb. 2.6).

Wie hoch das Wechselpotenzial in den einzelnen Mitarbeitergruppen des *Fan-Portfolios* tatsächlich ist, wird noch deutlicher, wenn wir uns den jeweiligen Anteil anschauen, der dieser Aussage zur Loyalität eher nicht oder überhaupt nicht zustimmt. Zu diesem Zweck weiten wir unsere Betrachtung auch auf die beiden unzufriedenen Gruppen der Gefangenen und der Gegner aus (vgl. Abb. 2.7). Während wir unter den Fans und den Sympathisanten überhaupt keine abwanderungswilligen Arbeitnehmer gefunden haben und der Anteil unter den Bewohnern mit 2 % verschwindend gering ausfällt, so explodiert er in den anderen drei Gruppen förmlich, und zwar bei den Söldnern auf 12 %, bei den Enttäuschten auf 18 % und bei den Gegnern sogar auf 49 % und somit praktisch auf die Hälfte aller *Gegner-Mitarbeiter.* Daraus lassen sich einige interessante Erkenntnisse ableiten.

- Erstens ermöglicht die Zuordnung zu den Gruppen eine recht verlässliche Prognose, wie wechselgefährdet ein Arbeitnehmer ist. Auch wenn dies datenschutzrechtlich die Arbeitgeber vor einige Herausforderungen stellt, so wird mit dem steigenden Leidensdruck die Notwendigkeit wachsen, abwanderungswillige Mitarbeiter frühzeitig zu identifizieren und gegebenenfalls gegenzusteuern.

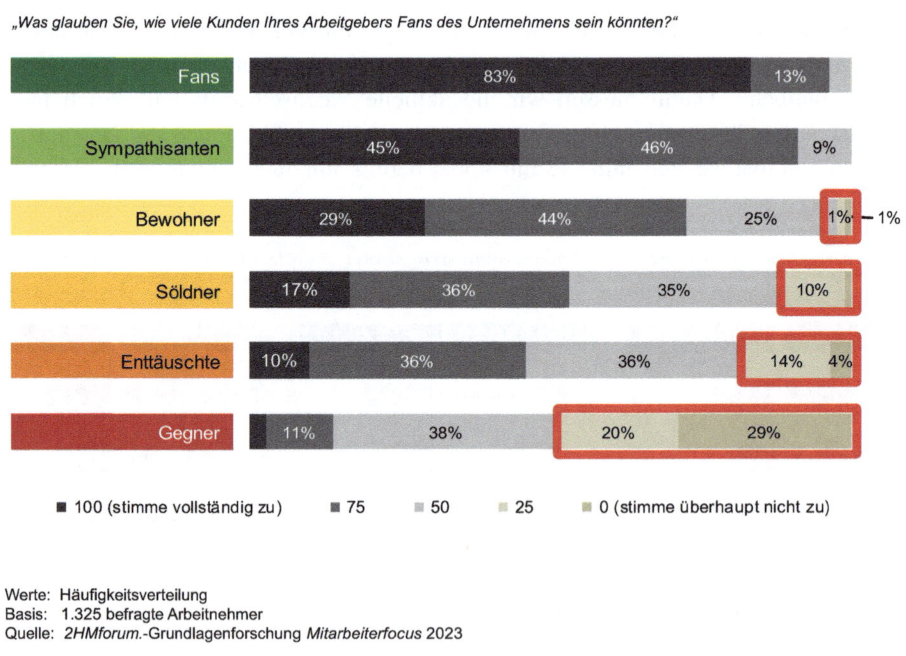

Abb. 2.7 Abwanderungswillige Arbeitnehmer

- Zweitens macht diese Sichtweise deutlich, warum es notwendig, ja unverzichtbar ist, innerhalb des Segments der überdurchschnittlich zufriedenen Mitarbeiter mit unterdurchschnittlicher *Fan-Indikation* weiter zu differenzieren. Während bei den Bewohnern praktisch überhaupt keine Abwanderungsgefahr besteht, ist sie bei den Söldnern spürbar. Da diese Gruppe grundsätzlich mit dem Arbeitgeber zufrieden ist, lassen sich – außer über die Zuordnung zu dieser Gruppe – kaum Indizien für die Abwanderungsbereitschaft identifizieren.
- Drittens wird deutlich, dass auch bei den Enttäuschten trotz unverändert überdurchschnittlicher *Fan-Indikation* eine gewisse Abwanderungsbereitschaft besteht. Die Notwendigkeit und Dringlichkeit, die Ursachen für die aktuelle Unzufriedenheit zu identifizieren, ist demnach enorm hoch, will man als Arbeitgeber nicht Mitarbeiter aus diesem leistungswilligen Segment an die Konkurrenz verlieren.

Abrunden wollen wir das Bild mit einer dritten Frage zur Loyalität, die in den Corona-Jahren eine besondere Aktualität hatte, nämlich nach dem Verhalten der Mitarbeiter gegenüber ihrem Arbeitgeber in Krisenzeiten. Dazu haben wir folgende Frage gestellt: „Ich stehe auch in schwierigen Zeiten zu meinem Arbeitgeber."

Die Ergebnisse bestätigen die bisherigen Befunde eindrucksvoll (vgl. Abb. 2.6). Denn die vollständige Zustimmung unter den Fan-Mitarbeitern beträgt 79 % und fällt dann sukzessive mit sinkender *Fan-Indikation* von 38 % bei den Sympathisanten auf 24 % bei den Bewohnern auf 12 % bei den Söldnern. Die enorm hohe Zustimmung bei den Fan-Mitarbeitern ist insofern bemerkenswert, als in Krisenzeiten zu seinem Arbeitgeber zu stehen häufig eben auch bedeutet, eigene (finanzielle) Abstriche in Kauf zu nehmen. Man denke an die Kurzarbeit in der Coronazeit, die trotz aller sozialen Abfederung eben auch mit finanziellen Einbußen verbunden war. Unter den Betroffenen waren viele, die sich trotz attraktiver Jobaussichten in gar nicht oder weniger betroffenen Branchen für ihren aktuellen Arbeitgeber entschieden haben. Wir können davon ausgehen, dass es sich dabei in den meisten Fällen um Fans ihres Arbeitgebers gehandelt hat. Bleiben diese besonders leistungswilligen Mitarbeiter in Krisensituationen ihrem Arbeitgeber loyal verbunden, so spart dieser mit Beendigung der Krise erhebliche Investitionen für die Neurekrutierung und Einarbeitung von Arbeitskräften und ist schneller wieder leistungsfähig. Sind diese Fan-Mitarbeiter, die in der Krise treu zu ihrem Arbeitgeber stehen, zudem in der Kundengewinnung oder der Kundenbetreuung tätig, so reduziert sich auf diese Weise das Risiko, dass mit den Mitarbeitern auch Kunden abwandern und sich die Krise so verschärft.

Zusammenfassend können wir festhalten, dass sich die Fan-Mitarbeiter durch ihre Loyalität sogar noch stärker von den anderen Arbeitnehmergruppen im *Fan-Portfolio* differenzieren als durch die in Abschn. 2.1 beschriebenen produktivitätssteigernden Eigenschaften. Wobei klar ist, dass sich diese beiden positiven Eigenschaftsdimensionen von Fan-Mitarbeitern bei der Gesamtbewertung ihres Potenzials multiplizieren. Dies sei anhand einer einfachen Rechnung, die wir für ein mittelständiges Industrieunternehmen durchgeführt haben, belegt. Dort schätzen wir aufgrund bestimmter messbarer Indikationen die Produktivität der Fan-Mitarbeiter auf ungefähr das Doppelte der Söldner. Zudem wussten wir aus unseren Befragungen, dass die durchschnittliche Verweildauer der Fan-Mitarbeiter im Unternehmen bei sonst gleichen Bedingungen ungefähr doppelt so lange ist wie die der Söldner. Ermittelt man nun in Anlehnung an den Customer-Lifetime-Value einen Employee-Lifetime-Value, also das Gesamtpotenzial eines Fan-Mitarbeiters während seiner gesamten Tätigkeitsdauer für einen Arbeitgeber in Relation zu dem Employee-Lifetime-Value eines Söldner-Mitarbeiters, so multiplizieren wir die beiden Effekte. Normiert man die Produktivität für den Fan-Mitarbeiter mit 1, so beträgt die der Söldner etwa 0,5. Multipliziert man diesen Indexwert für die Produktivität mit der Dauer der Betriebszugehörigkeit – sie betrug in unserem konkreten Beispiel 18 Jahre – so kommt man zu einem Gesamtwert für den Employee-Lifetime-Value von 18, während der Wert für die Söldner-Mitarbeiter bei einer durchschnittlichen Betriebszugehörigkeit von 9 Jahren in unserem Beispielunternehmen bei 4,5 liegt. Der Employee-Lifetime-Value des Fan-Mitarbeiters ist also 4,5-Mal so hoch wie der des Söldners. Eine gewaltige Zahl, wenn man berücksichtigt, dass die Rekrutierungskosten für Fan-Mitarbeiter im Durchschnitt niedriger ausfallen, da sie häufiger aufgrund von Empfehlungen auf den Arbeitgeber aufmerksam werden.

Dies führt uns zum dritten Aspekt, durch den Fan-Mitarbeiter zum Unternehmenserfolg beitragen, nämlich durch ihre Weiterempfehlungsbereitschaft.

2.3 Die Fan-Mitarbeiter als Botschafter

In Kap. 1 haben wir ausführlich beschrieben, dass Fans ihre starke Identifikation mit ihrem Star sehr häufig und gerne sichtbar machen und ausleben, sei es durch das Tragen entsprechender Merchandising-Artikel, die Teilnahme an Veranstaltungen mit anderen Fans oder eben durch die Weiterempfehlung ihres Stars und seiner Angebote. Auch diese Fan-Eigenschaft ist übertragen auf die Mitarbeiter und die aktuelle Situation der Arbeitgeber höchst attraktiv, denn in dem Maße, in dem die Investitionen in die klassischen Personalmarketinginstrumente explodieren, weil es immer schwerer wird, überhaupt noch passende Bewerber auf sich aufmerksam zu machen, sind persönliche Empfehlungen im wahrsten Sinne Gold wert. Daher stellen wir in unserer Grundlagenforschung auch die Frage nach der Weiterempfehlungsbereitschaft, und zwar „Ich empfehle mein Unternehmen gerne als Arbeitgeber weiter". Bevor wir auf die Ergebnisse im Detail eingehen, wollen wir uns in einem Exkurs grundsätzlich mit der Frage beschäftigen, warum Weiterempfehlung generell so wertvoll für die Entscheidungsfindung ist, und welche Rolle dabei Social Media spielt.

2.3.1 Wie wirken Word-of-Mouth und Weiterempfehlung?

Warum gilt Weiterempfehlung als so bedeutsam? Und warum gewinnt sie immer mehr an Bedeutung – auch und gerade im Rahmen der Mitarbeitergewinnung? Potenzielle Mitarbeiter sind ohnehin kommunikativ schon bestens versorgt, denn zunehmend auf Mitarbeitergewinnung ausgerichtete Kommunikationsaktivitäten der Unternehmen prasseln täglich auf sie ein. Wie soll sich Mundpropaganda in dieser Reizflut durchsetzen? Die Antwort ist ganz einfach: Nicht trotz, sondern gerade wegen dieser Reizüberflutung vermag Word-of-Mouth sich durchzusetzen. Denn die Überflutung führt zu einer Desorientierung, weil ein wechselwilliger Arbeitnehmer zwischen verschiedenen potenziellen Arbeitgebern nicht mehr differenzieren kann. Er steht täglich vor einer unglaublichen Zahl an Belohnungsversprechen, alle perfekt aufgemacht und platziert. Und fast alle locken – wie wir bereits gezeigt haben – mit einem „Immer Mehr" an Leistung. In dieser umworbenen Situation ist der Wechselkandidat überfordert – er benötigt Entscheidungshilfe und Orientierung. Und wer Orientierung und Entscheidungshilfe braucht, sucht nach einem Ratgeber. Jemandem, dessen Urteil er vertrauen kann, und den er für kompetent und glaubwürdig hält. Dem offiziellen Personalmarketing von potenziellen Arbeitgebern werden diese Eigenschaften nur selten zugestanden. Und so werden die Ratgeber aus dem persönlichen Umfeld immer wichtiger, weil sie aufgrund ihrer Glaubwürdigkeit Orientierung bieten.

Aber unabhängig von der Glaubwürdigkeit des Weiterempfehlenden gibt es noch einen weiteren zentralen Grund, warum Word-of-Mouth so bedeutend ist: Erlebnis- und Erfahrungsberichte von Einzelpersonen, im Personalmarketing oft auch als Testimonials bezeichnet, sind eine besonders überzeugende Kommunikationsform – sie haben eine außergewöhnlich hohe persuasive Wirkung. Dies beweisen Befunde aus der Medienwirkungsforschung, die unter dem Begriff „Exemplification Research" bekannt wurden (vgl. als Überblick Daschmann 2008; Zillmann und Brosius 2000). Sie zeigen, dass Testimonials in Medienberichten wie zum Beispiel die Statements von Alltagspersonen in Straßenumfragen eine starke Wirkung auf das Publikum haben. Und dies, obwohl die Aussagen nahezu keinen Erkenntniswert liefern – sie sind weder repräsentativ noch haben sie Allgemeingültigkeit.

Dennoch – und das ist der verblüffende Forschungsstand – haben diese Statements auf das Publikum einen unangemessen großen Einfluss: Die meisten Leser, Hörer oder Zuschauer neigen nämlich dazu, nur aufgrund einiger weniger solcher Aussagen ihre Sichtweisen zu ändern. Sie glauben, dass die wenigen gehörten Statements die Mehrheitssichtweise darstellen. Und sie glauben dies selbst dann noch, wenn ihnen gleichzeitig repräsentative Umfragestatistiken vorgelegt werden, die das Gegenteil besagen (Daschmann 2000). Offensichtlich verlassen sich viele Menschen in ihrer Urteilsbildung lieber auf ein paar Zeugenaussagen, die sie mit eigenen Ohren hören, als auf Daten aus einer validen und repräsentativen Statistik. Und weil sie die gehörte Sichtweise nun für die Mehrheitssichtweise halten und Mehrheiten ja immer etwas Überzeugendes haben, erscheint ihnen diese Sichtweise plötzlich auch selbst überzeugender.

Dieser Effekt ist in der Wirkungsforschung durch mittlerweile mehr als 60 experimentelle Studien nachgewiesen. Das Spannende an dieser Forschung ist: Über viele Studien hinweg ließ sich die Ursache dieses Effekts aufspüren. Die Testimonials wirken nicht etwa, weil sie besonders lebhaft sind oder weil die Personen, die sie von sich geben, besonders glaubwürdig, überzeugend oder sympathisch sind. Die Antwort ist viel banaler: Sie wirken, weil es sich um Einzelfälle handelt. Denn für das Schlussfolgern aus solchen Einzelfallinformationen – also für das induktive Schließen – ist unser Gehirn evolutionär geradezu geschaffen. Das gesamte menschliche Lernen baut im Grunde darauf auf (Daschmann 2001).

Ein Kind, das versehentlich die Hand auf die Herdplatte legt und sich verbrennt, wird nie wieder die Hand auf irgendeine Herdplatte legen – gleichgültig ob Gasherd, Induktions- oder Ceranfeld. Es hat aus diesem Einzelereignis gelernt und sofort eine allgemeine Folgerung gezogen: „Vorsicht! Diese Dinger sind oben immer heiß!" Diese mentale Strategie der Verallgemeinerung, auch wenn sie logisch nicht immer zutreffend sein mag, sichert uns das Überleben und ist somit ein evolutionärer Vorteil. Gerade weil das menschliche Gehirn in der Lage ist, aus wenigen Beobachtungen allgemeine Schlüsse abzuleiten, hat sich der Mensch als Spezies evolutionär durchsetzen können. Daher ist unser Denken so empfänglich für Einzelfallinformationen – man bezeichnet dies auch als „episodische Affinität der Urteilsbildung". Intuitiv folgen wir im Alltag alle dieser Urteilsstrategie. Stellen Sie sich beispielsweise vor, Sie kommen als Reisender in eine fremde Stadt. Ihr Navigationssystem ist ausgefallen und Sie fragen an der ersten Kreuzung nach dem Weg. Ein Passant hilft Ihnen, und er ist dabei auffallend freundlich. Als Sie zwei Kreuzungen weiter wieder nach dem Weg fragen, kommt Ihnen wieder ein freundlicher Mensch zu Hilfe. Und sollte dies bei Ihrem dritten Stopp nochmals so verlaufen, ist die Sache für Sie klar: Sie werden zu Hause davon schwärmen, was für eine freundliche Stadt das sei. Im Grunde wissen Sie zwar nichts über die Stadt und ihre Bewohner. Sie haben zufällig mit drei Passanten gesprochen, mehr nicht. Aber Sie sind von diesen Einzelfällen überzeugt – und summieren sie auf zu einem Gesamturteil. Und wenn Ihnen nun einer mit einer Statistik über vermeintlich unfreundliche Menschen in dieser Stadt käme, würden Sie das unwirsch zurückweisen – obwohl diese vermutlich viel aussagekräftiger wäre als Ihre drei Zufallsbegegnungen.

Einzelstatements von Alltagspersonen – so also das Fazit dieser Forschungsrichtung – haben einen hohen persuasiven Einfluss auf unsere Urteilsbildung, weil sie für uns ein evolutionär besonders geeignetes Material zum Lernen und Schlussfolgern darstellen. Der Zusammenhang mit dem Thema Weiterempfehlung liegt auf der Hand: Wenn einzelne Testimonials so persuasiv sind, erklärt dies auch, warum Weiterempfehlungen – von Freunden wie von Unbekannten – eine so große Wirkung entfalten können. Wie anfangs schon gezeigt, steigert sich diese Wirkung allerdings erheblich, wenn Testimonials besonders glaubwürdig sind, wie man z. B. an der Diskussion um glaubwürdige und weniger glaubwürdige Influencer ablesen kann. Mit Blick auf die Glaubwürdigkeit erschließt sich, warum Fan-Mitarbeiter als Testimonials die idealen Weiterempfehler sind:

1. Fan-Mitarbeiter haben eine hohe Glaubwürdigkeit. Sie erleben den Arbeitsalltag selbst – und ihre hohe Identifikation mit dem Arbeitgeber ist nicht aufgesetzt, sondern kommt aus ihrem Innersten. Fan-Mitarbeiter sind somit aus Überzeugung werbend unterwegs und nicht etwa, weil sie durch Anreize dazu verleitet werden. Ihr Ratschlag hat also eine hohe Authentizität.
2. Fan-Mitarbeiter verfügen über eine hohe Expertise. Sie kennen sich zum Teil mit den Unternehmenswerten besser aus als das Management und erleben diese im Arbeitsalltag. Ihr Ratschlag ist somit nicht nur glaubwürdig. Er ist auch kompetent. Und wiegt so gleich doppelt.
3. Glaubwürdigkeit, Authentizität und Kompetenz geben den Empfehlungsbotschaften des Fan-Mitarbeiters im großen Strom der Personalkommunikation besonderes Gewicht. Aus der Sicht von Wechselwilligen stechen seine Aussagen qualitativ heraus, sodass sie Aufmerksamkeit und Zuwendung erfahren.
4. Fans sind generell extravertiert. Keine andere Mitarbeitergruppe hat eine so große Redebereitschaft in Bezug auf den Arbeitgeber wie die Fans. Das bedeutet, dass Fans nicht nur die vorgenannten positiven kommunikativen Eigenschaften mitbringen, sondern auch die notwendige Mitteilungsbereitschaft.

Das Fazit ist eindeutig: Der Fan bietet mit Glaubwürdigkeit, Kompetenz und Redebereitschaft eine perfekte Symbiose an Eigenschaften: So wird er zum wertvollen Multiplikator, der Awareness und Vertrautheit schafft für „seinen" Arbeitgeber. Und somit ist der Fan ein unverzichtbares, immer wichtiger werdendes Instrument im Personalmarketing. Zudem entfaltet er seine Wirkung heute längst nicht mehr nur durch Mund-zu-Mund-Kommunikation. Die zentrale Plattform der Mitarbeiter-Testimonials ist heutzutage das Internet.

2.3.2 Welche Bedeutung hat Social Media für das Personalmarketing?

Durch user-generated content, insbesondere durch Social-Media-Plattformen, haben die beschriebenen Testimonials eine gravierende Aufwertung erfahren (vgl. Berger 2014). Dies beruht auf folgenden bemerkenswerten Veränderungen:

1. Durch Social-Media-Plattformen hat jeder die Möglichkeit, positive oder negative Testimonials abzugeben.
2. Häufig kann dies aus der Anonymität des Netzes heraus und ohne Konsequenzen erfolgen.
3. Durch Social-Media-Plattformen hat jeder die Möglichkeit, solche Testimonials nach Bedarf abzurufen – auch von Personen, die er oder sie nicht persönlich kennt.
4. Durch Social-Media-Plattformen hat jedes Testimonial somit potenziell eine massenmediale Reichweite.

5. Durch Social-Media-Plattformen bleiben Testimonials – positiv wie negativ – dauerhaft sichtbar und werden so Teil der Außenwahrnehmung eines Anbieters.
6. Durch Social-Media-Plattformen kann man Testimonials anderer bestätigen, unterstützen oder ablehnen – durch das Betätigen von Like-Buttons.
7. Durch Social-Media-Plattformen werden nicht nur Testimonials präsentiert – damit einher geht auch meist ein quantitativer Überblick, wie viele der anderen Nutzer etwas mögen oder nicht mögen oder gar liken – eine Angabe von Quantitäten über die Kunden und Nutzer selbst, die es in den tradierten Massenmedien so nie gab.

Gerade diese letzten beiden Punkte führten bei vielen privaten Usern zu dem Missverständnis, die Likes der eigenen Posts zu zählen und als heimlichen Indikator für Beliebtheit oder Einfluss zu begreifen. Manche Social-Media-Plattformen haben dieser Fehlentwicklung mittlerweile einen Riegel vorgeschoben und machen die Zahl der Likes eines Posts nicht mehr öffentlich. Auch in den verantwortlichen Abteilungen vieler Unternehmen begann man ungefähr um die Jahrtausendwende, reflexartig, die Likes zu zählen. Weniger, weil man wirklich wusste, was sie bedeuten, sondern vor allem, weil man nun endlich eine Kennzahl hatte, die man als Verantwortlicher für (Personal-)Marketing dem CEO präsentieren konnte. Und so entwickelten sich die Likes – vor allem der Facebook-Daumen – zur heimlichen Währung des Social-Media-Erfolgs. Daran knüpfte sich ein zentrales Missverständnis: Weil man unternehmensintern die Anzahl der Likes für aussagekräftig hielt, glaubte man intuitiv, der Webnutzer betrachte das ähnlich, und Besucher der eigenen Seiten seien von hohen Like-Zahlen zu beeindrucken. Experimente aus der Kommunikationswissenschaft (z. B. Han 2021; Bhattacharyya und Bose 2020; De Vries 2019) bewiesen, dass diese Annahme falsch ist: Den Besuchern von Websites oder Facebook-Profilen ist die Zahl der Likes völlig gleichgültig. Sie nehmen sie wahr, aber sie werden hiervon nicht beeindruckt. Was hingegen entscheidend auf die Beurteilung des Unternehmens zurückschlägt, ist der Tenor der Testimonials, die auf der Seite sichtbar sind. Ein Unternehmen kann Zigtausende Likes auf seiner Seite haben – wenn sich auf der gleichen Plattform zur selben Zeit nur drei bis vier prominent sichtbare negative Nutzerkommentare finden, wird die Wahrnehmung des Unternehmens bereits beschädigt. Sie erinnern sich: Einzelmeinungen beeindrucken – Statistiken versickern. Das ist die episodische Affinität der Urteilsbildung.

Zurück zu den Veränderungen durch das Web 2.0: Diese haben eine erhebliche Aufwertung der Testimonials zur Folge – denn jede Äußerung hat nun potenzielle Massenreichweite. Und genau daraus speisen sich die Ängste vieler Unternehmen vor dem Web 2.0: Es ist die Furcht vor negativen Testimonials und Schmähkritik, die sich zu einer Welle der Empörung aufschaukeln kann. Auf den ersten Blick scheint das auch plausibel, denn insbesondere Gegner-Mitarbeiter verbreiten negative Botschaften. Doch tatsächlich ist diese Angst völlig unbegründet.

Um das zu erklären, wagen wir einen kurzen Blick auf unsere Kundenforschung, bei der wir diese Zusammenhänge bereits umfassender untersucht haben und die sich mit großer Plausibilität auf die Verhaltensweisen von Fan-Mitarbeitern übertragen lassen.

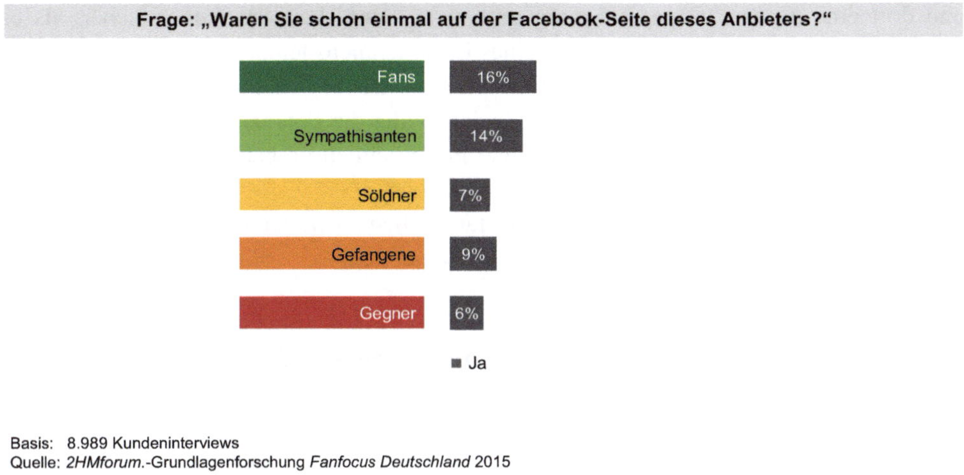

Abb. 2.8 Fan-Kunden besuchen die Facebook-Seite am häufigsten

Denn wie Abb. 2.8 aus unserer Kundenforschung belegt, sind es nicht die Gegner, die die Kommunikationsplattformen eines Anbieters aufsuchen, um dort eine Welle der Empörung auszulösen. Die wahren Besucher zum Beispiel der Facebook-Seite eines Unternehmens sind: die Fans. Sie besuchen solche Seiten wesentlich häufiger als alle anderen Kundengruppen. Das überrascht nicht. Denn Fans brauchen eine Plattform, um ihr Fan-Sein auszuleben. Und was bietet sich hierfür besser an als die Website eines Unternehmens, die Facebook-Seite eines Anbieters oder ein thematisch einschlägiges Forum? Wir können also festhalten: Fans sind nicht nur potenziell die besten Weiterempfehler – sie tummeln sich auch auf genau den kommunikativen Plattformen, auf denen diese Weiterempfehlungen hervorragend verbreitet werden können. Bedenkt man nun, welche missionarischen und gleichzeitig begeisternden Eigenschaften die Fans mit sich bringen, wird deutlich, welche unglaublichen Chancen in der Fan-Kommunikation via Social Media liegen (vgl. Abschn. 2.3).

Übertragen auf das Mitarbeiterbeziehungsmanagement besteht die erste Chance im gezielten Austausch zwischen den Fan-Mitarbeitern und anderen Mitarbeitergruppen – zum Beispiel im Rahmen der Einführung von Unternehmenswerten. Unternehmen können die Fan-Mitarbeiter für sich sprechen lassen – und deren Kommunikation für ihre Zwecke nutzen. Wer gezielt Fan-Mitarbeiter mit anderen Mitarbeitergruppen zusammenbringt und dabei den freien Austausch zulässt, der hat nichts zu befürchten – die Fans werden von sich aus stets die Fahne des Arbeitgebers hochhalten.

Die zweite Chance besteht in authentischen positiven Botschaften, die die Fans in die Waagschale werfen können. Wer motivierte Fans hat, bei dem ist die Angst vor der Welle der Empörung fehl am Platz – denn die Fans sorgen für positive Botschaften. Fans können, wenn irgendwo auf den Social-Media-Plattformen Ungemach droht, ins Netz gehen und dort eine positive Gegenströmung aufbauen – und dies viel authentischer, als es irgendeine Personalmarketingabteilung eines Unternehmens jemals könnte.

Die Ausführungen zeigen, welch erhebliches Potenzial in Fan-Mitarbeitern als Botschafter steckt – und dass gerade durch Social Media die Potenziale insbesondere auch für das Personalmarketing viel gezielter und mit erheblich größerer Breitenwirkung genutzt werden können.

Bleibt die Frage, ob die Fan-Mitarbeiter tatsächlich so weiterempfehlungsbereit sind, wie wir es in dieser theoretischen Herleitung unterstellen.

2.3.3 Die tatsächliche Weiterempfehlungsbereitschaft der Fan-Mitarbeiter

Das Ergebnis unserer Grundlagenforschung bestätigt unsere theoretisch hergeleiteten Überlegungen zum Verhalten der Fan-Mitarbeiter vollumfänglich, denn fast drei Viertel von ihnen stimmt der Aussage vollumfänglich zu, ihr Unternehmen gerne als Arbeitgeber weiterzuempfehlen. Wie schon bei der Produktivität und der Loyalität vergleichen wir auch hier die Fan-Mitarbeiter mit den anderen drei Gruppen zufriedener Mitarbeiter (vgl. Abb. 2.9). Grob überschlagen halbiert sich die Zustimmung je Gruppe mit sinkender *Fan-Indikation*, das heißt, bei den Sympathisanten auf 34 %, bei den Bewohnern auf 19 % und bei den Söldnern gerade noch auf 8 %. Das bestätigt auf eindrücklichste Weise, wie wertvoll die Fan-Mitarbeiter auch und gerade bei der Rekrutierung neuer Mitarbeiter sind. Wie in Abschn. 2.3.1 bereits allgemein dargestellt, erklärt sich dies nicht aus der Tatsache an sich, dass sie häufiger weiterempfehlen. Sondern sie tun dies in aller Regel auch ausgestattet mit fundierterem Wissen über ihren Arbeitgeber als

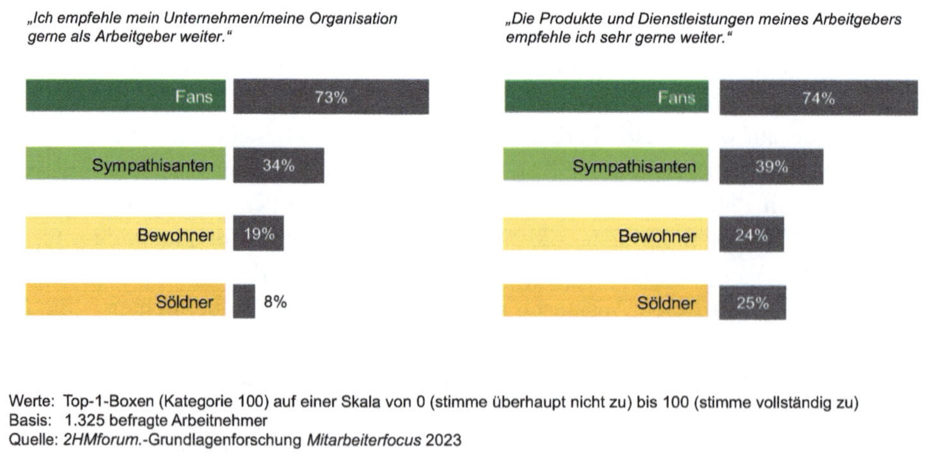

Abb. 2.9 Die Fan-Mitarbeiter sind die besten Botschafter

die anderen Mitarbeitergruppen. Ihre Überzeugungskraft wird also gleichermaßen gespeist aus ihrer Glaubwürdigkeit (sie haben in aller Regel keine wirtschaftlichen Interessen) und ihrer Expertise über ihren Arbeitgeber. Ein letzter Aspekt macht die Weiterempfehlung von Fan-Mitarbeitern so wertvoll: Da Fantum auf gefühlte Passung aufbaut und sich Menschen in Bezugsgruppen mit gleichen oder ähnlichen Wertvorstellungen bewegen, ist die Wahrscheinlichkeit, dass ein Fan-Mitarbeiter einen Bewerber mit passenden Erwartungen an seinen Arbeitgeber rekrutiert, größer als bei allen anderen Mitarbeitergruppen und vor allem als bei Rekrutierungsprozessen der Arbeitgeber wie zum Beispiel über Anzeigen oder Bewerbermessen.

Spannend ist in diesem Zusammenhang die Frage, wie sich die in vielen Unternehmen etablierte Praxis des Honorierens der Mitarbeiterwerbung auswirkt. Wir sind überzeugt, dass es solche finanziellen Anreize für Fan-Mitarbeiter nicht braucht. Allenfalls ist es zielführend, sie durch Informationsmaterial zu unterstützen, sie an die Notwendigkeit zu erinnern und ggf. Plattformen zu kreieren. Ausgelobte Prämien für das Werben von neuen Mitarbeitern sind im Sinne einer Mehrleistung, auf die wir an anderer Stelle vertiefend eingehen (vgl. Abschn. 3.4.7), eher ein Anreiz für Söldner-Mitarbeiter – mit dem Ergebnis, dass sich die auf diese Weise angeworbenen Mitarbeiter selbst auch wieder söldnerhaft verhalten – gemäß des gerade geschilderten Prinzips des „Gleich-und-Gleich-gesellt-sich-gerne".

Die Weiterempfehlungsbereitschaft der Fan-Mitarbeiter geht über die Weiterempfehlung als Arbeitgeber hinaus. Das zeigen uns die Antworten auf eine weitere Frage, nämlich „Die Produkte und Dienstleistungen meines Arbeitgebers empfehle ich sehr gerne weiter". Obwohl dies gelegentlich an praktischen Hürden scheitert – wer hat in seinem privaten Umfeld Freunde oder Bekannte, die für den Einkauf von industriellen Investitionsgütern verantwortlich zeichnen – ist die Zustimmung auf diese Frage bei den Fan-Mitarbeitern genauso hoch wie bei der Frage nach der Weiterempfehlung des Arbeitgebers. Und die Zustimmungswerte sinken bei den anderen gleichermaßen zufriedenen Arbeitnehmer-Gruppen im *Fan-Portfolio* analog, nämlich über 39 % bei den Sympathisanten auf 24 % respektive 25 % bei den Bewohnern und den Söldnern (vgl. Abb. 2.9).

2.4 Zusammenfassung: Das Potenzial der Mitarbeiter steigern durch *FANOMICS*

Mit dem *Fan-Portfolio* haben wir in Kap. 1 und 2 ein Instrument vorgestellt, das wir aus der Fan-Forschung heraus entwickelt haben und mit dem man das gesamte Mitarbeiter-Portfolio entsprechend der Beziehungsqualität segmentieren kann. Wir haben die charakteristischen Merkmale dieser Mitarbeitergruppen im *Fan-Portfolio* beschrieben und haben darüber hinaus den Beweis erbracht, dass sich die verschiedenen Mitarbeitersegmente im *Fan-Portfolio* nicht nur hinsichtlich ihrer Beziehungsqualität unterscheiden, sondern auch in ihrem Potenzial für ihre Arbeitgeber. Während die Steigerung der

Zufriedenheit praktisch kaum noch Effekte auf dieses Potenzial der Mitarbeiter hat, explodiert es geradezu, wenn es gelingt, die *Fan-Indikation* zu erhöhen, also die Identifikation und das Gefühl von Einzigartigkeit. Somit lassen sich die bisherigen Erkenntnisse in einem Satz zusammenfassen: Wer für eine steigende *Fan-Quote* unter seinen Mitarbeitern sorgt, wird in jedem Fall unternehmerisch erfolgreich sein, und zwar aus drei Gründen:

1. Fan-Mitarbeiter sind produktiver und tragen auf vielfältige Weise direkt zu einem erfolgreicheren Ergebnis bei: Sie leisten mehr, als von ihnen erwartet wird, sie sind generell motivierter – was sich nicht nur auf die Produktivität, sondern auch auf die Kundenorientierung auswirkt –, krankheitsbedingte Ausfälle ärgern sie mehr, sie informieren sich und sie bilden sich gerne außerhalb ihrer Arbeitszeit zu Themen rund um ihre berufliche Tätigkeit weiter, um ihren Produktivitätsbeitrag hoch zu halten oder gar zu steigern. Auch ihre Bereitschaft, proaktiv neue Ideen einzubringen, um ihren Arbeitgeber bei der Weiterentwicklung zu unterstützen, zielt auf einen höheren Produktivitätsbeitrag, denn auf diese Weise werden interne Entwicklungskosten reduziert.
2. Fan-Mitarbeiter sind am loyalsten: Sie würden ihren Arbeitgeber jederzeit wiederwählen und möchten noch lange bei ihm beschäftigt bleiben. Mehr noch: Sie haben volles Vertrauen zu ihrem Arbeitgeber und stehen auch in schwierigen Zeiten zu ihm.
3. Fan-Mitarbeiter sind wichtige Fürsprecher und stärken so die Arbeitgebermarke. Dies drückt sich nicht nur in der Bereitschaft aus, den Arbeitgeber gerne an potenzielle Mitarbeiter weiterzuempfehlen, sondern auch die Produkte und Dienstleistungen anzupreisen.

Diese Erkenntnisse haben wir in Dutzenden von individuellen Mitarbeiterbefragungen für Unternehmen und Organisationen aller Ausrichtungen (regional, national, international), Zielgruppen (B2B versus B2C), Branchen und Größen repliziert.

Dieses hohe Potenzial der Fan-Mitarbeiter verdeutlicht eindrücklich, warum jedes Unternehmen, das erfolgreich sein will, *FANOMICS* anwenden und somit auf eine Steigerung der *Fan-Quote* unter seinen Mitarbeitern setzten sollte: Ziel muss es sein, hochzufriedene Mitarbeiter ohne maximale *Fan-Indikation*, also Sympathisanten-, Bewohner- und Söldner-Mitarbeiter, im *Fan-Portfolio* von unten nach oben, also in der Vertikalen, zu bewegen. Der dazu notwendige Ressourceneinsatz schafft neue Fan-Mitarbeiter mit hohem Potenzial, was profitabel und nachhaltig ist. Abb. 2.10 verdeutlicht diese Bewegung.

Ein Unternehmen, das hingegen nur einseitig auf die Steigerung der Mitarbeiterzufriedenheit setzt, versucht lediglich, unzufriedene Mitarbeiter zufrieden zu machen, sie also in der Logik des Diagramms von horizontal links nach rechts zu bewegen. Dies ist teuer und ineffizient, weil die Steigerung von Zufriedenheit die permanente Steigerung von Leistung voraussetzt – es setzt aber keinerlei zusätzliches Potenzial bei den Mitarbeitern frei, sei es in Richtung Produktivität, Loyalität oder Weiterempfehlung.

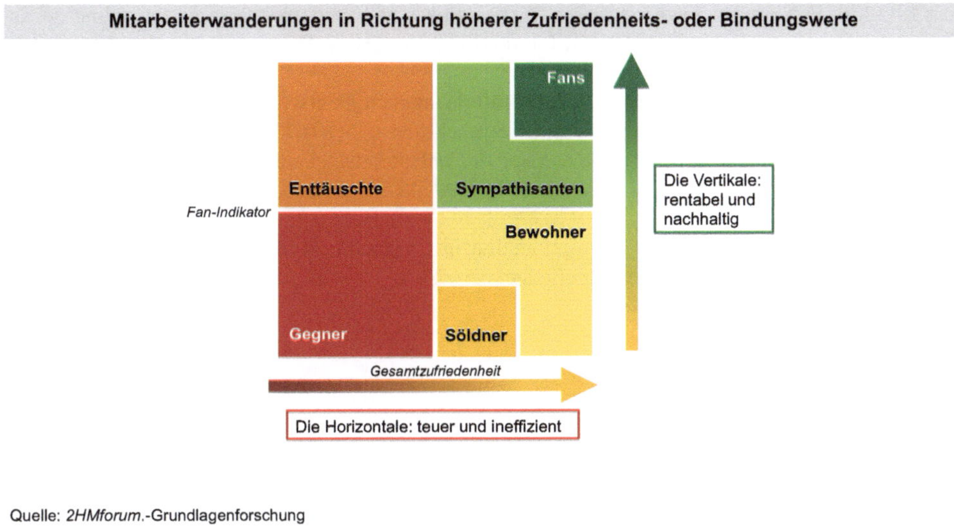

Abb. 2.10 Optimierungsbewegungen im *Fan-Portfolio*

Wie man hingegen die Aufwärtsbewegung im *Fan-Portfolio* erreichen kann, sprich: Mitarbeiter zu Fans machen kann, das ist der Kern von *FANOMICS* – und Gegenstand der folgenden Kap. 3 und 4.

Literatur

2HMforum. (2023) Mitarbeiterfocus Deutschland. https://fanomics.de/mitarbeiterfocus-deutschland/. Zugegriffen: 15. Nov. 2023

Bhattacharyya S, Bose I (2020) S-commerce: influence of Facebook likes on purchases and recommendations on a linked e-commerce site. Decis Support Syst 138:113383

Becker R, Daschmann G (2022) Das Fan-Prinzip – Wie Sie aus Kunden wirklich Fans machen und wie Sie davon profitieren, 3. Aufl. Springer Gabler, Wiesbaden

Berger J (2014) Word of mouth and interpersonal communication: a review and directions for future research. J Consum Psychol 24(4):586–607

Daschmann G (2000) Vox pop & polls: the impact of poll results and voter statements in the media on the perception of a climate of opinion. International Journal of Public Opinion Research (IJPOR) 12(2):160–181

Daschmann G (2001) Der Einfluss von Fallbeispielen auf Leserurteile. Experimentelle Untersuchungen zur Medienwirkung. UVK Medien, Konstanz

Daschmann G (2008) Effects of Exemplification and Exemplars. In: Donsbach W (Hrsg) The International Encyclopedia of Communication. Wiley-Blackwell, Oxford/UK/Malden, S 1632–1636

De Vries EL (2019) When more likes is not better: the consequences of high and low likes-to-followers ratios for perceived account credibility and social media marketing effectiveness. Mark Lett 30(3):275–291

Han MC (2021) Thumbs down on „likes“? The impact of Facebook reactions on online consumers’ nonprofit engagement behavior. International Review on Public and Nonprofit Marketing 18(2):255–272

Peichl A, Sauer S, Wohlrabe K (2022) Fachkräftemangel in Deutschland und Europa – historie, Status quo und was getan werden muss. Ifo Schnelldienst 75(10):70–75

Zeit (2022) Arbeitsmarkt – Handwerk rechnet mit anhaltendem Fachkräftemangel. https://www.zeit.de/news/2022-11/01/handwerk-rechnet-mit-anhaltendem-fachkraeftemangel. Zugegriffen: 6. Nov. 2023

Zillmann D, Brosius H-B (2000) Exemplification in Communication: the Influence of Case Reports on the Perception of Issues. Routledge, New York

FANOMICS – Die Ökonomie des *Fan-Prinzips*

3

In den bisherigen Ausführungen (Kap. 1 und 2) haben wir sechs wichtige analytische Schritte vollzogen:

1. Basierend auf der sozialwissenschaftlichen Forschung haben wir das *Fan-Prinzip* entdeckt. Dieses beschreibt die grundlegenden Mechanismen von Fan-Beziehungen aus Sport, Musik oder Kunst.
2. Wir haben den *Fan-Indikator* als relevantes Maß zum Aufbau von Fantum entwickelt.
3. Den *Fan-Indikator* haben wir zur Mitarbeiterzufriedenheit in Beziehung gesetzt und anschließend diejenigen Mitarbeiter als Fans definiert, die einen sehr hohen Wert auf dem *Fan-Indikator,* also eine hohe *Fan-Indikation,* erreichen und gleichzeitig eine extrem hohe Zufriedenheit aufweisen.
4. Hierdurch konnten wir die *Fan-Quote* als zentrale Kenn- und Prüfgröße für die Beziehungsqualität von Unternehmen zu ihren Mitarbeitern herausarbeiten und damit aufzeigen, dass Mitarbeiterzufriedenheit allein als Kenngröße zur Steuerung von Mitarbeiterbeziehungen nicht ausreicht.
5. Gleichzeitig haben wir auf diesem Weg mit dem *Fan-Portfolio* ein neues Instrument für ein besseres Verständnis der gesamten Mitarbeiterschaft entwickelt.
6. Wir haben gezeigt, welche Bedeutung in dieser Aufschlüsselung liegt, indem wir nachweisen konnten, dass die Fans das größte Potenzial unter den Mitarbeitergruppen im *Fan-Portfolio* aufweisen und somit für den nachhaltigen wirtschaftlichen Erfolg von Unternehmen besonders wertvoll sind. Dies lässt sich an ihrer Produktivität, an ihrer Loyalität und an ihrer Weiterempfehlungsbereitschaft festmachen.

Die mit der Erstellung des *Fan-Portfolios* verbundenen analytischen Schritte sind wichtig, um Beziehungen von Mitarbeitern zu ihrem Arbeitgeber besser zu verstehen und den Grad der Potenzialentfaltung von Mitarbeitern für den Erfolg ihres Arbeitgebers zu

F. Meyer und R. Becker, *FANOMICS® – Mitarbeiter zu Fans machen,*
https://doi.org/10.1007/978-3-658-43163-1_3

identifizieren. Doch diese Schritte wären lediglich interessant und wenig nützlich, wenn man daraus keine Ansätze ableiten würde, die (a) Unternehmen als Arbeitgeber bei der Mitarbeitergewinnung und -bindung erfolgreicher machen und (b) sie dabei unterstützen, das Potenzial ihrer Mitarbeiter besser zu verstehen und zu erschließen. In Summe beschreibt *FANOMICS* ein ganzheitliches Managementsteuerungsmodell, das Unternehmenslenkern hilft, die Beziehungen zu ihrer Belegschaft zu analysieren, zu planen, zu steuern, zu kontrollieren und zu korrigieren. Die Herleitung und Erläuterung dieser Ansätze zur stetigen Verbesserung von Mitarbeiterbeziehungen ist Gegenstand dieses Kapitels.

Mit *FANOMICS* geben wir der Gestaltung und dem Management von Mitarbeiterbeziehungen eine neue Richtung. Was wir damit meinen, verdeutlicht der Blick auf das *Fan-Portfolio:* Denn für Unternehmen ist es zwar auch wichtig, aus unzufriedenen Mitarbeitern zufriedene Mitarbeiter zu machen, was einer Horizontalbewegung im *Fan-Portfolio* von links nach rechts entspricht. Der wesentliche Blick sollte aber darauf gerichtet sein, bei den Mitarbeitern eine einzigartige Identifikation mit ihrem Arbeitgeber herzustellen und damit eine Monopolstellung im Kopf der Mitarbeiter zu erreichen – also die *Fan-Indikation* zu steigern. Denn wie wir in Kap. 1 ausführlich erläutert haben und auch intuitiv erkennbar ist, haben Arbeitgeber bei den meisten Mitarbeitern bereits ein hohes Zufriedenheitsniveau erreicht. Dann geht es für Unternehmen vor allem darum, aus hochzufriedenen Mitarbeitern produktive, loyale Fan-Mitarbeiter zu machen. Das entspricht einer Vertikalbewegung im *Fan-Portfolio* von unten nach oben (vgl. Abb. 3.1). Wie genau diese Vertikalbewegung funktioniert, das erläutern wir in Kap. 4 zum *Employer Fan Management.*

Verglichen mit der Ausrichtung des Kundenmanagements an *FANOMICS* ist für die erfolgreiche Implementierung in Richtung Mitarbeiter eine noch größere Konsequenz und Nachhaltigkeit im Management erforderlich. Der Kontakt zwischen Mitarbeitern und ihren Arbeitgebern ist intensiver, als es Kundenbeziehungen jemals sein können, denn wir verbringen einen großen Teil unserer aktiven Zeit mit unseren Arbeitgebern und Kollegen. Damit sind Arbeitgeber ein zentraler Teil der Lebenswelt von Menschen – mit entsprechenden Auswirkungen auf Erwartungen und Bedürfnisse. Halbherzige Umsetzungen reichen da folglich nicht aus: Es genügt nicht, in einer Analyse die *Fan-Quote* als Kenngröße zu betrachten und damit einmalig festzustellen, wie es um die Beziehungen der Mitarbeiter zu ihrem Arbeitgeber bestellt ist. Eine Neuausrichtung der Mitarbeiterbeziehungen mit der Zielsetzung, Mitarbeiter zu Fans zu machen, kann nur funktionieren, wenn das gesamte Unternehmen konsequent und dauerhaft an dieser Idee ausgerichtet wird.

Wie in Abschn. 1.2 ausführlich erläutert, geht es beim *Fan-Prinzip* um *Identifikation* und gefühlte *Einzigartigkeit:* Fans wollen das, was sie einst zu Fans machte, immer und immer wieder erleben. Sie wollen, ja sie brauchen die Wiederholung, das Ritual. Damit Unternehmen der „Übersetzungsprozess" von Identifikation und gefühlter Einzigartigkeit gelingen kann, müssen zwei Aspekte stimmen: Zum einen bedarf es einer Fokussierung auf eine zu Mitarbeitern passenden Unternehmenskultur. Zum anderen braucht

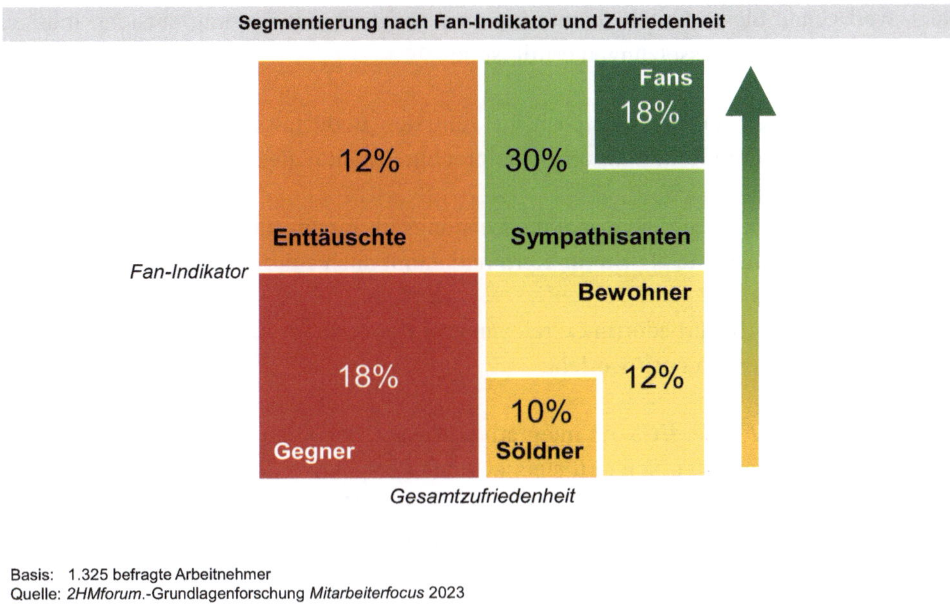

Abb. 3.1 Vertikalbewegung im *Fan-Portfolio*

das Unternehmen eine konsequente Orchestrierung, das heißt die konkrete und spürbare Übersetzung auf das (alltägliche bzw. regelmäßige) Mitarbeitererlebnis. Das werden wir im Folgenden genauer erläutern.

3.1 Fokussierung erzeugt Identifikation

Warum ist die Fokussierung ein zentrales Element, damit Identifikation entstehen kann? Arbeitgeber sind für ihre Mitarbeiter über ihre Unternehmenskultur erlebbar. Unter Unternehmenskultur verstehen wir „die Summe aller Qualitäten, das heißt Werte, Einstellungen, Normen, Verhaltensweisen, Rituale, Umgangsformen bis hin zu sichtbaren Ausprägungen wie Gebäude- und Büroeinrichtung oder Ablauf von Besprechungen, die sich in sozialen Organisationen entwickelt und ausgeprägt haben. Sie repräsentiert also die gelebte und häufig unbewusst wahrgenommene Realität.“ (Herget 2020). Die Unternehmenswerte sind dabei als der explizit gestaltbare Kern einer jeden Unternehmenskultur zu verstehen (Schein 1985). In der Logik des *Fan-Prinzips* bedeutet dies, dass die Unternehmenswerte die zentralen Bedürfnisse der Mitarbeiter adressieren müssen, um diese zu Fans zu machen. Denn die in Abschn. 1.2 intensiv beleuchteten Mechanismen von Fan-Beziehungen beruhen entscheidend auf der erlebten Passung zwischen den Motiven und Sehnsüchten des Fans und den zentralen Eigenschaften und Botschaften seines

Stars, weil genau dieses Gefühl Identifikation erzeugt. Damit Passung entsteht, müssen die folgenden drei Voraussetzungen erfüllt sein:

1. Arbeitgeber erkennen und verstehen die zentralen Bedürfnisse ihrer Mitarbeiter und lassen diese in die Gestaltung einer Unternehmenskultur über die definierten Unternehmenswerte einfließen.
2. Arbeitgeber fokussieren sich in ihrer Leistungserbringung und Kommunikation auf die Unternehmenswerte als Kultur-Kern und damit auch auf die zentralen Mitarbeiterbedürfnisse.
3. Die für die Mitarbeiterbedürfnisse relevanten Erlebnisse im Arbeitsalltag werden von den Mitarbeitern auch positiv erlebt.

Darüber hinaus ist *FANOMICS* ein integrativer Ansatz, der Mitarbeiterbeziehungen nicht als Selbstzweck betrachtet, sondern stets aus der Perspektive des Kundenmanagements bzw. der Wertschöpfung von Unternehmen betrachtet. Doch warum fordern wir bei der Implementierung von *FANOMICS* diese ganzheitliche Perspektive? Als kritischer Leser mögen Sie einwenden, dass eine Unternehmenskultur, mit der Fantum bei den Mitarbeitern erfolgreich gestaltet wird, bereits als ein großer Gewinn anzusehen ist. Doch eine Kultur, die rein auf die Gewinnung und Bindung von Mitarbeitern ausgerichtet ist, ist wirtschaftlich noch lange nicht erfolgreich. Vielmehr soll die Unternehmenskultur die Voraussetzungen für einen nachhaltigen wirtschaftlichen Erfolg schaffen, der wiederum von der Qualität der Kundenbeziehungen abhängt. Somit wird die Erfüllung der zentralen Kundenbedürfnisse zum wesentlichen Zielbild für die Gestaltung der Unternehmenskultur. Durch eine fundierte Entscheidung darüber, wie zentrale Bedürfnisse von Kunden und Mitarbeitern bestmöglich in Einklang gebracht werden können, lässt sich eine ganzheitlich erfolgswirksame Kultur gestalten. Auf diese Weise entsteht aus einer beliebigen Unternehmenskultur eine echte *Fan-Macher-Kultur,* in der durch Herstellung von Passung Verbundenheit der Mitarbeiter zum Arbeitgeber entsteht und gleichzeitig Kunden, im Besonderen durch das richtige Verhalten der Mitarbeiter, zu Fans gemacht werden.

Um die Bedeutung der Fokussierung im Bereich der Mitarbeiterbeziehungen besser zu verstehen und um den Zusammenhang zwischen Mitarbeiter- und Kundenbeziehungen zu erläutern, beschäftigen wir uns nun mit einigen Beispielen aus der Praxis: Dabei gehen wir gleichermaßen auf Erfolgsbeispiele ein, erläutern den Wert hoher Identifikation als Folge erlebter Passung und werfen den Blick auf typische Fehler, die wir in Unternehmen antreffen.

3.1.1 Beispiele aus der Praxis I: *AUDI und Vorsprung durch Technik* – Erfolg durch eine fokussierte Unternehmenskultur

Wie sich ein Unternehmen erfolgreich auf die Kernbedürfnisse seiner Kundenzielgruppe fokussiert und mit der Formulierung von passenden Unternehmenswerten eine darauf

Abb. 3.2 Passung erzeugen durch Fokussierung auf die zentralen Kundenbedürfnisse. (Mit freundlicher Genehmigung von © Unternehmensarchiv der AUDI AG 2023. All Rights Reserved)

einzahlende Unternehmenskultur gestaltet, zeigen wir Ihnen nun beispielhaft anhand des Unternehmens *AUDI.*[1] *AUDI* hat erkannt, dass es unter den Autofahrern einen kompetitiven, leistungsorientierten, nach Dominanz strebenden Fahrertypus gibt. In der Folge hat *AUDI* das Thema „Vorsprung durch Technik“ zum Kern seiner Marke gemacht.

Legendär ist die Werbekampagne, bei der ein *AUDI Quattro* kraftvoll und letztlich „leichtfüßig“ eine Skisprungschanze nach oben fährt. Auch wenn diese Kampagne bereits älter ist, ins Leben gerufen im Jahr 1986, so prägt sie noch heute unser Bild vom Allradantrieb und der damit verbundenen dominanten Technologie eines *AUDI* (vgl. Abb. 3.2). Wer jemals als *AUDI-Quattro*-Fahrer bei starkem Schneefall eine Passstraße hochgefahren ist und dabei aus dem behaglichen Fahrzeuginneren den Fahrern anderer Automarken beim Aufziehen der Schneeketten zugeschaut hat, der weiß, wie sich diese Dominanz anfühlt. Dem Unternehmen gelingt es offensichtlich, durch Kommunikation und Leistung dieses Versprechen immer wieder und glaubwürdig erlebbar zu machen.

Die Übersetzung von Allrad-Technologie durch *AUDI* als Sinnbild von „Vorsprung durch Technik“ war und ist dominant im Markt platziert. Eine zentrale Erklärung für diesen Erfolg von *AUDI,* die Positionierung dermaßen fokussiert bedienen zu können, ist die konsequente Ausrichtung der Unternehmenskultur auf diese zentralen Bedürfnisse der *AUDI*-Kernzielgruppe bei den Kunden.

Das Entstehen einer vom Kundenbedürfnis her gedachten Unternehmenskultur lässt sich durch steuernde Strukturen und Prozesse in einem Unternehmen unterstützen, die „von oben“ versuchen, alles auf die Kundenbedürfnisse bzw. auf „Vorsprung durch Technik“ auszurichten. Doch wie schwer fällt dies einer Organisation, wenn die konkreten Kundenbedürfnisse und das damit verbundene konkrete, tägliche Gestalten von Kundenerlebnissen nicht in der Unternehmenskultur verankert ist, vielleicht gar nicht zu

[1] Eine ausführliche Erläuterung zur Fokussierung von AUDI auf die zentralen Kundenbedürfnisse, siehe Becker, Daschmann (2022).

Quelle: Eigene Darstellung in Anlehnung an *AUDI*

Abb. 3.3 Die vier Unternehmenswerte von *AUDI*

dieser passen? Und wie motiviert sind Mitarbeiter, die an dem Erfüllen eines Kundenversprechens mitwirken sollen, welches nicht zu ihnen passt? Die Fokussierung auf konkrete Kundenbedürfnisse muss von innen kommen und kulturell verankert sein. Und so braucht auch *AUDI* die richtigen Mitarbeiter und das richtige Mindset in allen Bereichen, um letztlich *Vorsprung durch Technik* nach außen konsequent erlebbar machen zu können. Das funktioniert nur mit einer passenden Kultur, die zu den Kundenbedürfnissen passt, und in der die dazu passenden Mitarbeiter eine Heimat finden. Es gilt also ganzheitlich zu denken.

Der eine Kultur bestimmende Kern sind die Werte (Hofstede et al. 2011), daher schauen wir im Zusammenhang mit dem bisher Erläuterten auf die Unternehmenswerte von *AUDI* und ihren Bezug zur Positionierung „Vorsprung durch Technik". *AUDI* hat zum Zeitpunkt 2023 vier konkrete Unternehmenswerte formuliert (Stern 2021): 1) Wir leben Innovation, 2) Wir leben Veränderung, 3) Wir leben Verantwortung und 4) Wir leben Offenheit (vgl. Abb 3.3). Stellt man diese gedanklich der Positionierung *„Vorsprung durch Technik"* gegenüber, so wird schnell klar, wie stark hier Werte und Kundenversprechen miteinander verzahnt sind. Und dadurch gelingt es *AUDI,* das Versprechen in Richtung Kunde immer wieder erlebbar zu machen und einzulösen.

Lassen Sie uns gemeinsam die vier Werte von *AUDI* in Bezug zur Positionierung reflektieren: Mit (1) „Wir leben Innovation" drückt *AUDI* unmittelbar aus, dass technologische Entwicklung nicht zum Selbstzweck erfolgt. Das Ziel ist nicht die technische Invention, sondern die Lösung für den Kunden, die Anwendung der Invention im Produkt, also die Innovation. Mit (2) „Wir leben Veränderung" wird deutlich, was für Vorsprung wesentlich ist – die ständige Veränderung, Stillstand muss vermieden werden. Das Unternehmen muss gezielt immer wieder die (technische) Entwicklung suchen und diese dann in für den Kunden zielführende Produktentwicklung kanalisieren. Als notwendige, zeitgemäße Leitplanke wird mit dem dritten Wert (3) „Wir leben Verantwortung" verdeutlicht, dass man als Teil der Gesellschaft einen positiven Beitrag leisten möchte und auch dafür geeignete Lösungen braucht. Zusammengefasst steht *AUDI* für Vorsprung durch Innovation mit Verantwortung. Schlussendlich kommen wir zum vierten Wert von *AUDI* (4): „Wir leben Offenheit". Angestrebte Veränderung (siehe zweiter Wert) ist stets mit Unsicherheit verbunden. Folglich bedarf es einer Kultur, die Ausprobieren und Fehlermachen zulässt und auf Lernen ausgelegt ist. Eine Kultur mit einem solchen Wertegerüst lässt Mitarbeiterverhalten zu, das die Positionierung „Vorsprung durch Technik“ authentisch bedient. Sie arbeitet automatisch auf dieses Ziel hin und strahlt für die passenden Mitarbeiter einen großen Reiz aus. Die Unternehmenswerte sind damit einerseits Spielregeln für die Mitarbeiter, um deren Verhalten auf die Positionierung auszurichten, und andererseits sind sie die zentrale Identifikationsplattform, anhand derer die Mitarbeiter ihre Passung zum Unternehmen prüfen.

AUDI verpackt in seinem Wertegerüst eine weitere Haltung, die ganz maßgeblich für die Unternehmenstätigkeit ist. Alle vier Werte sind mit „Wir leben“ eingeleitet. Damit weist *AUDI* darauf hin, dass diese Werte vital sind und wirklich gelebt werden müssen, um nicht als „Papiertiger“ zu enden. Auch verdeutlicht das Unternehmen, dass es hier um mehr als „mich sprechen die Werte an“ geht. Es geht darum, dass Mitarbeiter für diese Werte brennen und rennen, sie diese Werte an jedem Tag konsequent leben. Es geht darum, dass sich die richtigen Menschen, die zu den Werten passenden, bei *AUDI* bewerben und für *AUDI* tätig sind. Es geht aber auch darum, dass die Werte kontinuierlich im Arbeitsalltag umgesetzt und erlebbar gemacht werden. Dem Mechanismus der *Orchestrierung* möchten wir an dieser Stelle aber nicht weiter vorgreifen.

AUDI treibt die Kulturentwicklung ständig weiter. Mittlerweile spricht man bei *AUDI* davon, dass „Mensch & Kultur“ im Mittelpunkt der *AUDI*-Strategie stehen (AUDI 2024). Das Ziel von *AUDI* ist eine „starke Gemeinschaft, in der Führungskräfte vertrauensvoll führen, Mitarbeitende sich gegenseitig unterstützen, mutig aus Fehlern lernen und verantwortungsvoll handeln“ (AUDI 2024). Die Führungskräfte sollen eine Vertrauenskultur sicherstellen, die durch Verantwortungsübernahme durch die Mitarbeiter geprägt ist. Damit ist sichergestellt, dass jeder Mitarbeiter von *AUDI* mit seinen individuellen Kompetenzen seinen Beitrag zum Unternehmenserfolg leisten kann. Aus Sicht der Autoren ist dies eine Verdichtung der vier Werte, die *AUDI* bisher prägten. Nach eigenen Aussagen habe das Unternehmen damit eine „Speak-up!-Kultur“ geschaffen: Mit ausgewählten Initiativen wird eine positive Fehlerkultur gefördert, die es ermöglicht, eine innovative Macherkultur zu etablieren (AUDI 2024).

Zusammenfassend können wir festhalten, dass *AUDI* über seine Unternehmenswerte einen Kulturkern schafft, der mit der Positionierung *Vorsprung durch Technik* verzahnt ist und damit seinen Erfolg sichert. *AUDI* schafft nicht irgendeine Kultur, die aus sich selbst heraus entsteht und ausschließlich den Bedürfnissen der Mitarbeiter entspricht. Vielmehr schafft das Unternehmen eine positionierungsbasierte Kultur, die durch Verhaltensleitplanken für Mitarbeiter und Führungskräfte gekennzeichnet ist, die auf die Erbringung der Positionierung von *AUDI* einzahlen. Mit den definierten Unternehmenswerten als Kulturkern bietet *AUDI* eine Identifikationsplattform an, um die richtigen Mitarbeiter zu finden und zu binden. So schafft es *AUDI,* Mitarbeiter und Kunden gleichermaßen nachhaltig zu Fans zu entwickeln.

3.1.2 Beispiele aus der Praxis II: Der *ADAC*-Skandal – Wenn fokussierte Werte vor der Krise schützen

Wir möchten nun ein weiteres Beispiel aufgreifen und anhand des Allgemeinen Deutschen Automobil-Clubs e. V. (*ADAC*) erläutern, welche Bedeutung es insbesondere in einer Krisensituation für Unternehmen hat, eine konsequente Haltung zu haben sowie zu den Bedürfnissen der Mitarbeiter passende Werte zu vertreten und fokussiert zu sein.[2]

Im Jahr 2014 kam es zu großer medialer Aufregung rund um den *ADAC* und seinen Preis „Gelber Engel", mit dem jährlich das Lieblingsauto der Deutschen gekürt wurde: Der Automobilclub musste öffentlich eingestehen, dass er bei der Nennung der abgegebenen Stimmen und bei den Platzierungen der Fahrzeuge manipuliert habe. Von Imageschaden und Glaubwürdigkeitskrise war die Rede, viele selbsternannte Experten prophezeiten dem *ADAC* eine große Welle an Mitgliederaustritten. Kurzum, die veröffentlichte Meinung sah den *ADAC* auf eine lange und schwere Krise zusteuern.

Am Ende ist dieses Horrorszenario für den Club nicht eingetreten. Per Saldo standen Mitte des Jahres 2014 lediglich 15.000 Mitglieder weniger zu Buche. Bei 18 Mio. Mitgliedern eine vernachlässigbare Zahl. Doch woran lag es? Im Wesentlichen hat die hohe *Fan-Quote* bei seinen Mitgliedern den Verein vor größerem Schaden bewahrt. Die Ursache dafür ist das Ergebnis einer gelungenen Fokussierung, und damit der passenden Leistungserbringung des Vereins in seiner Kernfunktion: der Pannenhilfe und dem Schutz sowie der Beratung rund um das Automobil. Das Ergebnis: Fan-typisches Verhalten wie Loyalität, Weiterempfehlung und Verteidigung des *ADAC* durch seine Mitglieder in der Krise. Und das insbesondere, weil die Manipulation beim *Gelben Engel* weit weg vom Markenkern des *ADAC* ist und damit nicht relevant für die meisten Mitglieder. So musste der *ADAC* sogar eine selbst verschuldete Krise nicht fürchten, da er sich erfolgreich fokussiert hatte und auch nach der Krise weiter fokussierte (vgl. Abb. 3.4).

Die bedürfnisadäquate Fokussierung in Richtung der Mitarbeiter war und ist der zweite Teil des Erfolgsrezepts, das den *ADAC* vor größerem Schaden bewahrte: Man habe gelbes Blut in den Adern und verstehe nicht, warum die guten Leistungen des Vereins so durch den Dreck gezogen werden, so die Aussage der Leiterin eines *ADAC*-Servicezentrums. Die Fokussierung in Richtung Mitglied, die Definition des Automobilclubs über die Pannenhilfe, die damit einhergehende Sinnstiftung, sind auch bei den Mitarbeitern angekommen und wirken dort identifikationsstiftend.

Die in den Medien aufgekommene Kritik, der *ADAC* sei zwar ein Verein, verhielte sich allerdings wie ein profitorientiertes Unternehmen, prallte an vielen Mitarbeitern ab. Vielmehr werden Verhaltensweisen und Standpunkte des *ADAC* wie in der hier benannten Krise oder auch bei anderen Themen, wie z. B. der einst geplanten Autobahn-Maut, von

---

[2] Eine ausführliche Erläuterung zur Fokussierung des ADAC auf zentrale Mitgliederbedürfnisse und deren Bedeutung in der Krise: siehe Becker und Daschmann (2022).

Abb. 3.4 Spüren, worauf es den Fans ankommt: *ADAC* Pannenhilfe. (Mit freundlicher Genehmigung von © ADAC/Beate Blank 2024. All Rights Reserved)

Mitarbeitern verteidigt. Doch was ist die Ursache dafür? Es sind das Kernprodukt *Pannenhilfe,* die damit verbundenen Werte und zu einem guten Teil auch die Vision und die Mission des *ADAC,* der sich als mitgliederorientierter Mobilitätsdienstleister (ADAC 2017) versteht. Das Ziel ist die Sicherung und Weiterentwicklung der individuellen Mobilität seiner Mitglieder und deren Interessen. Der *ADAC* hat mit der Pannenhilfe ein überzeugendes, erlebbares Produkt, das Mitarbeiter jeden Tag stolz machen kann und Mitarbeitern auch Sinn in der täglichen Arbeit gibt – so z. B. das menschliche Bedürfnis „Hilfsbereitschaft" bei den Mitarbeitern anspricht. Denn dieser Wert des Vereins für die Mitglieder ist auch für die Mitarbeiter wiederum jeden Tag erlebbar: in Form von Dankbarkeit bei der Pannenhilfe oder bei der Beratung in den Filialen.

Daran änderte sich auch nichts an dem Tag, an dem der Skandal um die gefälschten Abstimmungsergebnisse bekannt wurde. Begünstigt wurde das durch die professionelle Aufarbeitung seitens des Vorstands. Zentrale Figuren im Rahmen der Manipulation wurden freigestellt, die wirtschaftlichen Aktivitäten jenseits der klassischen Vereinsleistungen wurden auf den Prüfstand gestellt – im Ergebnis wurde der *Gelbe Engel* als Wettbewerb eingestellt, zum einen als konsequente Reaktion auf die Manipulationsvorfälle und zum anderen als Zeichen, dass die Pannenhelfer die einzigen *Gelben Engel* auf deutschen Straßen und in deutschen Medien sind. Seitens der Geschäftsführung wurde zudem eine „Transparenz- und Glaubwürdigkeitsoffensive" versprochen (Spiegel 2015). Teil davon war und ist, dass der *ADAC* sich im Kern an der Mitgliedergemeinschaft orientiert und Pannenhilfe und kommerzielle Aktivitäten trennt: Es gibt den eigentlichen Verein, dessen Kernleistung die Pannenhilfe ist. Diesem gehört zu 75 % eine Aktiengesellschaft, unter der Firmen u. a. Versicherungen anbieten. Die übrigen 25 % gehören der *ADAC* Stiftung, deren Auftrag im Kern in der Forschung besteht. Im neu formulierten Leitbild des *ADAC* steht nun auch: „Der ADAC hat eine klare, transparente und nachvollziehbare Struktur. Die organisatorischen Rahmenbedingungen des ADAC stellen die dafür erforderliche und sinnvolle Trennung zwischen Verein und wirtschaftlichen Aktivitäten sicher.“ (ADAC 2014). Gerade in Richtung der Mitarbeiter sind dies wertvolle, vertrauensstiftende Maßnahmen, um die Beziehungsqualität zu sichern.

Durch die konsequente Reaktion, die auch vor den eigenen Strukturen nicht zurückschreckte, hat der *ADAC* seine Glaubwürdigkeit in alle Richtungen gewahrt. Im Ergebnis haben die Fokussierung, die klar formulierte Mission als Pannenhelfer und Mobilitätsdienstleister und eine klare Haltung bei der Aufarbeitung des Skandals den *ADAC* vor größerem Schaden bewahrt: auf der Mitglieder- und auf der Mitarbeiterebene.

Unser Beispiel zum *Allgemeinen Deutschen Automobil-Club e. V.* zeigt, wie wichtig es für Erfolg und Krisenfestigkeit von Unternehmen ist, fokussierte Werte und Haltungen (hier durch Vision und Mission) aufzubauen und zu pflegen. Der *ADAC* profitierte in der beschriebenen Krisensituation davon, sodass sowohl Fan-Mitarbeiter als auch Fan-Mitglieder die Organisation vor größerem Schaden bewahrten. Eine konsequente Fokussierung auf das definierte Kernversprechen, von denen eine Organisation auch dann nicht abrückt, wenn es kurz- bis mittelfristig mit Kosten verbunden scheint, sichert und stärkt die Verbundenheit der Stakeholder mit einem Unternehmen. Viel hängt dabei vom Management ab, das schnell und konsequent entlang der eigens definierten Leitplanken handeln muss – sich also an die eigenen Spielregeln zu halten hat.

3.1.3 Beispiele aus der Praxis III: Die *Deutsche Bank* und die Umpositionierung – Scheitern an fehlender Fokussierung

In einem dritten Beispiel möchten wir Ihnen nahebringen, welche Auswirkungen die mangelnde Passung einer Positionierung zur Kultur eines Unternehmens extern wie intern hat (siehe auch Becker und Daschmann 2022). Die Positionierung der *Deutschen Bank* mit dem Claim „Leistung aus Leidenschaft“ erfolgte im Jahr 2003. Das Versprechen war durchaus attraktiv für die Zielkundschaft, spricht es doch die leistungsorientierte, nach Dominanz strebende Klientel der *Deutschen Bank* sehr gut an. Voraussetzung für eine Erfüllung dieses Versprechens sind eine ausgeprägte Leistungskultur und mit Stolz erfüllte, hochmotivierte Mitarbeiter. Die Mitarbeiter der *Deutschen Bank* waren aber aufgrund vieler Skandale und problematischen Geschäftspraktiken zunehmend verunsichert und teilweise auch distanziert gegenüber ihrem Arbeitgeber. Eine schlechte Voraussetzung für die Erfüllung der durch „Leistung aus Leidenschaft“ geweckten Kundenerwartungen.

Im Jahr 2017 war es dann so weit: Die *Deutsche Bank* verabschiedete sich von ihrer Positionierung „Leistung aus Leidenschaft“, stattdessen wurde die Initiative *„#PositiverBeitrag“* aus der Taufe gehoben (Manager Magazin 2017). Die Idee: die leistungsorientierte Kundschaft zurückgewinnen. Anfangs als Kampagne in Richtung Mitarbeiter gestartet, ist *„#PositiverBeitrag“* auch der Claim in Richtung Kunde (Deutsche Bank 2019) geworden. Wie unsere aktuellen Daten belegen, ist die *Deutsche Bank* jedoch auch

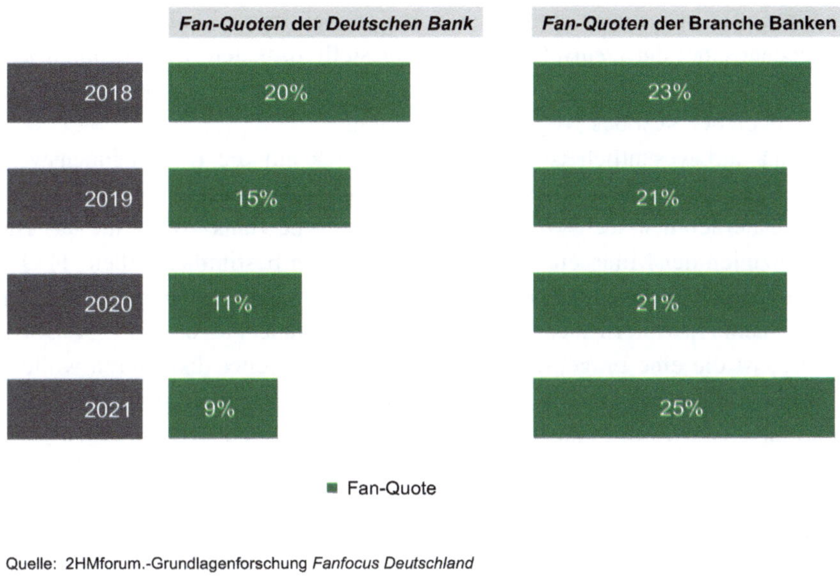

Abb. 3.5 *Fan-Quote* der *Deutschen Bank* im Zeitvergleich

mit dieser neuen Ausrichtung nicht erfolgreicher. Die *Fan-Quote* der *Deutschen Bank* bei ihren Kunden sinkt kontinuierlich und entfernt sich immer weiter vom Branchenmittelwert der Banken in Deutschland (vgl. Abb. 3.5). Die Vermutung liegt nahe, dass die Unternehmenskultur in Bezug zu *„#PositiverBeitrag"* von den Kunden nicht als authentisch wahrgenommen wird.

Dabei hatten die beiden ehemaligen Co-Chefs der *Deutschen Bank, Anshu Jain* und *Jürgen Fitschen*, bei ihrem Amtsantritt einen Kulturwandel versprochen (Maisch 2022). Und dieses Versprechen war sicherlich ehrlich gemeint, aber von vornherein ein gewagtes Unterfangen, sind beide Manager doch wesentliche Vertreter, fast schon Helden, der alten Kultur rund um das Investmentbanking und die damit verbundenen Fehlentwicklungen bei der Bank. Doch auch nach der durch das Investmentbanking geprägten Ägide scheint wenig passiert zu sein, außer einem neuen Anstrich mit *„#PositiverBeitrag"*. Es mangelte schlichtweg an Fokussierung – zu viele interne Initiativen liefen am eigentlich ausgerufenen Zielbild der Organisation vorbei.

In der Tat steht jedes etablierte Unternehmen bei einem angestrebten Kulturwandel vor massiven Herausforderungen – dieses Unterfangen ist kein Sprint, sondern ein Marathon. Denn eine Kultur ist historisch gewachsen, mit ihren Überzeugungen und Werten, mit zentralen Personen in Führungspositionen und den von ihnen vorgelebten Praktiken. Dass die handelnden Personen ganz oben an der Spitze nicht mehr da sind oder dass die neuen Personen an der Spitze nicht aus dem Investmentbanking, der Wurzel des massiven Imageproblems der *Deutschen Bank* kommen, ist nur eine von vielen nötigen

Zutaten für ein Rezept zum erfolgreichen Kulturwandel. Immerhin hat *Christian Sewing,* aktuell Vorstandschef der *Deutschen Bank,* festgestellt, dass dem Unternehmen wohl der innere Kompass verloren gegangen sei (Busse 2019). Erkenntnis ist der erste Schritt zur Besserung, doch der Rest des Weges ist auch steinig.

Interessant und wesentlich ist ein genauerer Blick auf die Unternehmenswerte der *Deutschen Bank* als das jeden Mitarbeiter tangierende Kernelement von Kultur. Aktuell hat das Unternehmen sechs Werte definiert (Deutsche Bank 2023), die das Handeln und die Prinzipien der Mitarbeiter und der Organisation bestimmen sollen: 1) Orientierung am Kunden, 2) Innovation, 3) Disziplin, 4) Partnerschaft, 5) Integrität und 6) Nachhaltiges Handeln. Inwiefern diese Werte nun die optimale Passung zu *„#PositiverBeitrag"* haben, ist die eine Frage, die wir hier auch nicht weiter diskutieren wollen. Eine andere Frage, die sich im Zuge der beschriebenen Entwicklung bei der *Deutschen Bank* aber aufdrängt, ist: Warum sind diese Werte noch immer nahezu dieselben, die unter dem Claim „Leistung aus Leidenschaft" galten? Lediglich der Wert (6) „Nachhaltiges Handeln" wurde modifiziert, hieß ursprünglich „Nachhaltige Leistung" (Deutsche Bank 2022). Die Werte praktisch unverändert beizubehalten, ist eine schlechte Voraussetzung, um Aufbruchstimmung bei den Mitarbeitern zu verbreiten und Stolz zurückzugewinnen. Der Kulturwandel hätte ein Signal gebraucht, das auch an modifizierten Unternehmenswerten als dem Kern der Kultur ansetzt. Nur so wäre die Initiative glaubwürdig.

Glaubt man aktuellen Medienberichten, dann wird die *Deutsche Bank* ihr internes Leitmotiv alsbald ändern: statt *„#Positiver Beitrag"* soll es dann *„Mit großer Hingabe"* *(„With deep dedication")* heißen (Schwarz 2024). Auf, zurück zur Leidenschaft! Der leistungsorientierten Kundschaft mit ihrem Dominanzmotiv ist eine durch diesen Slogan geprägte Kultur jedenfalls näher – und die Unternehmenswerte sind passenderweise zu guten Teilen auch noch die alten, aus Zeiten der *„Leistung aus Leidenschaft"*. Nach außen getragen solle das neue Leitmotiv aber erst dann werden, wenn die gesamte Organisation selbstbewusst dahintersteht, heißt es.

Zusammenfassend beschreibt unser Beispiel zur *Deutschen Bank,* dass eine Umpositionierung nur dann funktioniert, wenn diese auch intern durch ein fokussiertes Vorgehen getragen wird. Eine neue Etikettierung für die Kunden reicht da nicht aus, ohne eine konsequente Anpassung der Unternehmenskultur. Jede einzelne vom Zielzustand abweichende Aktivität höhlt die Überzeugungen der Mitarbeiter aus, bis diese nicht mehr wissen, woran sie sind.

3.1.4 Beispiele aus der Praxis IV: *Volkswagen* – Der Abgasskandal und die Folgen verratener Unternehmenswerte

Am Beispiel des Unternehmens *Volkswagen (VW)* und des Abgasskandals haben wir für die Ausrichtung auf den Kunden gezeigt, wie ein Unternehmen in einer selbstverschuldeten Krise zunächst von seiner Fokussierung profitiert, dann jedoch wissentlich das zentrale Bedürfnis seiner Kunden ignoriert.[3] Im Kontext von Mitarbeiterbeziehungen wird anhand dieses Falles deutlich, dass Fokussierung und Unternehmenswerte dann nichts wert sind, wenn die Führung als Vorbild für die Mitarbeiter diese nicht konsequent mitträgt und vorlebt oder gar explizit und wissentlich verletzt.

Doch was war passiert im sogenannten Abgas-Skandal? Im Jahr 2015 hat die Öffentlichkeit über den Verbau von Abschaltvorrichtungen in Fahrzeugmodellen des *Volkswagen*-Konzerns erfahren. *VW* hat damit bei Diesel-Fahrzeugen die Prüfemissionen manipuliert, um seine Modelle als besonders „sauber" bewerben zu können. Die Kundenreaktion war die große Unbekannte zu diesem Zeitpunkt: Wie werden die Kunden von *VW* auf die Nachrichten aus Wolfsburg, der deutschen Konzernzentrale, wohl reagieren? Mitnichten schien sich eine problematische Entwicklung bei den Kunden abzuzeichnen. Stabile, teilweise sogar steigende Bestelleingänge für Neuwagen von *VW* in Deutschland waren zu beobachten. Das passte so gar nicht in das von Automobilexperten vorhergesagte Szenario – und das *Fan-Prinzip* liefert hierzu die Erklärung: Der Kern des Dieselskandals hat die zentralen Bedürfnisse und damit die Passung der Kunden zur Marke nicht tangiert. Viele Kunden sehen und sahen ihre Anforderungen an einen Automobilhersteller, nämlich Sicherheit, Zuverlässigkeit, Langlebigkeit und ein großes Händlernetz, bei *VW* weiter in besonderem Maße erfüllt.

Das Risiko für das Unternehmen und die Kunden lauerte an anderer Stelle: Der sinkende Wiederverkaufswert der betroffenen Fahrzeuge stellte ein großes Gefahrenpotenzial dar. Und so war bereits 2016 das Ergebnis unserer Analyse, dass *VW* eine modifizierte ‚Abwrackprämie' als Anreizsystem anbieten sollte, um die betroffenen Fahrzeuge durch Neuwagen bei den Kunden zu ersetzen (Becker 2016), denn das hätte den finanziellen Schaden von den Kunden abgewendet. Doch das Gegenteil ist passiert. *VW* weigerte sich in Deutschland jahrelang, Kunden monetär zu entschädigen. Hinzu kam eine (Nicht-)Kommunikation, die eindimensional auf die Reduzierung des finanziellen Schadens für *VW* baute. Und das, obwohl der *VW*-Konzern trotz immenser Straf- und Kompensationszahlungen immer noch gutes Geld verdient hat und sich die Kompensation der Kunden also hätte leisten können.

Was es bedeutet, wenn ein Unternehmen Passung an einem wesentlichen Punkt für die Kunden nicht mehr herstellt, macht der *Fanfocus Deutschland* (2HMforum. 2021) sichtbar. Die erhobenen Daten zeigen uns, dass sich die *Fan-Quote* von *VW* in Deutschland von 22 % im Jahr 2015 auf 9 % im Jahr 2020 reduziert hat, während sich die *Gegner-Quote* im gleichen Zeitraum von 6 % auf 22 % fast vervierfacht hat (vgl. Abb. 3.6).

In einem Unternehmen, das mit konsequent implementierten Unternehmenswerten über verbindliche Spielregeln für alle Mitarbeiter und Führungskräfte, aber auch für die Unternehmenslenker, verfügt, hätte es diese Fehlentwicklung gar nicht geben können. Aber die Funktion der Spielregeln hatten die definierten Werte bei *VW* zu diesem Zeitpunkt offensichtlich nicht. Um dies nachvollziehen zu können, werfen wir einen

[3] Für eine ausführliche Erläuterung siehe Becker, Daschmann (2022).

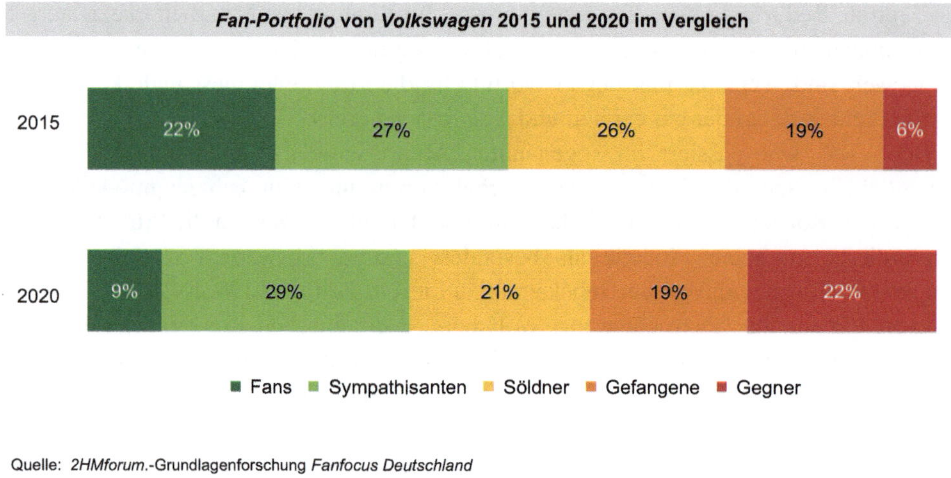

Abb. 3.6 Die Folgen ignorierter Kundenbedürfnisse: Seit 2015 befindet sich die *Fan-Quote* von *VW* in Deutschland im Sturzflug, die *Gegner-Quote* explodiert

Blick auf eine Rekonstruktion der zum Zeitpunkt des Abgasskandals relevanten Unternehmenswerte von *Volkswagen* nach unserem Verständnis und unter Rückgriff auf Sekundärliteratur (Greive 2015; Volkswagen 2014a, b).

1. Qualität: *Volkswagen* legt großen Wert auf die Qualität seiner Produkte und betont die hohe Zuverlässigkeit, Sicherheit und Leistungsfähigkeit seiner Fahrzeuge.
2. Nachhaltigkeit: Das Unternehmen legt großen Wert auf Nachhaltigkeit und Umweltverträglichkeit. *Volkswagen* betont die Entwicklung umweltfreundlicher Technologien und den Einsatz erneuerbarer Energien in der Produktion.
3. Kundenorientierung: *Volkswagen* strebt danach, den Bedürfnissen und Erwartungen der Kunden gerecht zu werden. Das Unternehmen betont die Zufriedenheit der Kunden und den Aufbau langfristiger Kundenbeziehungen.
4. Innovation: *Volkswagen* setzt auf kontinuierliche Innovation und Technologieführerschaft. Das Unternehmen betont die Entwicklung neuer Produkte, Technologien und Lösungen, um den sich ändernden Anforderungen des Marktes gerecht zu werden.

Rückblickend muten diese Werte mit ihrer konkreten Ausformulierung wie Satire an. Möchte man die von *VW* verbaute Abschaltvorrichtung nicht großzügig als Innovation ansehen, so war der Konzern nur in einem konsequent: Die eigenen Werte mit Füßen zu treten – und zwar sowohl durch das initiale Ereignis, nämlich die Entwicklung der Abschalteinrichtung, als auch durch die Verhaltensweisen nach Bekanntwerden der Manipulation, also dem Umgang mit dem öffentlichkeitswirksamen Skandal. Doch es ist nicht ein Konzern, der handelt, es sind die Menschen dahinter. Es sind vor allem die Entscheider und Führungskräfte, die sich nicht an die intern vereinbarten Spielregeln des

Konzerns gehalten haben. Das Wertegerüst ließe, wenn sich konsequent alle daran halten, ein Ereignis wie den Abgasskandal gar nicht zu. Man muss zu dem Ergebnis kommen, dass entweder der erwartete Nutzen den Verstoß gegen die eigenen Werte zu rechtfertigen schien oder aber die Unternehmenswerte für die beteiligten Entscheider überhaupt keine Bedeutung hatten.

Die Aufarbeitung des Skandals durch die Medien zeigt, dass ein wesentlicher Faktor, der den Dieselskandal überhaupt erst ermöglicht hat, die etablierte Entscheidungs- und Führungskultur im *VW*-Konzern war. Jahrelang soll im Management ein nahezu militärisches Führungsprinzip geherrscht haben (Zeit 2015). Das Nachrichtenmagazin *Der Spiegel* hat im Zusammenhang mit dem ehemaligen Vorstandschef *Martin Winterkorn* das Unternehmen als „Nordkorea minus Arbeitslager" betitelt (Hawranek und Kurbjuweit 2013). Beste Voraussetzungen dafür, dass Mitarbeiter aus Angst solche Entwicklungen wie die Abschalteinrichtung zur Manipulation von Abgaswerten mittragen oder sich gar aktiv an der Entwicklung beteiligen. Ein zentralistisches System im Konzern mit absoluter Machtkonzentration an der Spitze soll es zudem leicht gemacht haben: Manager konnten trotz eigener Bedenken die Entwicklung fördern bzw. sich der gefühlten Verantwortung entziehen, indem Entscheidungen schlichtweg nicht getroffen, sondern auf die nächste Hierarchieebene gegeben wurden. Gleichzeitig war jedem klar, dass Dissens in der Organisation nicht gewünscht ist, Entscheidungen von oben also mitzutragen sind. Das Treffen von Entscheidungen wurde also nach oben durchgereicht und die getroffenen Entscheidungen dann mit großem Gehorsam nicht mehr hinterfragt. Die Verflechtung des Konzerns mit der Politik tat ihr übriges: Die Aufklärung rund um den Skandal verlief schleppend, Maßnahmen und Innovationen wurden nicht konsequent seitens des Landes eingefordert, das Top-Management zunächst nicht in Schwierigkeiten gebracht (Hahne 2021).

Unternehmenswerte sind nur dann als Spielregeln und Identifikationsplattform für Mitarbeiter wirksam, wenn die Führungskräfte sich diese zu eigen machen. Während der *VW*-Konzern bei der Einführung der Unternehmenswerte hochprofessionell agierte, die Werte systematisch entwickelt und strukturell verankert hat (Wala 2015), müssen wir feststellen, dass zentrale Entscheider und einzelne Führungskräfte diese Werte mit großer Ignoranz verwässert haben und mit einer fragwürdigen Führungskultur quasi eine Parallelgesellschaft in der Organisation aufgebaut haben. Die Unternehmenswerte verkamen damit zum Deckmantel kritischer Machenschaften. Im Ergebnis verlieren die Mitarbeiter und die nicht beteiligten Führungskräfte im Falle solcher Vorkommnisse den Glauben an die Organisation. Sie wissen schlichtweg nicht mehr, wofür die Organisation steht – die Identifikationsplattform ist wenig prägnant und stellt keine Passung mehr her.

Auch ein ramponiertes Image in der Gesellschaft ist das Ergebnis der geschilderten Vorkommnisse. Damit verspielt das Unternehmen Vertrauen bei sämtlichen Stakeholdergruppen. Es steigt auch die Gefahr, dass die Mitarbeiter auf ihre Unternehmenszugehörigkeit immer weniger stolz sind. Das Fan-typische Verhalten geht in solchen Fällen zurück, Mitarbeiter von *VW* sind aufgeschlossener für Angebote anderer Arbeitgeber, empfehlen *VW* als Arbeitgeber schon gar nicht mehr selbstbewusst weiter. Die Arbeitgebermarke

VW und der Ruf der gesamten Branche als Arbeitgeber leidet: So zogen einer Studie zufolge deutlich weniger Absolventen der Ingenieurswissenschaften einen Job in der Automobilindustrie in Betracht. Und die Attraktivität von *VW* sank im Besonderen (Amerland 2016).

Wie reagierte der *VW*-Konzern? Angekündigt wurde eine Veränderung von Führungsstrukturen und -kultur bei *VW*. Die Entscheidungskompetenzen im Unternehmen würden breiter verteilt, um den Einfluss einzelner zu beschränken und derartige Fehlentwicklungen in der Zukunft zu vermeiden. Es brauche einen klaren Wertekompass im Unternehmen, *Volkswagen* solle ehrlicher und anständiger werden. Mit den in diesem Zuge formulierten Konzerngrundsätzen hat das Unternehmen sodann auch die Ableitung aus dem Skandal explizit und sichtbar gemacht: „Wir tragen Verantwortung für Umwelt und Gesellschaft. Wir sind aufrichtig und sprechen an, was nicht in Ordnung ist. Wir wagen Neues. Wir leben Vielfalt. Wir sind stolz auf die Ergebnisse unserer Arbeit. Wir statt ich. Wir halten Wort" (Volkswagen 2020). Eine deutliche Antwort auf die Skandal-Historie, die es zu leben und zu beweisen gilt. Umgesetzt und implementiert werden soll das alles im Rahmen des Ethik-Programms „Together4Integrity" bis 2025.

Dieses Beispiel zeigt deutlich, wie wichtig es ist, dass Unternehmenswerte eindeutig verankert sind und auch als verbindliche Spielregeln im Sinne einer absoluten Verhaltensmaxime für alle Beschäftigten gelten – egal ob Top-Manager, Führungskraft oder Mitarbeiter ohne Führungsverantwortung. Einzelne Personen dürfen weder das Recht haben, Werte individuell zu interpretieren, noch sie zu ignorieren und beiseitezuschieben. Es muss ein einheitliches und verbindliches Set an Werten geben.

3.1.5 Beispiele aus der Praxis V: *Alnatura* – Wo Sinnstiftung fester Teil der Arbeitswelt ist

In den bisherigen Ausführungen ist bereits deutlich geworden, dass die Unternehmenswerte als Kultur-Kern einer Organisation die zentrale Identifikationsplattform für Mitarbeiter sind. Sie beantworten einem Mitarbeiter die unterbewusste Frage „Wie sind wir?". Die Antwort ist das Fundament von Passung zu den zentralen Mitarbeiterbedürfnissen. Mit einem weiteren Beispiel aus der Unternehmenspraxis erweitern wir das Verständnis über die Identifikationsplattform für Mitarbeiter. Mitarbeiter stellen sich nämlich auch Fragen wie „Was tun wir und was wollen wir für Markt und Gesellschaft?". Auch die Antworten auf diese Fragen docken unmittelbar an die Mitarbeiterbedürfnisse an, sind sinnstiftend und können so die Passung erhöhen, die richtigen Mitarbeiter ansprechen und binden.

Der Lebensmittelhändler *Alnatura* verspricht seinen Kunden eine Verbindung von Genuss und sinnvollem Handeln: Der Kunde könne mit seinem Einkauf die Initiative ergreifen und sich für faire Bedingungen für Menschen und Tiere und ein Wirtschaften im Einklang mit der Natur entscheiden. *Alnatura* nutzt seine Touchpoints zu den Kunden konsequent, um die Übernahme von gesellschaftlicher Verantwortung erlebbar zu machen (Alnatura 2024a). Und diese Botschaft erreicht natürlich auch die Mitarbeiter. Angefangen beim Sortiment, das zu 100 % Bio-Produkte beinhaltet, über die Filialen, die aus Naturmaterialien gestaltet sind und mehrheitlich Ökostrom nutzen, bis hin zur Nutzung ambitionierter anstelle von massentauglichen und weit verbreiteten Nachhaltigkeitssiegeln (Alnatura 2024b). So stellt sich das Unternehmen mit dem We-Care-Zertifikat einem sehr hohen Standard (FiBL Deutschland e. V. 2024). Im Vordergrund stehen dabei strenge Auflagen entlang der gesamten Lieferkette, sodass *Alnatura* ganzheitlich auf Verpackungen, Transport, Engagement in Herkunftsländern, Energienutzung, Mehrweg, den Schutz von Ökosystemen sowie das Retten und Spenden von Lebensmitteln achtet. Zu diesem Zweck ist seit 2009 die Nachhaltigkeitsabteilung für das Nachhaltigkeitsmanagement des Unternehmens verantwortlich und es werden jährlich die Nachhaltigkeitsbemühungen der Herstellpartner analysiert (Deutscher Nachhaltigkeitspreis 2016). Ein Schritt, der zum einen funktional notwendig ist, um die notwendigen Maßnahmen für den formulierten Anspruch bei der Nachhaltigkeit zu managen, der zum anderen aber insbesondere für die Mitarbeiter sichtbar ist und diesen gegenüber verdeutlicht, wie ernst das Unternehmen seine Vision nimmt. Das Unternehmen richtet sein ganzes Handeln an den Prinzipien der Ganzheitlichkeit aus (Menschen- und Weltauffassung) (vgl. Abb. 3.7).

Für die Mitarbeiter wird die Unternehmensvision, ein nachhaltiges Wirtschaften im Bereich Nahrungs- und Genussmittel durchzusetzen, in der alltäglichen Arbeit erlebbar

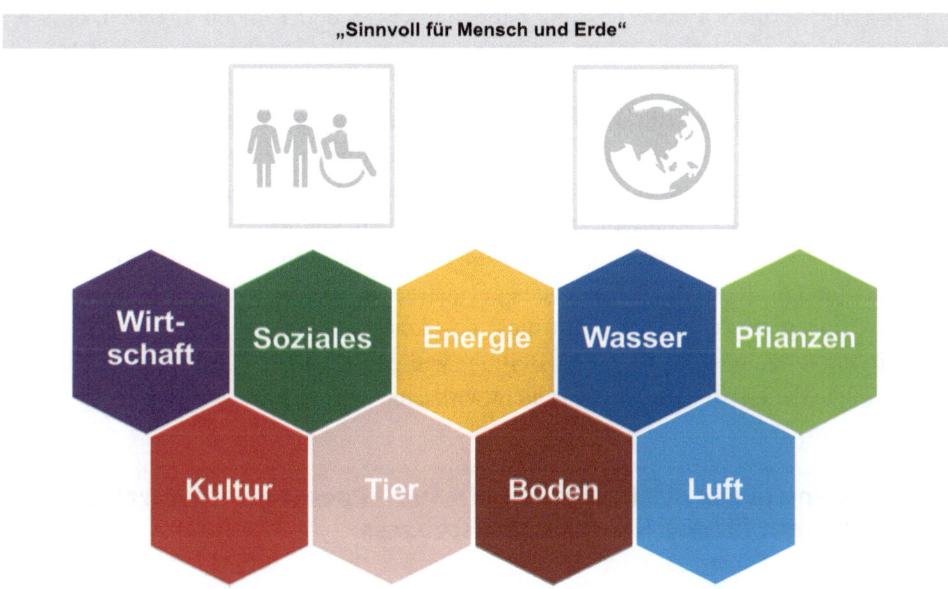

Quelle: Eigene Darstellung in Anlehnung an den Nachhaltigkeitsgedanken von *Alnatura*

Abb. 3.7 Wie *Alnatura* Nachhaltigkeit versteht

und stiftet Identifikation. Neben den Kundenkontaktpunkten wird der gesellschaftlich-ökologische Beitrag des Unternehmens für die Mitarbeiter auch an internen Kontaktpunkten erlebbar. Bei Weiterbildungsmöglichkeiten wird ein deutlicher Schwerpunkt auf die „Nachhaltigkeit" gesetzt, z. B. Fortbildungen zu Bio-Landbau. Für die richtigen Mitarbeiter sind diese Weiterbildungsmöglichkeiten identifikationsstiftend, sie befähigen die Mitarbeiter aber auch, die Positionierung durch entsprechende Expertise im Kundengespräch erlebbar zu machen. In diesem Zusammenhang ist zu erwähnen, dass Auszubildende einen Teil ihrer Ausbildung in Bio-Bäckereien absolvieren und dass Mitarbeiter dazu angehalten sind, eigene Ideen zum Thema Nachhaltigkeit einzubringen. Ein weiterer Kontaktpunkt, an dem die Bedeutung der Nachhaltigkeit erlebbar wird, ist der *Alnatura*-Campus am Hauptsitz des Unternehmens in Darmstadt. Ressourcenschonende Klima- und Lüftungsgeräte, geringer Heiz- und Kühlbedarf, vegetarisches Essen, grüne Außenumgebung, Außenfassade mit Lehm, eine Regenwasserzisterne und eine Photovoltaikanlage vermitteln die Umsetzung des eigenen Anspruchs.

Das Handeln orientiert sich konsequent an dem unternehmerischen Zweck (Mission) und der Unternehmensvision. Sämtliche Tätigkeiten und Vorhaben werden danach beurteilt, ob sie verträglich für Mensch und Erde sind (Alnatura 2024a). Das wirtschaftliche Interesse des Unternehmens rückt aus Sicht der Mitarbeiter erst einmal in den Hintergrund. Bei den Mitarbeitern kommt das an. Sie spüren die Sinnhaftigkeit ihres Tuns sehr schnell, wenn sie bei *Alnatura* anfangen (deskbird 2022). Das Unternehmen erzeugt durch die konsequente Gestaltung der Kontaktpunkte entlang der Nachhaltigkeitsidee eine dermaßen hohe Passung bei Mitarbeitern und Kunden zugleich, dass die richtigen Mitarbeiter gefunden und gebunden werden, die gleichzeitig als Fan-Macher in Richtung Kunde agieren können. Schaut man auf Verhalten und Disposition der Mitarbeiter, ist die Wirkung von Mission und Vision eindeutig: Mitarbeiter von *Alnatura* weisen eine hohe Identifikation und Loyalität auf (Petermann 2010).

Die Mission und die Vision von Alnatura sind sinnstiftende Elemente für Mitarbeiter. Sie stellen Passung zu Mitarbeitern her. Unternehmen können also – über die Unternehmenswerte hinaus – wirksame Ergänzungen zur Identifikationsplattform anbieten. Wenn der gesellschaftliche Beitrag eines Unternehmens unmittelbar mit der Unternehmenstätigkeit verknüpft ist, stärkt dies die Identifikationsplattform besonders wirksam. Ein erkaufter gesellschaftlicher Beitrag, wie z. B. das Spenden für gute Zwecke, sind hingegen dauerhaft wenig bis gar nicht wirksam.

3.1.6 Beispiele aus der Praxis VI: *ALDI Süd* – Passung als zentrales Element für den Rekrutierungsprozess

Bei den bisherigen Beispielen lag der Schwerpunkt auf den aktuellen Mitarbeitern eines Unternehmens. Zwar schwang immer wieder die Botschaft mit, dass Unternehmen über ihre Identifikationsplattformen (u. a. Unternehmenswerte, Mission, Vision) auch die Passung zu potenziellen Mitarbeitern herstellen. Wir haben aber noch nicht herausgearbeitet, dass und wie Arbeitgeber dieses Angebot explizit darbieten sollten. Zu diesem Zweck greifen wir ein für *FANOMICS* zentrales Beispiel auf, nämlich das des Lebensmitteldiscounters *ALDI Süd*.[4] Das Unternehmen steuert seine Kundenbeziehungen nach der Idee von *FANOMICS,* und das Verständnis des Unternehmens von „Kundenorientierung" ist dabei ein zentraler Erfolgsfaktor. Wie genau dieses Verständnis von „Kundenorientierung" aussieht, wovon es geprägt ist und was das für die Suche nach den richtigen Mitarbeitern heißt, das zeigen wir im Folgenden.

Wer einmal im europäischen Ausland, sei es in Frankreich, Spanien, Italien oder der Schweiz, einen Lebensmittelgroßmarkt besucht und dessen Preise mit den deutschen Lebensmittelhandelsketten verglichen hat, hat einen plastischen Eindruck davon, wie sich der Stellenwert von Nahrungs- und Genussmitteln auf Warenvielfalt, Warenpräsentation und Einkaufserlebnis niederschlägt. Viele Deutsche wollen beim Lebensmitteleinkauf aber keine Einkaufserlebnisse, sie wollen keinen freundlichen Smalltalk mit dem Kassierer und sie brauchen auch niemanden, der ihnen ihren Einkauf in Tüten verpackt. Beim Lebensmittelkauf handelt es sich für die meisten Deutschen um ein klassisches *Low-Involvement*-Thema. Und das hat *ALDI Süd* erkannt und bedient mit „günstig" und „schnell" zentrale Bedürfnisse vieler Lebensmittelkunden in Deutschland. Die Positionierung von *ALDI Süd* trifft diese Bedürfnisse – und damit voll ins Schwarze.

Mit dem Wissen um die zentralen Bedürfnisse der Kunden müssen Unternehmen ergänzend die Kundenreise besser verstehen, um zentrale Stellen bedürfnisadäquat zu gestalten. In diesem Zuge wird für Unternehmen greifbar, welche Bedeutung der Faktor Mitarbeiter für das Erleben des Kundenbedürfnisses hat und welche Anforderungen an die Mitarbeiter gestellt werden müssen. Unsere T*ouchpoint-Ampel* für *ALDI Süd* zeigt in einer stark vereinfachten Form (das heißt reduziert auf wenige Touchpoints), welche Kontaktpunkte in der Kundenreise besonders wichtig sind für die Gesamtwahrnehmung von „*ALDI* ist sehr schnell" (vgl. Abb. 3.8).

In der Spalte mit der Überschrift „Relevanz für zentrales Bedürfnis ‚ist sehr schnell'", erkennen wir, dass der Touchpoint „Kasse" der wichtigste ist. Da die Kasse eng mit dem Personal verbunden ist, schauen wir auf das Verhalten, das die *ALDI Süd*-Mitarbeiter beim Kassieren zeigen: *ALDI*-Kassierer sind verbindlich, aber keineswegs überschwänglich freundlich. Es mag sein, dass Sie sich darüber sogar schon geärgert haben, dass z. B. *ALDI*-Kassierer, anders als bei vielen Einzelhandelskonkurrenten, häufig auf ausführliche Begrüßungsformeln verzichten – selbst vom Augenkontakt wird den *ALDI*-Kassierern in vielen Fällen abgeraten (Feurer 2021).

Warum verhält sich ein Mitarbeiter an der Kasse von *ALDI Süd* „nur" verbindlich und warum nimmt *ALDI* dafür offensichtlich auch eine gewisse Verärgerung der Kunden in Kauf? Umgekehrt gefragt: Was würde denn passieren, wenn sich der Kassierer besonders freundlich verhalten würde? Zur Beantwortung dieser Frage rufen wir uns das zentrale

[4] Für eine ausführliche Erläuterung des Beispiels mit einem Schwerpunkt auf Kunden, siehe Becker, Daschmann (2022).

Touchpoint	Relevanz für zentrales Bedürfnis „ist sehr schnell"	Kundenbewertung
Kasse	hoch	gut
Preise	hoch	mittel
Filiale (Aufbau)	hoch	gut
Sortimentsvielfalt	mittel	mittel
Service	niedrig	schlecht

Quelle: *2HMforum.*-Grundlagenforschung

Abb. 3.8 Auszug der *Touchpoint-Ampel* von *ALDI Süd*: Am hochrelevanten Kontaktpunkt „Kasse" entsteht Passung, da *ALDI Süd* gut bewertet wird

Bedürfnis der *ALDI*-Kunden – „schnell" – ins Gedächtnis. Denn durch eine besondere Freundlichkeit der *ALDI*-Kassierer würde sich der eine oder andere Kunde ermuntert sehen und es als Einladung zum Smalltalk verstehen – mit verheerenden Konsequenzen für die Kunden in der Warteschlange hinter ihm, die ja „nur" schnell wieder raus wollen. Also nimmt *ALDI* die Unzufriedenheit eines Kunden mit Redebedarf billigend in Kauf (und sagt bewusst „Nein" zum Thema „besonders freundliche Kassierer"), wohl wissend, dass nur so die Interessen der übrigen Kunden, und damit der Kernklientel, gewahrt werden können.

Ebenfalls auffällig im Hinblick auf das Erleben von „schnell" an der Kasse ist: Kein Lebensmittelhändler reagiert so flexibel und schnell wie *ALDI* auf steigenden und sinkenden Andrang durch Öffnung und Schließung von zusätzlichen Kassen. Voraussetzungen sind neben einer klar formulierten Prozessvorgabe auch ein flexibler Personaleinsatz – sowie Mitarbeiter, die diese Vorgaben auch sensibel und aufmerksam umsetzen können und wollen, weil sie verstanden haben, was auf dem Spiel steht, wenn sie Kunden zu lange an der Kasse warten lassen.

Wenn Mitarbeiter dermaßen fokussiert das zentrale Kundenbedürfnis bedienen sollen, dann bedeutet dies, bereits bei ihrer Auswahl auf „Passung" zu achten, um die richtigen Mitarbeiter zu gewinnen. *ALDI Süd* als Arbeitgeber muss dafür die Anforderungen an die Mitarbeiter an den zentralen Kontaktpunkten aus dem Kundenbedürfnis ableiten und klar und deutlich kommunizieren. Schauen wir uns Maßnahmen zur Personalrekrutierung von *ALDI Süd* an. Denn dadurch wird deutlich, dass *ALDI Süd* das für *FANOMICS* zentrale Prinzip der Passung zum entscheidenden Kriterium für die Auswahl von neuen Mitarbeitern erhoben hat. Zwar bleibt dabei nicht verborgen, dass *ALDI Süd,* aufgrund des Wettbewerbs mit anderen großen Lebensmittelhändlern, ausgewählte Mitarbeiter-Benefits anbietet. Doch in erster Linie sucht *ALDI Süd* die richtigen Mitarbeiter für die ausgeschriebene Stelle, bietet deshalb Elemente in seinen Stellenausschreibungen, mit denen, orientiert an den Mitarbeiterbedürfnissen, passende Mitarbeiter gefunden werden. Der Faktor „Attraktivität“, als Ausdruck von Arbeitsbedingungen, Vergütung und weiteren Arbeitgeberleistungen, folgt erst danach.

Eine konkrete Betrachtung der Employer-Brand-Maßnahmen von *ALDI Süd* macht das *FANOMICS*-konforme Vorgehen deutlich: Angefangen beim ersten Startpunkt vieler Jobsuchender – der Karriereseite des Unternehmens – werden potenzielle Bewerber damit begrüßt, dass sie hier den passenden Job finden können (ALDI 2023a). Es gehe um einen „Arbeitgeber, der zu Dir passt!“ und folgerichtig werden die Erläuterungen rund um den Bewerbungsprozesses auch mit der Aussage „Es passt!“, als positives Ergebnis des Bewerbungsprozesses, abgeschlossen. Auf der Suche nach den richtigen und besten Mitarbeitern für konkrete Stellen geht *ALDI Süd* deshalb auch einen Schritt weiter und begrenzt die Einschätzung zu einem Bewerber nicht auf die Stelle, für die sich ein Bewerber ursprünglich beworben hat. Die Personaler von *ALDI Süd* sind vielmehr dazu angehalten, die Stärken eines jeden Bewerbers zu reflektieren und möglicherweise passendere Stellen anzubieten. *ALDI Süd* begegnet auf diese Weise den heutigen Herausforderungen des Fachkräftemangels. Und im Sinne von „schnell“ macht *ALDI Süd* den Bewerbungsprozess für Mitarbeiter einfach und schnell, möchte jede Hürde auf Bewerberseite vermeiden und dadurch seinem Image gerecht werden. Beispielsweise werden zunächst Video-Interviews geführt, bevor es in ein persönliches Gespräch geht. Dazu werden den Bewerbern relevante Fragen zur Verfügung gestellt, die Bewerber beantworten diese in Form einer Videoaufzeichnung, die diese dann bei *ALDI Süd* einreichen.

Um die Verzahnung von Kultur und Positionierung und deren Bedeutung für *ALDI Süd* als Arbeitgebermarke zu verstehen, bleiben wir bei der konkreten Personalsuche für in einer Filiale tätiges Personal, das dann auch das zentrale Kundenbedürfnis erlebbar machen soll. In der Stellenausschreibung zur „Ausbildung als Verkäufer“ auf der Website heißt es, Bewerber sollten „Schnelligkeit und Sorgfalt“ mitbringen. Darüber hinaus solle man „Spaß an körperlicher Arbeit “ mitbringen und „Zuverlässigkeit“ und „Flexibilität“ (ALDI 2023b). Alles Anforderungen an Mitarbeiter, wenn das zentrale Kundenbedürfnis „schnell“ in einer Filiale erlebbar gemacht werden soll. Man denke an das hektische Treiben beim Einräumen neuer Ware in die Regale, die Geschwindigkeit beim Kassiervorgang oder das flexible Öffnen zusätzlicher Kassen. In Bezug auf die geforderte körperliche Fitness gehören treffenderweise Rabatte bei zahlreichen Fitnessstudios zu den überschaubaren Mitarbeiter-Benefits bei *ALDI Süd*. Das Leistungsmotiv finden wir auch in *ALDI Süd*-Kampagnen, die in anderen Kanälen platziert werden: Auf Instagram platzierte Botschaften an potenzielle Mitarbeiter lauten „Voller Einsatz für volle Regale“ oder „Du packst an, wir packen was drauf“ (ALDI 2023c).

Das Beispiel *ALDI Süd* zeigt uns, dass Passung ein wirksames Kriterium bei der Suche nach Mitarbeitern ist. Diese kann über die Unternehmenskultur, aber auch über die Positionierung, und damit mit dem, was das Unternehmen für seine Kunden tut, hergestellt werden. Wichtig ist dabei ein klarer Fokus auf zentrale Bedürfnisse der Mitarbeiter.

3.1.7 Exkurs: Mitarbeiter-Benefits und die Gefahr des „Mehr ist Mehr"

Arbeitgeberleistungen und Mitarbeiter-Benefits sind ein Dauerbrenner, wenn es um die Bindung und Gewinnung von Mitarbeitern geht. Das Thema wird nicht nur medial bedient, auch die Stellenanzeigen und Karriereseiten vieler Unternehmen stellen viel darauf ab. So werden z. B. flexible Arbeitszeiten, Homeoffice-Modelle, Zusatzvergütungen, Weiterbildungsangebote, Gesundheitsförderung oder Mitarbeiterverpflegung als Maßnahmen des Personalmanagements eingesetzt. Und auch wir sind der Überzeugung, dass diese Aspekte bedeutend sind. Allerdings sollten solche Angebote nicht mit der Gießkanne verteilt werden, rein aus der Sorge heraus, dass man im Wettbewerb um Mitarbeiter ins Hintertreffen gerät.

Was in der Unternehmenspraxis passiert, folgt dem Mehr-ist-Mehr-Mantra des Zufriedenheitsparadigmas. Arbeitgeber bieten immer mehr Leistungen an, um für jeden denkbaren Mitarbeiter mit seinen individuellen Ansprüchen etwas zu offerieren. Bei dieser Strategie spielt *FANOMICS* und das Konzept der Passung keine Rolle. Der Wettbewerb wird auf die Ebene der Arbeitgeberattraktivität reduziert. Und die kann dadurch zwar kurzfristig steigen, letztlich ist das Vorgehen aber extrem budgetintensiv und führt dazu, dass sich Arbeitgeber schnell und immer wieder in individuellen Verhandlungen mit einzelnen Mitarbeitern wiederfinden. Und wenn die Forderung eines Mitarbeiters mal verneint wird, führt das zu Frust bei dem Betroffenen, schließlich ist er ja anderes gewohnt, der Arbeitgeber produziert letztlich „Enttäuschte" und „Gegner" (vgl. Abschn. 1.6.1).

Die Auswirkungen einer Strategie, die auf die Steigerung der Arbeitgeberattraktivität durch mehr und mehr Mitarbeiter-Benefits abzielt, lassen sich anhand der Prospect-Theorie (auch neue Erwartungstheorie genannt) von *Daniel Kahneman*[5] und *Amos Tversky* (1979) verdeutlichen (vgl. Abb. 3.9). Nach den Erkenntnissen von *Kahneman* und *Tversky* wirken Verschlechterungen bzw. Verluste auf Menschen wesentlich stärker und nachhaltiger als Verbesserungen bzw. Gewinne. Dieses Phänomen wird durch eine s-förmige Wertefunktion ausgedrückt. Sie verläuft konkav im Bereich der Gewinne und konvex im Bereich der Verluste und ist flacher im Gewinnbereich als im Verlustbereich.

Für Mitarbeiter eines Unternehmens ergibt sich aus den aktuellen Arbeitgeberleistungen und Mitarbeiter-Benefits ein Referenzpunkt. Nach der Prospect-Theorie schätzen Mitarbeiter den Zugewinn im Vergleich zu diesem Referenzpunkt durch jeden weiteren Benefit tendenziell weniger wert als die vorherigen. Die Wirkung von mehr Mitarbeiter-Benefits nutzt sich also zunehmend ab. Gleichzeitig fallen Verschlechterungen im Vergleich zu Gewinnen deutlich stärker ins Gewicht: Arbeitgeber

[5] *Daniel Kahneman* erhielt im Jahr 2002 den Nobelpreis für Wirtschaftswissenschaften, für die Integration von Einsichten aus der psychologischen Forschung in die wirtschaftswissenschaftliche Analyse.

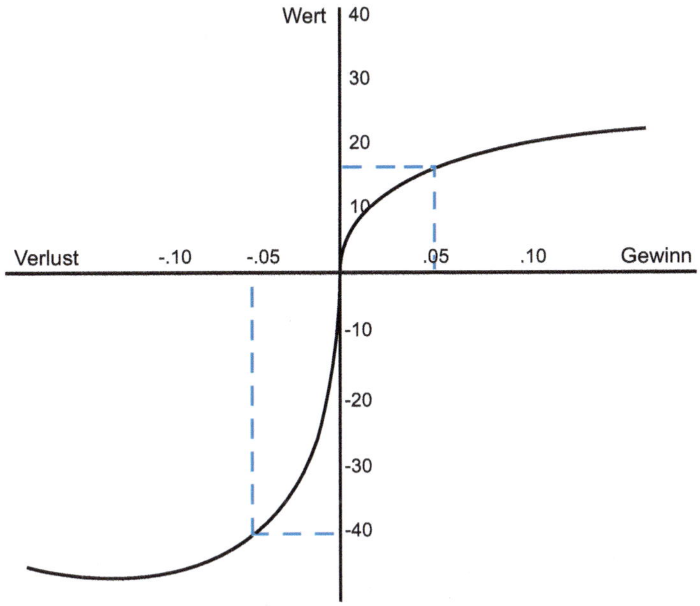

Quelle: Eigene Darstellung

Abb. 3.9 Wertfunktion der Prospect-Theorie

können die Folgen dieser kostenintensiven Strategie also nur schwerlich rückabwickeln – jedenfalls nicht ohne den Preis der Enttäuschung.

Von dieser eben erläuterten Strategie, die auf eine hohe Arbeitgeberattraktivität setzt (ohne *FANOMICS*), unterscheidet sich eine Strategie, die der Idee von *FANOMICS* folgt und auf eine hohe Passung abzielt. Das Angebot von Arbeitgeberleistungen und Mitarbeiter-Benefits folgt nämlich einer Leitplanke, die a) die Auswahl konkreter Angebote wohlbegründen lässt und die möglicherweise auch b) die Organisation konsequent auf eine bessere Erfüllung der Kundenbedürfnisse ausrichtet. Diese Leitplanke für die Auswahl von Arbeitgeberleistungen sind die Unternehmenswerte, die Positionierung sowie die Vision und Mission des Unternehmens. Wenn ein Unternehmen „Flexibilität" zu einem Teil seines Wertegerüsts macht, dann definiert mitunter dieser Wert den Rahmen für die Auswahl und Gestaltung der Mitarbeiter-Benefits. Ohne, dass der Wert „Flexibilität" nun detailliert beschrieben und mit Leben gefüllt wäre, könnte man auf dieser Grundlage Ableitungen machen für Arbeitszeit- oder Homeofficemodelle. Für die Mitarbeiter ist das Wertegerüst ihres Arbeitgebers damit umso glaubwürdiger und Arbeitgeber haben nachvollziehbare Argumente an der Hand, weshalb in diesem Fall bestimmte Arbeitszeitmodelle angeboten werden und andere Modelle eben nicht. Der folgende Überblick stellt die zwei besprochenen Strategien, a) nach dem Mehr-ist-Mehr-Mantra und b) nach *FANOMICS*-Logik, gegenüber (vgl. Abb. 3.10):

	Mit *FANOMICS*	Ohne *FANOMICS*
LÖSUNG	Passung herstellen	Attraktivität steigern
KRITERIUM	Fan-Indikator	Zufriedenheit
ZIELGRUPPE	Die richtigen Arbeitnehmer	Alle Arbeitnehmer
ERGEBNIS	Gefühlte Monopolstellung	Überbietungswettbewerb
WIRKUNG	Mit vorhandenem Budget viel erreichen	Mit viel Aufwand wenig erreichen

Quelle: Eigene Darstellung

Abb. 3.10 Wirkweise von Mitarbeiter-Benefits mit und ohne *FANOMICS* als Rahmen

Ein Unternehmen, dass dem Mehr-ist-Mehr-Mantra folgt, bietet sehr viele Benefits, die vor allem irgendwelche (potenziellen) Mitarbeiter ansprechen. Damit erzielt das Unternehmen aber keinerlei Profil, bleibt also durch andere Arbeitgeber, die nur einen weiteren Benefit anbieten, jederzeit austauschbar. Anders bei einem Umgang mit Mitarbeiter-Benefits, der *FANOMICS* folgt. Ein Unternehmen bietet Arbeitgeberleistungen und Mitarbeiter-Benefits in diesem Fall sehr selektiv an, sodass entweder die wichtigen und als Hygienefaktoren anzusehenden Benefits aufgegriffen werden oder dass die ausgewählten Benefits die Passung zu den richtigen Mitarbeitern herstellen. Damit zahlen die ausgewählten Leistungen darauf ein, die Organisation zielgerichtet zu stärken und effektiv auf den Kunden auszurichten. Um bei unserem *ALDI Süd*-Beispiel zu bleiben: Das Unternehmen bietet als ausgewählten Mitarbeiter-Benefit „Rabatte für Mitgliedschaften in Fitnessstudios" an und damit eine Leistung, die unmittelbar auf a) die Erfüllung des Kundenbedürfnisses „ist sehr schnell" einzahlt und b) den direkten Bezug zur gesuchten Person hat, wurde doch über den Spaß an Bewegung und körperlicher Fitness die Passung zwischen Bewerber und Stelle geprüft.

Bei den Überlegungen von Arbeitgebern zum Angebot konkreter Mitarbeiter-Benefits geht es aus budgetären Gründen stets um „Was genau?", „Warum?" und „Wie viel?". Durch eine Fokussierung bei den Zusatzleistungen können Mitarbeiter zu geringeren Gesamtkosten erfolgreich gewonnen und mit höherer Wahrscheinlichkeit dauerhaft an ein Unternehmen gebunden werden. Der endlose Überbietungswettbewerb bleibt aus.

Damit Mitarbeiter-Benefits im Sinne von *FANOMICS* funktionieren, sollten diese, wenn sie aus der Identifikationsplattform abgeleitet sind und diese repräsentieren, nicht als Alternative zu einer höheren Vergütung verstanden werden. Eine derartige Einordnung, die von vielen Arbeitgebern gegenüber Mitarbeitern gerne angeführt wird, nimmt dem Mitarbeiter-Benefit die Kraft als Repräsentant für spezifische Werte, Überzeugungen und Anforderungen. Denn mental verbuchen Mitarbeiter, im Falle einer

Argumentation als Vergütungsbestandteil, den Benefit ausschließlich auf der Leistungsebene. Arbeitgeber sind aber gut darin beraten, den Mitarbeiter-Benefit als Stellvertreter der gemeinsamen Kultur zu vermitteln. Die Chance, Fantum zu generieren, ist damit ungleich höher.

3.1.8 Seien Sie eine fokussierte Wertegemeinschaft

Identifikation entsteht insbesondere dann, wenn das Bedürfnis von Mitarbeitern zweifelsfrei angesprochen wird. Entscheidend ist also, wie eindeutig die Identifikationsplattform definiert ist. Für *FANOMICS* ist deshalb die Fokussierung ein zentrales Element, für die Entwicklung von Mitarbeitern zu Fans genauso, wie für die Gewinnung der richtigen Mitarbeiter.

Wir möchten nun kurz darauf eingehen, wie sich mangelnde Fokussierung auf die Kultur- und Arbeitgebermarkenentwicklung auswirkt: Ressourcen werden in diesem Fall nicht gebündelt und auf die entscheidenden Aspekte der Kultur- und Arbeitswelt konzentriert, sondern mit der Gießkanne verteilt – es wird also in viele oder gar alle potenziellen Bedürfnisse der Mitarbeiter gleichermaßen investiert. Dahinter steckt die Überzeugung, dass man als Arbeitgeber auf allen Gebieten gleichzeitig glänzen will – aus Sorge, dass der eine oder andere Mitarbeiter sich aufgrund fehlender Passung nicht in dem „Angebot" des Arbeitgebers wiederfindet. Diese Vorgehensweise ist ein typischer Reflex von Arbeitgebern, mutet aber spätestens auf den zweiten Blick schon nicht mehr sinnvoll an.

Greifen wir zurück auf das Beispiel *AUDI* (Abschn. 3.1.1), um zu verdeutlichen, welche Rolle die explizite Formulierung von Unternehmenswerten für eine gelungene Fokussierung spielt. *AUDI* hat nach innen vier Unternehmenswerte formuliert: 1) Wir leben Innovation, 2) Wir leben Veränderung, 3) Wir leben Verantwortung und 4) Wir leben Offenheit. Das Unternehmen schafft damit die kulturellen Voraussetzungen, um die Positionierung „Vorsprung durch Technik" kontinuierlich bedienen zu können. Betrachten wir konkreter den Unternehmenswert „Wir leben Veränderung". Es sollte unmittelbar einsichtig sein, dass unterschiedliche Menschen auch unterschiedlich gut zur Anforderung ständiger Veränderungsbereitschaft passen. Wenn *AUDI* als Leitplanke den Wert „Veränderung" auswählt, dann bedeutet das eben auch, dass die Kultur für Menschen mit einem Bedürfnis nach Sicherheit, Routine, Stabilität weniger zu bieten hat. Mit der Bekanntgabe und dem alltäglichen Erlebbarmachen eines konkreten Wertegerüsts sagen Unternehmen folglich automatisch zu einzelnen menschlichen Bedürfnissen „Ja" und zu anderen menschlichen Bedürfnissen „Nein". Mit dem Ergebnis, dass die Passung zu bestimmten Mitarbeitern sehr hoch ist und zu anderen Mitarbeitern weniger vorhanden ist. Und das durch die Passung vermittelte „Ja" oder „Nein" zu einzelnen (potenziellen) Mitarbeitern ist auch das Ziel: Eine nach *FANOMICS*-Logik gestaltete Unternehmenskultur hat ihren Ursprung in den Kunden- und den Mitarbeiterbedürfnissen gleichermaßen. Es ist eine Kultur, die auf die Kundenbedürfnisse und die

Disziplin	Weltrekord Zehnkampf 	Weltrekorde Einzeldisziplin
100 m	10,55 Sek.	9,58 Sek.
Weitsprung	7,80 m	8,95 m
Kugelstoß	16,00 m	23,56 m
Hochsprung	2,05 m	2,45 m
400 m	48,42 Sek.	43,03 Sek.
110 m Hürden	13,75 Sek.	12,80 Sek.
Diskuswurf	50,54 m	74,35 m
Stabhochsprung	5,45 m	6,25 m
Speerwurf	71,90m	98,48 m
1500 m	4:36,11 Min.	3:26,00 Min.

Quelle: *Mayer: Erik van Leeuwen*, Wikimedia Commons / Eigene Darstellung

Abb. 3.11 Wer alle Themen besetzt, versinkt im Mittelmaß. (Eigene Darstellung/Bild Mayer: Mit freundlicher Genehmigung von © Erik van Leeuwen/Wikimedia Commons 2021. All Rights Reserved)

Positionierung ausgerichtet ist, und dafür die passenden Mitarbeiter sucht. Für alle Mitarbeiter, die keine vollständige Passung zur Kultur aufweisen, sind die Unternehmenswerte als Spielregeln zu verstehen, um die Positionierung und die interne Zusammenarbeit konstruktiv zu bedienen.

Wir wollen dies anhand eines Beispiels aus dem Sport illustrieren: Nehmen Sie den französischen Zehnkämpfer *Kevin Mayer*, der 2018 den Weltrekord in dieser sogenannten Königsdisziplin der Leichtathletik auf sagenhafte 9126 Punkte hochschraubte (Spiegel 2018). Niemand wird bestreiten, dass *Mayer* ein Ausnahmeathlet ist. Doch natürlich sind – wie bei jedem anderen Zehnkämpfer – seine Einzelleistungen in den zehn Disziplinen des Mehrkampfs deutlich schwächer als die der Spezialisten in den jeweiligen Einzeldisziplinen (vgl. Abb. 3.11). Auch der beste Zehnkämpfer wird eben niemals die Zeit eines *Usain Bolt* laufen oder die Weite eines *Mike Powell* im Weitsprung erreichen. Im Gegenteil: Selbst in seiner stärksten Disziplin, dem Stabhochsprung, hätte *Mayer* bei den letzten Olympischen Spielen in Tokyo nicht einmal den Endkampf der besten zwölf Spezialisten erreicht – er ist in den Einzeldisziplinen „nur" Mittelmaß. Ein Leichtathlet hat also zwei Möglichkeiten: Entweder entscheidet er sich für eine bestimmte Disziplin, die seinen Stärken entspricht, und spezialisiert sich dort – oder er versucht, als Mehrkämpfer auf allen Gebieten gleichzeitig eine passable Leistung, aber eben keineswegs eine Spitzenleistung zu erbringen. Als Mehrkämpfer zahlt er dann allerdings immer den Preis, dass der Ruhm des Besten, des Weltrekords in der Einzeldisziplin, immer nur den Spezialisten zukommen wird. Es ist nicht möglich, auf allen Gebieten gleichzeitig zu glänzen – und wer dies versucht, der versucht das Unmögliche.

Dennoch könnte man nun argumentieren: Unternehmen, die versuchen, in allen Bereichen hervorragende Leistungswahrnehmungen zu erzielen, tun nichts anderes, als einem Zehnkämpfer nachzueifern – und dies ist schließlich die Königsdisziplin der Leichtathletik, also mit besonderem Ruhm verbunden. Wer diesen Vergleich bemüht, der muss sich klarmachen, was das wirklich Besondere des sportlichen Mehrkampfs ist. Wofür wird ein Zehnkämpfer ausgezeichnet? Die Antwort ist einfach: nicht für seine Spitzenleistungen, sondern für seine Vielseitigkeit. Der Leistungssport hat quasi aus der Mittelmäßigkeit eine Disziplin gemacht. Hier aber liegt nun der Unterschied zwischen unserer Sportmetapher und der Wirtschaftswelt: Unter den Mitarbeitern gibt es keinen Preis für Vielseitigkeit – sondern nur für Fokussierung. Denn jeder Mitarbeiter möchte genau wissen, wo er dran ist, um einen Arbeitgeber als „seinen" Arbeitgeber auszuwählen. Sie werden keinen Mitarbeiter finden, der genau deshalb Ihr Fan wird, weil er Sie als Arbeitgeber auf allen Gebieten als guten Durchschnitt wahrnimmt. Auch möchte ein Mitarbeiter in seinem Arbeitsalltag die Sicherheit, wie sich sein Arbeitsumfeld genau definiert, welche Normen und Praktiken gewünscht und zu erwarten sind. Er möchte wissen, was er auf welche Weise zu tun hat, damit das Unternehmen erfolgreich sein kann. Mit einer Kultur der flexiblen Vielseitigkeit mögen sich Arbeitgeber möglicherweise über Wasser halten – ein wirklich attraktiver Arbeitgeber wird er so nie, und auch die Steigerung der *Fan-Quote* wird hierdurch nicht möglich. Erfolgreiches Mitarbeiterbeziehungsmanagement ist eben kein Zehnkampf.

Wer überall gleichzeitig der Star sein will, gewinnt hierdurch keine Fans. Denn wer versucht, alle Bereiche der Leistungswahrnehmung überragend zu besetzen, der schärft nicht sein Profil, sondern er verwässert es. Am Ende ist man einer von vielen und geht in einer unüberschaubaren Herde eierlegender Wollmilchsäue unter. Mit einem fokussierten Wertegerüst und ergänzenden sinnstiftenden Elementen stellen Sie für Ihr Unternehmen sicher, dass 1) Sie als Arbeitgeber Passung zu den richtigen Mitarbeitern herstellen und 2) Sie die Kundenbedürfnisse konsequent und erfolgreich bedienen.

3.1.9 Fazit: Fokussierung als Voraussetzung für Fan-Mitarbeiter und für effizienten Ressourceneinsatz

Die bisherigen Ausführungen und Beispiele zeigen deutlich, warum Fokussierung bei der Gestaltung eines Unternehmens und seiner Kultur zentral ist, wenn Mitarbeiter und Kunden erfolgreich zu Fans entwickelt werden sollen: 1) nur dann können die Unternehmenswerte und mögliche sinnstiftende Elemente als Identifikationsplattform fungieren und die passenden Mitarbeiter ansprechen, und 2) sind nur dann die Spielregeln in der Organisation prägnant, um die Positionierung in Richtung Kunde effizient und wirksam zu bedienen.

Unternehmen sind komplexe Sozialgefüge, in denen viele Menschen, die im Privaten wenig bis nichts miteinander zu tun haben, zusammenkommen, zusammenwirken und gemeinsam gestalten. Nur durch eine verbindliche Einigung auf gemeinsame Regeln und Praktiken (Unternehmenswerte), kann diese Zusammenarbeit funktionieren, was dann wiederum auch Mitarbeiter nachhaltig begeistert. Entscheidend ist folglich eine konsequente Fokussierung, die bei den Mitarbeitern zu einem authentischen Bild von ihrem Arbeitgeber führt und Passung als Grundlage von Fantum herstellt. An der Fokussierung sollten sich zudem die Leistungsprozesse orientieren: Beispielsweise die Auswahl von Arbeitsmodellen oder Bonussystemen und anderer Mitarbeiter-Benefits. Definiert man Unternehmenswerte als Nordstern einer Kultur und Organisation, erleichtert dies nicht nur Entscheidungen, was konkret zu tun ist, sondern auch Entscheidungen, etwas nicht zu tun. Darin liegt gemäß unserer langjährigen Beratungserfahrung ein Hauptnutzen der Implementierung von *FANOMICS*.

3.2 Orchestrierung erzeugt gefühlte Einzigartigkeit

In Abschn. 1.2 haben wir ausführlich erläutert, dass Fan-Beziehungen auf erlebter Wiederholung basieren – dass also Fans das, was sie einst zum Fan machte, immer und immer wieder erleben wollen. Dies führt zu einem Gefühl der Einzigartigkeit, sprich zur Wahrnehmung von Differenzierung, die sich über Leistung allein oft nicht mehr erzeugen lässt. Wie lässt sich dieser Mechanismus von Fan-Beziehungen am besten auf das Beziehungsmanagement von Unternehmen übertragen? Wie können Unternehmen zentrale Bedürfnisse der zu ihnen passenden Mitarbeiter immer wieder erlebbar machen, damit aus ihren Mitarbeitern Fans werden und Fans bleiben?

Hierfür reicht es offensichtlich nicht, dass sich ein Unternehmen im Hinblick auf ein mögliches – auf die Kundenbedürfnisse einzahlendes – Wertegerüst und damit eine angestrebte Unternehmenskultur wohlüberlegt fokussiert. Denn dann ist zwar eine vielversprechende Kultur definiert, aber noch lange nicht umgesetzt. Damit Mitarbeiter in ihrem Arbeitsalltag immer und immer wieder das erleben, was sie zu Fans hat werden lassen und macht, und was die Organisation letztlich auf den Kunden ausrichtet, muss eine intensive Verständigung und gegenseitige Abstimmung aller Mitglieder der Organisation zwingend gegeben sein. Angefangen bei den Führungskräften bis zu den Mitarbeitern, in allen Unternehmensbereichen und bei der Ausgestaltung sämtlicher Kommunikations- und Leistungsprozesse. Für die Verdeutlichung dieser Abstimmung hat sich das Bild der Orchestrierung als besonders intuitiv und verständlich erwiesen und ist auch geeignet, um Fokussierung und Orchestrierung gegeneinander abzugrenzen. Zudem macht es den fundamentalen konzeptionellen Unterschied zwischen *FANOMICS* auf der einen Seite und dem Mehr-ist-Mehr-Mantra des Zufriedenheitsmanagements auf der anderen Seite sichtbar – und das auf sehr plastische Art und Weise.

Stellen Sie sich dazu ein renommiertes Orchester vor. Für uns alle gilt es als selbstverständlich, dass sich die Musiker eines Orchesters vor einer Darbietung untereinander abstimmen. Aber lassen Sie uns, der Erläuterung halber, nun einmal den absurden Fall durchspielen, eine solche Absprache erfolge vor Beginn einer Aufführung nicht. Denkt man dieses Szenario konsequent zu Ende, muss man in diesem Gedankenexperiment zwei Fälle unterscheiden:

1. **Es hat keine Verständigung darüber stattgefunden, *was* überhaupt dargeboten wird**
   Der erste Fall scheint uns allen völlig absurd. Man stelle sich vor, jeder der Musiker spiele gleichzeitig sein Lieblingsstück, und zwar unabgestimmt. Je nach Temperament und Vorliebe würden also leichte Werke wie z. B. *Vivaldis* „Allegro" aus dem „Frühling der Vier Jahreszeiten" oder getragene Stücke wie *Griegs* „Morgenstimmung" aus der „Peer Gynt Suite" oder dramatische Werke wie z. B. *Orffs* „Carmina Burana" oder *Strawinskys* „Le Sacre du Printemps" gleichzeitig angestimmt. In dieser Form vorgetragen, würde der Gesamteindruck trotz der exzellenten Darbietungen jedes einzelnen Musikers für den Zuhörer zur unerträglichen Kakofonie, in der er keines der dargebotenen Stücke überhaupt noch identifizieren könnte. Ähnlich, für den Musikliebhaber jedoch wahrscheinlich noch schlimmer, weil akustisch im Höchstmaß unerträglich, verhielte es sich, wenn die Musiker sich zwar zuvor immerhin auf das aufzuführende Werk verständigt hätten, aber nicht auf dessen Tonart. Selbst dem passionierten Klassik-Fan würde es schwerfallen, unter solchen dissonanten Bedingungen überhaupt noch das vereinbarte Werk herauszuhören. Was hier geschieht, haben Sie mit Sicherheit schon erkannt: Zwar hat jeder Einzelne eine professionelle Leistung geboten, doch hat sich das Orchester als Gesamtheit nicht am zentralen Bedürfnis des Publikums, sondern an seinen eigenen Vorlieben ausgerichtet. Der Missklang wäre hier also ein Produkt *fehlender Fokussierung.*
2. **Es hat keine Verständigung darüber stattgefunden, *wie* ein Stück dargeboten wird**
   Ähnlich, aber bei Weitem nicht identisch, ist der zweite Fall einzuordnen: Jeder spielt zwar dasselbe Stück in der gleichen Tonart, d. h. das Orchester hat sich durchaus fokussiert. Aber jeder spielt seinen Part in beliebiger Lautstärke, in seinem eigenen Tempo, hört nicht auf den anderen und richtet sich nicht nach den Vorgaben des Dirigenten. Somit haben sich zwar alle durch die gemeinsame Entscheidung für ein bestimmtes Stück mit den Mitmusikern auf ein grundsätzliches Bedürfnis des Publikums als gemeinsames Ziel abgestimmt, also fokussiert, aber jeder macht dennoch unabgestimmt einfach nur das, was er für die Zielerreichung für sinnvoll hält. Das daraus resultierende Handeln kann isoliert betrachtet durchaus hörenswert sein – vielleicht spielt die Querflöte ja ihre eigene Passage zum Herzerweichen schön – aber, weil die Streicher sich in diesem Augenblick in den Vordergrund spielen, wird das Publikum diese Feststellung nie treffen können. Der Missklang wäre hier also ein Produkt mangelnder Abstimmung, also *fehlender Orchestrierung.*

Doch so abwegig der erste Fall auch auf den ersten Blick erscheint, zeigen die Realitäten rund um die Unternehmenskultur, dass die explizite Verständigung über das „was überhaupt dargeboten wird“ häufig tatsächlich nicht oder nicht in ausreichendem Maße stattgefunden hat. Und wenn es diese Abstimmungen gegeben haben sollte, dann häufig nur implizit, also so, dass diese im Alltag erlebbar werden durch das sichtbare Verhalten von Führungspersonen oder durch sichtbaren Ablauf von Prozessen, aus denen der Mitarbeiter auf mögliche Normen, Werte und systemische Praktiken schließen kann. In diesem Fall bleibt die Kultur aber automatisch diffus, da jeder jederzeit etwas anderes die Kultur Auszeichnendes wahrnehmen kann und sich sowohl verschiedene Mitarbeiter als auch verschiedene Führungskräfte abweichend voneinander verhalten. Die Wurzel des Übels ist dann das Fehlen expliziter Fokussierung.

Tatsächlich läuft es in vielen Unternehmen aber auch ähnlich dem zweiten Orchester-Szenario ab: Zwar ist das gemeinsame Ziel – die Umsetzung eines konkreten Wertegerüsts im Sinne der Fokussierung – klar, allerdings ist keine Abstimmung erfolgt, wie dieses Ziel umgesetzt werden soll. Stattdessen macht in jeder Abteilung jeder einfach nur das, von dem er glaubt, dass es dem gemeinsamen Verständnis von Zusammenarbeit entspricht und am besten erfüllt.

Das Orchester-Beispiel illustriert zum einen, dass Fokussierung die zwingende Voraussetzung für die Entwicklung von Mitarbeitern zu Fans ist, die Fokussierung aber nicht zum Ziel führt, wenn die daraus resultierenden Maßnahmen nicht orchestriert sind, die definierte Kultur also nicht einheitlich immer wieder erlebbar wird. Mit anderen Worten: Es reicht eben nicht, dass entsprechende Vorstellungen einer gemeinsamen Arbeitswelt und Zusammenarbeit formuliert und im Unternehmen bekannt gemacht werden. Damit ein stimmiges Gesamtarrangement entsteht und damit die Wiederholbarkeit gewährleistet ist, muss diese Festlegung verankert und verinnerlicht werden, jeder Einzelne muss in der Lage sein, die Bedeutung dieser gemeinsamen Vorstellungen auf seine Aktivitäten zu übertragen und sein Verhalten folglich automatisch mit dem der anderen zu synchronisieren. D. h., dass jeder im Unternehmen das Vereinbarte auf seine Verantwortlichkeit und Tätigkeit herunterbrechen und situativ auch in den Vordergrund rücken muss.

Das Bild der Orchestrierung illustriert zum anderen sehr treffend den Funktionsmechanismus des von uns schon mehrfach kritisierten Mehr-ist-Mehr-Mantras des Zufriedenheitsmanagements: Denn auch dort geben zwar alle gleichzeitig mit ihren jeweiligen „Instrumenten“ (also in ihrer Funktion z. B. als Vertriebler, Servicemitarbeiter, Kommunikationsverantwortlicher) ihr Bestes. Aber sie tun es unabgestimmt und mit vollem Einsatz: Jeder spielt seine eigene Melodie mit voller Lautstärke – macht also mit viel Aufwand das, wovon er glaubt, dass es das Beste für seinen internen oder externen Kunden ist anstatt abgestimmt zu agieren und bestimmte Aktivitäten zu unterlassen, die entweder überflüssig oder sogar kontraproduktiv sind, weil sie nichts zur Bedürfniserfüllung beitragen oder dahingehend sogar schädlich sind.

Bei *FANOMICS* geht es um echte Orchestrierung. Das gemeinsame, an den Bedürfnissen ausgerichtete Handeln jedes Einzelnen und der Organisation (über entsprechend ausgestaltete zentrale Kommunikation und Leistungsprozesse), ist einerseits für die erfolgreiche und motivierende Bewältigung der alltäglichen Aufgaben relevant, andererseits für die Glaubwürdigkeit und Authentizität des Arbeitgebers entlang der gesamten Mitarbeiterreise – angefangen bei der Bewerbung, über das Onboarding und den Arbeitsalltag bis hin zum möglichen Offboarding eines Mitarbeiters. Orchestrierung im Mitarbeiterbeziehungsmanagement bedeutet dann, dass über die gesamte Mitarbeiterreise hinweg an allen Kontaktpunkten die definierte Unternehmenskultur erlebbar gemacht wird. Wir werden diesen Prozess der Fokussierung und Orchestrierung an einem bekannten Unternehmen exemplarisch verdeutlichen. Zuvor möchten wir allerdings noch eine Definition von *FANOMICS* präsentieren.

3.3 Definition von *FANOMICS* in Richtung Mitarbeiter

In Abschn. 3.1 und 3.2 haben wir die wesentlichen Merkmale von Fan-Beziehungen – Identifikation und gefühlte Einzigartigkeit – auf Mitarbeiterbeziehungen übertragen und dabei mit der Fokussierung und der Orchestrierung die beiden relevanten Hebel herausgearbeitet, wie Unternehmen Führungskräfte und Mitarbeiter zu Fans machen können. Damit haben wir alle wesentlichen Bausteine für eine Definition von *FANOMICS* in Richtung Mitarbeiter beisammen:

▶ *FANOMICS* bedeutet, dass Unternehmen durch Fokussierung und Orchestrierung zentrale Bedürfnisse in der Wahrnehmung der Mitarbeiter an allen Kontaktpunkten der Mitarbeiterreise leistungsseitig und kommunikativ immer wieder erlebbar machen. So entsteht in den Köpfen der Mitarbeiter eine Monopolstellung, die sie zu Fans macht.

Im Folgenden wollen wir anhand eines konkreten Best-Practice-Beispiels erläutern, wie *FANOMICS* erfolgreich zur Steuerung potenzialorientierter Mitarbeiterbeziehungen eingesetzt wird, um auch erfolgreich bei den Kunden zu sein. Wir haben dazu aus vier Gründen den liechtensteinischen Werkzeughersteller *HILTI* ausgewählt:

1. *HILTI* verfügt über eine hohe Bekanntheit und Marktdurchdringung, und ist gemessen am Umsatz einer der größten Werkzeughersteller der Welt. Praktisch jeder Leser wird *HILTI* dem Namen nach kennen, wenn auch nicht als Kunde oder Nutzer seiner Produkte.
2. *HILTI* wird mit hoher Mitarbeiter- und Kundenorientierung in Verbindung gebracht. In den letzten Jahren ist *HILTI* zudem stetig gewachsen, und offensichtlich hat HILTI die dafür notwendigen qualifizierten Mitarbeiter selbst unter sich verschärfenden Bedingungen auf den Arbeitsmärkten erfolgreich rekrutiert, was zudem für eine exzellent positionierte Arbeitgebermarke spricht. Daher nutzen wir dieses Beispiel, um relevante Stellhebel aufzuzeigen, die Führungskräfte und Mitarbeiter zu Fans machen und die Arbeitgebermarke stärken.

3. *HILTI* steht für exzellente Produkte. Diese stehen dem Unternehmen als sinnstiftende Komponente für die Begeisterung und den Stolz seiner Mitarbeiter zur Verfügung.
4. Um dem Eindruck von Eigenwerbung entgegenzusteuern: Es besteht und bestand *zu keinem Zeitpunkt* eine Geschäftsbeziehung zwischen den Buchautoren und *HILTI*. Unsere Erläuterungen werden zeigen, dass *HILTI* mit seiner Gründerfamilie bereits lange, bevor wir das *Fan-Prinzip* entdeckt und daraus *FANOMICS* entwickelt haben, intuitiv die zugrunde liegenden Regeln beachtet und umgesetzt hat.

3.4 Beispiel aus der Praxis VII: *HILTI* – Positionierungsbasierte Unternehmenskultur

HILTI ist ein 1941 gegründeter Werkzeughersteller mit Hauptsitz in Schaan, Liechtenstein, der mittlerweile in weitere Geschäftsfelder im Baubereich vorgedrungen ist. Unter anderem bietet das Unternehmen auch Planungssoftware, Brandschutz- und Installationstechnik und Services für das Baugewerbe und für Planer. Als strategisches Ziel formuliert *HILTI* „Wertgenerierung durch Marktführerschaft und Differenzierung" (HILTI o. J.a) und behauptet sich damit erfolgreich in einem intensiven Wettbewerb mit Unternehmen wie *Bosch, Black & Decker* oder *Makita*. Doch wie gelingt das? Wodurch hebt sich HILTI vom Wettbewerb ab? Was macht *HILTI* in den Augen der Kunden so einzigartig? Aus unserer Sicht ist es die konsequente Ausrichtung von *HILTI* auf die zentralen Kundenbedürfnisse, durch die „Profis am Bau", als Kernzielgruppe des Unternehmens (HILTI 2010), zu echten *HILTI*-Fans werden. Bei genauerer Betrachtung des Unternehmens wird deutlich, dass *HILTI* für die Befriedigung der Kundenbedürfnisse ein ganzheitliches System geschaffen hat, in dem die Unternehmenskultur mit den passenden Mitarbeitern ein zentraler Erfolgsfaktor ist. Durch das gelungene Zusammenspiel zwischen Positionierung und Unternehmenswerten, zwischen Kunden und Mitarbeitern, agiert *HITLI* erfolgreich am Markt. Das Unternehmen ist damit eine Blaupause für ein *FANOMICS*-Projekt. Im Weiteren zeigen wir die Ausrichtung und Zusammenhänge auf, wie sie sich uns im Rahmen von Analysen des Unternehmens darstellen.

3.4.1 Ausrichtung auf zentrale Kundenbedürfnisse

Mit Produkten, Systemlösungen, Software und Serviceleistungen möchte *HILTI* einen „überlegenen Mehrwert" für die Kunden stiften (HILTI o. J.a). Über seine Lösungen für den Kunden sagt das Unternehmen: „Wenn es für eine Herausforderung noch keine Lösung gibt, wird sie entwickelt." (HILTI o. J.a). Diese Aussage ist ein Beleg dafür, wie konsequent das Unternehmen den Kunden in den Mittelpunkt stellt und seine Aktivitäten auf ihn ausrichtet. Erfolgreich ist *HILTI* damit deshalb, weil das Unternehmen die Bedürfnisse der Kunden vollständig verstanden hat und sich passend bei den Kunden positioniert. Produkte, Systemlösungen, Software und Serviceleistungen bilden dabei ein auf das Kundenbedürfnis ausgerichtetes System.

Doch welches Bedürfnis ist es, das *HILTI* so passgenau bedient? Um das zu verstehen, müssen wir uns zunächst die Kernzielgruppen von *HILTI* verdeutlichen. Allgemeiner betrachtet sind die Zielgruppe von *HILTI* Profis am Bau – nicht die Endverbraucher. Wir brechen die für *HILTI* relevanten Profi-Zielgruppen weiter auf, und betrachten vereinfacht drei Kundengruppen:

1. Operative Anwender der Produkte auf dem Bau (Arbeiter, Installateure und Bediener)
2. Operative Entscheider am Bau (Poliere und Bauleiter)
3. Planer (Bauingenieure und Architekten)

Werfen wir an dieser Stelle einen Blick darauf, was diese drei Gruppen mit ihren Verantwortlichkeiten im Arbeitsalltag umtreibt und leiten daraus deren Bedürfnisse ab.[6] Den „Endanwendern" am Bau (Arbeiter, Installateure, Bediener) geht es um reibungslose Abläufe im Arbeitsalltag. Wegen des Zeitdrucks auf den Baustellen sind Zuverlässigkeit, Einfachheit sowie pragmatische und schnelle Lösungen für Probleme wichtig (Fehrer et al. 2023), um erfolgreich arbeiten zu können. Die „operativen Entscheider" (Poliere, Bauleiter) haben im Vergleich zu den Anwendern das große Bild eines (Teil-)Projekts vor Augen, dennoch sind die Bedürfnisse vergleichbar: Zuverlässigkeit, pragmatische und schnelle Lösungen für Probleme, um den Projektfortschritt und die Effizienz sicherzustellen. Die „Planer" (Bauingenieure und Architekten), insbesondere bei größeren Projekten, werden täglich mit einer großen Zahl an Entscheidungen und Parametern konfrontiert. Dabei stehen sie mit dieser Aufgabe einer Fülle von gesetzlichen Vorgaben und Haftungsrisiken gegenüber. Aus diesem Grund sucht diese Zielgruppe Effizienz, Sicherheit und Unterstützung (HILTI 2009). Was allen Kundengruppen aus unserer Sicht gemein ist: Sie möchten allesamt Störungen im Arbeitsalltag, Belastung durch Unsicherheiten und Herausforderungen sowie Zeitverlust durch komplexe Sachverhalte außerhalb bewährter Routinen vermeiden. Sie zeichnet ein generelles Bedürfnis nach Entlastung aus, um sich auf das Wesentliche konzentrieren zu können.

Der Customer Insight eines Bauleiters könnte exemplarisch lauten: „Ich als Bauleiter koordiniere den gesamten Ablauf von Bauprojekten und stelle die sachgerechte Ausführung der Baumaßnahmen sicher. Die auf dem Bau verwendeten Werkzeuge müssen deshalb zuverlässig sein, bei Problemen sind schnelle und pragmatische Lösungen wichtig. Deshalb kommt es für mich darauf an, dass wir mit unseren Zulieferern echte Partner an der Seite haben, die uns flexibel und unkompliziert unterstützen und letztlich eine echte Entlastung für mich darstellen. Nur so kann ich mich in jeder Situation weiter auf mein Tagesgeschäft konzentrieren. Unsere Partner helfen mir so, erfolgreich zu sein."

[6] Für die Erläuterung der Kundenbedürfnisse in diesem Buch, greifen wir auf diese pragmatische Vorgehensweise zurück. Für ein fundiertes Vorgehen zur Ermittlung der zentralen Bedürfnisse, siehe Becker, Daschmann (2022).

HILTI bearbeitet sämtliche Zielgruppen mit seiner Dachmarke, anstelle der Nutzung einer komplexen Markenarchitektur, sodass sich das Unternehmen für alle Zielgruppen einheitlich positioniert. Der gemeinsame Nenner aller drei Zielgruppen, den *HILTI* mit vielen seiner Aktivitäten bedient, ist die Entlastung. Passenderweise geht das Fleet Management des Unternehmens mit folgender Botschaft auf seine Kunden zu: „We manage your tools so you can manage your business" (Michel 2013). Die Entlastung als zentrales Kundenbedürfnis wird damit zum Fixpunkt strategischer Entscheidungen und aller Aktivitäten und Maßnahmen. Im Ergebnis ist *HILTI* erfolgreich als aktiver Begleiter von Kunden, als Kümmerer hinter den Kulissen, aber auch als Repräsentant für Zuverlässigkeit – und entlastet damit faktisch wie auch psychologisch. Die Kunden können sich dadurch stärker auf ihre Kernaufgaben konzentrieren. Insbesondere wenn etwas außerhalb der gewohnten Routinen abläuft, ist eine solche Unterstützung wertvoll.

Als Säulen der Wertgenerierung – also um das Bedürfnis Entlastung bedienen zu können – hat *HILTI* drei Elemente definiert: direkte Kundenbeziehungen, operative Exzellenz und ein leistungsbasiertes Team. Denn die Entlastung für die Kunden kann vor allem dann erfolgen, wenn die Mitarbeiter nah am Kunden und auf Augenhöhe mit den Kunden sind, dann, wenn *HILTI* schnell, flexibel und lösungsorientiert agiert und wenn das gesamte Team großes Engagement und Leistungsbereitschaft zeigt. Damit hat *HILTI* die Voraussetzungen geschaffen, die Marke in der Kundenreise als entlastend erlebbar zu machen. Dabei sind die persönlichen Kontaktpunkte von besonderer Bedeutung. Zwei exemplarische Kontaktpunkte, an denen die Entlastung im besonderen Maße erlebbar wird, seien hier genannt:

- Der mobile *HILTI*-Store auf Großbaustellen: Fachberater des Unternehmens sind täglich vor Ort und betreiben Kundenberatung im Projekt- und Baustellenservice. Das Unternehmen unterstützt seine Kunden am Bau, indem die Berater – sofern gewünscht – jeden Handgriff und Ablauf beobachten und analysieren, um mit Rat zur Seite stehen oder aber um Erkenntnisse für die Produktentwicklung mitnehmen zu können (HILTI 2009). Darüber hinaus sind die Fachberater für die Sicherstellung der Materialversorgung der Kunden vor Ort verantwortlich (HILTI o. J.d).
- Die technische Beratung für die Projektplanung: Ein *HILTI*-Team an Ingenieuren und Technikern steht Planern im Rahmen ihrer Projektplanung über verschiedene Kanäle (Telefon, Online-Forum oder vor Ort) beratend zur Seite. Gemeinsam soll die beste Lösung gefunden werden: „Wir arbeiten mit Ihnen gemeinsam am Erfolg Ihres Projekts. Wir planen, berechnen und kalkulieren mit Ihnen, wie Sie Ihre Herausforderungen am Bau erfolgreich stemmen." (HILTI o. J.e). Das Unternehmen weist dabei, von sich aus, auf den wichtigen persönlichen Austausch vor Ort hin. Denn Details zu den richtigen Technologien und Materialien ließen sich am besten direkt auf der Baustelle diskutieren und lösen.

Um das Kundenbedürfnis optimal bedienen zu können, schafft *HILTI* eine Unternehmenskultur, die Kunden- und Mitarbeiterwelt verzahnt. *HILTI* hat dafür aus unserer

Sicht eine positionierungsbasierte Unternehmenskultur geschaffen, die wir im folgenden Abschnitt erläutern.

3.4.2 Positionierungsbasierte Unternehmenskultur

Christoph Loos, der ehemalige Vorsitzende der Konzernleitung von *HILTI,* beschrieb die Kultur des Unternehmens als etwas Besonderes, weil „warm" und „stark performance-orientiert" zugleich (Möltner et al. 2016). Hier wird unmittelbar der Bezug zum Entlastungsmotiv der Kunden deutlich. Denn für den Kunden da zu sein und effektiv, pragmatisch und schnell unterstützen zu können, funktioniert nur mit Kundennähe, mit direkten Beziehungen und mit Leistungsorientierung. Eine spezifische Unternehmenskultur wird, wie in der Logik nach *FANOMICS* beschrieben, durch die Implementierung geeigneter Unternehmenswerte geschaffen. *HILTI* hat sich analog zu dieser Logik ein wohldefiniertes Wertegerüst gegeben, das die warme und gleichzeitig stark performance-orientierte *HILTI*-Kultur schafft. Mit den Unternehmenswerten hat *HILTI* Spielregeln definiert, mit denen die Führungskräfte und Mitarbeiter das Kundenbedürfnis „Entlastung" bedienen können.

HILTI hat sein Wertegerüst in den vergangenen Jahren justiert und konzentriert sich mittlerweile auf vier Werte. Diese Fokussierung bedeutet für Führungskräfte und Mitarbeiter eine große Vereinfachung für die alltägliche Umsetzung. Die Unternehmenswerte von *HILTI* lauten „Integrität", „Mut", „Teamwork" und „Engagement" und werden folgendermaßen beschrieben: (HILTI o. J.c)

- Integrität: Wir sind integer in allem, was wir tun.
- Mut: Wir haben den Mut, mehr zu wagen, anders zu denken und unsere Kunden davon zu begeistern, ebenso beherzt zu handeln.
- Teamarbeit: Wir glauben sehr stark an Teamwork. Wir unterstützen uns gegenseitig. Wir sind füreinander da, für unsere Kunden, unsere Lieferanten und Partner.
- Engagement: Wir glauben an das, was wir tun. Wir sind bereit die Extra-Meile zu gehen, um unseren Kunden, Mitarbeitenden, Zulieferern und Partnern zur Seite zu stehen.

Diese vier Werte sind die Grundpfeiler der warmen und leistungsorientierten Kultur. Sie sind es, die das Erleben von „Entlastung" ermöglichen. Wir ordnen die vier Werte exemplarisch kurz ein: 1) Integrität: „Entlastung" kann nur erlebt werden, wenn Kunden darauf vertrauen können, dass alle *HILTI*-Mitarbeiter großes Verantwortungsbewusstsein zeigen. 2) Mut: „Entlastung" des Kunden kann bedeuten, dass *HILTI*-Mitarbeiter außerhalb der gewohnten Routinen agieren und neue Wege beschreiten müssen. 3) Teamarbeit: „Entlastung" des Kunden kann eine gemeinsame Kraftanstrengung bedeuten und funktioniert nur dann, wenn alle *HILTI*-Mitarbeiter füreinander da sind und an einem Strang ziehen. 4) „Engagement" wird durch beherztes Handeln und Nähe zum Kunden erleb- und

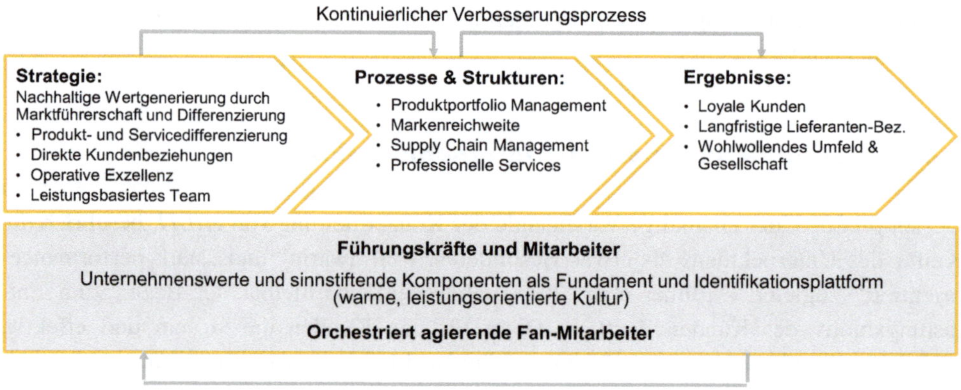

Quelle: Abgeleitete Rolle der Mitarbeiter als Fundament des Geschäftsmodells von *HILTI*

Abb. 3.12 Abgeleitete Rolle der Mitarbeiter als Fundament des Geschäftsmodells von *HILTI*

umsetzbar. Diese Ausführungen zu den Werten sind nicht vollständig, deuten aber an, inwiefern die Werte eine Kultur schaffen, die auf das Kundenbedürfnis „Entlastung" ausgerichtet ist.

Die Unternehmenswerte sind nicht nur Spielregeln für Führungskräfte und Mitarbeiter, um an der „Entlastung" für die Kunden arbeiten zu können. Sie sind auch Identifikationsplattform, die wie ein Magnet auf genau DIE potenziellen Führungskräfte und Mitarbeiter wirkt, mit denen die „Entlastung" erfolgreich bedient werden kann. Und genau DIESE Führungskräfte und Mitarbeiter sind dem Unternehmen extrem stark verbunden: Eine Mitarbeiterbefragung zeigt, dass 94 % der Befragten ihr Möglichstes zum Unternehmenserfolg beitragen möchten. 92 % sind stolz, bei *HILTI* zu arbeiten (Möltner et al. 2016). So gehen Fan-Mitarbeiter und Fan-Kunden Hand in Hand. Zusammenfassend verdeutlicht die Abb. 3.12 die für den Unternehmenserfolg von *HILTI* notwendige Verzahnung von Wertschöpfungsprozessen und Unternehmenskultur.

Die überlegene Marktleistung von *HILTI* ist das Ergebnis davon, die Kunden mit ihrem Bedürfnis zur Maxime erhoben zu haben, und eine Organisation mit passender Strategie sowie passenden Strukturen und Prozessen geschaffen zu haben. Die Kraft des Systems resultiert aus der mit den vier Unternehmenswerten definierten Kultur. So werden Kunden, Führungskräfte und Mitarbeiter zu *HILTI*-Fans.

3.4.3 Gelebte Fan-Macher-Kultur

Die Verzahnung von Kunden- und Mitarbeiterwelt ist zentral für den Erfolg von *HILTI*. Das Unternehmen hat durchdrungen, dass seine Mitarbeiter das wichtigste Kapital für den Unternehmenserfolg sind. Der für das Unternehmen bedeutsame Zweiklang aus Kunden und Mitarbeitern, diese nach der Logik von *FANOMICS* untrennbare Verquickung für den Unternehmenserfolg, tritt auch in der Kommunikation immer wieder zutage: Auf der Website von *HILTI* werden Mitarbeiter und Kunden als wesentliche Stakeholder des Unternehmens stets in einem Atemzug genannt. Auch, dass die Mitarbeiter in diesen Ausführungen häufig zuerst genannt werden, ist nicht zufällig, sondern hat System und spiegelt die fundamentalen Überzeugungen des Unternehmens. Mitarbeiter und Kunden werden als ein Team gesehen, das gemeinsam am Erfolg für beide Seiten arbeitet (HILTI o. J.a). Wie wichtig der Teamgedanke und Zusammenhalt intern ist, verdeutlicht das Unternehmen auf der Website des Unternehmens: „Wir leben Hilti. Wir, das sind alle 32.000 Hilti Teammitglieder weltweit. Jeder Hilti Erfolg ist das Ergebnis der Arbeit und der Entscheidungen der Mitglieder des Hilti Teams." (HILTI o. J.a). Das Unternehmen macht damit deutlich, dass der Erfolg des Unternehmens auf die gemeinsame Arbeit aller Mitarbeiter zurückzuführen ist und dass eine nahtlose Zusammenarbeit aller Mitarbeiter eine zentrale Voraussetzung für diesen Erfolg ist.

Die Basis für dieses erfolgreiche Geschäftsmodell sind die richtigen Führungskräfte und Mitarbeiter. Führungskräfte und Mitarbeiter mit den passenden Bedürfnissen für die Arbeitswelt von *HILTI,* denen mit den Unternehmenswerten eine Identifikationsplattform angeboten wird. Mit dem „HILTI Way" (HILTI o. J.b) hat das Unternehmen einen konsequenten Weg zur Kulturprägung eingeschlagen. Allein im Jahr 2013 wurden ca. 24.000 Arbeitstage der *HILTI*-Mitarbeiter für Kulturentwicklung aufgebracht, die Führungskräfte spielen dabei eine wesentliche Rolle. In diesem Zusammenhang wird die Kultur auch kontinuierlich geprüft: Inwiefern wird die Kultur wirklich gelebt? Gibt es Verbesserungsbedarf für die interne Zusammenarbeit? Um nur zwei exemplarische Fragen zu nennen. Denn eine starke und marktgerichtete Kultur entwickelt und pflegt sich nicht von allein. Das Ergebnis ist eine außerordentlich starke Verankerung der Unternehmenswerte: Die gelebte Kultur ist für die Mitarbeiter eine verbindliche Richtschnur. Alle Beschäftigten wissen, welche Verhaltensweisen zur Kultur passen und welche nicht (Bruch und Poralla 2009). Durch die beschriebenen Maßnahmen ist bei *HILTI* ein System entstanden, bei dem der Wertschöpfungsprozess und die gelebte Unternehmenskultur, genau wie in der *FANOMICS*-Logik beschrieben, perfekt aufeinander einzahlen. Um das zu verdeutlichen, haben wir die Ansätze und Maßnahmen von *HILTI* in einer *FANOMICS*-Logik dargestellt (vgl. Abb. 3.13).

HILTI setzt im Hinblick auf die Mitarbeiterbeziehungen zudem auf starke Symbole. Gezielt werden ausgewählte Persönlichkeiten in den Vordergrund gestellt, so wird heute noch regelmäßig über die Gründer gesprochen. Mitglieder der Gründerfamilie bringen sich aktiv und zugleich unaufdringlich in den Kulturprozess ein, stellen sich ganz in den Dienst der Kultur, auch wenn sie nicht Teil der operativen Geschäftsführung sind. Der bekannte rote Koffer hat Kultstatus. Er ist ein Symbol für Zuverlässigkeit und Innovation geworden, hat starke Wirkung auf Mitarbeiter und Kunden, verkörpert Kundennähe und Leistungsorientierung. (vgl. Abb. 3.14).

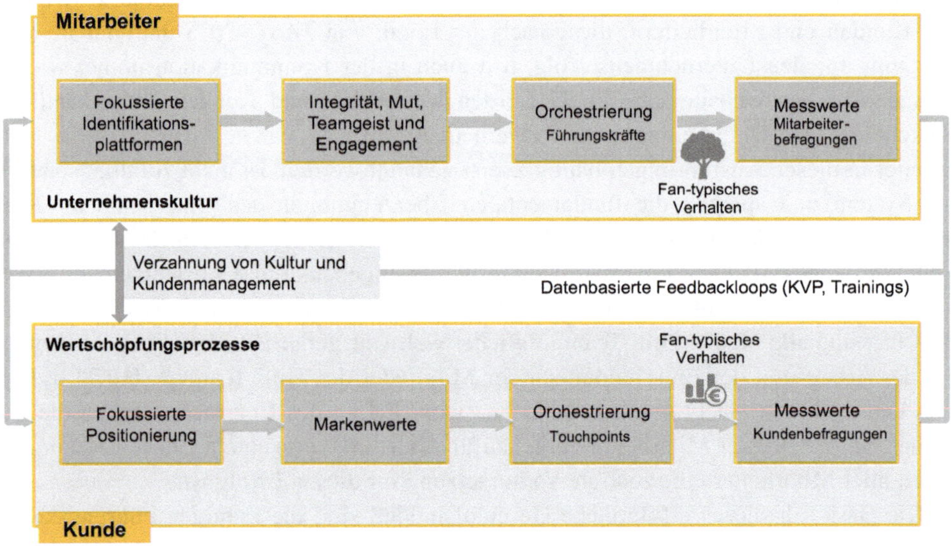

Quelle: Abgeleitete Gesamtkonzeption zum Zusammenspiel von Kultur und Wertschöpfung bei *HILTI*

Abb. 3.13 Abgeleitete Gesamtkonzeption zum Zusammenspiel von Kultur und Wertschöpfung bei *HILTI*

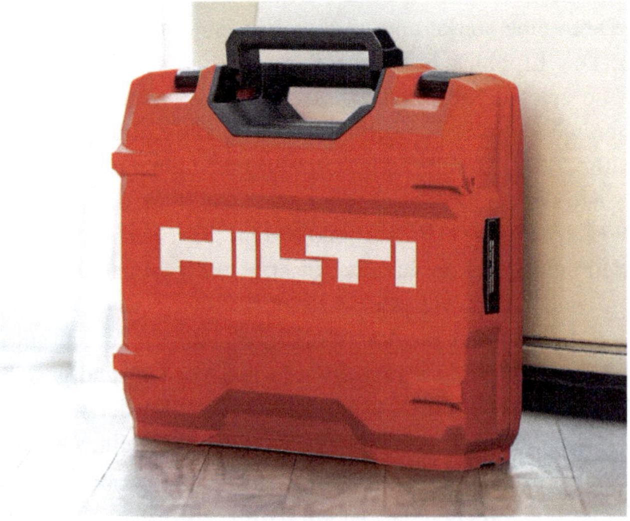

Abb. 3.14 *HILTI*-Koffer als Teil der Identifikationsplattform

Nach *FANOMICS*-Logik richten die Unternehmenswerte eine Organisation auf die Positionierung und damit die zentralen Kundenbedürfnisse aus. Mit den Unternehmenswerten bietet ein Arbeitgeber gleichzeitig eine Identifikationsplattform für die richtigen Führungskräfte und Mitarbeiter an. So entsteht eine identifikationsstiftende Arbeitswelt, die maximal kundenorientiert agieren kann: Durch passende Haltungen und Verhaltensweisen, Prozesse und Strukturen, durch die Aktivierung von Potenzialen von Führungskräften und Mitarbeitern.

Die zentralen Mechanismen von *FANOMICS* sind die Fokussierung und die Orchestrierung, die sowohl in Richtung der Mitarbeiter als auch in Richtung der Kunden zum Tragen kommen. Aus den bisherigen Erläuterungen am Beispiel *HILTI* leiten wir in Bezug auf diese Mechanismen folgende zentralen Aspekte für die Etablierung einer erfolgsorientierten Fan-Macher-Kultur nach *FANOMICS*-Logik ab:

1. Unternehmenswerte sind der Kultur-Kern, der eine Organisation mit den Kundenbedürfnissen verzahnt. Die Organisation wird damit konsequent auf den Kunden ausgerichtet und ist zugleich attraktiv für die richtigen Mitarbeiter und Führungskräfte.
2. Wenn sich die Unternehmenskultur aus den Kundenbedürfnissen ableitet (Fokussierung), dann wird das vielfach pauschalisierte Verständnis von „Mitarbeiterorientierung" automatisch ausdifferenziert. Mitarbeiterorientierung ist keine Freundlichkeits- und Charmeoffensive für irgendwelche Mitarbeiter und Führungskräfte. Mitarbeiterorientierung bedeutet, sich auf spezifische Mitarbeiterbedürfnisse einzustellen, um Passung zu den richtigen Mitarbeitern und Führungskräften herzustellen, mit denen ein Unternehmen erfolgreich sein kann.
3. Durch die Flankierung der Unternehmenswerte mit sinnstiftenden Komponenten (z. B. Vision und Mission, Persönlichkeiten, Kernprodukte), wird die Fan-Macher-Kultur weiter gestärkt.
4. Die Kultur muss fest verankert und alltäglich gelebt werden sowie für alle Beteiligten verpflichtend sein, egal ob Mitarbeiter ohne Führungsverantwortung, Führungskraft oder Top-Management. In diesem Prozess spielen Führungskräfte als Stars für die Mitarbeiter eine besondere Rolle.

Kulturentwicklung ist kein Selbstläufer. Bei *HILTI* hat man dies erkannt und sieht es daher als kontinuierlichen Prozess. Um diesen aktiv und konstruktiv zu managen, um die gelungene Orchestrierung nachzuhalten, braucht es ein Daten- und Feedbackloop. *FANOMICS* wird deshalb mit seiner Messkomponente zu einem echten Steuerungssystem.

3.5 *FANOMICS*: Von der Entwicklung zur Umsetzung

Das *Fan-Portfolio* hat uns verdeutlicht, was die wahrhaftige Aufgabe von Unternehmen beim Aufbau und bei der Pflege von hochwertigen Mitarbeiterbeziehungen ist: durch Fokussierung und Orchestrierung bei den Führungskräften und Mitarbeitern Passung herstellen und diese immer wieder erlebbar machen. Und das nicht bei irgendwelchen Führungskräften und Mitarbeitern, sondern bei den richtigen Führungskräften und Mitarbeitern, wenn wir an die Positionierung des Unternehmens und die zentralen Bedürfnisse der Kunden denken. Neben der neuen Steuerungsgröße *Fan-Quote* benötigen wir deshalb einen passenden Ansatz, um die Vertikalbewegung im *Fan-Portfolio* (vgl. Abschn. 1.6) auszulösen.

Mit den *Fan-Prinzip* haben wir die Mechanik des Fan-Werdens, des Fan-Seins und des Fan-Bleibens entschlüsselt, mit *FANOMICS* ein System entwickelt, mit dem Unternehmen diese Erkenntnisse gezielt einsetzen können, um systematisch und nachhaltig eine Fan-Macher-Kultur zu gestalten. Um Unternehmen erfolgreicher zu machen, braucht es eine auf Fokussierung und Orchestrierung beruhende Fan-Macher-Kultur, die für (potenzielle) Führungskräfte und Mitarbeiter identifikationsstiftend ist und die zugleich bei den Kunden verfängt. Der Schwerpunkt für Unternehmen muss sein, Potenziale bei zufriedenen Mitarbeitern zu aktivieren und damit von deren steigender Motivation und Produktivität für das Unternehmen zu profitieren. Die Idee der Fokussierung wirkt darauf ein, Budgets sinnvoll einzusetzen: Einerseits in Maßnahmen zur Herstellung von Passung bei den richtigen Führungskräften und Mitarbeitern und andererseits in ausgewählte Maßnahmen, um unzufriedene zu zufriedenen Mitarbeitern zu machen. Ein „Mehr ist Mehr" und der damit verbundene Überbietungswettbewerb zwischen den Arbeitgebern gilt es zu vermeiden. Statt sich Führungskräfte und Mitarbeiter teuer und ohne echte langfristige Perspektive zu erkaufen, geht es darum, konsequent diejenigen Mitarbeiter zu gewinnen, die eine hohe Identifikation mit dem Arbeitgeber aufweisen und zur spezifischen Wertschöpfung des Unternehmens passen.

Ziel war es, mit *FANOMICS* ein Management-Steuerungssystem vorzustellen und anhand von Best-Practice-Beispielen zu fundieren. Dabei haben wir uns konsequent am *Fan-Prinzip* orientiert. Das Ergebnis: Ein fundiertes Vorgehen zum Auf- und Ausbau einer Fan-Macher-Kultur. Die Grundlagen sind mit Identifikation und gefühlter Einzigartigkeit die beiden zentralen Wesensmerkmale des *Fan-Prinzips,* die wir auf die Beziehung von Unternehmen und ihren Mitarbeitern übertragen. Auf diese Weise konnten wir den Mechanismus herausarbeiten, der Mitarbeiter zu Fans macht. Dieser Mechanismus hat sich in der Definition von *FANOMICS* (vgl. Abschn. 3.3) niedergeschlagen.

Der erste Schritt bei der Gestaltung einer echten Fan-Macher-Kultur nach *FANOMICS*-Logik, ist die Entwicklung von fokussierten Unternehmenswerten als Kultur-Kern. Diese dienen als Identifikationsplattform für die passenden Führungskräfte und Mitarbeiter, sind zugleich aber auch Spielregeln für das Miteinander und die erwünschten Verhaltensweisen der Beschäftigten, um die Organisation auf den Kunden auszurichten. Mit einer erfolgreichen Implementierung der Unternehmenswerte und der damit verbundenen Fan-Macher-Kultur, gelingt der Auf- und Ausbau von Fantum bei Führungskräften, Mitarbeitern und Kunden. Konkrete Maßnahmen zur Implementierung der Kultur werden bei *FANOMICS* unter *„Employer Fan Management"* subsummiert. Im internen *Employer Fan Management* steht die auf die Bestandsmitarbeiter ausgerichtete

Fan-Macher-Kultur im Vordergrund. Im externen *Employer Fan Management* wird eine auf Passung ausgerichtete Arbeitgebermarke entwickelt und gepflegt.

FANOMICS öffnet den Blick auf das große Ganze und zeigt den Unternehmen auf, wo sie glänzen müssen – und wo sie auch „Nein" sagen können oder gar sollten (um das positive Mitarbeitererlebnis nicht zu gefährden). So umgesetzt, entfaltet sich der wirtschaftliche Effekt von *FANOMICS* in zwei Richtungen:

- Durch die wachsende Identifikation und gefühlte Einzigartigkeit wird die gewünschte Vertikalbewegung im *Fan-Portfolio* ausgelöst, und es steigt die *Fan-Quote* mit dem Ergebnis motivierter, produktiver und loyaler Mitarbeiter.
- Wer entsprechend fokussiert und orchestriert, geht zielgerichteter mit seinen Ressourcen um, was unweigerlich auch zu reduzierten Kosten führt.

So wird klar, warum sich *FANOMICS* massiv auf den wirtschaftlichen Erfolg auswirkt – und warum sich die notwendigen Investitionen bei der Einführung und Umsetzung schnell auszahlen werden.

Wir haben in den vergangenen und dem aktuellen Kapitel (vgl. Kap. 1 bis 3) unsere umfassenden Erkenntnisse über *FANOMICS,* seine Herleitung aus dem *Fan-Prinzip,* seinen Nutzen und seine Wirkmechanismen dargelegt. Wenn Sie dies als Anreiz empfinden, in Ihrem Unternehmen *FANOMICS* einzusetzen und die Implementierung selbst in die Hand nehmen wollen, so erfahren Sie im folgenden Kap. 4, wie Sie im Detail vorgehen sollten.

Literatur

2HMforum. (2021) Fanfocus Deutschland. https://fanomics.de/fanfocus-deutschland/. Zugegriffen: 11. Juni 2024

2HMforum. (2023) Mitarbeiterfocus Deutschland. https://fanomics.de/mitarbeiterfocus-deutschland/. Zugegriffen: 11. Juni 2024

ADAC (2014) „Reform für Vertrauen": ADAC Hauptversammlung bestätigt Reformergebnisse zur Neuausrichtung des Clubs. https://presse.adac.de/meldungen/adac-ev/der-verein/reform-fuer-vertrauen-adac-hauptversammlung-bestaetigt-reformergebnisse-zur-neuausrichtung-des-clubs.html. Zugegriffen: 4. Juni 2024

ADAC (2017) „Mitgliederorientierter Mobilitätshelfer" – Die Jahresbilanz des ADAC Südbaden 2017. https://presse.adac.de/regionalclubs/suedbaden/jahr2017.html. Zugegriffen: 11. Juni 2024

ALDI (2023a) Deine Bewerbung bei ALDI SÜD. https://karriere.aldi-sued.de/bewerbung. Zugegriffen: 10. Juni 2024

ALDI (2023b) Stellenportal – Ausbildung Verkäufer. https://karriere.aldi-sued.de/berufserfahrene/verkaeufer. Zugegriffen: 11. Juni 2024

ALDI (2023c) Instagram Karriereportal. https://www.instagram.com/aldisuedde.karriere/. Zugegriffen: 18. Juni 2024

Alnatura (2024a) Über uns. https://www.alnatura.de/de-de/ueber-uns/. Zugegriffen: 6. Juni 2024

Alnatura (2024b) We care – Beispiele. https://www.alnatura.de/de-de/ueber-uns/alnatura-we-care/alnatura-we-care-beispiele/. Zugegriffen: 6. Juni 2024

Amerland A (2016) Dieselgate schadet Arbeitgeberimage der Autobauer. Springer Professional. https://www.springerprofessional.de/employer-branding/recruiting/dieselgate-schadet-arbeitgeberimage-der-autobauer/10048280. Zugegriffen: 10. Juni 2024

Audi (2024) Unternehmenskultur bei Audi. https://www.audi.com/de/sustainability/people-society/employees/corporate-culture.html. Zugegriffen: 7. Juni 2024

Becker R (2016) Abgasskandal: Aus diesem Grund werden die Kunden VW die Treue halten. Focus Online. https://www.focus.de/finanzen/experts/becker/umweltschutz-ist-ueberschaetzt-abgasskandal-warum-die-kunden-vw-trotzdem-die-treue-halten-werden_id_5074996.html. Zugegriffen: 10. Juni 2024

Becker R, Daschmann G (2022) Das Fan-Prinzip – wie Sie aus Kunden wirklich Fans machen und wie Sie davon profitieren, 3. Aufl. Springer Gabler, Wiesbaden

Bruch H, Poralla S (2009) Wie Hilti über Generationen gute Führung garantiert. Harvard Business manager. https://www.manager-magazin.de/hbm/wie-hilti-ueber-generationen-gute-fuehrung-garantiert-a-96c8a125-0002-0001-0000-000064135666. Zugegriffen: 8. Juli 2024

Busse C (2019) Die Deutsche Bank hat jeden Stil verloren. Süddeutsche Zeitung. https://www.sueddeutsche.de/wirtschaft/deutsche-bank-kuendigungen-1.4522329. Zugegriffen: 10. Juni 2024

Deskbird (2022) Hybrid Hero: Alnatura. https://de.deskbird.com/blog/hybrid-hero-alnatura. Zugegriffen: 7. Juni 2024

Deutsche Bank (2019) #PositiverBeitrag gewinnt Auszeichnung für Storytelling. https://www.db.com/news/detail/20191204-positiverbeitrag-gewinnt-den-european-excellence-award-fuer-storytelling?language_id=3. Zugegriffen: 4. Juni 2024

Deutsche Bank (2022) Nichtfinanzieller Bericht 2022. https://hauptversammlung.db.com/files/documents/2023/Nichtfinanzieller-Bericht-2022.pdf. Zugegriffen: 10. Juni 2024

Deutsche Bank (2023) Verhaltenskodex. https://investor-relations.db.com/files/documents/documents/verhaltenskodex.pdf?language_id=3&kid=verhaltenskodex.redirect-en.shortcut. Zugegriffen: 10. Juni 2024

Deutscher Nachhaltigkeitspreis (2016) Alnatura Produktions- und Handels GmbH. https://www.nachhaltigkeitspreis.de/unternehmen/preistraeger-unternehmen/2016/alnatura-produktions-und-handels-gmbh/. Zugegriffen: 6. Juni 2024

Feurer S (2021) Hat Aldi die schnellste Kasse der Welt? Was hinter der 15 Sekunden Regel steckt. https://www.chip.de/news/Hat-Aldi-die-schnellste-Kasse-der-Welt-Was-hinter-der-15-Sekunden-Regel-steckt_179387969.html. Zugegriffen: 10. Juni 2024

FiBL Deutschland e. V. (2024) We Care – das Siegel für nachhaltiges Unternehmens- und Lieferkettenmanagement. https://we-care-siegel.org/we-care-siegel/. Zugegriffen: 11. Juni 2024

Greive M (2015) VW-Skandal zwingt Konzerne zum Umdenken. https://www.welt.de/wirtschaft/article147361187/VW-Skandal-zwingt-Konzerne-zum-Umdenken.html. Zugegriffen: 7. Juni 2024

Hahne S (2021) „Dieselgate" und die Folgen – Die schleppende Aufarbeitung des VW-Diesel-Skandals. https://www.deutschlandfunk.de/dieselgate-und-die-folgen-die-schleppende-aufarbeitung-des-100.html#a6. Zugegriffen: 7. Juni 2024

Hawranek D, Kurbjuweit D (2013) Wolfsburger Weltreich. Spiegel. https://www.spiegel.de/politik/wolfsburger-weltreich-a-d5d979b0-0002-0001-0000-000107728908. Zugegriffen: 10. Juni 2024

Herget J (2020) Unternehmenskultur gestalten – Systematisch zum nachhaltigen Unternehmenserfolg. Springer Gabler Berlin, Heidelberg

Hilti (o. J. a) Über uns. https://www.hilti.de/content/hilti/E3/DE/de/company/corporate-information/about-us.html. Zugegriffen: 10. Juni 2024

Hilti (o. J. b) Neu gedacht, besser gemacht. https://www.hilti.de/content/hilti/E3/DE/de/business/news-und-events/magazine/directory/expertise/hilti-moments.html. Zugegriffen: 10. Juni 2024

Hilti (o. J. c) Unsere Werte. https://www.hilti.group/content/hilti/CP/XX/de/company/corporate-information/Strategie/core-purpose-and-values.html. Zugegriffen: 10. Juni 2024

Hilti (o. J. d) Stellenangebote – Mitarbeiter im Verkauf im Mobilen Hilti Store – Fachberater auf einer Großbaustelle in Weilerbach. https://careers.hilti.group/de-de/stellenangebote/wd-0020556-de/mitarbeiter-im-verkauf-im-mobilen-hilti-store-fachberater-auf-einer-grossbaustelle-in-weilerbach-m-w-d/. Zugegriffen: 21. Juni 2024

Hilti (o. J. e) Wir sind für Sie da: Am Telefon, im Ask Hilti Forum und vor Ort. https://www.hilti.de/content/hilti/E3/DE/de/engineering/engineering-services/advice-onsite-and-phone.html. Zugegriffen: 21. Juni 2024

Hilti (2009) Unternehmensbericht 2009. https://www.hilti.com/medias/sys_master/h97/h61/9116886728734/Geschaeftsbericht_2009_d.pdf%3Fmime%3Dapplication%252Fpdf%26realname%3DGeschaeftsbericht_2009_d.pdf. Zugegriffen: 21. Juni 2024

Hilti (2010) Unternehmensbericht 2010. https://www.hilti.com/medias/sys_master/h74/h36/9116524871710/Geschaeftsbericht_2010_d.pdf?mime=application%2Fpdf&realname=Geschaeftsbericht_2010_d.pdf. Zugegriffen: 21. Juni 2024

Hofstede G, Hofstede GJ, Mayer P, Sondermann M, Lee A (2011) Globales Denken, lokales Handeln. Interkulturelle Zusammenarbeit und globales Management, 5. Aufl. Beck, München

Kahneman D, Tversky A (1979) Prospect Theory: An Analysis of Decision under Risk. Econometrica 47(2):263–291

Maisch M (2022) Haben die Banker die Oberhand, droht früher oder später Ungemach. Handelsblatt https://www.handelsblatt.com/meinung/kommentare/kommentar-haben-die-banker-die-oberhand-droht-frueher-oder-spaeter-ungemach/28766994.html. Zugegriffen: 6. Juni 2024

Manager Magazin (2017) Nie wieder „Leistung aus Leidenschaft" – Deutschbanker erzählen ihre Geschichten. https://www.manager-magazin.de/unternehmen/banken/deutsche-bank-slogan-leistung-aus-leidenschaft-wird-ersetzt-a-1146706.html. Zugegriffen: 4. Juni 2024

Michel S (2013) Case Study – Hilti Fleet Management: Strategically moving from products to B2B solutions. International Institute for Management Development, Lausanne2023a

Möltner H, Göke J, Jung C, Morner M (2016) Neue Perspektiven zum nachhaltigen Erfolg durch Unternehmenskultur, 2. Aufl. Bertelsmann Stiftung, Gütersloh

Naumann E, Shannon P (1992) What is customer-driven marketing? Bus Horiz 35(6):44–53

Petermann A (2010) Zufriedene Mitarbeiter, zufriedene Kunden. Deutschlandfunk. https://www.deutschlandfunk.de/zufriedene-mitarbeiter-zufriedene-kunden-100.html. Zugegriffen: 10. Juni 2024

Petersen PB (1999) Total quality management and the Deming approach to quality management. J Manag Hist 5(8):468–488

Schein EH (1985) Organizational Culture and Leadership. A Dynamic View, San Francisco, Jossey-Bass

Schwarz D (2024) Deutsche Bank – Interne Mail bereitet Belegschaft auf neuen Slogan vor. Handelsblatt. https://www.handelsblatt.com/finanzen/banken-versicherungen/banken/neuer-slogan-fuer-die-deutsche-bank-ein-versprechen-fuer-die-kunden/100045246.html. Zugegriffen: 20. Juni 2024

Spiegel (2015) Untreue-Verdacht: ADAC stellt Strafanzeige gegen zwei Mitarbeiter. https://www.spiegel.de/auto/aktuell/untreu-adac-stellt-strafanzeige-gegen-zwei-mitarbeiter-a-1020971.html. Zugegriffen: 10. Juni 2024

Spiegel (2018) Mayer bricht Zehnkampf-Weltrekord. https://www.spiegel.de/sport/sonst/zehnkampf-kevin-mayer-stellt-neuen-weltrekord-auf-a-1228377.html. Zugegriffen: 10. Juni 2024

Stern (2021) Audi gendert jetzt mit Unterstrich und nennt alle Mitarbeiter Audianer_innen. https://www.stern.de/auto/news/audi-gendert-jetzt-mit-unterstrich-und-nennt-alle-mitarbeiter-audianer-innen-30407582.html. Zugegriffen: 11. Juni 2024

Volkswagen (2014a) Konzernlagebericht – Ziele und Strategien. https://geschaeftsbericht2014.volkswagenag.com/konzernlagebericht/ziele-und-strategien.html. Zugegriffen: 7. Juni 2024

Volkswagen (2014b) Brief an unsere Aktionäre. https://geschaeftsbericht2014.volkswagenag.com/strategie/brief-an-unsere-aktionaere.html. Zugegriffen: 10. Juni 2024

Volkswagen (2020) Our Journey – Together4Integrity. https://docplayer.org/200447374-Our-journey-together4integrity-integritaetsreport-2020.html. Zugegriffen: 10. Juni 2024

Wala H (2015) VW-Skandal – vom Wert der Werte. Capital. https://www.capital.de/karriere/vw-skandal-vom-wert-der-werte. Zugegriffen: 10. Juni 2024

Zeit (2015) Führungskultur bei VW soll Abgas-Skandal ermöglicht haben. https://www.zeit.de/wirtschaft/2015-10/volkswagen-aufsichtsrat-stephan-weil-kritikkultur. Zugegriffen: 6. Juni 2024

Wie mache ich Mitarbeiter wirklich zu Fans?

4

Wer Mitarbeiter zu Fans machen möchte, seinen Blick aber nur auf die Mitarbeiterzufriedenheit konzentriert, also auf die falsche Währung für die Messung und Steuerung von Beziehungen setzt, führt sein Unternehmen im sich immer mehr verschärfenden „War for talents" zwangsläufig in einen Überbietungswettbewerb auf der Leistungsebene: Arbeitgeberleistungen und Mitarbeiter-Benefits werden offeriert, um die Entscheidung von Führungskräften, Mitarbeitern und Bewerbern kurzfristig zu den eigenen Gunsten zu beeinflussen – zu teilweise hohen Kosten. Aus diesem „Mehr ist mehr"-Mantra des Zufriedenheitsparadigmas kommen Unternehmen so schnell nicht mehr heraus. Vor allem aber erreichen Arbeitgeber damit eher irgendwelche als die zu ihnen wirklich passenden Führungskräfte und Mitarbeiter.

Anders mit *FANOMICS:* Sie richten ihr Unternehmen entlang der *Fan-Indikation* aus. *So* schaffen Sie eine Fan-Macher-Kultur, die zu Passung und gefühlter Einzigartigkeit bei Ihren Führungskräften und Mitarbeitern führt – Sie erreichen eine Monopolstellung im Kopf Ihrer Mitarbeiter. Eine Fan-Macher-Kultur nach *FANOMICS*-Logik entsteht aber erst dadurch, dass Sie gleichzeitig Leitplanken schaffen, durch die die Mitarbeiter als Fan-Macher die Kunden zu Fans machen. Mit *FANOMICS* geht es also nicht – wie in vielen Unternehmen praktiziert – um ein Abwägen zwischen diesen beiden Zielgruppen. Vielmehr postuliert der Steuerungsansatz, dass werthaltige Mitarbeiterbeziehungen ohne werthaltige Kundenbeziehungen nur schwer möglich sind, und umgekehrt. Deshalb stellt eine Fan-Macher-Kultur nach *FANOMICS*-Logik Passung zu den richtigen Führungskräften und Mitarbeitern her.

Zentral für den Aufbau und die Pflege einer Fan-Macher-Kultur ist die Entwicklung fokussierter Unternehmenswerte, an denen, in der Funktion einer Identifikationsplattform, die Führungskräfte und die Mitarbeiter mit ihren Bedürfnissen andocken können. Die Unternehmenswerte sind der Kultur-Kern, die wegen ihres Positionierungsbezuges gleichzeitig Spielregeln für Führungskräfte und Mitarbeiter definieren, Haltung und

F. Meyer und R. Becker, *FANOMICS® – Mitarbeiter zu Fans machen*,
https://doi.org/10.1007/978-3-658-43163-1_4

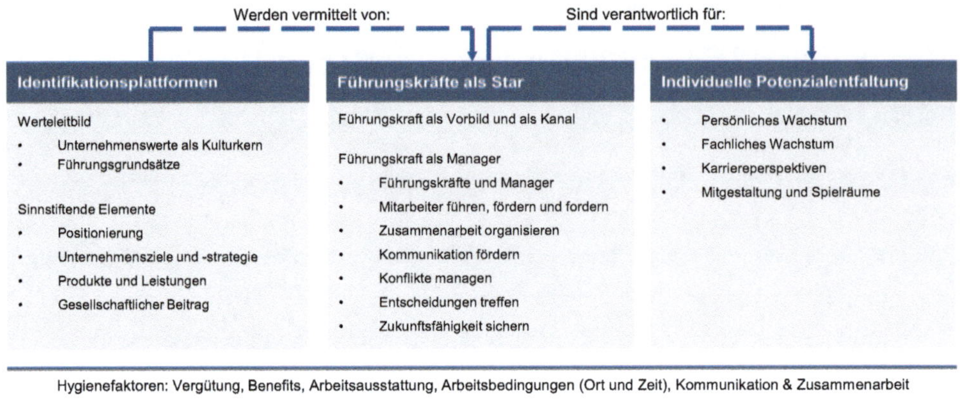

Quelle: Eigene Darstellung

Abb. 4.1 Elemente einer Fan-Macher-Kultur nach *FANOMICS*

Verhalten auf den Kunden und seine zentralen Bedürfnisse ausrichten. Bei der Implementierung von *FANOMICS* macht ein konsequenter Orchestrierungsprozess die Unternehmenswerte als Identifikationsplattform und Spielregeln im Arbeitsalltag dann immer wieder erlebbar.

Eine *FANOMICS* Fan-Macher-Kultur baut im Kern auf drei Säulen: 1) Die Unternehmenswerte und sinnstiftende Elemente als Kultur-Kern, 2) die Führungskräfte als Stars der Mitarbeiter in ihrer Funktion als Vorbild und Kanal sowie 3) die Möglichkeit der individuellen Potenzialentfaltung für die Mitarbeiter. Wir werden die Bedeutung dieser drei Säulen im Verlauf dieses Kapitels noch ausführlicher erläutern. Darüber hinaus sind Hygienefaktoren zu berücksichtigen: Vergütung und Benefits sowie Arbeitsausstattung und -bedingungen. Abb. 4.1 zeigt diese zentralen Elemente einer Fan-Macher-Kultur in der *FANOMICS-Logik:*

1. Macht sich ein Unternehmen auf den Weg, eine Fan-Macher-Kultur nach *FANOMICS*-Logik zu gestalten, mit der Mitarbeiterpotenziale und -bindung aktiviert werden, so braucht es als zentrale Grundlage eine Identifikationsplattform. Das essenzielle Element sind dabei Unternehmenswerte, die gleichermaßen die Brücke zu den Kunden schlagen, weil sie die Kultur mit geeigneten Spielregeln funktional auf den Kunden ausrichten und als Identifikationsplattform die Passung zwischen Unternehmen und den richtigen Mitarbeitern herstellen. Den Führungskräften und Mitarbeitern beantworten die Unternehmenswerte die Frage „Wie sind wir eigentlich?“ – eine Frage, die für die Entstehung von Identifikation durch Passung zu den Mitarbeiterbedürfnissen wesentlich ist. Über das zentrale Element der Unternehmenswerte hinaus können Arbeitgeber ihre Fan-Macher-Kultur durch sinnstiftende Elemente stärken. Die dahinterstehenden Fragen lauten: „Was tun wir eigentlich?“, „Was

wollen wir erreichen?“ und vor allem „Tun wir etwas Sinnvolles?“. Durch eine Verknüpfung mit den Unternehmenswerten können den Führungskräften und den Mitarbeitern umfassende Antworten auf diese Fragen gegeben werden: „Wir sind wie wir sind, weil wir … erreichen wollen“. So könnte ein Manager von *HILTI* seinen Mitarbeitern stets erklären, was die Unternehmenswerte und die daraus resultierende Kultur mit dem Bedürfnis der Kunden nach Entlastung zu tun haben. Auf diese Säule einer Fan-Macher-Kultur gehen wir in Abschn. 4.1 ein.
2. Die Aufgabe der Führungskräfte ist es, die durch die Unternehmenswerte definierte Unternehmenskultur zu repräsentieren, zu leben und erlebbar zu machen – nach den Erkenntnissen des *Fan-Prinzips* sind sie die Stars der Mitarbeiter. Sie sind für die Touchpoint-übergreifende Orchestrierung in der Organisation zuständig. Üben die Führungskräfte ihre Rolle als Vorbild und Kanal konsequent aus, wird die Unternehmenskultur zu einer gelebten Fan-Macher-Kultur. Vorbildfunktion haben Führungskräfte selbstredend in Bezug auf die Unternehmenswerte, auch geht es hier aber um die sichtbare Kommunikation und Zusammenarbeit im Führungsteam. Die Verankerung der Unternehmenswerte betrifft die Funktion der Führungskräfte als Kanal: Sie müssen störungsfrei und unverzerrt die Unternehmenswerte an die Mitarbeiter transportieren können. Führungskräfte müssen die Unternehmenswerte dafür vollständig durchdrungen haben. Auf diesen Aspekt gehen wir in Abschn. 4.2 ein.
3. Das dritte Element einer wirksamen Fan-Macher-Kultur ist die individuelle Potenzialentfaltung der Mitarbeiter – denn natürlich geht es dem einzelnen Mitarbeiter nicht nur um das Unternehmen, um das Team und die Gemeinschaft, sondern im Besonderen auch um sich. Unternehmen sollten ihren Mitarbeitern die Möglichkeit geben, ihre Stärken und Talente einzubringen und sich zu entwickeln. Das steigert die Passung der Mitarbeiter zum Arbeitgeber, macht aber auch wiederum Potenziale für das Unternehmen nutzbar. Im Hinblick auf die individuelle Potenzialentfaltung sind selbstverständlich die Mitarbeiter in der Mitverantwortung. Von zentraler Bedeutung ist aber die Führungskraft, weil sie den Rahmen für die Mitarbeiter und ihre Entwicklung schafft. Wir greifen diesen Aspekt ebenfalls in Abschn. 4.2 auf.

Die Implementierung einer Fan-Macher-Kultur wird im Kern durch die Orchestrierung seitens der Führungskräfte erreicht. Dieses Implementierungsfeld von *FANOMICS* bezeichnen wir als internes *Employer Fan Management.* Es ist darauf ausgerichtet, die Unternehmenswerte bei bestehenden Mitarbeitern erlebbar zu machen und dadurch die *Fan-Indikation* der Mitarbeiter zu steigern. Um die richtigen Führungskräfte und Mitarbeiter gewinnen zu können, sollten Unternehmen die Identifikationsplattform auch in Richtung des Arbeitsmarktes sicht- und erlebbar machen. Dieses Implementierungsfeld nennen wir externes *Employer Fan Management.* Es ist darauf ausgerichtet, eine fokussierte Fan-orientierte Arbeitgebermarke zu schaffen. Auf diesen Aspekt gehen wir in Abschn. 4.3 ein.

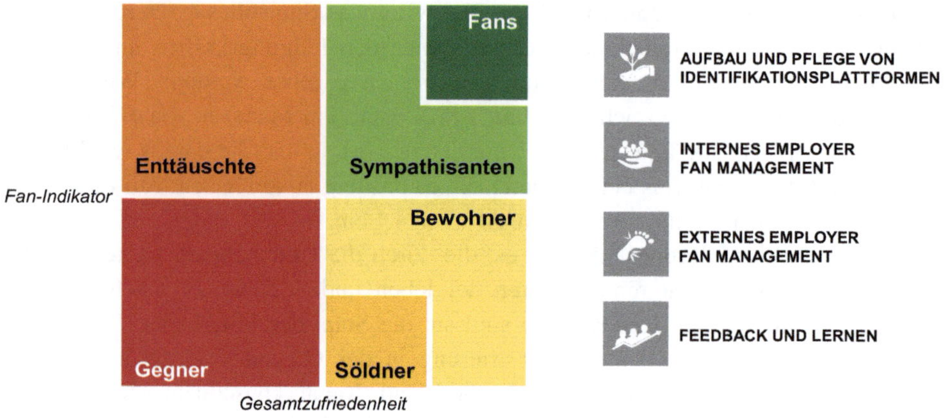

Quelle: Eigene Darstellung

Abb. 4.2 Die Bausteine von *FANOMICS* in Richtung Mitarbeiter (Kurzversion/Übersicht)

In Abb. 4.2 sehen Sie eine Zusammenschau der Implementierungsfelder von *FANOMICS* als Managementsteuerungssystem. Die Gestaltung der Identifikationsplattform, die Implementierung einer Fan-Macher-Kultur (internes *Employer Fan Management)* und die Implementierung einer Fan-orientierten Arbeitgebermarke (externes *Employer Fan Management)* sind Teile dieses Kapitels. Da die Gestaltung einer Fan-Macher-Kultur ein fortwährender Prozess ist, kennt *FANOMICS* darüber hinaus das Implementierungsfeld „Feedback & Lernen". Es dient der nachhaltigen Pflege Fan-Macher-Kultur auf Basis von Feedbackloops und Daten. Darauf gehen wir in Kap. 6 ein.

Wir möchten Ihnen nun detaillierter vermitteln, wie Sie bei der Einführung der Grundideen von *FANOMICS* in Eigenregie vorgehen sollten. Mit unseren Erläuterungen beschreiben wir einen Idealweg, der einen maximalen Erfolg beim Einsatz von *FANOMICS* verspricht. Nicht alle Elemente lassen sich auf exakt die gleiche Art und Weise in jedem Unternehmen umsetzen. Es wird also entscheidend darauf ankommen, dass Sie die folgenden Ausführungen auf Tauglichkeit für Ihr Unternehmen hinterfragen und gegebenenfalls passende alternative Wege einschlagen. Und selbst wenn Sie bestimmte Punkte aktuell nicht umsetzen können oder wollen, lassen Sie sich davon nicht entmutigen: Machen Sie sich auf den Weg, fangen Sie jetzt an – die Auseinandersetzung mit *FANOMICS* wird Sie inspirieren, und es werden sich schnell erste Erfolge einstellen. Daraus entstehen die Energie und die Kreativität, auch bisher zurückgestellte Schritte anzugehen.

4.1 Fokussierung durch ein positionierungsbasiertes Werteleitbild

Mit *FANOMICS* gestalten Arbeitgeber eine Unternehmenskultur, mit der es gelingt, Passung zu Führungskräften und Mitarbeitern und gleichzeitig zu Kunden herzustellen – folglich in all diesen Zielgruppen die *Fan-Quote* zu erhöhen. Kurzum: Sie schaffen eine echte Fan-Macher-Kultur. Die Unternehmenswerte sind in der *FANOMICS*-Logik der Kultur-Kern mit zwei wesentlichen Funktionen:

1. Sie sind die zentrale Identifikationsplattform für die passenden Führungskräfte und Mitarbeiter und steigern ihre *Fan-Indikation*
2. Sie sind zudem Spielregeln für alle Führungskräfte und Mitarbeiter. Aus der Positionierung abgeleitet, prägen sie eine funktionale Organisation für den Auf- und Ausbau von Fantum bei den Kunden, indem sie auf das Erlebbarmachen der Positionierung einzahlen.

FANOMICS sieht deshalb vor, die Unternehmenswerte aus den zentralen Bedürfnissen der Kunden abzuleiten. Die resultierenden positionierungsbasierten Unternehmenswerte sind dann Leitplanke für Führungskräfte und Mitarbeiter im Arbeitsalltag, damit sie genau das Verhalten zeigen, mit dem die Positionierung für die Kunden erlebbar gemacht wird. Weitere Hintergründe und ein mögliches Vorgehen, stellen wir Ihnen in den folgenden Abschnitten vor.

4.1.1 Unternehmenswerte als Kern der Fan-Macher-Kultur

Für *FANOMICS* sind die Unternehmenswerte zentral für den Aufbau einer Fan-Macher-Kultur: als Identifikationsplattform für Führungskräfte und Mitarbeiter und als Leitplanken, um die Organisation auf die Positionierung in Richtung der Kunden auszurichten.[1] In diesem Buch steht die Entwicklung von Fantum bei Führungskräften und Mitarbeitern im Mittelpunkt, sodass wir stärker die Funktion der Unternehmenswerte als Identifikationsplattform für die Beschäftigten betrachten. Den Einfluss von Unternehmenswerten auf das Fantum von Führungskräften und Mitarbeitern, zeigen Ergebnisse unseres *Mitarbeiterfocus Deutschland* (vgl. Abb. 4.3). Die *Fan-Quote* ist nämlich schon dann wesentlich höher, wenn Beschäftigte die durch das Unternehmen festgelegten Unternehmenswerte auch nur kennen. Bereits das Wissen darüber, dass der eigene Arbeitgeber Werte festgelegt hat, hat einen Einfluss auf die *Fan-Indikation*. Die *Fan-Quote* beträgt in diesem Fall 46 %. Kennen Führungskräfte und Mitarbeiter nicht

[1] Für eine ausführliche Erläuterung zur Ausrichtung eines Unternehmens auf den Kunden, siehe Becker und Daschmann (2022).

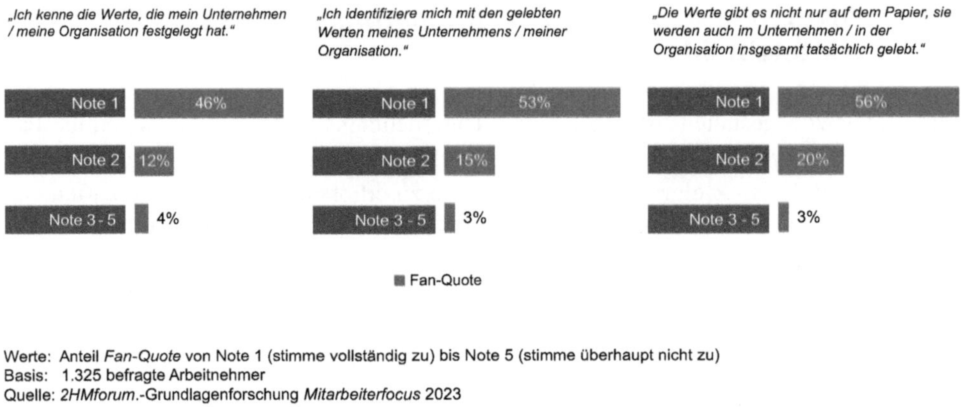

Abb. 4.3 Einfluss von Unternehmenswerten auf das Fantum von Mitarbeitern

nur die Unternehmenswerte, sondern weisen auch eine hohe Identifikation mit diesen auf, ist die *Fan-Quote* noch einmal höher. Unter den Beschäftigten, die sich stark mit den Unternehmenswerten ihres Arbeitgebers identifizieren, beträgt die *Fan-Quote* 53 %. Bei einer geringeren Identifikation mit den Unternehmenswerten beträgt die *Fan-Quote* nur noch 15 %, bei nicht vorhandener Identifikation ist sie noch einmal geringer. Welchen Einfluss gelebte Werte haben, ein Reifegrad, der über die Identifikation hinausgeht, zeigen ebenfalls Ergebnisse unseres *Mitarbeiterfocus Deutschland.* Unter den Beschäftigten, die die Unternehmenswerte tatsächlich im Arbeitsalltag erleben, sehen wir eine *Fan-Quote* von 56 %. Das liegt weit über den 18 %, die wir für alle sozialversicherungspflichtig Beschäftigten in Deutschland ermittelt haben.

Die Ergebnisse verdeutlichen die Bedeutung von Fokussierung und Orchestrierung bei der Gestaltung einer Fan-Macher-Kultur für die Führungskräfte und Mitarbeiter. Bisher haben wir den Effekt von Fokussierung und Orchestrierung auf die *Fan-Quote* getrennt betrachtet: Identifikation mit den Unternehmenswerten und Erlebbarkeit der Unternehmenswerte. Bei Umsetzung von Fokussierung und Orchestrierung zugleich, ist die *Fan-Quote* nochmal höher: Wir sehen eine *Fan-Quote* von 64 % unter den Beschäftigten, die sich mit den alltäglich erlebbaren Unternehmenswerten stark identifizieren. Eine Fan-Macher-Kultur nach *FANOMICS*-Logik, die auf fokussierte und orchestrierte Unternehmenswerte abstellt, entfaltet folglich große Wirkung auf die *Fan-Indikation* von Führungskräften und Mitarbeitern.

Mit *FANOMICS* dürfen wir viele Unternehmen bei der Gestaltung einer Fan-Macher-Kultur begleiten. Das gibt uns Einblicke in die gesamte Bandbreite an Realitäten: Wir sehen 1) Unternehmen mit einer vollkommen diffusen Kultur, 2) Unternehmen mit einer erkennbaren, aber latenten Kultur bis hin zu 3) Unternehmen mit einer sehr prägnanten Kultur durch explizit formulierte Unternehmenswerte. Was es allerdings nicht gibt, ist ein Unternehmen ganz ohne Kultur. Denn wo Menschen miteinander interagieren, ist auch eine Kultur vorhanden. Wir haben es dann aber mit einer impliziten und häufig auch diffusen Kultur zu tun, denn die Kultur ist in diesem Fall das Resultat von vorherrschenden Normen und Menschenbildern in der Organisation.

Die Stärke und Prägnanz der Unternehmenskultur ist dann abhängig davon, wie homogen sich Schlüsselpersonen, alle Führungskräfte und Mitarbeiter verhalten und welche einheitliche Haltung sie zum Ausdruck bringen. Durch das diffuse Bild aufgrund fehlender Fokussierung kann bei Führungskräften und Mitarbeitern nicht die nötige Passung entstehen. Denn die zentralen Bedürfnisse der Mitarbeiter können nur unter Unsicherheit an die Identifikationsplattform andocken. Dadurch entfalten Organisationen dann auch nicht ihr volles Potenzial in Richtung der Kunden: Sie sind weder wirklich wirksam noch effizient in dem, was sie tun.

Dieser alles andere als zielführende Zustand von Unternehmenskulturen, ist in vielen Organisationen Realität. Ergebnisse aus unserem *Mitarbeiterfocus Deutschland* zeigen, dass nur eine Minderheit der in Deutschland sozialversicherungspflichtig Beschäftigten die Unternehmenswerte des eigenen Arbeitgebers wirklich kennen (vgl. Abb. 4.4). Lediglich 27 % der Führungskräfte und Mitarbeiter stimmen dieser Aussage vollumfänglich zu. Noch schlechter sieht es aus, wenn wir die Identifikation mit den Unternehmenswerten betrachten oder wenn wir uns anschauen, ob die Unternehmenswerte auch tatsächlich im Arbeitsalltag des Unternehmens gelebt werden. Lediglich für 17 % der Beschäftigten sind die Unternehmenswerte tatsächlich erlebbar. Bei einer isolierten Betrachtung der Führungskräfte sieht es kaum besser aus: So stimmen beispielsweise nur 30 % der Führungskräfte vollständig der Aussage zu, die durch den Arbeitgeber festgelegten Werte zu kennen. Das ist ein fataler Befund, denkt man an die Idee von Fan-Macher-Kulturen in Unternehmen.

Anhand der Ergebnisse unseres *Mitarbeiterfocus Deutschland* ist festzuhalten, dass bekannte, ausformulierte, passende und gelebte Werte in deutschen Unternehmen eher die Ausnahme als die Regel sind. Viele Arbeitgeber in Deutschland scheinen demnach

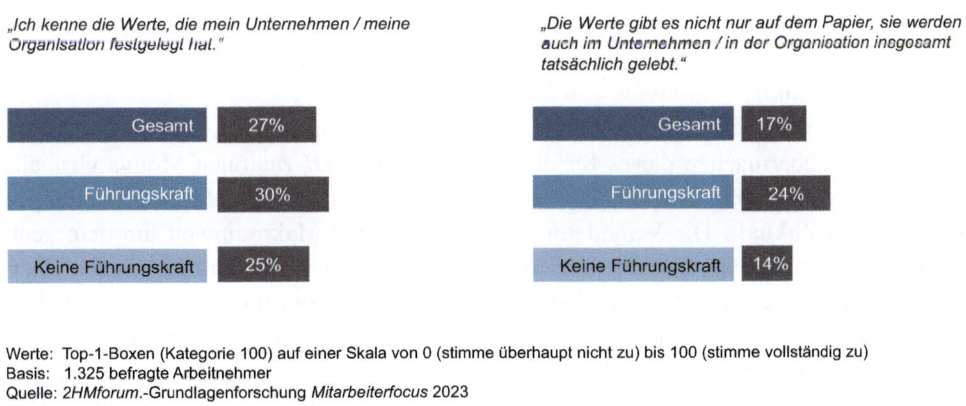

Abb. 4.4 Unternehmenswerte sind kaum verankert in der Unternehmenspraxis

weit entfernt von einer auf Passung basierenden Fan-Macher-Kultur, die über die reine Arbeitgeberattraktivität hinausgeht. Die Leser dieses Buches sollten dies allerdings eher als Chance begreifen und nicht als Anlass zur Sorge nehmen. Denn sie gehören zu denen, die sich nun auf den Weg machen können, und mit ersten Schritten bereits Erfolge erreichen können.

4.1.2 Fokussierte Unternehmenswerte: Instrumente und Steuerungssysteme

Mit *FANOMICS* machen sich Unternehmen auf den Weg, eine Fan-Macher-Kultur für Führungskräfte und Mitarbeiter zu gestalten und zu etablieren. Ein Unternehmen bewegt sich bei der Formulierung von Unternehmenswerten als Kern einer Fan-Macher-Kultur im Spannungsfeld zwischen 1) Positionierung des Unternehmens oder auch den Kundenbedürfnissen, 2) der eigenen Unternehmensidentität mit der aktuellen Kultur und 3) den Bedürfnissen der bestehenden Mitarbeiter. Mit dieser Vorgehensweise stellt *FANOMICS* die Weichen für eine strategisch ausgerichtete und wirksame Unternehmenskultur, die mit hoher Planungssicherheit und Stabilität für die Unternehmenssteuerung und Investitionen verbunden ist. Die Ausrichtung der Organisation ist mit diesem Vorgehen auf viele Jahre belastbar und bildet eine stabile Grundlage für nachhaltigen Erfolg: bei der Aktivierung von Mitarbeiterpotenzialen, bei der Bindung der passenden Mitarbeiter, bei der Gewinnung der richtigen Mitarbeiter und bei der Zusammenarbeit mit Kunden.

Um die langfristige Ausrichtung eines Unternehmens mit *FANOMICS* zu verdeutlichen, greifen wir eines unserer Beispiele aus Kap. 3 erneut auf: Der Automobilhersteller *AUDI* profiliert sich über das Versprechen „Vorsprung durch Technik". Das Unternehmen hat eine branchenübergreifend beachtliche *Fan-Quote* von 29 % (Fanfocus Deutschland 2021), ist also höchst erfolgreich, was die Beziehungsqualität zu seinen Kunden angeht. Diese hohe *Fan-Quote* ist außergewöhnlich, betrachtet man die Dynamik in der Mikro- und Makroumwelt des Unternehmens. Der nachhaltige Erfolg von *AUDI* bei den Kunden ist an einer Klientel im Automobilmarkt festzumachen, für die das Versprechen „Vorsprung durch Technik" und die damit verbundenen Attribute von stabiler Bedeutung sind.

Kein Anbieter bedient dieses Versprechen kommunikativ so konsequent wie *AUDI*. Mit dem Erlebbarmachen dieses für die Kunden von *AUDI* zentralen Motivs über alle Kontaktpunkte hinweg, entsteht in den Köpfen der Kunden eine Monopolstellung – heute und in Zukunft. Die Veränderungen in Mikro- und Makroumwelt tun dem zentralen Motiv der Kernkundschaft keinen Abbruch, es bedarf aber immer wieder Überlegungen, inwiefern modifizierte Codierungen nötig sind, um die Botschaft weiterhin, heute und morgen, erfolgreich zu transportieren. Die modifizierten Codierungen beeinflussen einerseits die Kommunikationsprozesse von *AUDI*, aber auch die Orchestrierung von Leistungsprozessen an den zentralen Kontaktpunkten ist davon tangiert. Und hier wird der Mehrwert einer mit der Positionierung des Unternehmens verzahnten

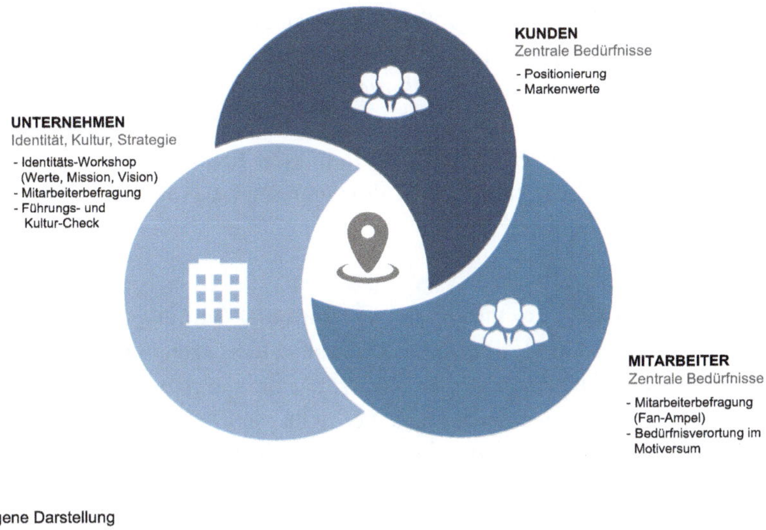

Abb. 4.5 Zentrale Parameter für die Entwicklung von Unternehmenswerten nach *FANOMICS*

Unternehmenskultur deutlich: Diese stellt nämlich sicher, dass die Mitarbeiter das nötige Wissen, die Fähigkeiten und die Motivation für den Erfolg bei den Kunden mitbringen (vgl. Abb. 4.5).

Für die Entwicklung von Unternehmenswerten für eine Fan-Macher-Kultur nach *FANOMICS*-Logik, müssen Unternehmen drei wesentliche Aspekte betrachten. Zunächst einmal benötigen sie eine Positionierung oder Informationen über die zentralen Kundenbedürfnisse. Dann steht die Frage im Raum, inwiefern die Kultur diese Positionierung darstellen kann oder ob es eine Transformation der Kultur bedarf. Dazu müssen die Identität und die gelebte Kultur des Unternehmens verstanden und ergänzend die Mitarbeiterbedürfnisse durchdrungen werden. Exemplarisch stehen dabei Fragen im Raum, wie:

- Welche Kultur und welche (impliziten) Werte charakterisiert das Unternehmen?
- Über welche Kompetenzen und Prozesse verfügt das Unternehmen?
- Welche Schwächen zeichnen das Unternehmen mit seiner Kultur aus?

Diese Fragen können durch verschiedene Instrumente beantwortet werden, im Idealfall werden diese Instrumente sogar miteinander kombiniert: Der *Identitätsworkshop* (Abschn. 4.1.4) gibt u. a. Aufschluss über die impliziten Werte, die gelebte Kultur und die Stärken und Schwächen. Eine *Mitarbeiterbefragung* validiert und ergänzt die Erkenntnisse aus dem Identitätsworkshop aus der Sicht der Mitarbeiter und deckt Mitarbeiterbedürfnisse auf, die für eine hohe *Fan-Indikation* zentral sind.

Möchten Unternehmen ohne größeren Aufwand den aktuellen Status ihrer Kultur bestimmen, bevor sie weitere Schritte in Richtung einer Fan-Macher-Kultur unternehmen, kann ein *FANOMICS Führungs- und Kulturcheck* durchgeführt werden (Abschn. 4.1.11). Dieser gibt aus Sicht der relevanten Entscheider Aufschluss darüber, inwieweit die Organisation kulturell die von *FANOMICS* formulierten Erfolgsfaktoren erfüllt und an welchen Hebeln bei der Gestaltung der Kultur angesetzt werden sollte, um schnelle Fortschritte zu machen.

Fundierte Analysen und Informationen sind die Grundlage einer sicheren Entscheidung über die Entwicklung einer wirksamen Fan-Macher-Kultur

1. Unternehmen, die nach der *FANOMICS*-Logik ihre Führungskräfte und Mitarbeiter zu Fans machen wollen, verfügen optimalerweise über eine *(FANOMICS)* Positionierung und kennen die zentralen Kundenbedürfnisse. Ist beides nicht der Fall, dient eine Kundenbefragung dazu, zentrale Bedürfnisse sowie die hochrelevanten Touchpoints für Kunden zu identifizieren. Wir empfehlen Unternehmen ohne etablierte Positionierung stets, auch diesen Schritt beim Aufbau einer Fan-Macher-Kultur zu vollziehen.
   1. Der Identitätsworkshop mit dem Top-Management prüft zusammengefasst, welche Werte die aktuelle Kultur prägen, welche Stärken und Schwächen die Organisation auszeichnen, welche Verbesserungspotenziale für die Verknüpfung mit der Positionierung erschlossen werden müssen und zu welchen Mitarbeiterbedürfnissen das Unternehmen aufgrund seiner Rahmenbedingungen keine Passung herstellen kann. Dieser Analyseschritt ermöglicht es, geeignete von weniger oder gar nicht geeigneten Inhalten eines zukünftigen Wertegerüsts zu trennen.
   2. Die Mitarbeiterbefragung dient dazu, zentrale Bedürfnisse sowie die hochrelevanten Touchpoints fundierter zu identifizieren. Mit dem *Motiversum* verfügt *FANOMICS* über ein bewährtes Werkzeug, mit dem die zentralen Motivräume der Führungskräfte und Mitarbeiter ermittelt werden können.

4.1.3 Determinante I: Positionierung und Kundenbedürfnisse

Ein zentrales Charakteristikum von *FANOMICS* beim Aufbau einer Fan-Macher-Kultur ist die Verzahnung der Positionierung in Richtung Kunde mit der Unternehmenskultur. Nun mag man anführen, dass es in der Praxis kaum erfolgreiche Unternehmen mit einem funktionierenden Geschäftsmodell gibt, in denen die Unternehmenskultur nicht zur Wertschöpfung für den Kunden beiträgt. Das ist auch so. In vielen Unternehmen ist diese Verzahnung historisch gewachsen, als Folge emergenter Strategien (Mintzberg 1991). Marktdynamik und sich aus der Kultur und Organisationsstruktur heraus ergebende Muster führen zu bleibenden Strategien und Strukturen, sofern diese sich als erfolgreich erwiesen haben. In diesem Fall wäre eine Positionierung (implizit) mitgewachsen, doch greifen die Unternehmenskultur und die Positionierung eben nicht optimal ineinander. Darunter leidet sowohl das Mitarbeiter- als auch das Kundenerlebnis.

Entscheidend für den Schritt zur Entwicklung positionierungsbasierter Unternehmenswerte ist die Reife der Positionierung. Konkret können bei der Implementierung von *FANOMICS* folgende Fälle vorliegen:

- Das Unternehmen ist entlang der zentralen Kundenbedürfnisse positioniert und die Positionierung ist fokussiert ausgearbeitet.
- Das Unternehmen ist zwar entlang von Kundenbedürfnissen positioniert, doch fehlt es an Fokussierung.
- Das Unternehmen ist irgendwie positioniert, allerdings nicht entlang der zentralen Kundenbedürfnisse.
- Das Unternehmen ist noch nicht positioniert.

Im ersten Fall sind die Leitplanken für das Unternehmen eindeutig und es kann unmittelbar herausgearbeitet werden, wie eine Unternehmenskultur beschaffen sein müsste, die diese Positionierung perfekt bedienen kann. In den Fällen 2 bis 4 kann der Bezug zwischen Positionierung und Unternehmenskultur nicht (eindeutig) hergestellt werden. Die Ableitung von passenden Unternehmenswerten ist nur schwer und unter Unsicherheit möglich. Die Entwicklung einer Positionierung oder deren Schärfung ist dann der notwendige Schritt auf dem Weg zu einer mit der Positionierung verzahnten Fan-Macher-Kultur (Becker und Daschmann 2022).

Unternehmen haben stets verschiedene Möglichkeiten, sich zu positionieren. In erster Linie entscheidet der Markt, welche Positionierung ein Unternehmen wählt. Unter anderem sollte die Positionierung das Unternehmen dauerhaft vom Wettbewerb differenzieren und wirtschaftlich attraktiv sein (Becker und Daschmann 2022). Doch muss die unter den gegebenen Umständen (aktuelle Kultur, Kompetenzen und Mitarbeiterbedürfnisse) denkbare Kultur die Positionierung auch tragen können. Zwar kann die aktuelle Kultur einer Organisation transformiert werden, auf der grünen Wiese bewegen wir uns dabei aber nicht. Mit dem vollständigen „Verbiegen“ einer Organisation hin zu einer nicht passenden Soll-Kultur ist das gesamte Vorhaben zum Scheitern verurteilt. Daher müssen sich Entscheider die Frage stellen, welchen Einfluss unterschiedliche Positionierungsoptionen auf die Kultur des Unternehmens haben.

4.1.4 Determinante II: Identität und aktuelle Kultur

Mit der Positionierung verzahnte Unternehmenswerte können nur dann erfolgreich entwickelt und implementiert werden, wenn sie mit der Identität des Unternehmens kompatibel sind. Dazu muss sich das Top-Management fragen, wie das Selbstverständnis des Unternehmens aussieht, welche impliziten oder expliziten Werte das Unternehmen charakterisieren, über welche Kompetenzen das Unternehmen verfügt und wie es mit der Bedürfnisstruktur der bestehenden Mitarbeiter aussieht. Die etablierte Kultur muss neben anderen Aspekten systematisch erfasst werden, um Ableitungen für den Aufbau einer Fan-Macher-Kultur zu machen.

Im Zusammenhang mit der Identität eines Unternehmens, greifen wir das Negativbeispiel *Deutsche Bank* (vgl. Abschn. 3.1) noch einmal auf. Das Bankhaus hat zwar erfolgreich relevante Kundenbedürfnisse in der Beziehung zu einer Bank identifiziert und sich in der Positionierung auf ein Streben nach „Autonomie & Macht" und „Effizienz" sowie auf eine starke „Leistungsorientierung" fokussiert. Kulturell war die Bank für die Erfüllung dieser Bedürfnisse aber nicht gut aufgestellt. Um einen solchen Bruch zu vermeiden und um die notwendige Verzahnung zwischen Unternehmenskultur und Marktleistung sicherzustellen, sollte das Management zunächst ein fundiertes, gemeinsames Selbstverständnis des Unternehmens und seiner Kultur erarbeiten und dokumentieren. Dann ist die Eignung dieses Selbstverständnisses – im Sinne möglicher Kulturen – zur Erfüllung der Positionierung zu prüfen und auch selbstkritisch zu bewerten, wie es um die Akzeptanz im Management und der Belegschaft bestellt ist. Dabei spielen die Mitarbeiterbedürfnisse eine große Rolle. Eine Unternehmenskultur, die das Ergebnis einer konkreten Ausrichtung auf den Markt, aber nicht kompatibel mit den Bedürfnissen der eigenen Belegschaft ist, wird es schwer haben. Durch eine frühzeitige Aufdeckung solcher Hürden kann im Kulturentwicklungsprozess rechtzeitig gegengesteuert und der Erfolg sichergestellt werden.

Als Format zur Erarbeitung dieses Selbstverständnisses des Unternehmens hat sich unser Identitätsworkshop mit dem Top-Management bewährt. Ein typisches zugrunde liegendes Frageraster finden Sie in Abb. 4.6.

Bei der Durchführung des Identitätsworkshops und in Diskussionen mit dem Top-Management stellt sich regelmäßig heraus, dass die beteiligten Entscheider unterschiedliche Zielbilder mitbringen und auch die Unternehmenskultur unterschiedlich verorten. Das gleiche Muster beobachten wir, wenn wir in Unternehmen das Selbstverständnis verschiedener Hierarchieebenen in getrennten Identitätsworkshops matchen. Das Ziel des Identitätsworkshops ist deshalb umso wertvoller: kein reiner Meinungsaustausch, sondern ein einheitliches Bild von der Unternehmenskultur und damit ein Konsens darüber, welche Kultur im Unternehmen wirklich etabliert ist.

Ein einheitliches Verständnis über die Identität und die Kultur eines Unternehmens ist maßgeblich für die Entwicklung passender Unternehmenswerte oder aber für die Anpassung der Positionierung.

4.1.5 Beispiele aus der Praxis VIII: *dm* – Mit einer passenden und starken Identität zum Erfolg bei den Kunden

Mit *dm* betrachten wir ein Beispiel, bei dem das erfolgreiche Zusammenspiel von Identität und resultierender Kultur mit Mitarbeiterbedürfnissen und Kundenbedürfnissen

Quelle: Eigene Darstellung

Abb. 4.6 Fragenraster für *FANOMICS* in Richtung Mitarbeiter

deutlich wird. Die Drogeriemarktkette *dm* wurde 1973 von Götz W. Werner in Karlsruhe gegründet. Die dem Unternehmen durch den Gründer gegebene Identität geht auf eine große Menschenorientierung zurück, die bis heute die Grundlage des unternehmerischen Wirkens von *dm* ist.

„Hier bin ich Mensch, hier kauf ich ein." Seit 1992 bringt diese Aussage zum Ausdruck, was die Haltung des Unternehmens ausmacht: Der Mensch steht im Mittelpunkt – damit sind die Kunden, vor allem aber die Mitarbeiter gemeint. Denn der Gründer, damit aber auch das Unternehmen, hat verstanden, dass der Erfolg im Wesentlichen von den eigenen Mitarbeitern abhängt. Dementsprechend ist dieser Ansatz auch explizit in der DNA des Unternehmens verankert. Schon mit seinem ersten Markt, der 1973 eröffnet wurde, war es die Idee des Gründers, dass unternehmerisches und soziales Denken ganzheitlich im Mittelpunkt stehen.

Das Unternehmen ist auf dieser Grundlage höchst erfolgreich gewachsen. Die Grundüberzeugung von *dm,* was das Zusammenarbeiten und die Ausrichtung auf den Kunden angeht, ist kein künstlich geschaffenes Konstrukt, sondern der authentische Kern der Arbeitgebermarke und ihre ganz „natürliche" Identität. Und das macht *dm* und seine Kultur so stark: Hier wurde die Kultur nicht explizit definiert und ausformuliert, indem entsprechende Werte verankert wurden, sondern durch den Gründer wurde eine klare Identität eingebracht, die dann zur Kultur wurde. Das bedeutet nicht, dass eine zielführende Kultur, mit der der Absatzmarkt erfolgreich bearbeitet werden kann, nicht „geplant" und gezielt gestaltet und eingeführt werden kann. *FANOMICS* zeigt, dass das geht und viele Unternehmen sind damit höchst erfolgreich. Die wesentlichen Fragen sind aber: a) Inwiefern kann die Unternehmenskultur durch ein entsprechendes Wertegerüst authentisch in eine zielführende Richtung angepasst werden? b) Wie orchestriert gehen dabei alle Beteiligten vor, die die Kultur alltäglich verkörpern und vorleben (müssen)? Der Erfolg hängt nämlich stark an den Fähigkeiten, vor allem aber am Willen der Eigentümer, der Geschäftsführer, der Führungskräfte. Sie genießen eine große Aufmerksamkeit der Mitarbeiter, ihr Verhalten ist Maß für das eigene Verhalten und die eigene Haltung.

dm stellt für sich die Erkenntnis nach vorne, dass der Erfolg bei den Kunden im Wesentlichen von den eigenen Mitarbeitern abhängt. Diese Denkhaltung hat das Unternehmen in Grundsätze heruntergebrochen, die klar und deutlich die Überzeugung ausdrücken, dass die Mitarbeiter ganz automatisch so mit den Kunden umgehen, wie das Unternehmen auch mit seinen Mitarbeitern umgeht. Es liegt also eine klare Kausalkette vor. Das Rezept zum Erfolg bei seinen Kunden definiert *dm* darüber, dass man das Unternehmen so gestaltet, dass „die Konsumbedürfnisse der Kunden veredelt werden" (dm 2021). Man möchte also das Kundenerlebnis weiter optimieren, sieht dabei die Mitarbeiter als einen wesentlichen Faktor und begreift darüber hinaus das Ergebnis beim Kunden als Prozess, der stets über die Mitarbeiter weiterentwickelt werden muss.

Um dieser Philosophie gerecht zu werden, steht der einzelne Mensch im Mittelpunkt, und damit die Erkenntnis, dass jeder mit seinen Eigentümlichkeiten anzuerkennen ist. Dass alle Beteiligten mit den individuellen Wesenszügen eines jeden anderen umgehen müssen. In den *dm*-Mitarbeitergrundsätzen heißt es „Wir wollen allen Mitarbeitern helfen, Umfang und Struktur unseres Unternehmens zu erkennen und jedem die Gewissheit geben, in seiner Aufgabe objektiv wahrgenommen zu werden" (dm 2024). Das Ergebnis für *dm* liegt dann aber eben nicht mehr im Einzelnen, sondern in der Gemeinschaft aus all den Individuen, was dann die Kultur charakterisiert. Es ist aber jeder Einzelne, der auf seine Art einen Einfluss auf die Kultur hat, wenn auch nur punktuell und räumlich begrenzt. Letztlich bezeichnet sich das Unternehmen nach innen als *Arbeitsgemeinschaft dm.* Diese fokussierte und orchestrierte Kultur und die daraus resultierende wertebasierte Gemeinschaft sind es, die eine Sogwirkung auf die passenden Menschen mit entsprechender Qualifikation ausüben. So gewinnt und bindet *dm* die für sich richtigen Mitarbeiter. Die dadurch sichergestellte Menschenorientierung bei jedem einzelnen Mitarbeiter macht dann im Kundenerleben auch den Unterschied und findet im Versprechen „Wir machen den Unterschied" seinen Ausdruck.

Zusammenfassend pflegt das Unternehmen eine immanente Kultur der Menschenorientierung und des Miteinanders, bietet damit eine Identifikationsplattform, die Verbundenheit zu den richtigen Mitarbeitern schafft. Zu den richtigen Mitarbeitern, weil diese genau die Eigenschaften mitbringen, die für die Kultur und das Kundenversprechen relevant sind. Die erfolgreiche Umsetzung ist auf zweierlei Punkte zurückzuführen: 1) die definierte Kultur ist nahe an der durch das Management formulierten Unternehmensidentität, die dadurch authentisch und spürbar wird und 2) die Implementierung folgt einem orchestrierten Prozess. Wie bei *FANOMICS* werden die Werte des Unternehmens an den relevanten Kontaktpunkten für Mitarbeiter immer wieder erlebbar gemacht.

4.1.6 Determinante III: Mitarbeiterbedürfnisse und -erleben erfassen

Bei der Entwicklung einer Fan-Macher-Kultur nach *FANOMICS*-Logik kann ein breiteres Verständnis über die Mitarbeiterbedürfnisse und das Mitarbeitererleben helfen. Unter pragmatischen Gesichtspunkten können mit den Erkenntnissen aus dem Identitätsworkshop bereits Akzeptanzprobleme als mögliche Hürden bei den Führungskräften und Mitarbeitern ermittelt werden. Mit den Erkenntnissen aus einer Mitarbeiterbefragung steht das Vorhaben allerdings nochmal auf stabileren Füßen. Denn mit diesen Informationen können bei der Formulierung von Unternehmenswerten nötige Anpassungen und Ergänzungen erkannt werden, um die Brücke zu den Mitarbeitern zu schlagen. Dieser Schritt ist nicht damit zu verwechseln, eine Kultur allein nach den Wünschen der Mitarbeiter zu entwickeln. Kern von *FANOMICS* bleibt weiterhin, eine auf die Kunden ausgerichtete Fan-Macher-Kultur zu gestalten. Das gelingt nur durch ein Top-Down-Vorgehen, das kommunikativ bei Führungskräften und Mitarbeitern gut moderiert sein will.

Das bevorzugte Instrument zur Ermittlung der zentralen Mitarbeiterbedürfnisse und des Mitarbeitererlebens ist eine Mitarbeiterbefragung. Um den Kultur-Kern eines Unternehmens erfolgreich zu gestalten, benötigen Sie aus der Mitarbeiterbefragung folgende Informationen: 1) Informationen zur Beziehungsqualität der Führungskräfte und Mitarbeiter (*Fan-Indikation*, *Fan-Quote*), 2) Bindungstreiber zur Identifikation zentraler Bedürfnisse und 3) Informationen über Aspekte, bei denen auf der täglichen Mitarbeiterreise Passung erlebt werden sollte.

Die *Fan-Indikation,* welche die wirklich relevante Steuerungsgröße ist, dient gemeinsam mit der Zufriedenheit mit dem Arbeitgeber der Erstellung des in Kap. 1 eingeführten *Fan-Portfolios.* Die ermittelte *Fan-Quote* ist die Grundlage zur Messung der Erfolgswirksamkeit der angestrebten Fan-Macher-Kultur in Richtung der Mitarbeiter. Der *Fan-Indikator* bildet die einzigartige Passung des Arbeitgebers zu den Mitarbeitern ab. Er ist, neben der Erstellung des *Fan-Portfolios,* zwingend notwendig, um die relevanten Bindungstreiber zu ermitteln. Mit der *Fan-Indikation* der Führungskräfte und Mitarbeiter in Kombination mit den Bindungstreibern, lässt sich feststellen, welche erfüllten zentralen Bedürfnisse die *Fan-Indikation* entscheidend aufladen. Neben der Erkenntnis, welche Bindungstreiber für die Steigerung der *Fan-Indikation* zentral sind, ist eine Bewertung der Kultur entlang der Bindungstreiber wichtig, um ein Stärken-Schwächen-Profil zu erhalten. Auf diese Weise verstehen Entscheider nicht nur, welche zentralen Bedürfnisse

Bindungstreiber	Relevanz für Fan-Indikator	Bewertung Mitarbeiter
ist sehr zuverlässig	hoch	mittel
ist qualitativ sehr hochwertig	hoch	mittel
ist sehr fair	hoch	niedrig
ist sehr seriös	hoch	niedrig
ist sehr erfolgreich	hoch	hoch
ist sehr glaubwürdig	mittel	niedrig
ist sehr sympathisch	mittel	hoch
ist sehr mitarbeiterorientiert	mittel	mittel
arbeitet sehr professionell	mittel	mittel
bietet große Sicherheit	mittel	niedrig
ist sehr kompetent	mittel	hoch
ist sehr innovativ	niedrig	niedrig
ist sehr kundenorientiert	niedrig	mittel
ist sehr flexibel	niedrig	niedrig

Quelle: Eigene Darstellung

Abb. 4.7 Die *Fan-Macher-Ampel* ist Grundlage für ein Verständnis der zentralen Mitarbeiterbedürfnisse

die Führungskräfte und Mitarbeiter haben, sondern auch, welche Bedürfnisse die Kultur aktuell überhaupt bedient oder kurzfristig bedienen kann. Das Bild von der Bedeutung der Bindungstreiber und der Bewertung des Arbeitgebers entlang dieser Bindungstreiber zeichnet die *Fan-Macher-Ampel* (beispielhaft vgl. Abb. 4.7).

Die *Fan-Macher-Ampel* zeigt in diesem Beispiel, dass die *Fan-Indikation* der Führungskräfte und Mitarbeiter durch fünf Aspekte (grün markiert in der Spalte „Relevanz für *Fan-Indikator*") getrieben werden: „ist sehr zuverlässig", „ist qualitativ sehr hochwertig", „ist sehr fair", „ist sehr seriös" und „ist sehr erfolgreich". Führungskräfte und Mitarbeiter, die diese Aspekte in dem beispielhaften Unternehmen alltäglich erleben, weisen eine hohe *Fan-Indikation* auf. Die Bewertung durch die Mitarbeiter zeigt, welche dieser Aspekte die Organisation aktuell insgesamt bedient. Demnach wird die Organisation nicht bei den Aspekten „fair" und „seriös" verortet, dafür aber bei „erfolgreich" (siehe Bewertung Mitarbeiter).

Für die Gestaltung einer Fan-Macher-Kultur ist zudem das Verständnis darüber zentral, an welchen Kontaktpunkten im Arbeitsalltag der Mitarbeiter die zentralen Bedürfnisse erlebbar werden. Die *Fan-Macher-Touchpoint-Ampel* zeigt für die zentralen Bindungstreiber, welche Touchpoints mit dem Arbeitgeber für das Erleben jedes einzelnen Bindungstreibers relevant sind. In der untenstehenden Abbildung (vgl. Abb. 4.8) ist exemplarisch eine *Fan-Macher-Touchpoint-Ampel* für die Bindungstreiber „ist sehr zuverlässig" und „ist qualitativ sehr hochwertig" dargestellt. Das exemplarische

	Relevanz für...		
Leistungsbereiche	**ist sehr zuverlässig**	**ist qualitativ sehr hochwertig**	**Bewertung Mitarbeiter**
Innerbetrieblicher Informationsfluss	hoch	hoch	niedrig
Zukunftssicherheit des Arbeitsplatzes	hoch	hoch	mittel
Einbindung der Mitarbeiter	hoch	hoch	mittel
Führungsverhalten des direkten Vorgesetzten	hoch	hoch	hoch
Ausstattung des Arbeitsplatzes	mittel	mittel	mittel
Inhalte Ihrer Tätigkeit	mittel	niedrig	hoch
Karriere-/Aufstiegsmöglichkeiten	mittel	mittel	mittel
Persönliche Entwicklungsmöglichkeiten	mittel	mittel	mittel
Weiterbildungsmöglichkeiten	niedrig	mittel	niedrig
Bezahlung	niedrig	mittel	niedrig
Vereinbarkeit von Arbeit und Privatleben	niedrig	mittel	mittel
Zusatz- und Sozialleistungen	niedrig	niedrig	niedrig
Zusammenarbeit mit Kollegen	niedrig	niedrig	mittel
Arbeitszeiten	niedrig	niedrig	mittel

Quelle: Eigene Darstellung

Abb. 4.8 *Fan-Macher-Touchpoint-Ampel* macht Aspekte deutlich, an denen der Arbeitgeber Passung herstellen sollte

Ergebnis macht sichtbar, dass es vor allem der „innerbetriebliche Informationsfluss“, die „Zukunftssicherheit des Arbeitsplatzes“, die “Einbindung der Mitarbeiter“ und das „Führungsverhalten des direkten Vorgesetzten“ sind, die die Bindungstreiber „ist sehr zuverlässig“ und „ist qualitativ sehr hochwertig“ für die Mitarbeiter erlebbar machen.

Die Bewertung der Mitarbeiter macht zudem deutlich, welche Touchpoints aus deren Sicht als Stärken und welche als Schwächen anzusehen sind. Auf diese Weise können Arbeitgeber bei der Gestaltung einer Fan-Macher-Kultur durch Orchestrierung gezielt ihre Stärken einsetzen. Fallweise macht auch ein Defizitabbau entlang ausgewählter Touchpoints Sinn.

Grundsätzlich stellt sich die Frage, wie der Katalog der abzufragenden Aspekte entwickelt wird. Auf der einen Seite gibt es unternehmens- und branchenübergreifend große Übereinstimmungen hinsichtlich der möglichen Bindungstreiber, was für ein standardisiertes Vorgehen spricht. Auf der anderen Seite sind nach unseren Erfahrungen unternehmensspezifische Aspekte so bedeutsam, dass sich individuelle Anpassungen oder Ergänzungen lohnen. Verantwortliche und Mitarbeiter können helfen, diese spezifischen Aspekte zu identifizieren.

Unsere Gesprächspartner aus der Unternehmenspraxis kommen immer wieder mit einigen zentralen Fragen auf uns zu, wenn es um Mitarbeiterbefragungen geht. Dieses Wissen möchten wir gerne mit Ihnen teilen, damit Sie sich ein eigenes Bild machen können:

- **Wie komplex soll die Mitarbeiterbefragung sein? Wie viele Geschäftsbereiche, Abteilungen, Mitarbeitergruppen, Führungsebenen müssen wir abbilden, um daraus die richtigen Schlüsse ziehen zu können?**
  Insbesondere in großen Unternehmen mit komplexer Struktur, vielen Geschäftsbereichen, zahlreichen Abteilungen und Führungsebenen stellt sich die Frage, inwieweit die Mitarbeiterbefragung diese Realität vollständig abbilden muss. Da es bei *FANOMICS* am Ende um die Suche nach dem gemeinsamen Nenner geht, ist die Antwort einfach: Das Kerngeschäft sollte ein Hauptaugenmerk bekommen, darüber hinaus ist ein Verständnis für die verschiedenen Führungsebenen und für Mitarbeiter ohne Führungsverantwortung wichtig. Haben Sie auf diesem Weg die richtigen Botschaften gefunden, dann übersetzen Sie diese für das gesamte Unternehmen. Zudem gibt es ein zweites Kriterium, das dafürspricht, die Befragung pragmatisch und einfach zu halten: Eine Mitarbeiterbefragung sollte jeden Mitarbeiter zur Teilnahme motivieren. Ist der Zweck der Befragung verstanden und gleichzeitig glaubwürdig vermittelt, dass die Ergebnisse auch „verarbeitet“ werden, sehen wir hohe Teilnahmeraten in unseren Projekten.
- **Wie häufig sollte die Mitarbeiterbefragung wiederholt werden?**
  Auf diese Frage gibt es keine eindeutige Antwort. Da die Herleitung der zentralen Motivstrukturen für eine dauerhafte Ausrichtung und Orientierung gedacht und gemacht ist, besteht aus dieser Perspektive gar keine Notwendigkeit für eine Folgemessung. Anders sieht das mit der Frage nach den eigenen Stärken und Schwächen und dem aktuellen Stand der Kulturentwicklung aus. Je nachdem, wie dynamisch sich der Prozess gibt, können sich sogar unterjährig signifikante Wahrnehmungsunterschiede und damit auch Verschiebungen in der Farbsymbolik der *Fan-Macher-Ampel* ergeben. Grundsätzlich gilt: Je kurzfristiger Sie Verschiebungen zu Ihren Ungunsten erkennen, desto schneller können Sie reagieren. Die Mitarbeiterbefragung ist eine Grundlage für die fundierte Steuerung der Kulturentwicklung. Es ist daher empfehlenswert, im jährlichen Turnus zumindest die Bindungstreiber aus der *Fan-Macher-Ampel,* die *Fan-Indikation* und die Zufriedenheit zur Erstellung des *Fan-Portfolios* abzufragen.
- **Gibt es Alternativen zur Mitarbeiterbefragung nach *FANOMICS*, um die benötigten Informationen zu generieren?**
  Viele Unternehmen haben Mitarbeiterbefragungen etabliert und wollen diese zur Sicherstellung der Kontinuität auch fortführen, gleichzeitig aber auch die Mitarbeiter durch eine weitere Befragung nicht frustrieren. In diesem Fall gibt es die Möglichkeit, *FANOMICS*-Inhalte in das bestehende Format zu integrieren und so zielgenau die Informationsbedürfnisse zu befriedigen, die sich aus dem aktuellen Stand des Prozesses ergeben.

Wenn Unternehmen ihre Mitarbeiter nicht befragen können oder wollen[2], um die benötigten Informationen zu generieren, so müssen sie diese auf anderem Weg beschaffen. Als pragmatisch hat sich die Erarbeitung der benötigten Informationen in Workshops gemeinsam mit den Mitarbeitern oder dem Top-Management erwiesen. Über moderierte Leitfragen wie „Was glauben Sie, welche Eigenschaften beeinflussen besonders stark die *Fan-Indikation* der Mitarbeiter?" und nachfolgend „Welche Touchpoints sind für das Erleben besonders wichtig?" können Informationsprozesse simuliert werden, um die *Fan-Macher-Ampel* und die *Fan-Macher-Touchpoint-Ampel* abzuleiten. Dass die auf diese Weise gewonnenen Erkenntnisse mit Vorsicht zu betrachten sind, versteht sich von selbst. In diesem Fall kann aber der Versuch unternommen werden, sie in informellen persönlichen Gesprächen mit Mitarbeitern zu validieren.

4.1.7 Exkurs zu Determinante III: Mitarbeitermotive verstehen mit dem *Motiversum*

Wenn wir die zentralen Bedürfnisse sowie die dahinterliegenden Motivstrukturen von Mitarbeitern verstehen wollen, ist es wichtig, sich Folgendes noch einmal zu vergegenwärtigen: Bedürfnisse schaffen psychologische Beweggründe, sorgen also für Motive unseres Handelns. Und diese Motive wiederum lösen Emotionen aus, die uns helfen, die entsprechenden Handlungen umzusetzen. So sind in jedem von uns evolutionär mehrere Emotionsprogramme verankert, die durch wichtige Bedürfnisse ausgelöst werden und die dem Ziel dienen, diese Bedürfnisse zu erfüllen. Wir alle verfügen beispielsweise sowohl über ein emotionales Angstprogramm als auch über ein emotionales Kampfprogramm. Das Angstprogramm löst Fluchtverhalten aus: Es sorgt für das Vermeiden der Gefahr und sichert so unser überlebenswichtiges Bedürfnis nach Unversehrtheit. Die hinter diesem Emotionsprogramm stehenden Motive sind „Sicherheit & Geborgenheit". Das Bedürfnis ist also Unversehrtheit, das Motiv ist Sicherheit, das damit verbundene Emotionsprogramm ist Angst und die Handlung ist Fluchtverhalten. Das Kampfprogramm hingegen löst aggressives Verhalten aus: Es sorgt für das Durchsetzen im Konkurrenzkampf und sichert so unser überlebenswichtiges Bedürfnis nach Ressourcen. Die hinter diesem Emotionsprogramm stehenden Motive sind „Autonomie & Macht". Das Bedürfnis ist also Durchsetzung, das Motiv ist Autonomie, das damit verbundene Emotionsprogramm ist Kampf und das Verhalten ist Aggression. Bedürfnisse, Motive und Emotionen sind somit untrennbar miteinander verbunden (Becker und Daschmann 2022).

[2] Gründe können z. B. datenschutzrechtliche Hürden sein, institutionelle Verweigerungen der Kunden zur Teilnahme oder die Überschneidung mit anderen Kundenbefragungen.

Dass durch Bedürfnisse und Motive in erster Linie Emotionen ausgelöst werden und nicht etwa der rationale Verstand allein unser Verhalten steuert, ist evolutionär funktional: Nur Emotionen sorgen dafür, dass in solchen zentralen Bedürfnissituationen physiologische Vorgänge stattfinden, die die Erfolgschancen unseres Handelns steigern – wie beispielsweise die Ausschüttung von Hormonen und Neurotransmittern. Emotionen sind eben ganzheitliche körperliche Verhaltensprogramme. Das Beispiel von Angst- und Kampfprogramm zeigt zudem, welche Rolle hierbei dem auslösenden Bedürfnis zukommt. Denn geraten wir in eine Konfliktsituation mit einem Rivalen, geben beide Programme widersprüchliche Signale ab: Das Angstprogramm rät uns, das Feld kampflos zu übergeben, das Kampfprogramm rät uns, unsere Ansprüche zu verteidigen. Welches Programm sich durchsetzt, hängt entscheidend davon ab, welchen Stellenwert das zugrunde liegende Bedürfnis hat und ob es stärker im Bereich des Sicherheitsmotivs oder des Autonomiemotivs verortet ist.

Emotionen dienen somit dem Erfüllen von Bedürfnissen und dem Verwirklichen von Motiven. Und andererseits lösen das Erreichen von Motiven sowie das Erfüllen von Bedürfnissen in uns positive Emotionen aus, die wir als Belohnung und somit als erstrebenswert empfinden. Eben darum, so hatten wir gezeigt, ist eine Fan-Beziehung eine Beziehung mit emotionaler Bindung: Weil sie zentrale Bedürfnisse erfüllt und hierdurch positive Emotionen auslöst.

Will man die zentralen Bedürfnisse seiner Mitarbeiter verstehen, ist es also wichtig, die Motivstrukturen zu identifizieren, die hinter den Bedürfnissen der Mitarbeiter stehen und deren Erfüllung bei ihnen positives emotionales Erleben auslöst. Um dies zu erleichtern, hilft es, sich die grundlegenden verschiedenen Richtungen und Ausprägungen von Motiven vor Augen zu führen – quasi in einer Art Landkarte der Motivstrukturen. Wir haben eine solche Landkarte erstellt – das *Motiversum*. Es stellt das Universum der möglichen Motivstrukturen beschreibend und erschöpfend dar, macht es grafisch erfahrbar und hilft so bei der Veranschaulichung (vgl. Abb. 4.9).

Die Grundbausteine des Modells sind die Motivräume „Inspiration & Neugier", „Sicherheit & Geborgenheit" und „Autorität & Macht". Aus diesen drei Basismotivräumen ergeben sich wiederum Mischformen: Zwischen dem Motiv der „Sicherheit & Geborgenheit" einerseits und dem Streben nach „Autonomie & Macht" andererseits verbirgt sich der Wunsch nach „Struktur & Kontrolle". Zur anderen Dimension hin ergibt sich zwischen „Sicherheit & Geborgenheit" auf der einen Seite und „Inspiration & Neugier" auf der anderen Seite der Wunsch nach unverbindlicher und gefahrloser Anregung, also nach „Leichtigkeit & Entspannung". Und der Wunsch nach „Inspiration & Neugier" wiederum trifft sich auf der anderen Seite mit dem Streben nach „Autonomie & Macht" im Motiv der Risikobereitschaft, also in „Spannung & Wagnis".

Das *Motiversum* mit seinen sechs Segmenten ähnelt einer Reihe ähnlicher Taxonomien aus der psychologischen Literatur, die alle versuchen, die den Emotionen zugrunde liegenden Motive zu ordnen und zu strukturieren (Becker und Daschmann 2022), allerdings mit z. T. anderen Begriffen, die uns für unsere Zwecke, nämlich die Einordnung

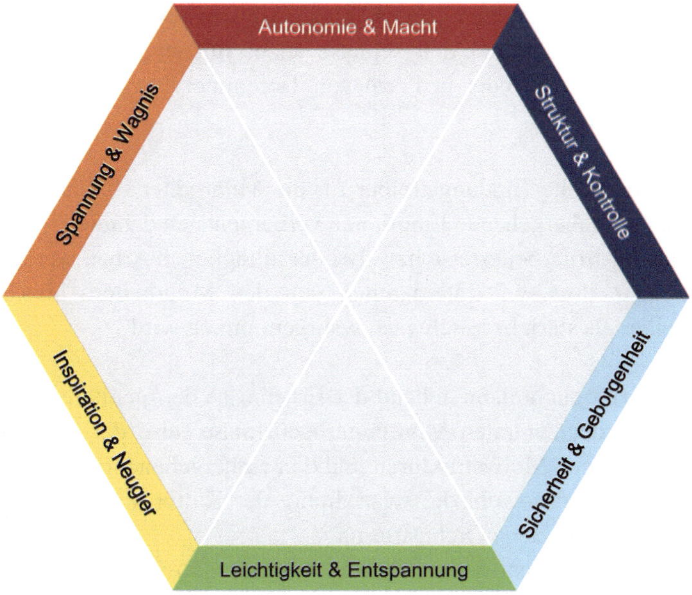

Quelle: Eigene Darstellung

Abb. 4.9 Das *Motiversum*: Landkarte der emotionsleitenden Motivstrukturen

von Mitarbeiterbedürfnissen, geeigneter erscheinen. Mit den sechs Feldern des *Motiversums* haben wir somit die sechs zentralen Motive identifiziert, in die sich nun die Bedürfnisse von Mitarbeitern anschaulich einordnen lassen.

Auf den ersten Blick scheint die Einordnung der Mitarbeiterbedürfnisse in die Motivräume ein einfacher Vorgang: So würde möglicherweise ein Lebensversicherer seine Identität und die Bedürfnisse seiner Mitarbeiter im Motivfeld „Struktur & Kontrolle" vermuten, während ein Hersteller von Outdoor-Wear seine Mitarbeiter bei „Spannung & Wagnis" verorten würde. Das klingt zunächst plausibel, muss aber nicht richtig sein, weil es eben nicht allein die Unternehmenstätigkeit oder am Ende das Produkt ist, das automatisch die Bedürfnisse der dort tätigen Mitarbeiter beeinflusst, sondern eben auch die gemeinsame Vorstellung, wie man zusammenarbeiten möchte, welche Kultur in der Lage ist, entsprechende Produkte zu entwickeln oder was dem Erlebbarmachen der zentralen Kundenbedürfnisse am besten dient. Auch ein Versicherer, der als Produkt „Absicherung" anbietet, benötigt möglicherweise eine kreative Kultur, um der ausgewählten Kundenzielgruppe passende Lösungen anbieten zu können. Um den Zugang zu den Motivstrukturen zu finden, ist die Frage zu beantworten, warum die Bindungstreiber, die sich in der *Fan-Macher-Ampel* als hochrelevant für die Mitarbeiter erweisen, so wichtig für die *Fan-Indikation* sind. In der Praxis hat es sich bewährt, zum fundierten Verständnis der zentralen Bedürfnisse im Anschluss an eine klassische *quantitativ-standardisierte*

Mitarbeiterbefragung im Rahmen des *FANOMICS*-Prozesses zur Gestaltung einer Fan-Macher-Kultur eine *qualitative* Analysephase anzuschließen. Dies kann alternativ im Rahmen von Fokusgruppen oder in Form von Tiefeninterviews geschehen. Dabei sind die zentralen Leitfragen:

1. Warum sind bestimmte Bindungstreiber für die Mitarbeiter so wichtig? Welche Motive sowie damit einhergehende Emotionen verbergen sich dahinter?
2. Wo innerhalb der Mitarbeiterreise bzw. bei der alltäglichen Arbeit werden sie erlebt?
3. Was führt dazu, dass ein Unternehmen von den Mitarbeitern hinsichtlich dieser Bindungstreiber als stark bzw. schwach wahrgenommen wird?

Das *Motiversum* ermöglicht dann anhand der Ergebnisse der qualitativen Studie die eindeutige Zuordnung der zentralen Mitarbeiterbedürfnisse (also der Bindungstreiber) zu den sechs grundlegenden Motivstrukturen und den einhergehenden typischen Verhaltensmustern. Dies erleichtert sowohl die Ausrichtung der Kultur auf die relevanten Motivstrukturen als auch die gezielte Orchestrierung.

Um die Rolle von Motivstrukturen an einem Beispiel zu vertiefen, betrachten wir ein weiteres Mal unser *AUDI*-Beispiel aus Kap. 3. Mit dem Versprechen „Vorsprung durch Technik“ appelliert das Unternehmen bei seinen Kunden an ein Dominanzmotiv. Doch wie ist es um die Mitarbeiter mit ihren Bedürfnissen bestellt, die als Teil der *AUDI*-Unternehmenskultur den Dominanz-Motivraum der Kunden bedienen müssen. Die Dominanz resultiert aus a) der Überlegenheit durch Innovation und aus b) der technischen Überlegenheit der Innovation (Vorsprung). Die hinter der Entwicklung von Innovationen stehende Kultur muss selbst nicht dominant sein, sondern sie muss in der Lage sein, passende Innovationen zu entwickeln. Dafür braucht es als Mindset der Mitarbeiter Disziplin und Offenheit für Ideen. Die vier Unternehmenswerte von *AUDI* 1) Wir leben Innovation, 2) Wir leben Veränderung, 3) Wir leben Verantwortung und 4) Wir leben Offenheit, können in folgenden Motivräumen verortet werden: „Struktur & Kontrolle“ und „Inspiration & Neugier“. Unternehmenskultur und Positionierung müssen also nicht innerhalb derselben Motivräume verortet sein.

Mit den Erkenntnissen über die zentralen Bedürfnisse der Mitarbeiter und die dahinterliegenden Motivräume, können die positionierungsbasierten Unternehmenswerte zielsicher operationalisiert und codiert werden, um Passung zu Führungskräften und Mitarbeitern herzustellen. Im Zusammenspiel mit den Erkenntnissen aus dem Identitätsworkshop hat das Management nun eine fundierte Grundlage an der Hand, um ein nach innen wirksames Wertegerüst als Identifikationsplattform zu errichten. Dieses Gerüst verzahnt nicht nur die Kultur mit den Kunden, sondern appelliert auch konkret an die Bedürfnisse der bestehenden Führungskräfte und Mitarbeiter.

4.1.8 Entwicklung eines positionierungsbasierten Werteleitbildes: Unternehmenswerte und Führungsgrundsätze

Mit der Formulierung von positionierungsbasierten Unternehmenswerten schaffen Unternehmen den Kern ihrer Fan-Macher-Kultur. Die Unternehmenswerte erfüllen dabei zwei Funktionen: 1) sie sind die zentrale Identifikationsplattform für die passenden Führungskräfte und Mitarbeiter und 2) sind sie die Spielregeln für erwünschte Haltung und Verhalten, um die Organisation auf den Kunden auszurichten. Entscheider gestalten mit fundiert herausgearbeiteten positionierungsbasierten Unternehmenswerten die Voraussetzungen für eine hohe *Fan-Quote* in der Belegschaft und für eine schlagkräftige Organisation, die sich durch wirksame Zusammenarbeit und effiziente Abläufe auszeichnet. Darauf beruhen die Erfolgspotenziale einer Fan-Macher-Kultur.

Damit eine effektive Fan-Macher-Kultur entsteht, sind, neben der Positionierung und den zentralen Kundenbedürfnissen, auch die Identität des Unternehmens (Managementsicht) und die Bedürfnisse der Führungskräfte und Mitarbeiter zu berücksichtigen. *FANOMICS* formuliert deshalb einige Eckpfeiler, die sich in konkrete und relevante Kriterien für die Werteentwicklung übersetzen lassen. Wir stellen Ihnen diese kurz vor:

1. Kriterium *Positionierungsbezug:* Die Unternehmenswerte sollten mit der Positionierung des Unternehmens verzahnt sein. Denn nur dann wird es dem Unternehmen gelingen, wirtschaftlich erfolgreich zu agieren. Stellen Sie sich zum Beispiel einen mittelständischen Unternehmensinhaber vor, der trotz überwältigender Informationslage aus dem Identitätsworkshop und der Mitarbeiterbefragung nicht akzeptieren will, dass die notwendige Bereitschaft in seiner Belegschaft nicht gegeben ist, sich „rund um die Uhr" um die Kunden zu kümmern. Genau das ist aber eine zentrale Voraussetzung dafür, die mögliche Positionierung auch erfolgreich zu implementieren.
2. Kriterium *Identität:* Die Unternehmenswerte müssen entweder mit der Identität des Unternehmens vollständig übereinstimmen oder aber mit dieser kompatibel sein. Es handelt sich dabei um eine notwendige Voraussetzung, da das Management sonst nicht hinter den Unternehmenswerten und der daraus resultierenden Kultur stehen wird. Darüber hinaus weicht der zukünftige Kultur-Kern dann auch signifikant von der aktuellen Unternehmenskultur ab, was in der Regel zu einem weitreichenden Veränderungsprozess führt. Das kann zwar notwendig sein, sollte aber vermieden werden.
3. Kriterium *Passung:* Das Wertegerüst muss eine Passung zwischen den tatsächlichen Merkmalen Ihres Unternehmens und den Motiven der Mitarbeiter herstellen, denn nur dann kann eine hohe *Fan-Indikation* entstehen. Ob das der Fall ist, verrät uns eine *FANOMICS*-Mitarbeiterbefragung und die daraus resultierende *Fan-Macher-Ampel,* die neben der Relevanz der verschiedenen Unternehmenseigenschaften für die *Fan-Indikation* auch ausweist, wie das Unternehmen hinsichtlich dieser Eigenschaften von den Mitarbeitern bewertet wird. Nur wenn eine hohe Relevanz mit einer guten Bewertung einhergeht, ist die Voraussetzung für die Wahrnehmung von Passung gegeben.

4. Kriterium *Kongruenz:* Hier unterscheiden wir zwei Teilaspekte. Das Kriterium greift den Kerngedanken der Orchestrierung entlang der Mitarbeiterreise auf und unterscheidet zwischen der Leistungserbringung und der Kommunikation.
   a. Die Unternehmenswerte müssen in der Leistungserbringung an den wesentlichen Kontaktpunkten erlebbar sein. Die Antwort liefert uns die *Fan-Macher-Touchpoint-Ampel* für die Leistungserbringung, basierend auf den Ergebnissen einer Mitarbeiterbefragung. Wird das Unternehmen an den Touchpoints, die für die Erfüllung des Kultur-Kerns von besonderer Bedeutung sind, von den Mitarbeitern gut bewertet, so schaltet die *Fan-Macher-Ampel* auf „Grün", also ist das Kriterium der Kongruenz leistungsseitig erfüllt.
   b. Das Wertegerüst muss in der *internen Kommunikation* erlebbar sein. Die Antwort liefert uns die *Fan-Macher-Touchpoint-Ampel* für die Kommunikation, wiederum basierend auf den Ergebnissen der Mitarbeiterbefragung. Werden die Kommunikationskanäle, die für das Erlebbarmachen der Unternehmenswerte von besonderer Bedeutung sind, von den Mitarbeitern gut bewertet, so springt die *Ampel* auf „Grün" – das Kriterium der Kongruenz in der Kommunikation wäre dann erfüllt.
5. Kriterium *Prägnanz:* Es kommt darauf an, die Unternehmenswerte so zu formulieren, dass sie von der Belegschaft klar und deutlich verstanden werden. Dabei ist ein geeigneter Abstraktionsgrad erforderlich: Weder sollten Unternehmenswerte inhaltslose Worthülsen mit großem Interpretationsspielraum sein, noch sollten sie mit Service-Levels verwechselt werden und bürokratisch daherkommen.
6. Kriterium *Zukunftsbezug:* Die Kultur muss zukunftsfähig sein, die Unternehmenswerte sollen also für einen langen Zeitraum Bestand haben. Das wird einerseits durch eine ebenfalls zukunftsfähige Positionierung und andererseits durch die Berücksichtigung der möglichen Veränderung von Mitarbeiterbedürfnissen durch bspw. gesellschaftlichen Wandel sichergestellt. Ein regelmäßiges und auch zu kurzfristiges „Umwerfen" der Kultur sollte vermieden werden, da dieser Weg für die Führungskräfte und Mitarbeiter herausfordernd ist. Der Erfolg starker Unternehmenskulturen erklärt sich auch dadurch, dass sie lange und beständig für die gleichen Werte stehen und ihren Mitarbeitern somit eine verlässliche Identifikationsplattform bieten.

Damit die Unternehmenswerte in ihrer Funktion als Identifikationsplattform auf Führungskräfte und Mitarbeiter wirken und Passung herstellen können, müssen sie im Arbeitsalltag ankommen und erlebbar werden. *FANOMICS* stellt diesen Aspekt durch das interne *Employer Fan Management* sicher. Ausführlich erläutern werden wir das in Abschn. 4.2, doch möchten wir an dieser Stelle bereits auf die zentrale Rolle der Führungskraft hinweisen. In ihrer Funktion als Vorbild und Kanal prägt die Führungskraft ganz maßgeblich den Arbeitsalltag der Mitarbeiter und ist verantwortlich für die Vermittlung und das Erlebbarmachen der Unternehmenswerte. Für die Implementierung von *FANOMICS* werden die Unternehmenswerte deshalb auch um wertebasierte Führungsgrundsätze ergänzt. Die Führungsgrundsätze sollten die zentralen

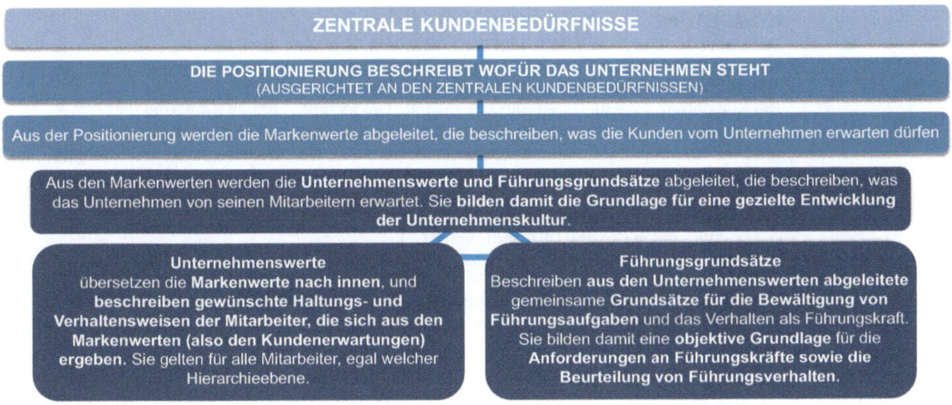

Quelle: Eigene Darstellung

Abb. 4.10 Elemente eines *FANOMICS*-Werteleitbildes

Führungsthemen umfassen, wie Kommunikation, Kompetenzentwicklung oder Umgang mit Konflikten und Fehlern. Der Umgang der Führung mit diesen Themen muss aber wertebasiert definiert werden, schließlich soll die Führungskraft wertekonform führen und damit die Unternehmenswerte erlebbar machen. Die positionierungsbasierten Unternehmenswerten und die wertebasierten Führungsgrundsätze bilden schließlich das Werteleitbild nach der *FANOMICS*-Logik (vgl. Abb. 4.10).

Mit einem Beispiel möchten wir das bisher Erläuterte verdeutlichen. Ein Unternehmen, dass sich in seiner Branche bei den Kunden als „kompetenter Partner" positioniert, plant die Etablierung einer wirksamen Fan-Macher-Kultur. Zu diesem Zweck entwickelt es ein *FANOMICS*-Werteleitbild basierend auf der Positionierung und den Markenwerten. Um die Positionierung bei den Kunden erfolgreich erlebbar machen zu können, hat das Unternehmen drei konkrete Markenwerte definiert und ausformuliert: Kompetenz, Partnerschaftlichkeit und Vertrauen (vgl. Abb. 4.11).

Mit *FANOMICS* wird eine Fan-Macher-Kultur aufgebaut, die zugleich in Richtung Kunden und Mitarbeiter wirksam ist. Dafür braucht es mit den Unternehmenswerten einen Kultur-Kern, der mit der Positionierung verzahnt ist: So werden die aus der Passung zwischen Unternehmenswerten und Mitarbeitern aktivierten Mitarbeiterpotenziale in Richtung Kunde kanalisiert. Das Unternehmen entwickelt fünf positionierungsbasierte Unternehmenswerte, die die gewünschten Haltungs- und Verhaltensweisen der Führungskräfte und Mitarbeiter beschreiben: „Respekt", „Leidenschaft", „Teamgeist", „Verantwortung" und „Kreativität" richten die Organisation intern auf den Kunden aus. Um uns die Konstruktion von Unternehmenswerten und die Verzahnung mit der Positionierung zu verdeutlichen, greifen wir einen der Werte heraus: „Verantwortung". Verantwortung wird als zentral angesehen, um der Rolle als „Partner" gerecht zu werden. So könnte die Umschreibung des Wertes dann lauten:

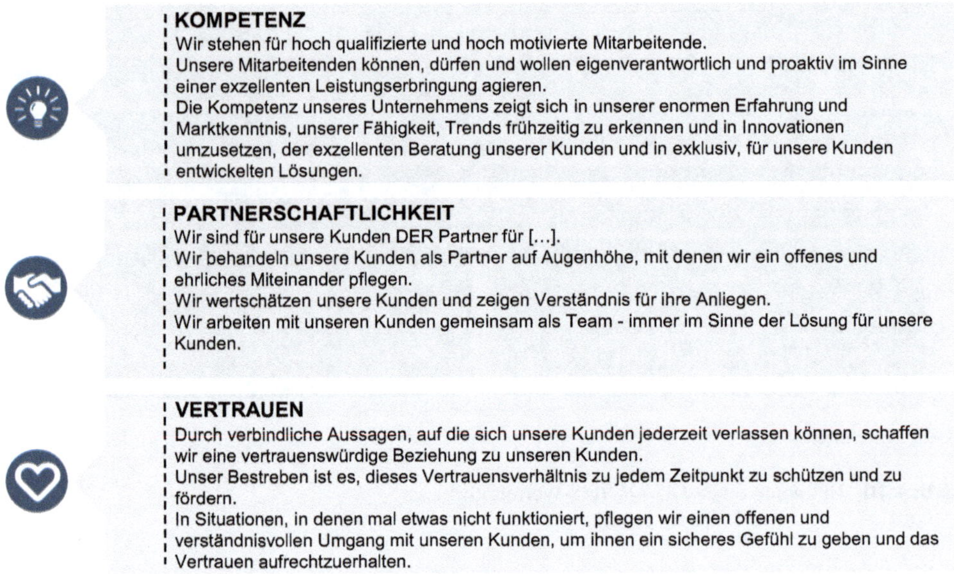

Quelle: Eigene Darstellung

Abb. 4.11 Markenwerte des Unternehmens mit der Positionierung als „kompetenter Partner"

> *Wir übernehmen Verantwortung. Wir haben die Bedürfnisse unserer Kollegen, Kunden und Geschäftspartner im Blick und handeln verantwortungsbewusst, um diese Bedürfnisse zu erfüllen und das bestmögliche Ergebnis für unser Unternehmen und für unsere Kunden zu erzielen. Verantwortung zu übernehmen, bedeutet auch, proaktiv eigene Lösungsvorschläge für Themen zu entwickeln, die verbessert werden sollen, um für unsere Kunden stets noch besser als der kompetente Partner erlebbar zu sein.*

Für die Umsetzung der Unternehmenswerte durch die Mitarbeiter im Arbeitsalltag sollten die Unternehmenswerte weiter konkretisiert werden. Dadurch wird deutlicher, was genau zu tun ist, um den in diesem Wert formulierten Erwartungen gerecht zu werden. So könnte der Wert „Verantwortung" ergänzt werden um folgende Ausführungen:

- Wir arbeiten nach klaren, aus unserer Unternehmensstrategie abgeleiteten und kommunizierten Zielen, um gegenüber unseren Geschäftspartnern der kompetente Partner zu sein.
- Verantwortung bedeutet, dass wir unser Verhalten gegenüber internen und externen Kunden aktiv reflektieren und steuern und offen für konstruktives Feedback sind.

- Wir entscheiden verantwortungsbewusst und kompetent und treffen gegenüber unseren Kunden verbindliche Aussagen. Wir fühlen uns alle verantwortlich dafür, wie unsere Kunden das Unternehmen wahrnehmen.
- Wir geben unser Wissen über unsere Kunden aktiv an unsere Kollegen weiter und halten diese stets informiert, um internen Klärungsbedarf zu reduzieren.
- …

Das Unternehmen ist sich der zentralen Rolle seiner Führungskräfte als Vorbilder und Kanal bewusst. Deshalb entwickelt es ergänzend Führungsgrundsätze, um eine wertekonforme Führung und damit die Erlebbarkeit und Umsetzung der Unternehmenswerte im Arbeitsalltag sicherzustellen. Der Führungsgrundsatz „Verantwortung" richtet sich direkt an die Führungskräfte und beschreibt die Erwartungen an die Führungskraft, um den Unternehmenswert „Verantwortung" zu implementieren:

> *Als Führungskraft tragen wir die Gesamtverantwortung für das Unternehmen und ermutigen die Mitarbeitenden dazu, proaktiv Lösungsvorschläge zu entwickeln und die Verantwortung für ihre Arbeit zu übernehmen. Ein Mitarbeitender, dem unsere übergeordneten Ziele bekannt und wichtig sind und der diese auch zu seinem eigenen Anliegen macht, wird gerne Verantwortung übernehmen. Die Vermittlung unserer Ziele und deren Bedeutung ist daher ein wesentlicher Bestandteil unserer Führungsarbeit.*

Auch der Führungsgrundsatz sollte dann weiter heruntergebrochen werden, um im Führungsalltag Leitplanke und Unterstützung sein zu können. Es braucht also explizite Erwartungen, was die Führung zu tun hat und welche konkrete Verantwortung sie im Arbeitsalltag trägt, um den Werten gerecht zu werden und diese erlebbar zu machen.

All diese Elemente zusammengenommen bilden ein *FANOMICS*-Werteleitbild. Es beschreibt nicht nur klar und deutlich die Erwartungen an die Mitarbeiter und Führungskräfte, es verzahnt auch explizit die Positionierung mit den Unternehmenswerten. Dadurch wird für alle Beschäftigten direkt ersichtlich und nachvollziehbar, weshalb die konkret aufgeführten Unternehmenswerte ausgewählt und entwickelt wurden. Das ruft bei allen Mitarbeitern dann nicht nur ins Gedächtnis, worauf es bei den Kunden des Unternehmens ankommt, sondern hilft den Mitarbeitern auch, die Gesamtzusammenhänge zu verstehen: Verständnis fördert die Akzeptanz.

Unsere Erläuterungen zur Entwicklung von Unternehmenswerten sind als idealtypisch zu verstehen. Mit der Umsetzung müssen Ressourcen in Form von Zeit und Geld investiert werden. Allein zeitlich sollte das Management für die Entwicklung des Werteleitbildes in der idealtypischen Form von sechs Monaten Projektdauer ausgehen – sofern Entscheidungen zwar schnell und entschlossen getroffen werden, aber auch eine umfassende und fundierte Entscheidungsgrundlage durch eine Mitarbeiterbefragung geschaffen wird. Gleichzeitig gehen wir davon aus, dass eine Positionierung vorliegt und nicht erst entwickelt werden muss. Innerhalb dieser sechs Monate ist das Werteleitbild dann entlang der relevanten Eckpfeiler fundiert entwickelt, aber eben noch nicht implementiert.

Die Implementierungsstrecke unterscheidet sich unternehmensspezifisch deutlich, doch bedarf dieser Teil letztlich sogar ein gut investiertes Mehr an Zeit und Pflege als der Entwicklungsprozess. Denn die erfolgreiche Implementierung ist verbunden mit der Verankerung in den Köpfen der Führungskräfte und Mitarbeiter, mit dem Verstehen und der Akzeptanz durch jeden Einzelnen sowie der nachhaltigen Umsetzung im Arbeitsalltag. Insbesondere die nachhaltige Verankerung, und eben nicht nur die einmalige Kommunikation des Werteleitbildes, braucht Zeit. Zeit, die allerdings gut investiert ist und mittelfristig zu einer Entlastung der Organisation und mehr Wirksamkeit und Effizienz führt.

Wenn Sie diese Zeit und Ressourcen nicht investieren wollen, so können Sie den Prozess mindestens bei der Entwicklung des Werteleitbildes abkürzen. In der letzten Konsequenz können Sie im Management sämtliche notwendigen Entscheidungen auch ohne umfassende Analysen treffen, wenn Sie sich sicher sind, über ausreichend valide Informationen die relevanten Einflussgrößen betreffend zu verfügen. Dies vorausgesetzt, können Entscheidungen über das zukünftige Werteleitbild in einem einzigen Workshop durch das Management getroffen werden – dann allerdings auch mit einem höheren Irrtumsrisiko. Auch wenn im Nachgang an einen solchen Workshop die Unternehmenswerte noch konkret auszuformulieren sind, so gewinnt der Prozess doch deutlich an Geschwindigkeit.

4.1.9 Beispiele aus der Praxis IX: *DaimlerChrysler* – Die Notwendigkeit einer fokussierten und übergreifenden Kultur

Die Leser dieses Buches werden sich möglicherweise an die im Jahr 1998 vollzogene Fusion von *Daimler-Benz* und der *Chrysler Corporation* erinnern. Die beiden Unternehmen wollten ihre Geschäftstätigkeit zielführend kombinieren und betitelten das Vorhaben als „Merger of Equals" (DieselNet 1998). Innerhalb eines Jahres wurde die von *Jürgen Schrempp (Daimler-Benz)* and *Robert Eaton (Chrysler Corporation)* eingestielte Fusion dann umgesetzt. So entstand eines der größten Automobilunternehmen der Welt, das hinsichtlich Umsatz, Marktkapitalisierung und Gewinn an dritter Stelle in der Welt und bei der Anzahl der verkauften Einheiten (Pkw und Nutzfahrzeuge) an fünfter Stelle in der Welt stand. Das neue Unternehmen erwirtschaftete einen Umsatz von 155,3 Mrd. US Dollar und verkaufte 4 Mio. Pkw und Lkw im Jahr 1998. Das fusionierte Unternehmen, die *DaimlerChrysler AG,* wurde geleitet von *Schrempp* und *Eaton* als Co-CEOs. Aus Unternehmenskreisen hieß es, das neue Unternehmen sei gut gerüstet, um Wachstumschancen zu nutzen.

Das Unterfangen war die erste deutsch-amerikanische Großfusion. Das Ergebnis: ein riesiger Flop. Die *Süddeutsche Zeitung* nannte die Fusion nach deren Scheitern im Jahr 2007 rückblickend eine „Hochzeit des Grauens" (Süddeutsche Zeitung 2010). Das ganze

Abenteuer USA habe *Daimler* fast 40 Mrd. Eur gekostet (Michler 2011). Geblieben war ein beträchtlicher Imageschaden für die Marke *Mercedes-Benz,* weil sich als Ergebnis der Fusion zunehmend Qualitätsprobleme an den Produkten zeigten und Kostensenkungen forciert wurden (Süddeutsche Zeitung 2013). *Mercedes-Benz* hatte bis zur Fusion für viele die unumstrittene Führungsrolle im Automobilbau inne, die nach Scheitern der Fusion nur teilweise wiederhergestellt werden konnte. Dabei sind die Hoffnungen und die Fantasien, die in Fusionen stecken, doch zunächst groß. Und tatsächlich sind die Motive für eine Fusion vielfältig und die Perspektive wirklich verlockend: Marktmacht, Technologiezugang, Kompetenzerwerb, Erweiterung von Zielgruppen, Vervollständigung des Produktportfolios und noch viel mehr.

Nun aber zurück zur *DaimlerChrysler AG* und eine Einordnung der Geschehnisse nach *FANOMICS.* Die zentrale Bedeutung der Unternehmenswerte als Identifikationsplattform für Führungskräfte und Mitarbeiter haben wir ausführlich erläutert. Dieser Kultur-Kern definiert die Soll-Kultur, die durch eine gelungene Orchestrierung zu einer wirksamen Fan-Macher-Kultur für die richtigen Führungskräfte und Mitarbeiter wird. Die Fusion von *DaimlerChrysler* ist letztlich an einem gescheitert: an nicht integrierten Kulturen und damit dem Fehlen einer einheitlichen fokussierten Kultur und ein dadurch entstandenes Vakuum, was das Verständnis von Führungskräften und Mitarbeitern beider Unternehmen von einer sinnvollen und angestrebten Zusammenarbeit angeht – mit allen Konsequenzen. Man könnte nun auf die Idee kommen, *Mercedes-Benz* und *Chrysler* haben sich zu voreilig in eine Fusion gestürzt – so war es letztlich jedoch nicht. Dafür steht für jedes Unternehmen – vor allem aber bei Unternehmen solcher Größe – viel zu viel auf dem Spiel.

Die bei der Anbahnung der Fusion identifizierten Synergien konnten aber nicht realisiert werden, das kulturelle Aufeinandertreffen entpuppte sich dabei als wesentliche Hürde. Eine Hürde, die unbeabsichtigt oder auch fahrlässig aufgebaut wurde, um vordergründig eine Fusion unter Gleichen eingehen zu können. Und so entschieden die Vorstandsvorsitzenden damals, dass beide Unternehmen ihre Kulturen beibehalten dürfen. Das Ergebnis: willentlich zwei Kulturen in einem Unternehmen. Die Folgen dieser Entscheidung wurden maßlos unterschätzt. Weder wurde auf diese Weise überhaupt eine Passung zwischen den beiden Unternehmen nach innen hergestellt, noch konnten die Unternehmen auf dieser Basis erfolgreich zusammenwachsen und zusammenarbeiten. Die Grundlage war gelegt für das dramatische Fortbestehen zweier unabhängiger Einheiten, die nun im übertragenen Sinne lediglich ihre Umsätze auf das gleiche Konto verbuchten. Und dann ließ auch noch, vollkommen unnötig, *Jürgen Schrempp* in einem Interview in der Financial Times im Jahr 2000 verlauten, dass der Deal niemals als Fusion unter Gleichen, sondern als Akquisition durch die *Daimler-Benz AG* geplant war (Frankfurter Allgemeine Zeitung 2000).

Die Unterschiede der Kulturen waren markant, schaut man genauer hin: Die *Daimler-Benz AG* zeichnete eine methodische Entscheidungsfindung mit großem Respekt vor Autoritäten, bürokratischer Präzision und zentralisierter Entscheidungsfindung aus. Die *Chrysler Corporation* war charakterisiert durch ihre Kreativität, das Unternehmen war Symbol amerikanischer Anpassungsfähigkeit und Belastbarkeit. Die Kultur bestach durch Effizienz, Eigenverantwortung und ein eher egalitäres Verhältnis zwischen den Angestellten. Diese Unterschiede führten schnell zu Verwerfungen in der alltäglichen Zusammenarbeit. Die Führungskräfte von *Chrysler* waren frustriert aufgrund des „Pedantischen" ihrer Kollegen von *Daimler-Benz*, die aus Sicht der *Chrysler*-Führungskräfte triviale Dinge verkomplizierten und ihnen dann größte Aufmerksamkeit widmeten. *Daimler-Benz*-Führungskräfte hingegen wunderten sich bspw. wiederum über die Emotionalität, die *Robert Eaton* in einer Rede vor Führungskräften zeigte. Auch die Arbeitsstile waren vollständig unterschiedlich. Während bei *Chrysler* die Meetings eher kurzgehalten und die Bürokratie durch Vermeidung von Papierkram klein gehalten wurde, arbeitete man bei *Daimler-Benz* mit eher langen Meetings und akribischer Planung und Dokumentation. Während bei *Chrysler* das Erkennen und Nutzen von Chancen im Vordergrund stand, suchte man bei *Daimler-Benz* nach der bestmöglichen Umsetzung des „heute" Realistischen. Im Ergebnis verstand man das jeweilige Arbeiten des Anderen nicht, wollte es möglicherweise auch nicht verstehen. So wurde das Vorgehen bei *Chrysler* von den von *Daimler-Benz* kommenden Mitarbeitern als chaotisch bezeichnet, während umgekehrt von „Militaristen" die Sprache war. Und so herrschte schnell Misstrauen und schlechte Kommunikation in der Organisation (Muller et al. 2001).

Zunächst versuchte das durch die Fusion neu geschaffene Unternehmen die Lösung durch einzelne Initiativen herbeizuführen, die die beiden Kulturen näher zusammenbringen sollten. Bei *Daimler-Benz* versuchte man sich in einem lockeren Umgang, auch unterfüttert durch Trainings, die das kulturelle Bewusstsein schulen sollten, bei *Chrysler* versuchte man sich daran, systematischer zu planen. Doch da war es vermutlich schon zu spät – vor allem aber versuchten nun beide Seiten halbherzig, die jeweils andere Kultur zu leben. Eine einheitliche Kultur war dadurch nicht geschaffen. Eher waren es weiterhin zwei, nun aber weniger authentische Kulturen. Die Mitarbeiter von *Daimler-Benz* und *Chrysler* waren von Anfang an uneins. Die Führungsteams, jeweils stolz auf ihre Ansätze, arbeiteten nicht zusammen, scheuten Veränderungen und waren nicht zu Kompromissen bereit. Und so nahm die bedenkliche Entwicklung ihren Lauf – das Ende ist bekannt. Letztlich sind die beiden Unternehmen, bis auf das Zusammenlegen einzelner Verwaltungsabteilungen wie Finanzen und Öffentlichkeitsarbeit, im Rahmen der Fusion kein Stück zusammengewachsen. Es hat schlichtweg an einer mutigen Entscheidung dazu gefehlt, wie die gemeinsame und passende Kultur des neuen Unternehmens aussehen könne und dass es überhaupt nur noch eine gemeinsame und damit fokussierte Kultur geben solle.

Also suchte man nach anderen Lösungen, insbesondere, nachdem *Chrysler* durch den Weggang von *Robert Eaton* an der Spitze des neuen Konzerns geschwächt und *Jürgen Schrempp* der starke Mann an der Spitze war. Im Jahr 2000 wurden innerhalb kurzer Zeit zwei *Chrysler*-Präsidenten, *James Holden* und *Thomas Stallkamp,* beide Amerikaner, freigesetzt. Die Mitarbeiter von *Chrysler* mussten mit diesem Schritt den Eindruck bekommen haben, zum Spielball von *Daimler-Benz* geworden zu sein, zu Mitarbeitern des zweitklassigen Partners. Zudem wurde mit *Dieter Zetsche* ein Deutscher zum neuen

CEO bei *Chrysler USA* installiert, der wiederum mit *Wolfgang Bernhard,* ebenfalls ein Manager von *Daimler-Benz,* einen weiteren Deutschen in die Führung von *Chrysler* holte. Auch auf anderer Ebene schien die Problemlösung in der Installation von deutschen Führungskräften gefunden, was die originären Mitarbeiter von *Chrysler* natürlich massiv frustrierte. Werksschließungen und damit einhergehende Entlassungen vor allem bei *Chrysler* taten ihr Übriges, es musste ein Bild entstehen, dass der neue Konzern auf Kosten des Partners *Chrysler* sparte, man damit zweitrangig sei. Was bleibt ist ein Lehrstück, wie man es nicht machen sollte. Und dass eine fokussierte und für das gesamte Unternehmen gültige Kultur ein zentraler Erfolgsfaktor von Unternehmen ist.

4.1.10 Sinnstiftende Elemente als Ergänzung zum Werteleitbild

Nachdem wir mit den Unternehmenswerten als Kultur-Kern die zentrale Identifikationsplattform erläutert haben und durch Ergänzung von Führungsgrundsätzen das Werteleitbild nach *FANOMICS*-Logik eingeführt haben, möchten wir nun einige Aspekte ergänzen, mit denen eine Fan-Macher-Kultur weiter gestärkt werden kann.

Mit einem Werteleitbild nach *FANOMICS*-Logik sind Arbeitgeber bereits in einer herausragenden Ausgangssituation: Die Organisation ist mit der Positionierung verzahnt, bringt durch die Fokussierung auf ausgewählte Unternehmenswerte alles mit, um wirksam und effizient in Richtung Kunde zu arbeiten und gleichzeitig Passung zu den richtigen Führungskräften und Mitarbeitern herzustellen. Um die Fan-Macher-Kultur noch wirksamer zu machen, legt *FANOMICS* nahe, das Werteleitbild mit sinnstiftenden Elementen zu flankieren. In Kap. 3 sind diese Elemente bereits angeklungen. Hier geht es einerseits darum, die Geschäftstätigkeit des Unternehmens instrumental einzusetzen, um das Commitment der Führungskräfte und Mitarbeiter zu erhöhen: Die Vision des Unternehmens, die daraus resultierende Mission, kann für Führungskräfte und Mitarbeiter sinnstiftend sein. Genauso wie die Unternehmensziele, die Unternehmensstrategie, die Produkte und Leistungen des Unternehmens oder ein daraus resultierender gesellschaftlicher Beitrag.

Durch Ergebnisse aus unserem *Mitarbeiterfocus Deutschland* wissen wir um die Bedeutung dieser sinnstiftenden Elemente für eine erfolgreiche Fan-Macher-Kultur. Betrachten wir die Wirkung der Ziele des Arbeitgebers: Abb. 4.12 zeigt den Einfluss der Identifikation von Mitarbeitern mit den Unternehmenszielen auf die *Fan-Quote.* Unter den Mitarbeitern, die sich vollständig mit den Zielen ihres Arbeitgebers identifizieren können, beträgt die *Fan-Quote* überragende 48 %. Dabei eignen sich quantitative und qualitative Ziele gleichermaßen.

Auch zeigen Daten aus unserem *Mitarbeiterfocus Deutschland,* dass eine Verknüpfung der Unternehmenstätigkeit mit einem gesellschaftlichen Beitrag das Fantum steigert. Unter den Mitarbeitern, die einen erkennbaren gesellschaftlichen Beitrag ihres Arbeitgebers sehen, beträgt die *Fan-Quote* 47 % (vgl. Abb. 4.13). Unternehmen sollten sich daher die Frage stellen, welchen Beitrag das Unternehmen mit seinen Produkten,

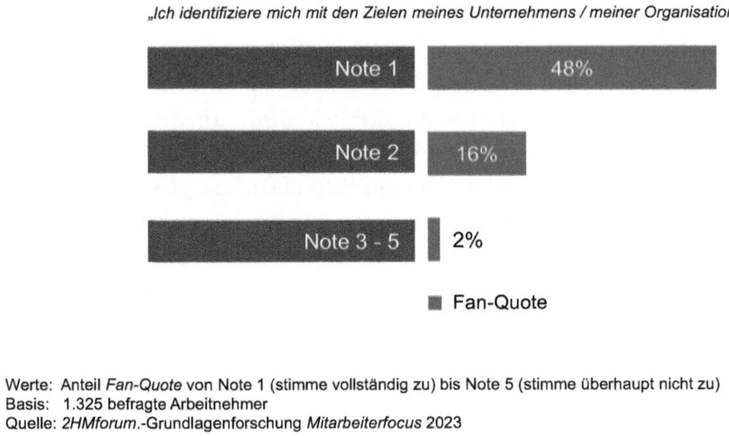

Abb. 4.12 *Fan-Quote* in Abhängigkeit von der Identifikation mit den Unternehmenszielen

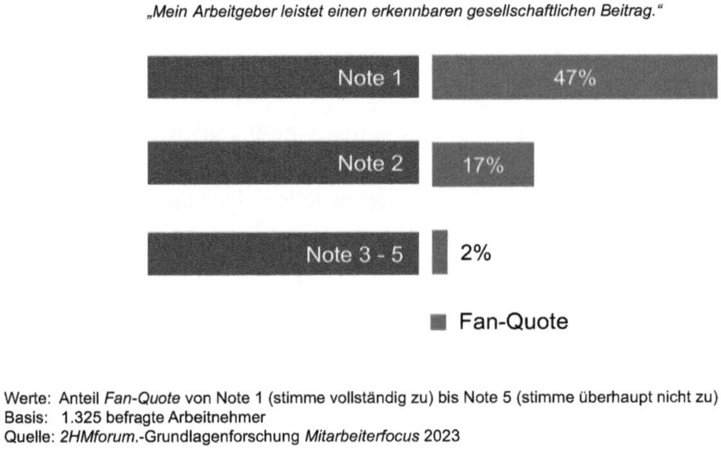

Abb. 4.13 Einfluss des gesellschaftlichen Beitrags von Unternehmen auf die *Fan-Quote* bei den Mitarbeitern

Leistungen und Aktivitäten für Mensch und Umwelt leistet. Unternehmen, deren Gründung auf eine angestrebte gesellschaftliche Veränderung zurückgehen, haben es hier natürlich leicht. Ein solches Beispiel ist die *GLS Bank.* Das Unternehmen hat sich und seine Tätigkeit als Bank vollkommen dem nachhaltigen Wirtschaften verschrieben. Denkt man an Unternehmen aus anderen Branchen, findet man ebenfalls gesellschaftliche Beiträge, die mit der Unternehmenstätigkeit unmittelbar verbunden sind. Beispielsweise haben es Krankenkassen nicht schwer, den eigenen Führungskräften und Mitarbeitern die gesellschaftliche Bedeutung ihrer Tätigkeit in Erinnerung zu rufen – sie müssen es eben nur auf angemessene Weise und kontinuierlich kommunizieren.

Quelle: *Stadtreinigung Hamburg*

Abb. 4.14 Gesellschaftlicher Beitrag als sinnstiftendes und identifikationsstiftendes Element in einer Stellenanzeige der Stadtreinigung Hamburg

Denken wir an weitere Branchen, z. B. Abfallentsorgungsbetriebe (vgl. Abb. 4.14), dann ist die gesellschaftliche Bedeutung ebenfalls unmittelbar nachvollziehbar und sollte Führungskräfte und Mitarbeiter einen höheren Sinn in ihrem Tun geben. Letztlich hat nahezu jedes Unternehmen die Möglichkeit, die Identifikationsplattform, rund um das Werteleitbild, um sinnstiftende Komponenten zu ergänzen.

Bevor wir nun zum internen *Employer Fan Management* kommen, um Schritte zur Implementierung der Fan-Macher-Kultur zu erläutern, fassen wir abschließend die bisherigen Schilderungen und Erkenntnisse zusammen:

1. Unternehmen benötigen eine positionierungsbasierte Unternehmenskultur, die die Organisation mit dem Kunden verzahnt. Das Werteleitbild beschreibt die Spielregeln für eine orchestrierte Ausrichtung des Unternehmens auf die zentralen Kundenbedürfnisse.
2. Unternehmen müssen auf die Passung ihrer Mitarbeiter zu diesem positionierungsbasierten Werteleitbild achten: Was ist für das Unternehmen wichtig, was für die Mitarbeiter? Das relevante Instrument dafür ist die Mitarbeiterbefragung. Es sind grundsätzlich zwei Ergebnisszenarien denkbar:
   a. Die hochrelevanten Bindungstreiber der Belegschaft stimmen mit den wesentlichen Attributen der positionierungsbasierten Unternehmenswerte überein.

b. Die hochrelevanten Bindungstreiber der Belegschaft stimmen mit den wesentlichen Attributen des Werteleitbilds *nicht* überein. Es besteht also *keine* Passung zwischen den zentralen Bedürfnissen der Belegschaft und den positionierungsbasierten Unternehmenswerten.

3. Unternehmen sollten eine Passung zwischen den positionierungsbasierten Unternehmenswerten und der Belegschaften herstellen, und zwar durch eine Mischung aus Überzeugungsarbeit, Rekrutierung passender Mitarbeiter und möglicherweise Trennung von Mitarbeitern, bei denen überhaupt keine Passung vorhanden ist.
4. Unternehmen sollten individuelle Passung anstreben, insbesondere auf der Führungsebene. Das Ergebnis der *Fan-Ampel* zeigt stets ein aggregiertes Bild über die gesamte Belegschaft. Selbst wenn das Gesamtbild für eine hohe Passung spricht, heißt dies nicht, dass alle Mitarbeiter Passung erleben. Die Verteilung auf die Gruppen im *Mitarbeiter-Fan-Portfolio* gibt einen genaueren Einblick, wie stark die Zustimmung und die Widerstände hinsichtlich der Unternehmenskultur sind. Da dies Ergebnisse auf anonymisierter Basis sind, können Sie nicht auf die Passung einzelner Führungskräfte und Mitarbeiter schließen. Dafür empfehlen sich dann ergänzende Workshops oder Einzelgespräche. Dabei ist zu beachten, dass auf Führungsebene ein Commitment von 100 % angestrebt werden sollte, denn die Führungskräfte sind, gemäß der Erkenntnisse aus dem *Fan-Prinzip,* die „Stars", an denen sich die Mitarbeiter orientieren. Auf der Ebene der Mitarbeiter ohne Führungsverantwortung hält ein Unternehmen auch einen gewissen Anteil an Mitarbeitern aus, die nicht passen. Diese können zum Beispiel aufgrund bestimmter Fähigkeiten unverzichtbar sein oder für die Abwicklung lästiger Routinearbeiten benötigt werden.

Abschließend möchten wir Ihnen den *FANOMICS* Führungs- und Kultur-Check vorstellen. Mit diesem Instrument machen Sie eine prägnante Bestandsaufnahme Ihrer Kultur und prüfen diese entlang einzelner Erfolgsfaktoren nach der *FANOMICS*-Logik. Im Ergebnis erkennen Organisationen damit ihre Reife für eine Fan-Macher-Kultur und können eine Roadmap für den Weg zur konsequenten Schaffung einer solchen Kultur ableiten.

4.1.11 Der *FANOMICS* Führungs- und Kulturcheck: Standortbestimmung und Roadmap zur Fan-Macher-Kultur

Wenn Sie an die Umsetzung von *FANOMICS* denken, werden Sie unter Berücksichtigung der bisherigen Ausführungen feststellen, dass Sie einige Punkte bereits intuitiv und erfolgreich umsetzen. Planen Sie eine Umsetzung von *FANOMICS* in Eigenregie? Dann sollten Sie sich einen systematischen Überblick verschaffen, welche Aspekte zur Implementierung einer Fan-Macher-Kultur nach *FANOMICS*-Logik bereits umgesetzt sind, welche Aspekte in Ihrem Unternehmen leicht umzusetzen sind und bei welchen Aspekten Ihr Unternehmen vor einer Herausforderung steht, die Organisation mit ihrer Kultur also umfassend entwickelt werden muss.

Identifikationsplattformen	Welche identitätsstiftenden Elemente/Identifikationsplattformen bieten Sie Ihren Mitarbeitern an? Welche Reife haben diese Elemente und wie vital sind diese?
Verzahnung Mitarbeiter/Kunde	Inwiefern ist das Kundenmanagement strategisch und kommunikativ mit der Kultur verzahnt?
Internes Employer Fan Management	Zu welchem Grad ist Ihr internes Employer Fan Management implementiert? Welchen Beitrag leistet die Führung? Inwiefern sind Kommunikations- und Leistungsprozesse orchestriert?
Externes Employer Fan Management	Zu welchem Grad ist Ihr externes Employer Fan Management implementiert? Was ist die Basis der Profilierung auf dem Arbeitsmarkt? Wie fokussiert ist die Arbeitgebermarke erlebbar? Sind Kontaktpunkte zum Arbeitsmarkt orchestriert?
Feedback und Steuerung	Wird die Kulturentwicklung datenbasiert getrackt? In welcher Form geschieht das? Auf welcher Grundlage wird der Prozess gesteuert?
Kundenorientierung	In welchem Ausmaß ist Kundenorientierung bei den Mitarbeitern verankert? Wie ist das Verständnis von Kundenorientierung? Wie zeigt sich das in der Organisation?

Quelle: Eigene Darstellung

Abb. 4.15 Raster an Erfolgsfaktoren für einen *FANOMICS* Führungs- und Kulturcheck und übergeordnete Fragestellungen

Nach der Lektüre dieses Buches können Sie zu diesem Zweck die zentralen Aspekte, die einer Fan-Macher-Kultur zugrunde liegen, zusammenstellen und für Ihr Unternehmen bewerten. Eine grobe Übersicht zu relevanten Themenfelder bei der internen Analyse haben wir in Abb. 4.15. zusammengestellt. Das kann im einfachsten Fall eine Eigenbewertung Ihrerseits sein oder eine Bewertung durch eine Gruppe von Entscheidern. Die zweite Möglichkeit entspricht in der Regel der Durchführung eines internen Workshops. Sie werden auf diese Weise bereits zu wertvollen Erkenntnissen kommen, um die ersten Schritte in Richtung einer Fan-Macher-Kultur nach *FANOMICS* beschreiten zu können.

Mit dem *FANOMICS* Führungs- und Kulturcheck bieten wir Unternehmen aber auch unsere Unterstützung an: In einem eintägigen Workshop reflektieren wir mit den Verantwortlichen in Ihrem Unternehmen die zentralen Aspekte für die Etablierung einer Fan-Macher-Kultur nach *FANOMICS*-Logik und kommen so zu einer konsensfähigen Standortbestimmung. Sie erhalten damit einen fundierten Einblick, welche Aspekte bereits gut umgesetzt sind und welches Entwicklungspotenzial Ihr Unternehmen entlang welcher Aspekte hat.

Der *FANOMICS* Führungs- und Kulturcheck geht jedoch weiter als eine reine Ist-Analyse Ihres Unternehmens. Der echte Mehrwert ist die Definition eines mittelfristigen Zielbildes (Soll-Bild) Ihrer Organisation nach *FANOMICS*-Maßstäben. Gemeinsam mit den am Workshop beteiligten Entscheidern wird diskutiert, welchen Implementierungsgrad einer Fan-Macher-Kultur nach *FANOMICS-Logik* das Unternehmen mittelfristig

	VORBEREITUNG DES WORKSHOPS	DURCHFÜHRUNG DES WORKSHOPS	NACHBEREITUNG DES WORKSHOPS
SCHRITTE	• Identifizierung der relevanten Stakeholder zusammen mit Ihnen. • Planung des Workshops • Sichtung von relevanten Informationen und Unterlagen (bis zu 1 Tag) • Vorbereitung der Unterlagen für die Durchführung des Workshops	• Erläuterung des Employer Fan Management-Modells • Gemeinsame Ermittlung IST-Situation im Unternehmen • Gemeinsame Definition von Zielen und Prioritäten • Darstellung der Lücke zwischen Ist-Situation und Zielbild	• Je Erfolgsfaktor Durchführung einer Gap-Analyse zwischen der IST-Situation und dem Zielbild • Festlegung einer nach Prioritäten geordneten Roadmap und Ableitung von Handlungsempfehlungen zur Erreichung des angestrebten Zielbilds • Ergebnispräsentation und Definition der nächsten Schritte
LIEFERUNG	• Modellübersicht und Workshopunterlagen	• Durchführung des Reifegrad-Workshops • Status Quo • Prioritätensetzung - Zielbild	• Workshop-Dokumentation (Status Quo, Lücken, Maßnahmen, Fahrplan) • Abschließende Präsentation • Nächste Schritte & Empfehlungen

Quelle: Eigene Darstellung

Abb. 4.16 Prozess eines *FANOMICS* Führungs- und Kulturchecks in der Übersicht

oder auch ganz generell anstrebt. In der Gegenüberstellung der Ist-Situation mit einem Zielbild (Gap-Analyse), können besonders Hürden und damit zentrale Handlungsfelder für den weiteren Prozess identifiziert werden. Mit einer abschließend erstellten Roadmap erhalten Sie einen Fahrplan mit konkreten Handlungsfeldern, um die Fan-Macher-Kultur in Ihrem Unternehmen etablieren zu können. Diesen, hinter dem *FANOMICS* Führungs- und Kulturcheck liegenden Prozess, können Sie im Überblick der Abb. 4.16 entnehmen.

Für die Umsetzung von *FANOMICS* in Ihrem Unternehmen gilt es nun, das Werteleitbild als Kultur-Kern und ergänzende sinnstiftende Elemente im Unternehmen zu implementieren. Die Implementierung macht sich den Mechanismus der Orchestrierung zunutze und wird in *FANOMICS* als internes *Employer Fan Management* bezeichnet.

4.2 Internes *Employer Fan Management:* Mit Orchestrierung zur Implementierung einer Fan-Macher-Kultur

Fans wollen und brauchen die Wiederholung: Das, was sie einst zu Fans machte, möchten sie immer und immer wieder erleben. Das lehrt uns das *Fan-Prinzip* über die Grundlagen jeder Fan-Beziehung. Erinnern Sie sich nur an einige unserer bereits präsentierten Beispiele: An *Pierre Brice,* der die Rolle des *Winnetou* nie mehr ablegen konnte. An *Udo Jürgens,* der ohne die Zugabe im Bademantel die Bühne nicht mehr verlassen konnte. An *Neil Young,* der sich dazu verdammt sieht, immer wieder „Heart of Gold“ zu spielen (vgl. Abschn. 1.2). Die Forderung der Fans nach Wiederholung des Fan-Erlebnisses zwingt die Stars, diese Wiederholbarkeit immer wieder zu liefern. Das bedeutet dann, an jedem Kontaktpunkt das zu sein, was dem Image des Stars in der Psyche des Fans entspricht. Und nur denjenigen Stars, die diesen Ruf nach Wiederholung immer wieder erfüllen, schwören die Fans die ewige Treue – denn nur sie scheinen die gemeinsamen Werte nicht zu verraten. Wiederholbarkeit ist also der zentrale Mechanismus, mit dem Stars ihre Fans binden – und das Instrument, mit dem sie ihre Fan-Gemeinde zusammenhalten. Wichtig ist: Dieser Wiederholungsmechanismus funktioniert nur, wenn das Fan-Erlebnis auch authentisch und glaubhaft angeboten wird. Es genügt also nicht, um das Beispiel von *The Who* noch einmal aufzugreifen, nur das *Image* eines „Gitarrenzertrümmerers" zu haben – man muss dann auch regelmäßig Gitarren zertrümmern, will man die Fans bei der Stange halten (vgl. Abschn. 1.2).

Dieser Mechanismus lässt sich gedanklich leicht auf Mitarbeiterbeziehungen übertragen: Arbeitgeber, die Führungskräfte und Mitarbeiter zu Fans entwickeln und diese pflegen wollen, müssen die zentrale Identifikationsplattform immer wieder erlebbar machen – also die Unternehmenswerte an allen Kontaktpunkten im Arbeitsalltag. Erst durch diese Orchestrierung entsteht die gefühlte Einzigartigkeit bei den Beschäftigten. Nur wer die zentralen Botschaften des Wertegerüsts an *allen* Kontaktpunkten immer wieder „ausspielt" und damit erlebbar macht, bietet eine rituelle, wiederkehrende Bestärkung für den Fan, die richtige Arbeitgeberentscheidung getroffen zu haben. Damit verbunden ist eine hohe Identifikation mit dem Unternehmen und seiner Arbeitswelt.

4.2.1 Touchpoint-übergreifende Orchestrierung als Führungsaufgabe

Das interne *Employer Fan Management* als Implementierungsfeld von *FANOMICS* beschreibt die Übertragung des Orchestrierungsmechanismus auf die Gestaltung und Pflege einer Fan-Macher-Kultur auf Basis des Unternehmenswerte. Es ist dabei vollkommen unzureichend, wenn einzelne Personen, Teams oder auch Abteilungen die Unternehmenswerte vorbildlich umsetzen und vorleben, andere sich aber außerhalb der Regeln bewegen. Eine Fan-Macher-Kultur kann dann mit besonderem Erfolg entstehen, wenn die gesamte Organisation, mit all ihren Mitgliedern, ob Inhaber, Führungskraft oder Mitarbeiter, sich entsprechend verhält. Die Orchestrierung ist deshalb der Kernprozess bei der Implementierung im internen *Employer Fan Management.*

Wenn wir uns vor Augen führen, wie intensiv die Beziehung zwischen Mitarbeitern und ihren Arbeitgebern ist, allein gemessen an der Menge an Kontaktpunkten und der Zeit, die Menschen mit ihrer Arbeit verbringen, wird eines unmittelbar deutlich: Die Implementierung einer Fan-Macher-Kultur mittels Orchestrierung ist ein strategisches Schlüsselprojekt. Arbeitgeber müssen sich folglich mit der Frage auseinandersetzen, wie sie sicherstellen können, dass die Unternehmenswerte für die Mitarbeiter immer und immer wieder erlebbar werden – die Orchestrierung also auch umgesetzt wird. Die Abb. 4.17 zeigt wesentliche interne Leistungs- und Kommunikationsprozesse

Kontaktpunkt-Kategorien					
Personaleinsatz	Personalentlohnung und Benefits	Personalführung	Personal-entwicklung	Interne zentrale Kommunikation	Alltägliche Zusammenarbeit
Z. B. Koordination von Arbeitszeiten, Erstellung von Dienst- und Schichtplänen, Festlegung des Einsatzorts, Verwaltung von Urlaubs- und Krankheitstagen	Z. B. geldliche Leistungen (Löhne, Gehälter, Zulagen, Gratifikationen, Prämien, Boni usw.), geldwerte Leistungen (Überlassung von Werkswohnungen, Dienstwagen usw.)	Z. B. Mitarbeiter-gespräche, Feedback, Aufgabendelegation, Zielvereinbarungen, Motivation, Entscheidungs-findung, Konflikt-management, Teambuilding	Z. B. Karrierepla-nung, regelmäßige Qualifikationen, Berücksichtigung individueller Entwicklungs-wünsche, Entwicklung von Teamkompetenzen	Z. B. regelmäßige Informationen über Unternehmens-entwicklungen, Mitarbeiterver-sammlungen, Intranet	Z. B. individueller Entscheidungs-spielraum, persönliche Kommunikation im Team

Quelle: Eigene Darstellung

Abb. 4.17 Kontaktpunkte für Mitarbeiter

von Arbeitgebern. Bei genauerer Betrachtung wird deutlich, dass die Führungskräfte das Erleben der Mitarbeiter an den meisten Kontaktpunkten maßgeblich beeinflussen, angefangen beim Personaleinsatz, über die Personalführung bis hin zur alltäglichen Zusammenarbeit. Sie beeinflussen das Verhalten der Mitarbeiter durch ihr Führungsverhalten, durch ihr Verhalten im Führungsteam und durch ihr Verhalten im operativen Geschäft. Stets sind die Augen auf die Führung gerichtet – die Führungskräfte sind die Stars der Mitarbeiter, müssen jeden Tag aufs Neue als Vorbild agieren und sich dieser Rolle bewusst sein.

Führungskräfte haben bei der Implementierung von *FANOMICS* eine zentrale Bedeutung. Sie sind zentral verantwortlich für die Touchpoint-übergreifende Orchestrierung der Unternehmenswerte in der Organisation. Es erscheint deshalb plausibel, dass die einzelne Führungskraft selbst auch Fan ihres Arbeitgebers sein sollte, um der ihr zuerkannten Rolle gerecht zu werden. Unser *Mitarbeiterfocus Deutschland* zeigt allerdings (vgl. Abb. 4.18), dass in der Deutschen Wirtschaft noch nicht einmal jede vierte Führungskraft Fan ihres Arbeitgebers ist. Selbst wenn man die Sympathisanten dazu zählt, weist nur etwa die Hälfte der Führungskräfte in Deutschland eine hohe *Fan-Indikation* auf und ist zufrieden. Das hebt sich kaum von den Mitarbeitern ohne Führungsverantwortung ab, bei denen wir eine *Fan-Quote* von 16 % feststellen können. Betrachtet man die Verteilung der Führungskräfte über alle Gruppen im *Fan-Portfolio* hinweg, dann fällt zudem eine erschreckende Gegner-Quote von 12 % auf und auch Bewohner und Söldner sind in großer Zahl unter den Führungskräften zu finden. In Summe weisen über ein Drittel der Führungskräfte eine geringe *Fan-Indikation* auf. Statt Fan-Macher und Teil der Unternehmenssteuerung zu sein, agieren diese Führungskräfte – insbesondere auf der Führungsebene an der Schnittstelle zur breiten Belegschaft – wie Klassensprecher und Kollaborateure, die sich mit einzelnen Mitarbeitern gegen die Unternehmensführung verbünden.

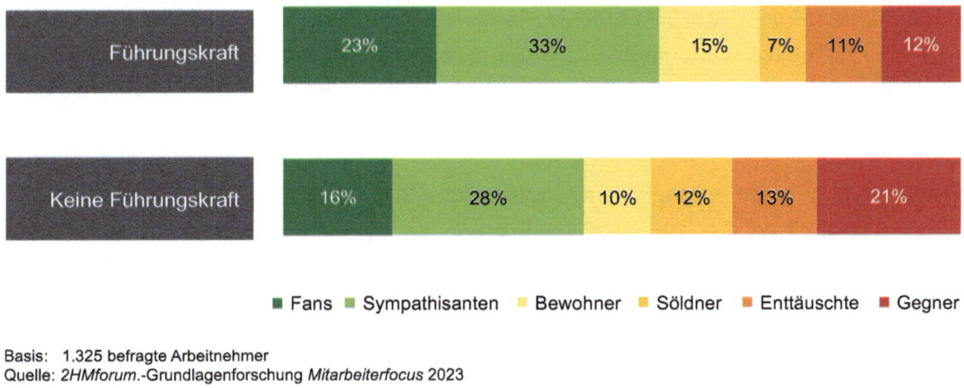

Abb. 4.18 Die *Fan-Quote* der Führungskräfte ist kaum höher als die der Mitarbeiter ohne Führungsverantwortung

Bei einer etwas differenzierteren Betrachtung der Führungsebenen (Abschn. 1.6.4), sehen wir im Top-Management immerhin eine *Fan-Quote* von 30 %. Im mittleren/unteren Management sind das nur noch 19 %. Umgekehrt finden wir im mittleren/unteren Management 14 % Gegner-Mitarbeiter. Im Top-Management liegt dieser Anteil bei 7 %. Doch warum ist das so? Warum ist die Gegner-Quote insbesondere im mittleren Management so hoch?

- Oft ist nicht nur für die Mitarbeiter, sondern auch für die Führungskräfte die Ausrichtung ihrer Unternehmen sowie die Unternehmenskultur unklar. Fragen wir in Workshops mit Führungskräften, wofür das Unternehmen steht, so erhalten wir häufig genauso viele unterschiedliche Antworten wie Manager anwesend sind. Betroffene Mitarbeiter aus Unternehmen mit unklarer Unternehmenskultur beschreiben ein ausgeprägtes Silodenken, eine Misstrauenskultur, eine Ansammlung von Unternehmen im Unternehmen.
- Die Ausrichtung der Unternehmenskultur erfolgt nicht konsequent vom Kunden her, sondern durch Vorgabe des Inhabers. Die angestellten Führungskräfte erkennen den Widerspruch zu den Kundenbedürfnissen, und zwar umso mehr, je näher sie am Kunden sind, intervenieren aber nicht, oft aufgrund einer etablierten bedingungslosen Zustimmungskultur.
- Betrachtet man Führungskräfte und Karrieren in der deutschen Wirtschaft, werden Führungspositionen weiterhin oft aufgrund besonderer fachlicher und nicht aufgrund besonderer führungsspezifischer Kompetenzen wie ausgeprägten kommunikativen Fähigkeiten, Empathie oder strategischen Stärken (ExBa 2008, ExBa 2009) besetzt. Das Commitment zum Arbeitgeber leidet dann unter den Herausforderungen des Führungsalltags.
- Die erste Führungsebene (oder die Inhaberebene) sieht sich nicht als Teil des Systems, sondern als über dem System stehend und hält sich daher auch nicht an die

definierten Spielregeln in Form des Werteleitbilds. Sämtliche Maßnahmen und Versuche, in solchen Unternehmen für die nachgelagerten Führungsebenen Passung erlebbar zu machen, scheitern an den schlechten Vorbildern und ihrer unzureichenden Glaubwürdigkeit.

Ob es nun eine zu geringe *Fan-Quote* oder eine zu hohe Gegner-Quote bei den Führungskräften ist, das Bild stärkt nicht gerade die Überzeugung, dass es einer solchen Führung gelingt, eine Fan-Macher-Kultur im Sinne des Unternehmens zu gestalten und zu prägen. Dennoch ist das Kind noch nicht in den Brunnen gefallen: Denn zum einen können Unternehmen durch gezielte Maßnahmen entgegenwirken (die oben angeführten Ursachen geben bereits einiges an Ansatzpunkten her), zum anderen sollten wir uns verdeutlichen, worauf es bei der Gestaltung einer Fan-Macher-Kultur wirklich ankommt. Im Zentrum von *FANOMICS* steht die Formulierung einer Identifikationsplattform, im Kern die Unternehmenswerte (Abschn. 4.1). Dann muss es der Führung gelingen, die Unternehmenswerte erlebbar zu machen – und das kann einer Führungskraft sehr gut gelingen, auch wenn sie gar kein Fan ihres Arbeitgebers ist. Fantum stärkt zwar das Wirken der Führungskräfte, ist aber keine notwendige Bedingung für das Agieren als Fan-Macher. Entscheidend sind das Vorleben und das Erlebbarmachen der Unternehmenswerte (Führungskräfte als Kanal). Und so sehen wir, unabhängig davon, wo eine Führungskraft im *Fan-Portfolio* steht, dass die *Fan-Quote* der Mitarbeiter deutlich ansteigt, wenn insbesondere die Führungskräfte im Unternehmen die Werte leben (vgl. Abb. 4.19).

Etwas Ernüchterung tritt ein, wenn wir uns in unserem *Mitarbeiterfocus Deutschland* (vgl. Abb. 4.20) genauer anschauen, welche Bedeutung die Unternehmenswerte für die Führungskräfte genau haben. Für lediglich 25 % der Führungskräfte hat ein an Werten orientiertes Verhalten große Bedeutung. Ebenfalls nur 25 % identifizieren sich mit den Werten und nur 30 % der Führungskräfte stimmen vollständig der Aussage zu, die Werte des eigenen Arbeitgebers zu kennen. Das erklärt einerseits die Verteilung im bereits

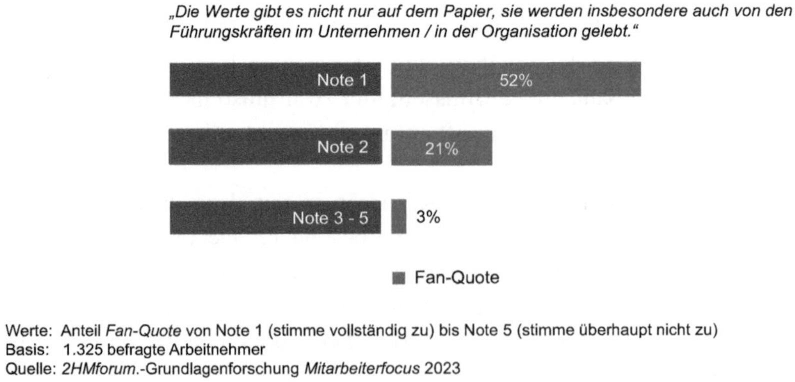

Abb. 4.19 Die *Fan-Quote* unter den Mitarbeitern steigt deutlich, wenn die Führung die Unternehmenswerte vorlebt

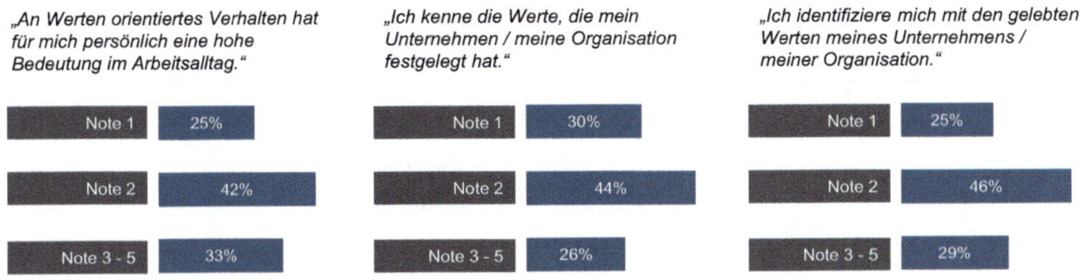

Werte: Häufigkeitsverteilung von Note 1 (stimme vollständig zu) bis Note 5 (stimme überhaupt nicht zu)
Basis: 1.325 befragte Arbeitnehmer
Quelle: *2HMforum.*-Grundlagenforschung *Mitarbeiterfocus* 2023

Abb. 4.20 Unternehmenswerte sind nur bei wenigen Führungskräften verankert

erläuterten *Fan-Portfolio* der Führungskräfte. Allerdings muss eine mangelnde Kenntnis von den Unternehmenswerten und eine geringe Bedeutung werteorientierten Verhaltens für die Führungskräfte ja dazu führen, dass die Führungskräfte auch nicht wertekonform erlebt werden durch die Mitarbeiter. Das bestätigen uns die befragten Mitarbeiter in unserem *Mitarbeiterfocus Deutschland:* Lediglich 18 % der Mitarbeiter ohne Führungsverantwortung attestieren den Führungskräften bei ihrem Arbeitgeber, dass sie die Werte des Unternehmens vorleben. Die Führungskräfte werden ihrer Rolle als Fan-Macher für die Mitarbeiter aus zwei Gründen nicht gerecht: fehlende Fähigkeit und/oder fehlende Motivation.

Die Minderheit der Führungskräfte sieht eine hohe persönliche Bedeutung eines an Werten orientierten Verhaltens. Lediglich 25 % der Führungskräfte stimmen dieser Aussage zu. Nun fragt man sich, wie Menschen Werte vermitteln sollen, die die Sinnhaftigkeit darin nicht sehen. Interessant sind deshalb die möglichen Ursachen dieses Befunds. Für das hier gezeichnete Bild gibt es unterschiedliche Erklärungen. Drei Erklärungsversuche möchten wir an dieser Stelle anführen:

1. In den Unternehmen derjenigen Führungskräfte, für die Werte keine Rolle im Arbeitsalltag spielen, gibt es keine etablierten Werte. Auch deshalb, weil keine impliziten Werte einheitlich durch die oberste Führungsebene oder die Inhaber vermittelt werden.
2. In ihrer Karriere haben die Führungskräfte nicht gelernt, dass wertekonforme Führung oder wertekonformes Verhalten von Bedeutung sind. Das entspricht den Gegebenheiten in der Unternehmenspraxis, dass Beförderungen nach wie vor in den meisten Fällen an der Fachlichkeit von Mitarbeitern festgemacht werden.
3. Die Führungskräfte können sich tatsächlich nicht mit den impliziten oder expliziten Werten des Unternehmens identifizieren. Sie lehnen die konkreten Werte ihres Arbeitgebers also ab.

Eine Implementierung von *FANOMICS* gelingt nur dann, wenn die Inhaber- und erste Führungsebene vollständig dahinterstehen. Es braucht einen Veränderungswillen bei

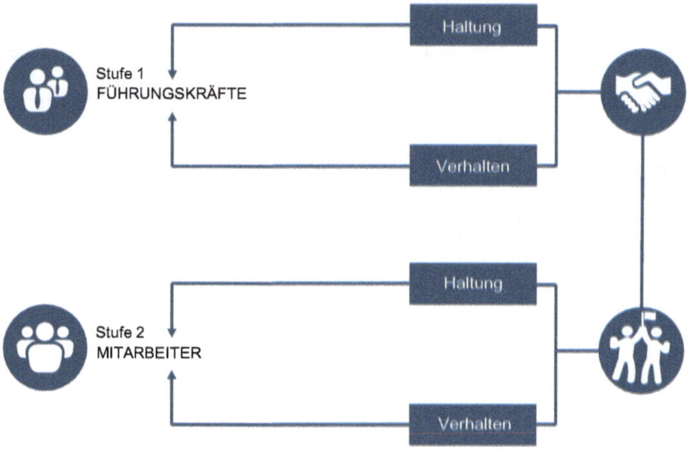

Quelle: Eigene Darstellung

Abb. 4.21 *FANOMICS*-2 × 2-Modell der Personalentwicklung

den Führungskräften, der durch das Top-Management vorgelebt werden muss. Die Implementierung einer Fan-Macher-Kultur, die Rolle der Führungskräfte als Fan-Macher, als Vorbild und als Kanal für die Vermittlung der Identifikationsplattform, stellt Anforderungen an die Haltung und das Verhalten der Führungskräfte. Die Bedeutung der Führung verdeutlicht das 2 × 2-Modell der Personalentwicklung. Die Führungskraft überträgt ihre Haltung und ihr Verhalten auf die Mitarbeiter (Abb. 4.21). *FANOMICS* setzt deshalb bei den Führungskräften an, die ganz zentral für den Aufbau und die Pflege einer Fan-Macher-Kultur sind.

In den folgenden Abschnitten erläutern wir, worauf es ankommt, wenn Führungskräfte zu Trägern der Fan-Macher-Kultur, zu Fan-Machern von Mitarbeitern und zu Verantwortlichen für eine Touchpoint-übergreifende Orchestrierung werden sollen.

Implementierung wertebasierter Führung

> „Gedacht ist noch nicht gesagt, gesagt ist noch nicht gehört, gehört ist noch nicht verstanden, verstanden ist noch nicht einverstanden, einverstanden ist noch nicht angewendet und angewendet ist noch nicht beibehalten." *Konrad Lorenz.*

Für *FANOMICS* sind die positionierungsbasierten Unternehmenswerte der Kern einer Fan-Macher-Kultur. Die Führungskräfte sind bei der Implementierung der Unternehmenswerte zentral, weil sie mit ihrer Haltung und ihrem Verhalten den Arbeitsalltag und wiederum die Haltung und das Verhalten der Mitarbeiter prägen, die Werte an vielen Touchpoints der Mitarbeiter erlebbar machen. Sie sind Vorbilder und Kanal zugleich. Kanal, weil sie in der Lage sein müssen, die Unternehmenswerte – aber auch ergänzende Elemente der Identifikationsplattform des Unternehmens – störungsfrei an die Mitarbeiter zu vermitteln und diese alltäglich und immer wieder an allen relevanten Kontaktpunkten erlebbar zu machen. Damit die Führungskräfte die ihnen zuerkannte Rolle im internen *Employer Fan Management* wahrnehmen können, bedarf es einer fundierten Implementierung der Unternehmenswerte als Richtschnur ihres Führungsverhaltens. Die Führungskräfte müssen ...

1. die Werte akzeptieren und eine eigene Identifikation zu den Werten aufbauen, um diese dann auch motiviert und authentisch transportieren zu können,
2. die Werte vollständig durchdrungen haben, was gleichzeitig wiederum Anforderungen an die detaillierte Ausformulierung der Unternehmenswerte stellt,
3. die Werte in eigenes Verhalten überführen, weshalb ihnen *FANOMICS* wertebasierte Führungsgrundsätze an die Hand gibt,
4. die Werte auch ad hoc „spielen" können, also in der Kommunikation, im spontanen Handeln und im Entscheidungsverhalten die Werte in spezifische Situationen übersetzen sowie
5. die Werte in die wertekonforme Gestaltung von Aufgaben und Strukturen übersetzen können.

In der Unternehmenspraxis begegnen wir immer wieder Unternehmen, die Unternehmenswerte definieren, diese auch intern zur Handlungsmaxime erheben, dann aber die Führungskräfte mit der Übersetzung der Werte in die Führungsarbeit allein lassen. Genau das aber überfordert und frustriert die Führungskräfte, die ja im Kern ihrer Rolle als Vorbild und Fan-Macher gerecht werden wollen und sollen. Daher ist es aus unserer Sicht zielführend, die Führungskräfte zunächst mit den Werten vertraut zu machen und die Übersetzung in die Führungsarbeit dann a) separat zu vermitteln und b) den Führungskräften explizite Information zur Bedeutung der Werte für die Führungsarbeit an die Hand zu geben. An dieser Stelle kommen die Führungsgrundsätze nach *FANOMICS*-Logik zum Tragen, die aus den Werten abgeleitet sind und aus denen die Konsequenzen für die eigene Führungsarbeit nachvollziehbar werden. Führungskräfte müssen sich allerdings intensiv mit dem Werteleitbild beschäftigen und sich, für ein gemeinsames Verständnis, auch mit anderen Führungskräften zu den Führungsgrundsätzen austauschen. Denn die Unternehmenswerte müssen einheitlich interpretiert und für die Mitarbeiter erlebbar werden. Und viele Mitarbeiter sind in ihrem Arbeitsalltag im Zugriff mehrerer Führungskräfte.

Bei der Implementierung der Führungsgrundsätze muss es auch darum gehen, dass die Führungskräfte die Passung dieser Erwartungen mit der eigenen Persönlichkeit abgleichen (vgl. zu möglichen Tools Abschn. 4.2.1.2). In der Unternehmenspraxis ist beobachtbar, dass eine Führungskraft eben genau die Führungsgrundsätze bevorzugt, die der persönlichen inneren Haltung näher sind. Deshalb müssen die Führungskräfte angeleitet werden, sich vor dem Hintergrund der Führungsgrundsätze zu reflektieren und ehrliche Antworten zu finden auf die Fragen, mit welchen Aspekten sie sich leicht und mit welchen sie sich schwerer tun werden. Im Ergebnis muss die Führungskraft an sich arbeiten, konsequent nach den Führungsgrundsätzen zu handeln und diese damit vollständig erlebbar zu machen.

Wie bereits in der Einleitung zur Rolle der Führungskräfte erläutert (vgl. Abschn. 4.2.1), sind die am besten geeigneten Führungskräfte nach *FANOMICS* diejenigen, die sowohl Fan des Unternehmens sind als auch wertebasiert führen. Führungskräfte, die nicht Fans ihres Arbeitgebers sind, aber wertebasiert führen, sind ebenfalls funktional für das Unternehmen. Bei dieser Gruppe besteht zudem die realistische Chance, über die Zeit Fantum zu entwickeln, die Führungskraft also zum Fan zu machen. Dadurch entsteht dann wiederum Passung. Problematisch sind die Führungskräfte, die nicht wertebasiert führen. Folglich müssen Unternehmen, alles in allem, sehr genau überlegen, wen sie als Führungskraft installieren. Die Karriere über die reine Fachlichkeit ist in einer Fan-Macher-Kultur nicht zielführend. Hier geht es darum, mit Führungskräften zu arbeiten, die Passung zwischen dem Unternehmen und den Mitarbeitern herstellen können, um letztlich Fan-Potenziale abzurufen.

Mit der Implementierung einer wertebasierten Führung schaffen Unternehmen, sofern ein geeignetes Werteleitbild vorliegt, die Grundlage für eine wirksame Fan-Macher-Kultur in Richtung Mitarbeiter und Kunden. Führungskräfte, die das nach *FANOMICS* definierte Wertegerüst implementieren und deren Umsetzung mittragen, gleisen damit gleichzeitig alle Mitarbeiter auf die zielgerichtete Erfüllung ihrer Aufgaben für das Erlebbarmachen der Positionierung auf.

Kommunikation und Zusammenarbeit im Führungsteam

Führungskräfte haben in einer Fan-Macher-Kultur nach *FANOMICS* eine Vorbildfunktion, sie sind die Stars der Mitarbeiter und müssen die Kultur maßgeblich mittragen und erlebbar machen. Das Führungsteam sollte daher eine optimale Kommunikation und Zusammenarbeit untereinander vorleben. Die Optimierung von Kommunikation und Zusammenarbeit unter den Führungskräften ist aber auch deshalb wichtig, weil die Führungskräfte für die abteilungs- und teamübergreifende Zusammenarbeit verantwortlich sind. Und optimal funktioniert eine solche Zusammenarbeit dann, wenn das Führungsteam persönlichkeitsbasiert orchestriert ist.

Der konstruktive Umgang der Führungskräfte untereinander ist wesentlich dafür, dass die Kultur überhaupt im Sinne von *FANOMICS* gestaltet werden kann, dass die Führungskräfte als Gruppe positiv wahrgenommen werden. Denn der Umgang unter den Führungskräften wird sehr genau beobachtet und er wird schnell zum Standard für das Miteinander in der Organisation. Nun ist ein vorbildlicher Umgang zwischen den Führungskräften nicht zwingend gegeben und oft auch nicht einfach, treffen doch sehr unterschiedliche Persönlichkeiten aufeinander. Denn jede Führungskraft hat ihre eigene innere Haltung, die auf eine spezifische persönliche Grunddisposition, persönliche Werthaltungen und persönliche Überzeugungen zurückzuführen sind:

1. Persönliche Grundposition: Die persönliche Grundposition beschreibt das Menschenbild einer Person und wie eine Person sich selbst und andere erlebt. Letztlich lässt sich die Grundposition mit der Beantwortung von zwei Fragen beantworten: Inwiefern finde ich mich (nicht) okay? Und: Inwiefern finde ich mein Gegenüber (nicht) okay? Nur dann, wenn ein Mensch sowohl sich selbst als auch sein Gegenüber als okay beschreibt, wird der Umgang miteinander wertschätzend und tolerant und letztlich konstruktiv sein. Das ist ein wesentlicher Faktor für eine vorbildliche Zusammenarbeit und Kommunikation im Führungsteam und für gute Führung von Mitarbeitern.
2. Persönliche Werthaltungen: Die persönlichen Werte prägen das Verhalten von Menschen, teilweise bewusst und teilweise unbewusst. Entscheidend ist nun, inwiefern Menschen ihre Werte in ihrer Situation und/oder Rolle ausleben können und wie tolerant die Umgebung ist, wenn die Werte abweichen. Häufig gehen von einer Gruppe abweichende Werte mit Geringschätzung und Kritik einher. Wesentlich für gute Führung ist die Fähigkeit, tolerant und wertschätzend mit Menschen umzugehen, die andere Werte als die eigene Person vertritt. Es geht also darum, weniger auf Basis der Werte zu urteilen, sondern die Werte Anderer als schlichtweg anders einzustufen und zu akzeptieren. Diese Ebene wird durch die Formulierung von Unternehmenswerten aber auch entschärft.
3. Persönliche Überzeugungen: Die persönlichen Überzeugungen beschreiben unsere Glaubenssätze, auf deren Grundlage wir uns organisieren und handeln. Beispielsweise könnte eine Person überzeugt davon sein, dass man keine Fehler machen darf oder dass man Menschen nicht vertrauen darf oder dass alles im Leben leicht von der Hand geht. Diese gelernten Überzeugungen spiegeln sich dann im Verhalten dieser Person wider, bei einer Führungskraft im Führungsverhalten und -stil und ihren Erwartungen an die Mitarbeiter.

Jede Führungskraft blickt mit ihrer inneren Haltung auf eigene Art und Weise auf die Dinge. Die eine Führungskraft bewertet mit ihrer inneren Haltung individuell den Stellenwert von Themen anders als die nächste Führungskraft. *FANOMICS* sieht deshalb als zentralen Schritt bei der Implementierung einer Fan-Macher-Kultur die persönlichkeitsbasierte Orchestrierung des Führungsteams – für eine gute Zusammenarbeit und für die Funktion als Vorbild. Unser *Mitarbeiterfocus Deutschland* zeigt, dass dieser Schritt dringend angeraten ist. Für lediglich 17 % der Mitarbeiter ist die eigene Führungskraft nämlich wirklich ein Vorbild. Und nur 22 % der Mitarbeiter bescheinigen der abteilungsübergreifenden Zusammenarbeit die Note 1. Mit einer persönlichkeitsbasierten Orchestrierung des Führungsteams schaffen Unternehmen eine nötige Voraussetzung für die Implementierung einer Fan-Macher-Kultur (vgl. Abb. 4.22).

Für die persönlichkeitsbasierte Orchestrierung des Führungsteams setzt *FANOMICS* im *Employer Fan Management* auf Instrumente aus der Personaldiagnostik: Potenzialanalyse, Motivatorenanalyse und Analyse der emotionalen Intelligenz, die in passgenauen Workshops mit dem Führungsteam als Grundlage dienen. Die Erkenntnisse aus diesen Analysen helfen der einzelnen Führungskraft, das eigene Verhalten und das

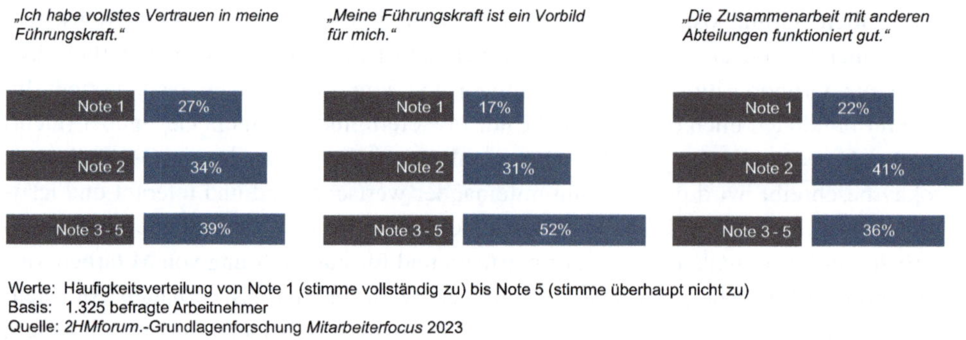

Abb. 4.22 Schlechte Noten für Führungskräfte als Vorbilder und die abteilungsübergreifende Zusammenarbeit

Verhalten anderer einzuordnen und zu reflektieren (DISG, Verhaltenstyp), es macht die individuellen Glaubenssätze transparent (Motivatorenanalyse) und unterstützt Führungskräfte, ein besseres Verständnis über die eigene Person und ihr Wirken aufzubauen. Zudem können diese Instrumente zeigen, inwiefern die Führungskraft ihre eigenen Gefühle und die Gefühle anderer Menschen wahrnehmen, verstehen und daher nutzen kann (emotionale Intelligenz).

Nehmen wir als Beispiel eine auf dem DISG-Modell basierende Potenzialanalyse als Grundlage. Sie unterscheidet vier Grund-Verhaltenstypen: Dominant (rot), Initiativ (gelb), Stetig (grün) und Gewissenhaft (blau). Der Abb. 4.23 ist zu entnehmen, was hinter diesen verschiedenen Typen steckt und welche spezifischen Attribute mit diesen verbunden sind.

Abb. 4.23 Die INSIGHTS MDI® Grundtypen. (Mit freundlicher Genehmigung von © Scheelen 2024. All Rights Reserved)

Das tatsächliche Profil einer Führungskraft ergibt sich aus vielfältigen Kombinationen dieser Farben, wobei es dann für eine Person primäre und sekundäre Verhaltenstendenzen gibt. Mit jeder Farbe bringt eine Führungskraft spezifische Stärken mit, die das gesamte Führungsteam kennen sollte und die dann gezielt eingesetzt werden können. Gleichzeitig kommen verschiedene Farbtypen in einer ersten Reaktion unterschiedlich gut miteinander aus. Für die Orchestrierung des Führungsteams ist also die Farbzusammensetzung des Führungsteams von großer Bedeutung. Mit dieser Erkenntnis, dargestellt in einem sogenannten Teamrad, können Kommunikation und Zusammenarbeit optimiert werden. Denn mit dem Wissen um die anderen Persönlichkeiten im Führungsteam und deren Stärken, steigen Verständnis und Toleranz für das Verhalten anderer. Auch können die Führungskräfte im Anschluss an eine solche Orchestrierung das eigene Verhalten und die eigenen Kommunikationsgewohnheiten besser hinterfragen. Die Abb. 4.24 zeigt ein Teamrad, in das die am Orchestrierungsprozess beteiligten Führungskräften platziert werden können.

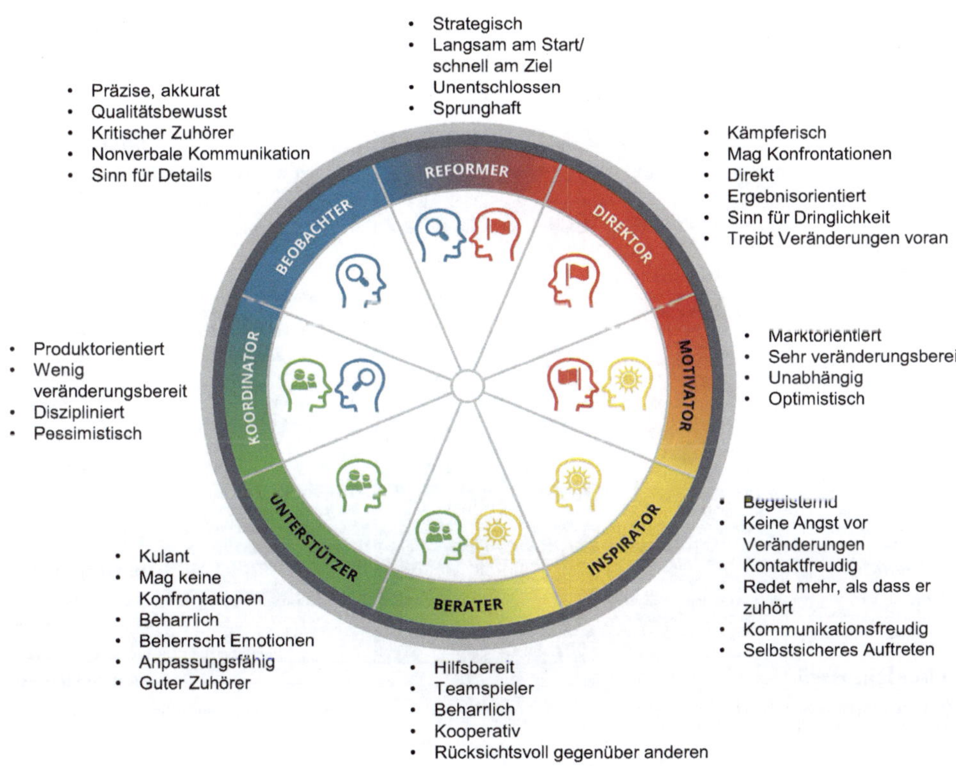

Quelle: @*Scheelen* - INSIGHTS MDI®

Abb. 4.24 Teamrad mit exemplarischen Ergebnissen zu einem Führungsteam. (Mit freundlicher Genehmigung von © Scheelen 2024. All Rights Reserved)

Die Anwendung dieses Ansatzes ist mit einer talentbasierten Perspektive verbunden. In den Vordergrund rücken damit die Stärken jedes Einzelnen – weniger die Defizite oder Entwicklungspotenziale stehen im Fokus. Diese Perspektive ist nicht nur zielführend für die Entwicklung einer Organisation, sie ist auch hochgradig wertvoll für die Offenheit der Führungskräfte. Denn über die eigenen Stärken zu sprechen ist wesentlich einfacher als über die Offenbarung von Schwächen. Eine basierend auf dem Teamrad erfolgte Orchestrierung fördert im Kern nicht nur Kommunikation und Zusammenarbeit, sondern ist auch eine vertrauensbildende Maßnahme unter den Führungskräften. Die Führungskräfte lernen bei der Betrachtung der individuellen Profile aller Führungskräfte, dass der Mehrwert und Beitrag der eigenen Person zur Fan-Macher-Kultur gesehen und geschätzt wird.

Führungskräfte, die als Fan-Macher agieren sollen, sollten sich zudem auch ihrer Motivatoren (Glaubenssätze) gewahr sein. In vielen Fällen korrespondieren diese zwar mit dem Verhaltenstyp, z. B. der rote Verhaltenstyp korrespondiert mit dem Motivator Effizienz, doch folgt das keiner Gesetzmäßigkeit. Man stelle sich eine Arbeitsgruppe aus zwei Führungskräften vor, die für ihre eigenen Motivatoren nicht sensibilisiert sind, und sich beim theoretischen Motivator (vgl. Abb. 4.25) diametral unterscheiden. Während die eine Führungskraft pragmatisch, basierend auf bisherigen Erfahrungen und bisher erlangtem Wissen nach Lösungen für eine Problemstellung sucht, ist das Bestreben der

INSTINKTIV	THEORETISCH	INTELLEKTUELL
Menschen, die bevorzugt ihre bisherige Erfahrung und ihr Bauchgefühl anwenden, pragmatisch vorgehen und Fachwissen nur bei Bedarf oder erst in der jeweiligen Situation recherchieren.	WISSEN	Menschen, die in hohem Maße danach streben, Wissen zu erwerben, theoretische Kenntnisse auszubauen und den Dingen auf den Grund zu gehen.
IDEALISTISCH	ÖKONOMISCH	EFFIZIENZGETRIEBEN
Menschen, die für das was sie tun nicht unbedingt einen persönlichen Nutzen für sich erwarten und nicht nur auf die Effizienz der eingesetzten Mittel achten.	NUTZEN	Menschen, die danach streben, praktische Resultate zu erzielen und maximale Effizienz, aber auch den ökonomischen Einsatz von Zeit, Fähigkeiten, Energie und Ressourcen anstreben.
OBJEKTIV	ÄSTHETISCH	HARMONISCH
Menschen, die einen hohen Wert auf ein funktionelles Umfeld und eine sachliche Atmosphäre legen.	UMGEBUNG	Menschen, die einen sehr hohen Wert auf ganzheitliche Wahrnehmung, ihre individuelle Sichtweise und Balance in ihrer Umgebung legen.
EIGENNÜTZIG	SOZIAL	ALTRUISTISCH
Menschen, die anderen nicht aus reinem Selbstzweck helfen, sondern die Notwendigkeit abwägen oder die helfen, wenn sie damit einem bestimmten Nutzen für sich selbst damit verbinden.	ANDERE	Menschen, die den starken Wunsch haben, anderen zu helfen, die Lebensbedingungen anderer zu verbessern und sich für soziale Belange einsetzen.
KOOPERATIV	INDIVIDUALISTISCH	MACHTORIENTIERT
Menschen, die gerne gemeinsam mit anderen Ziele erreichen und dafür nicht unbedingt die individuelle Anerkennung erwarten.	MACHT	Menschen, die im hohen Maße danach streben, Verantwortung zu tragen, Gestaltungsfreiraum zu haben durch individuelle Leistungen Ziele zu erreichen und Themen voranzubringen.
AUFGESCHLOSSEN	TRADITIONELL	PRINZIPIENTREU
Menschen, die im hohen Maße offen sind für neue Ideen, Methoden und Chancen, die außerhalb der üblichen Vorgehensweise liegen.	METHODEN	Menschen, die im hohen Maße danach streben, eine tradierte Vorgehensweise, bewährte Methoden und klare Lebensregeln anzuwenden und ihr Verhalten stark an Prinzipien orientieren.

Quelle: *@Scheelen - INSIGHTS MDI®*

Abb. 4.25 Motivatorenanalyse nach Insights MDI®. (Mit freundlicher Genehmigung von © Scheelen 2024. All Rights Reserved)

anderen Führungskraft ein ganz anderes: das Sachgebiet möglichst vollständig durchdringen und dann eine fundierte Lösung finden. Mit dem Wissen um die Motivatoren kann entweder eine Auswahl von Mitgliedern einer zu bildenden Arbeitsgruppe vorgenommen werden oder aber die gegenseitige Akzeptanz in der Gruppe ist höher, weil jeder um die Glaubenssätze des anderen weiß. Wenn wir die insgesamt sechs Kategorien von Motivatoren genauer betrachten, wird deutlich, welches Frustrationspotenzial auf der individuellen Ebene und welches Optimierungspotenzial auf der Unternehmensebene durch die Erkenntnis von Motivatoren einzelner Führungskräfte vorhanden ist.

Verhalten und Motivatoren sind beschreibend und im Sinne einer positiven Haltung auch in ihrer jeweiligen Ausprägung wertneutral zu verstehen (jeder Mensch ist anders). Bei der emotionalen Intelligenz handelt es sich hingegen um eine Bewertung mit der Aussage, dass es Führungskräfte gibt, die besser oder schlechter in der Wahrnehmung und Regulation eigener und fremder Emotionen sind. Man stelle sich eine Führungskraft in der Abstimmung mit einem Mitarbeiter vor: Die beiden verkörpern sehr unterschiedliche Verhaltenstypen und Motivatoren. Nun ist die Führungskraft durch Haltungstrainings für verschiedene Persönlichkeiten sensibilisiert. In Fall A hat die Führungskraft die Ruhe, die Herangehensweisen seines Mitarbeiters zu reflektieren, auch wenn diese aufgrund seines Verhaltenstyps diametral von den eigenen Vorstellungen abweicht. Also reagiert die Führungskraft „erlernt" in einer angemessenen Weise gegenüber ihrem Mitarbeiter. In Fall B befindet sich die Führungskraft in einer durch höheren Druck gekennzeichneten Situation (zeitlich, fachlich, hierarchisch). Die Reaktion der Führungskraft hängt dann wesentlich von der eigenen emotionalen Intelligenz ab, weil die Führungskraft in diesem Moment aufgrund des Stresslevels keinen Zugriff auf das „Erlernte" hat. Die kognitiven Kapazitäten sind aufgrund der Situation begrenzt und die Ruhe zur Reflexion einer anderen Persönlichkeit ist nicht gegeben, die Führungskraft reagiert spontan und bringt ihr (in diesem Moment) fehlendes Verständnis für andere Sichtweisen zum Ausdruck. Folglich ist die emotionale Intelligenz einer Führungskraft der Garant dafür, dass die Vorbildfunktion stets erhalten bleibt. Im Falle geringer emotionaler Intelligenz können individuelle Coachingstrecken zur Stärkung der emotionalen Intelligenz einer Führungskraft helfen.

Unser *Mitarbeiterfocus Deutschland* zeichnet hier ein Bild von deutlichem Verbesserungspotenzial der Führungskräfte. Führungskräfte erhalten nur selten Bestnoten, wenn es darum geht, Kritik wertschätzend in Wort und Ton und in der richtigen Situation zu äußern oder wenn es darum geht, seine Stimmungen und Gefühle im Griff zu haben (vgl. Abb. 4.26). Dabei geht es hier nicht nur um den Mitarbeiter, denn auch für die Führungskraft, die rückwirkend ihr Handeln in einer spezifischen Situation reflektiert, ist das eine Bürde. Vielfach ärgern sich Führungskräfte über ihre „falsche" Reaktion in bestimmten Situationen.

Exkurs: Sinnstiftung durch Förderung der individuellen Potenzialentfaltung
Unternehmen sollten für die Gestaltung einer Fan-Macher-Kultur die Unternehmenswerte als Identifikationsplattform um sinnstiftende Elemente ergänzen. Auf individueller Ebene

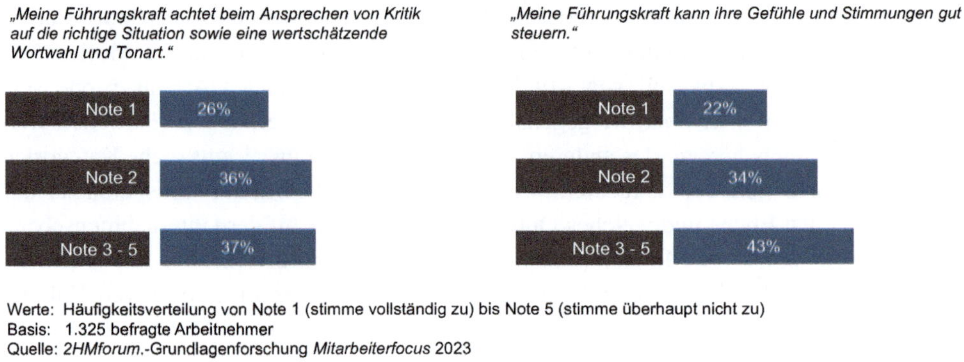

Abb. 4.26 Schlechte Noten für die Führung bei Aspekten um die Emotionsregulation

sind hier die Potenzialentfaltung und die Förderung der Mitarbeiter wichtig, wie wir zu Beginn von Kap. 4 eingeordnet haben. Mitarbeiter suchen einen Sinn in ihrer Tätigkeit, sie wollen, dass ihre Talente, ihre gute Arbeit und ihr Beitrag am Großen und Ganzen gesehen werden. Führungskräfte müssen sich daher immer wieder bewusst machen, dass Lernen und persönliche Entwicklung eine wesentliche Triebfeder von Mitarbeitern ist (Hammermann 2022; Sass 2019). Unser *Mitarbeiterfocus Deutschland* belegt das (vgl. Abb. 4.27): Wenn Mitarbeiter ihre Talente vollständig passend in ihrer aktuellen Tätigkeit eingesetzt sehen, beträgt die *Fan-Quote* beeindruckende 47 %. Das Bild zeigt, wie wichtig es für das Fan-Machertum ist, die Talente und Potenziale der Mitarbeiter zu sehen und zu fördern. Die Verantwortung dafür liegt in erster Linie bei der Führungskraft. Mit dem Verständnis für verschiedene Persönlichkeitstypen aus der persönlichkeitsbasierten Orchestrierung werden Führungskräfte in die Lage versetzt, individuelle Talente ihrer Mitarbeiter leichter zu erkennen und diese gezielt zu fördern. Und das Unternehmen profitiert von mehr Produktivität und größerer Loyalität.

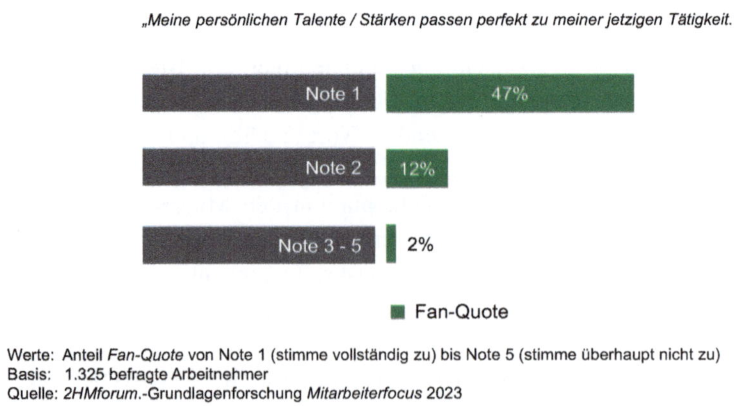

Abb. 4.27 Passende Tätigkeiten steigern die *Fan-Indikation* von Mitarbeitern

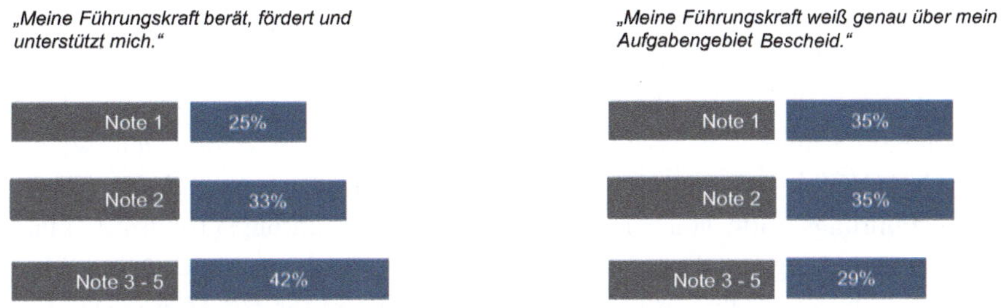

Werte: Häufigkeitsverteilung von Note 1 (stimme vollständig zu) bis Note 5 (stimme überhaupt nicht zu)
Basis: 1.325 befragte Arbeitnehmer
Quelle: *2HMforum.*-Grundlagenforschung *Mitarbeiterfocus* 2023

Abb. 4.28 Führungskräfte sind zu weit von den Aufgaben ihrer Mitarbeiter weg

Die Realität ist in vielen Unternehmen jedoch eine andere: von einer individuellen Förderung von Mitarbeitern – und dann auch noch talentbasiert – durch ihre Führungskraft, ist wenig bis gar nichts zu sehen. Unser *Mitarbeiterfocus Deutschland* zeigt, dass lediglich 25 % der Arbeitnehmer vollständig der Aussage zustimmen, dass die eigene Führungskraft sie berate, fördere und unterstütze (vgl. Abb. 4.28). Dieses Defizit kann auch damit begründet sein, dass Führungskräfte das Aufgabengebiet des Mitarbeiters nicht ausreichend gut kennen. Nach unserem *Mitarbeiterfocus Deutschland* sehen lediglich 35 % der Mitarbeiter, dass die Führungskraft wirklich gut über das Aufgabengebiet Bescheid weiß. Nun ist es nicht Aufgabe der Führungskraft, die operative Arbeit jedes Einzelnen in dem Maße zu verstehen, dass sie die Aufgaben auch selbst erledigen könnte. Dennoch sollten sich Führungskräfte für die Förderung des einzelnen Mitarbeiters mit deren Arbeitsalltag auseinandersetzen.

Die Entwicklung von Mitarbeitern ist in der *FANOMICS*-Logik ein wesentliches Fan-Macher-Element – zudem wird das Unternehmen auf diese Weise noch schlagkräftiger in Richtung Kunde. Die Führungskraft ist in der Verantwortung, die Entwicklung einzelner Mitarbeiter zu treiben und – sofern nötig – als konstruktive Schnittstelle in die Personalabteilung zu wirken.

HILTI – Kulturentwicklung als Führungsaufgabe und Chefsache

An dieser Stelle schreiben wir unser Unternehmensbeispiel *HILTI* fort, um die Bedeutung der zuletzt geschilderten Maßnahmen einzuordnen. In Abschn. 3.4 haben wir erläutert, dass das Unternehmen eine Kultur geprägt hat, mit der die zentralen Bedürfnisse der Kernzielgruppe perfekt bedient werden können. Diese Kultur beruht auf einem Kultur-Kern mit vier Unternehmenswerten, den *HILTI* über die Führungskräfte in der Organisation verankert hat. So stellten sich von Beginn an Schlüsselpersönlichkeiten in der Organisation und die Eigentümer sichtbar hinter die Werte und einen vor einigen Jahren etablierten Werteprozess (Natter et al. 2019). Mit *Michael Hilti,* dem damaligen Repräsentanten der Eigentümerfamilie, hat der Werteprozess ein Gesicht bekommen. Zentral sind darüber hinaus die Führungskräfte, die in der Sprache von *FANOMICS* durch wertekonformes Verhalten als „Kanal“ und durch optimierte Zusammenarbeit im Führungsteam als „Vorbilder“ in der Organisation agieren.

Um die Führungskräfte bei ihrer Führungsarbeit zu unterstützen und damit eine einheitliche und zur Unternehmenskultur passende Führung zu gewährleisten, wurden, wie in der *FANOMICS*-Logik beschrieben, Führungsgrundsätze entwickelt (Natter et al. 2019). Die Führungskräfte von *HILTI* haben durch die Führungsgrundsätze klare Leitplanken, um im Alltag der Unternehmenskultur gerecht zu werden. Damit Mitglieder der Führungsmannschaft als Vorbilder agieren können, ist für *HILTI* ergänzend zur einheitlichen Führung von Mitarbeitern durch verschiedene Führungskräfte der Teamgeist zentral (HILTI o. J.a). Führungskräfte stehen im positiven Sinne stets unter Beobachtung von Mitarbeitern, daraus resultiert ihre Vorbildfunktion. Dieser Funktion können die Führungskräfte nur dann gerecht werden, wenn die sichtbare Kommunikation und Zusammenarbeit reibungslos funktioniert. Wie in der Herleitung von *FANOMICS* beschrieben, agieren die *HILTI*-Führungskräfte orchestriert und als Fan-Macher für die Mitarbeiter.

HILTI setzt mit der Implementierung der Unternehmenswerte und der Orchestrierung auf der obersten Führungsebene an: Die Geschäftsleitung nimmt sich hier selbst nicht aus der Pflicht. Zu sehen ist die zentrale Bedeutung der Führung unter anderem an der „Regel 56“. Damit die Passung zwischen der Unternehmensführung und Mitarbeitern nicht aus „natürlichen“ Gründen zu weit auseinanderdriftet, sieht diese Regel vor, dass kein Mitglied der Geschäftsleitung älter als 55 Jahre alt sein darf (Bruch und Poralla 2009; Möltner et al. 2016). Ein Effekt dieser Vorgabe ist, dass die oberste Führungsebene nicht zu weit weg vom operativen Geschäft und von der Bedeutung der Werte für den Arbeitsalltag und die Umsetzung der Positionierung ist. Damit jede Führungskraft dem an sie gestellten Anspruch gerecht werden kann, werden klare Anforderungen formuliert: Sich immer wieder kritisch hinterfragen, sich nicht ausruhen und Verantwortung für die Unternehmensziele übernehmen (Möltner et al. 2016).

Führungskräfte von *HILTI* durchlaufen eine Reihe von „Kulturseminaren“ (Bruch und Poralla 2009). Phasenweise gab es fünf inhaltliche Schwerpunkte, um die Kulturentwicklung und -pflege zu gewährleisten. Diese Schwerpunkte finden sich im Rahmen des Kulturprozesses (siehe „Hilti Way“) in fünf Workshops für Führungskräfte wieder: (1) „Foundation“, (2) „Rubicon“, (3) „Pit Stop“, (4) „Moment of Truth“ und (5) „The Hilti Way“ (Möltner et al. 2016). Das Ziel dieser aufeinander aufbauenden Workshops ist die Vermittlung der *HILTI*-Kultur, die Identifikation der Führungskräfte mit der Unternehmenskultur und -strategie sowie die kulturelle Befähigung der Führungskräfte. Die wesentlichen Inhalte sind daher:

- Unternehmenskultur und Unternehmensstrategie
- Verzahnung von Kultur und Unternehmensstrategie
- Erfolg durch Gemeinschaft, optimierte Kommunikation und Zusammenarbeit
- Vision und Strategie als sinnstiftende Botschaften

Für die Implementierung hat sich um das Jahr 2010 herum allein jedes Mitglied der Geschäftsleitung mindestens an 10 Tagen pro Jahr in die kulturelle Entwicklung des Unternehmens eingebracht (Bruch und Poralla 2009). Teams auf der Arbeitsebene erhalten ebenfalls Workshops, dann mit ihren Führungskräften und internen Kulturexperten. Das Ziel ist, bei den Mitarbeitern ein Verständnis von der Kultur zu schaffen und den eigenen Beitrag zu verdeutlichen, aber auch, Hindernisse auf dem Weg zum „Hilti Way" im Tagesgeschäft zu identifizieren. Entscheidend für den Erfolg dieses Prozesses ist, dass die Pflege der Kultur bei *HILTI* zu keinem Zeitpunkt als abgeschlossen, sondern als dauerhafter Prozess angesehen wird (Möltner et al. 2016). *FANOMICS* kennt deshalb die Funktion des *FANOMICS*-Dirigenten, der die Fäden bei der Entwicklung einer Fan-Macher-Kultur zusammen- und den Prozess auf Spur hält (vgl. Kap. 6).

HILTI hat als zentrale Säule seines Unternehmenserfolgs ein zur Kundenstrategie passendes Wertegerüst formuliert und implementiert. Wie bereits ausgeführt, sind bei der Implementierung einer Fan-Macher-Kultur insbesondere die Führungskräfte als Vorbilder und Kanal in der Verantwortung. Doch wer sind diese Führungskräfte? Eine Zeitpunktbetrachtung ist immer einfach, da bei Beginn eines *FANOMICS*-Prozesses schlichtweg die Menschen zentral sind, die aktuell die Führungsverantwortung tragen. Im Zeitverlauf haben es Unternehmen auch auf der Führungsebene mit Fluktuation zu tun oder das Unternehmen wächst und neue Führungspositionen müssen besetzt werden. Im Sinne einer funktionierenden Unternehmenskultur und Führung sollte hier nicht nur die Fachlichkeit im Vordergrund stehen. *HILTI* setzt auf das Versprechen individueller Potenzialentfaltung und -förderung von Mitarbeitern. Gleichzeitig hat sich das Unternehmen ein Mehraugenprinzip verordnet, sodass mehrere Führungskräfte die Eignung von Mitarbeitern für eine mögliche Führungsposition prüfen. Dadurch rücken zwangsläufig auch andere Aspekte als die Fachlichkeit in den Fokus der Entscheidungsfindung bei der Nach- oder Neubesetzung von Führungspositionen. Im Ergebnis wurden beispielsweise im Jahr 2013 82 % aller Managementpositionen erfolgreich intern nachbesetzt (Möltner et al. 2016).

Stärkung von Fan-Macher-Persönlichkeiten: Basiskompetenzen

Führt man sich die Bedeutung von Führungskräften als Fan-Macher für die Mitarbeiter vor Augen, zeichnet unser *Mitarbeiterfocus Deutschland* ein erschreckendes Bild: Demnach sind nur 25 % der Arbeitnehmer in Deutschland mit ihrer Führungskraft vollständig zufrieden. Und wir wissen: Nur die Note 1 zählt. Das reduziert nicht nur das Fan-Macher-Potenzial von Unternehmen und hindert damit am Aufbau einer Fan-Macher-Kultur, sondern kehrt sich schnell auch in Fluktuation bei den Mitarbeitenden um. Mitverantwortlich für dieses Bild ist ein als „Sandwich-Effekt" bezeichnetes Phänomen auf der mittleren und unteren Führungsebene[3]. Es beschreibt, dass die mittlere Führungsebene in Unternehmen an drei ganz wesentlichen Punkten gleichzeitig gefordert ist: 1) die

[3] Wir sprechen im Weiteren aus Gründen der Einfachheit von der mittleren Führungsebene.

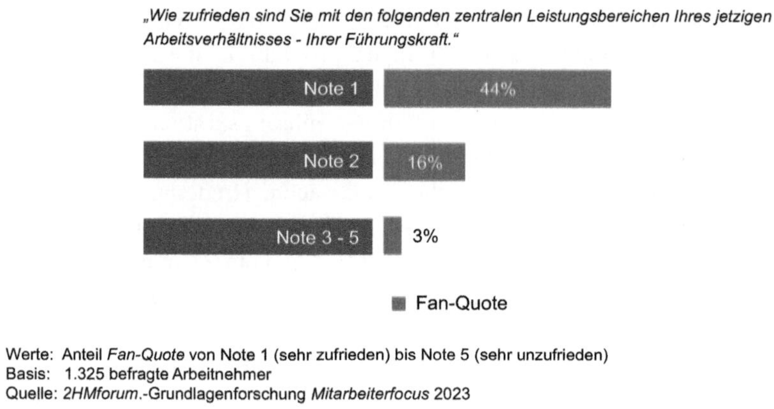

Abb. 4.29 Exzellente Führung steigert die *Fan-Quote* der Mitarbeiter

Führung der eigenen Mitarbeiter, 2) die Erledigung eigener operativer Aufgaben und 3) das Zuarbeiten für und die Zusammenarbeit mit der eigenen Führungskraft. Was bleibt, sind überforderte Führungskräfte, die selbst unter dieser Situation leiden, letztlich aber auch schlechte Noten durch ihre Mitarbeiter bekommen. Das ist für Unternehmen, die eine Fan-Macher-Kultur aufbauen wollen, eine große Bürde. Die *Fan-Quote* unter den Mitarbeitern, die ihre Führungskraft mit der Note 1 bewerten, liegt bei beeindruckenden 61 %. Führung muss folglich exzellent sein, sonst lassen Unternehmen bereits Fan-Macher-Potenziale liegen (vgl. Abb. 4.29).

Insbesondere junge Führungskräfte der mittleren Führungsebene stehen vor einer großen Herausforderung, da die Führungsaufgabe Neuland für sie ist. Hinzu kommt, dass Führungskräfte häufig nicht gezielt in die neue Aufgabe hineinqualifiziert werden, sie auch wenig zusätzliche Zeit für ihre Führungsaufgaben erhalten. Unser *Mitarbeiterfocus Deutschland* zeigt anhand einiger Daten Defizite in der Führung. Halten wir uns dafür konkret vor Augen, was Führung im engeren Sinne ist: „[…] durch Interaktion vermittelte Ausrichtung des Handelns von Individuen und Gruppen auf die Verwirklichung vorgegebener Ziele […]" (Maier o. J.). In diesem Zusammenhang ist es erschreckend, dass sich 9 % der Arbeitnehmer überhaupt nicht mit ihrer Führungskraft austauschen und ein Viertel der Mitarbeiter dies an nur einem Tag in der Woche tut (vgl. Abb. 4.30). Sicherlich ist die nötige, mögliche und sinnvolle Austauschfrequenz abhängig von der einzelnen Stelle bzw. dem Aufgabenprofil im Unternehmen, pauschal ist der tägliche Austausch weder nötig noch unbedingt zielführend. Doch spricht das hier gezeichnete Bild für sich.

Wenn Unternehmen auf sehr gute Führungskräfte setzen möchten, dann kann das Prinzip der Beförderung aus der puren Fachlichkeit heraus kaum funktionieren. Erst wenn der Führungsalltag leicht von der Hand geht, können Führungskräfte authentisch

Abb. 4.30 Austauschfrequenz mit der Führungskraft

wirken und als Fan-Macher für die Mitarbeiter agieren. Basiskompetenzen, wie Konfliktmanagement oder Selbstmanagement, sind die Voraussetzung für das Wirken von Führungskräften als echte Fan-Macher-Persönlichkeiten. Im Hinblick auf die Basiskompetenzen von Führungskräften, sind die folgenden Kompetenzbereiche aus unserer Sicht wesentlich:

1. Führungskompetenz, z. B. unternehmerisches Denken und Handeln
2. Methodenkompetenz, z. B. Zeit- und Selbstmanagement
3. Soziale Kompetenz, z. B. Empathie oder Kommunikationsfähigkeit
4. Handlungskompetenz als ganzheitliche Sicht auf die Persönlichkeitsentwicklung

Letztlich muss die Führungskraft all diese Kompetenzen mitbringen, die Führung im engeren Sinne muss ihr leicht von der Hand gehen, um sich auf ihr Wirken als Fan-Macher konzentrieren zu können. Denn wertekonformes Führungsverhalten ist nicht gesichert, wenn die Führungskraft mit seiner originären Führungsaufgabe bereits überfordert ist. Darüber hinaus sind diese Basiskompetenzen hilfreich, damit Führungskräfte den Arbeitsalltag für die Mitarbeiter sinnstiftend gestalten und die individuelle Potenzialentwicklung fördern können.

Erst wenn die Führung in der Lage ist, den Mitarbeitern persönlichkeitsbasiert den passenden Rahmen zu schaffen, wenn die Führungskraft ihren Mitarbeitern die nötige Orientierung und Halt gibt, wenn sie zu konstruktivem Feedback fähig ist und gleichzeitig und weiterhin die Interessen des Unternehmens vertritt, erst dann schaffen Führungskräfte eine sinnstiftende Arbeitswelt für ihre Mitarbeiter – als Teil einer ganzheitlichen Fan-Macher-Kultur.

4.2.2 Touchpoint-spezifische Orchestrierung

Aufgrund der Bedeutsamkeit mancher Touchpoints kann es für Unternehmen zielführend sein, alternativ oder parallel an den wesentlichen Touchpoints zusätzlich spezifische Orchestrierungsmaßnahmen zu initiieren. Beim Touchpoint-spezifischen Orchestrierungsprozess gilt die Aufmerksamkeit allen Maßnahmen, die zwar nur am Touchpoint selbst greifen und dort direkt wirken, sich aber auf die Gesamtwahrnehmung niederschlagen und damit in die Orchestrierung fördernd oder hemmend eingreifen. Der Vorteil ist, dass zur Umsetzung im besten Fall nur ein für den Touchpoint zuständiger Entscheider erforderlich ist und damit schnell Entscheidungen getroffen und Maßnahmen umgesetzt werden. Anders bei kulturellen und strukturellen Themen, also wenn es um werteorientierte Führung, Personalauswahl und -entwicklung oder Kommunikation geht. Hier sind häufig mehrere Entscheider und Unternehmensbereiche involviert und damit Entscheidungen schwieriger zu treffen und umzusetzen. Daher ist es zielführend, weil pragmatisch und schnell umsetzbar, mit dem Touchpoint-spezifischen Orchestrierungsprozess zu starten. Starten Sie dabei nach Möglichkeit mit einem hochrelevanten Touchpoint. Warum? Weil sich dann messbare Erfolge, und zwar nicht nur am Touchpoint selbst, sondern auch im Hinblick auf die Beziehungsqualität der Führungskräfte und Mitarbeiter, schneller und wirksamer einstellen.

Lassen Sie uns dies an einem relevanten Beispiel erläutern: die Mitarbeiter-Benefits. Für *FANOMICS* sind Mitarbeiter-Benefits ein relevantes Gestaltungselement einer Fan-Macher-Kultur. Aber wie schon geschildert: Arbeitgeber sollten dabei nicht dem „Mehr ist Mehr"-Mantra folgen. Ganz entgegen dieser Forderung, verfügen viele Unternehmen über ein breites (und ständig wachsendes) Portfolio an Mitarbeiter-Benefits. Ursache ist vor allem die Unsicherheit darüber, was für die Mitarbeiter wirklich relevant ist, um im Arbeitgeberwettbewerb zu bestehen. Deshalb gilt es, a) die angebotenen Mitarbeiter-Benefits auf genau die zu reduzieren, die für Mitarbeiter wirklich relevant sind bzw. die sich mit den Unternehmenswerten in Einklang bringen lassen oder die die logische Folge der Unternehmenswerte sind und b) das Angebot an Mitarbeiter-Benefits ggf. durch solche zu ergänzen, die für die Mitarbeiter wirklich relevant sind und bisher nicht Teil des Angebots waren. So können Passung und Attraktivität der Arbeitgebermarke gesteigert werden bei gleichbleibenden oder sogar geringeren Investitionen.

Wichtig ist dabei eine valide Erfassung der Mitarbeiterbedarfe. Dafür sollten die Ansprüche unmittelbar dort erfasst werden, wo sie entstehen, nämlich durch Abfrage bei den Mitarbeitern. Doch führen klassische Befragungsmethoden insbesondere bei solchen Fragestellungen zu einer Inflation der Ansprüche. Arbeitgeber sind dann nicht nur genauso unwissend wie zuvor, sie fördern durch die Art der Abfrage auch die Erwartungshaltung der Mitarbeiter. Vor diesem Hintergrund sollte für die Beantwortung dieser Fragestellung mit entscheidungsbasierten Verfahren gearbeitet werden. Dabei werden Mitarbeiter im Rahmen einer quantitativen Befragung vor tatsächliche Entscheidungen gestellt. Es geht darum, dass die Befragten aus mehreren präsentierten

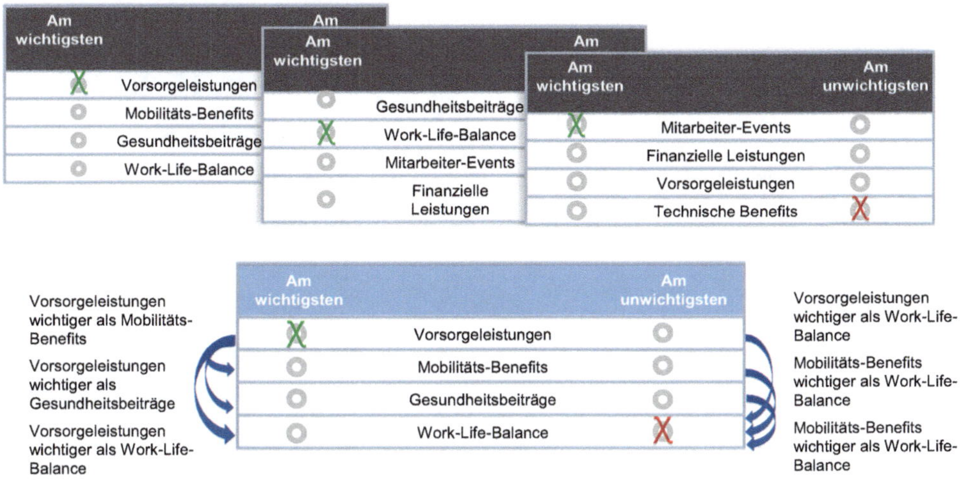

Quelle: Eigene Darstellung

Abb. 4.31 Aufbau der Befragung im *FANOMICS* Benefits-Check

Alternativen die wichtigste und die unwichtigste auswählen, so also einen echten Trade-off machen (vgl. Abb. 4.31).

Daraus lassen sich valide nutzenbasierte Präferenzprofile von Mitarbeitern ableiten, die eine viel differenziertere Sicht auf verschiedene Mitarbeiter-Benefits ermöglichen (vgl. Abb. 4.32). Damit ist Personalabteilungen wesentlich mehr geholfen als mit klassischen Befragungen, die in der Regel eine gleichwertige Bedeutung der meisten Aspekte zum Ergebnis haben. Insbesondere bei den Söldnern – aber auch bei den Bewohnern – ist dieses Vorgehen wichtig, besticht diese Mitarbeitergruppe doch dadurch, dass sie tendenziell alle Angebote ihres Arbeitgebers als wichtig erachten. Mit dem erläuterten Vorgehen lässt sich ableiten, wie relevant einzelne Leistungen im Benefits-Portfolio im Vergleich zu anderen Leistungen wirklich sind.

Falls ein Portfolio an Mitarbeiter-Benefits im Sinne der Orchestrierung tatsächlich ausgedünnt werden kann und muss, sind für die Entscheidung über die zentralen und damit weiterhin anzubietenden Angebote und Leistungen zwei Aspekte relevant, nämlich solche Angebote und Leistungen zu identifizieren, die 1) die wahrgenommene Passung zum Unternehmen erhöhen und 2) die als Hygienefaktor im Wettbewerb anzusehen sind. Folglich mag es Angebote und Leistungen geben, die nicht unmittelbar die *Fan-Indikation* erhöhen, aber eben trotzdem als wichtig anzusehen sind. Demnach ist je nach Fragestellung die Betrachtung der spezifischen Angebots- und Leistungspräferenzen der Segmente aus dem *Fan-Portfolio* sinnvoll. Dabei sind vor allem die Fan-Mitarbeiter von großer Bedeutung, weil sie maximale Passung aufweisen und mit ihrem großen Wissen über das Unternehmen und seine Kultur fundierte Aussagen machen können – ggf. auch in einer anknüpfenden qualitativen Analyse.

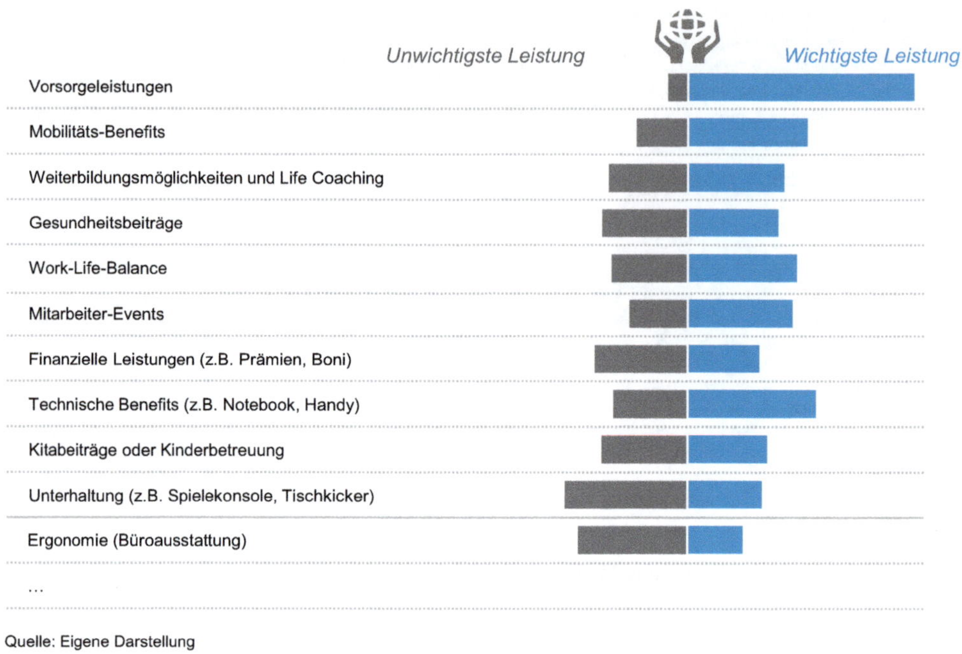

Abb. 4.32 Exemplarisches Ergebnis eines *FANOMICS Benefits-Checks*

4.2.3 Interne Erfolgskommunikation als Element von Fan-Machertum

Führungskräfte und Mitarbeiter zu Fans zu entwickeln und damit von deren Potenzialen zu profitieren, baut auf dem konsequenten Erleben von Passung auf. Wie bereits erläutert sind die Unternehmenswerte als Kultur-Kern das Fundament von Passung. Sie verdeutlichen jeder einzelnen Führungskraft und jedem einzelnen Mitarbeiter die gemeinsame Idee von Zusammenarbeit und Miteinander in der Organisation und geben damit eine fundierte Möglichkeit, zu prüfen, inwiefern das zu den Vorstellungen und eigenen Bedürfnissen passt.

Die Fan-Macher-Kultur profitiert darüber hinaus von sinnstiftenden Ergänzungen zur Identifikationsplattform. Davon, dass Positionierung, Vision und Mission, Produkte und Leistungen oder gesellschaftlicher Beitrag an die Mitarbeiter kommuniziert und verankert werden (vgl. Abschn. 4.1.10). Bei all diesen Aspekten, ob es die Kultur ist oder sinnstiftende Ergänzungen sind: ganz wesentlich sind Erfolgsnachrichten. Erfolge machen jede Führungskraft und jeden Mitarbeiter stolz. Führungskräfte und Mitarbeiter werden in ihrer Haltung zum Unternehmen und seiner Fan-Macher-Kultur bestärkt, wenn Erfolge sichtbar sind. Eine wesentliche Aufgabe von (Vertretern) der Organisation ist daher eine gelungene Erfolgskommunikation in Richtung der Führungskräfte und Mitarbeiter.

Bei Erfolg denken viele Menschen – insbesondere in Bezug auf Unternehmen – schnell in wirtschaftlichen Kategorien. Die Antwort auf die Frage, was das Unternehmen rein monetär erwirtschaftet, ist für das Fantum zwar auch eine relevante Nachricht, doch beileibe nicht das wirkmächtigste Element. Doch was sind nun die Erfolge, die eine Organisation an die Mitarbeiter vermitteln sollte, um die Identifikation weiter zu stärken? In vielen unserer Kundenprojekten haben wir gelernt, dass es auf die Verknüpfung der Erfolge mit den für die Mitarbeiter identifikationsstiftenden Elementen ankommt. So ist die alleinstehende Kommunikation von Markterfolgen zwar wirksam und für sich genommen auch eine stolz machende Botschaft für Mitarbeiter, doch erst die Verknüpfung der Erfolge mit den Besonderheiten der Kultur, der Belegschaft oder dem Einzelnen macht Erfolgskommunikation zu einem Instrument von Fan-Machertum.

Für Mitarbeiter macht es einen großen Unterschied, ob die Erfolgsbotschaft (1) alleinstehend oder (2) mit dem Selbst der Mitarbeiter bzw. der Gemeinschaft verknüpft ist. In Variante (1) könnten mögliche Botschaften sein wie „Wir haben eine Gewinnsteigerung im Vergleich zum vergangenen Geschäftsjahr um 10 % geschafft" oder „Wir haben im Vertrieb in den vergangenen 3 Monaten die Anzahl unserer Leads um 30 % gesteigert". Viele Unternehmen lassen bereits hier Potenzial liegen und kommunizieren solche Botschaften überhaupt nicht an die Mitarbeiter. Wenn Unternehmen bei der Entwicklung von Mitarbeitern zu Fans aber die volle Wirksamkeit der Erfolgskommunikation ausschöpfen möchten, sollte Variante (2) der Kommunikation genutzt werden. Es geht dabei um die Ergänzung der Erfolgsbotschaft um die Aussage „…, weil wir sind, wie wir sind". Die Botschaft ist dann nicht „Wir sind irgendwie erfolgreich", sondern „Wir sind aus gutem Grund erfolgreich, und dieser Grund ist bei uns und unserer Kultur zu suchen".

Machen wir das exemplarisch fest an unserem Unternehmensbeispiel *HILTI.* Die Unternehmenswerte von *HILTI* sind 1) Integrität, 2) Mut, 3) Teamarbeit und 4) Engagement. Wenn nun Erfolge verknüpft mit dem Selbst der Führungskräfte und Mitarbeiter vermeldet werden, geht es im Falle von *HILTI* und den Unternehmenswerten darum, dass dieser Erfolg deshalb erzielt wurde, „weil wir mutig sind" oder „weil wir ein Team sind", weil wir es dadurch geschafft haben, das Kundenbedürfnis zu erfüllen. Neben den Unternehmenswerten gibt es weitere Elemente, die in der Erfolgskommunikation in Richtung Führungskräften und Mitarbeitern aufgegriffen werden sollten und die sich mit dem Selbst der Mitarbeiter hervorragend verknüpfen lassen: Mission und Vision des Unternehmens. *HILTI* formuliert als Mission „Making Construction Better". Damit verbunden sieht es das Unternehmen als seine Aufgabe, Produkte und Lösungen zu entwickeln, die die Produktivität, Nachhaltigkeit und Sicherheit in der Bauindustrie vorantreiben (HILTI o. J.a). Mit diesem Rahmen versehen, sollte Erfolgskommunikation geleistet werden, die regelmäßig u. a. die folgenden Fragen erfolgreich beantwortet:

a. Inwiefern kommen wir bei unserer Mission voran?
b. Inwiefern gelingt uns das durch die benannten Unterziele/Aufgaben/Maßnahmen?

c. cInwiefern sind wir oder macht uns das wirtschaftlich und/oder bei den Kunden erfolgreich?
d. Inwiefern unterstützen uns unsere Werte dabei?
e. Inwiefern unterstützen uns individuelle Stärken dabei?

Durch die konsequente Verknüpfung des Wir oder des Einzelnen mit konkreten Erfolgen, lernen die Führungskräfte und Mitarbeiter, dass sie Teil von etwas sind, das funktioniert. Dass das Ganze nur durch sie funktioniert. Durch die Erfolgskommunikation verändert sich auch die Haltung einzelner Personen zu den Unternehmenswerten und darüber hinaus verändert sich die Haltung von Mitarbeitern im Kundenkontakt. Die Aussage „wir sind erfolgreich, weil wir sind, wie wir sind“ wirkt sich deutlich auf unser Selbstvertrauen und auf unsere Wirkung auf den Kunden aus.

Nutzen Sie doch bei Ihrer Lektüre ad hoc die Möglichkeit, sich und Ihre Organisation im Zusammenhang mit den Möglichkeiten der Erfolgskommunikation zu hinterfragen. Wann haben Sie das letzte Mal Ihren Mitarbeitern oder Kollegen zurückgemeldet, was diese alles geschafft, weitergebracht und erreicht haben? Wie gut sind Sie darin, Fortschritt und Erfolg zu kommunizieren für sich selbst und andere? Ganz unabhängig von Ihren Antworten, benötigt jedes Unternehmen eine klare Idee von Erfolgskommunikation. Es gilt Verantwortlichkeiten und Parameter festzulegen, ein gemeinsames Verständnis, damit die Kommunikation von Erfolgen nicht im Tagesgeschäft einschläft. Eine der Leitfragen muss sein: „Was wird durch wen in welcher Regelmäßigkeit kommuniziert?“ Fest steht aber eines: Erfolgskommunikation ist Aufgabe der Führung!

Nur so kann ein Unternehmen sicherstellen, dass Erfolge bewusst kommuniziert und gefeiert werden. Vor allem aber muss die Erfolgskommunikation der Idee der Orchestrierung folgen. Erst wenn Zeiten, Botschaften, Tonalitäten in der Erfolgskommunikation vereinheitlicht sind, kann sie ihr volles Potenzial im Sinne von *FANOMICS* entfalten.

4.3 Externes *Employer Fan Management:* Mit Orchestrierung zur Implementierung der Arbeitgebermarke

Die Besetzung von offenen Stellen ist in den letzten Jahren aufgrund des voranschreitenden demografischen Wandels zu einer großen Herausforderung für Unternehmen geworden. Das gilt branchenübergreifend und über alle Unternehmensgrößenklassen hinweg: Der Personalengpass zieht sich vom kleinen Einmannbetrieb, der Arztpraxis, der Steuer- oder Anwaltskanzlei über mittelständische Unternehmen bis hin zu Großkonzernen. Handwerker und medizinisches Fachpersonal werden mindestens genauso verzweifelt gesucht wie IT-Spezialisten, Ingenieure oder Berater. Junge Talente überlegen sich genau, für welches Unternehmen sie arbeiten und welchen Sinn ihnen die Tätigkeit im Gegenzug stiftet.

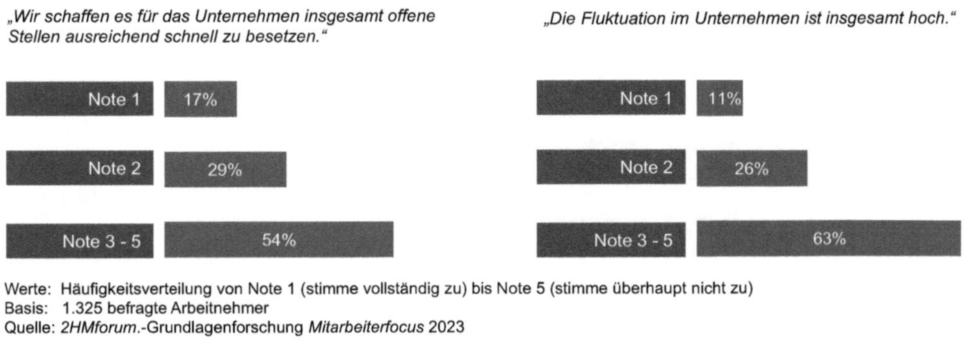

Abb. 4.33 Nachbesetzung von Stellen stellt Arbeitgeber vor Herausforderungen

Aus Arbeitgebersicht sind beim Recruiting schwierige Zeiten angebrochen. Denn Kandidaten können sich heute mehr denn je aussuchen, für welches Unternehmen sie arbeiten. Unser *Mitarbeiterfocus Deutschland* verdeutlicht die Herausforderungen der Arbeitgeber: Insgesamt stimmen nur 17 % der Führungskräfte zu, dass ihr Arbeitgeber es schafft, offene Stellen ausreichend schnell zu besetzen (vgl. Abb. 4.33). In diesem Zusammenhang macht die Fluktuation den Arbeitgebern zusätzlich zu schaffen. Immerhin sind es 11 % der Führungskräfte, die ihrem Arbeitgeber eine hohe Fluktuation konstatieren.

Arbeitgeber mit einem attraktiven Unternehmensstandort, finanzieller Stärke oder einer starken und sichtbaren (Produkt-)Marke scheinen als interessante Arbeitgeber einen Wettbewerbsvorteil zu haben. Sind es also doch die Leistungsaspekte und die pure Arbeitgeberattraktivität, mit denen sich einzelne Arbeitgeber durchsetzen? Die Antwort lautet: Nein. Der Wettbewerb der Arbeitgeber wird aktuell eben auf dieser Ebene geführt (siehe Abschn. 3.4.7) – also setzen sich auch die Großen und Reichen durch. Es bleibt aber dabei, dass diese Aspekte austauschbar sind und deshalb keinen strategischen Wettbewerbsvorteil für einen Arbeitgeber stiften. Unternehmen müssen mit ansehen, wie sie trotz massiver Investitionen – immer gemessen an den individuellen Möglichkeiten – gegen den Wettbewerb verlieren, was durch Fluktuation oder durch enttäuschende Ergebnisse im Recruiting messbar ist. Genauso schnell wie Führungskräfte und Mitarbeiter gefunden wurden, werden diese wieder abgeworben. Auffällig ist die Unternehmensgrößenklasse zwischen 250 und 500 Mitarbeitern. Unser *Mitarbeiterfocus Deutschland* zeigt: Knapp ein Viertel der Führungskräfte in Unternehmen dieser Größenklasse sieht eine hohe Fluktuation, während die Fluktuation bei Arbeitgebern anderer Größenklassen bei ca. 10 % liegt (vgl. Abb. 4.34). Der Mittelstand dient den Großen als Durchlauferhitzer, sie bilden mit großer Kraftanstrengung die Talente für morgen aus.

Mit *FANOMICS* sind Arbeitgeber in der Lage, unabhängig von ihrer Größenklasse, einen strategischen Wettbewerbsvorteil durch gefühlte Einzigartigkeit bei den richtigen Bewerbern zu generieren. Man mag an dieser Stelle argumentieren, dass es weiterhin

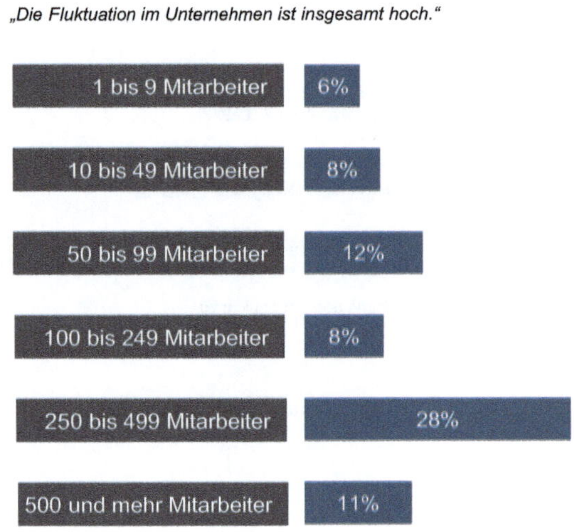

Werte: Häufigkeitsverteilung, Anteil „Stimme vollständig zu"
Basis: 1.325 befragte Arbeitnehmer, davon nur Führungskräfte nach Betriebsgrößenklasse ihres jeweiligen Unternehmens
Quelle: *2HMforum.*-Grundlagenforschung *Mitarbeiterfocus* 2023

Abb. 4.34 Fluktuation nach Betriebsgrößenklassen MA

strukturelle Nachteile der kleineren gegenüber den großen Arbeitgebern gibt: So können diese mehr in den Awarenessaufbau der eigenen Arbeitgebermarke investieren und werden deshalb stets überlegen sein. Ein Größenvorteil ist nicht von der Hand zu weisen. Doch ist dieser Vorteil abhängig von der zentralen Strategie im Recruiting. Ist die Idee, dass Arbeitgeber zur Besetzung einer Stelle viel Aufmerksamkeit für möglichst viele Bewerbungen generieren, dann haben die großen Budgets einen Vorteil. *FANOMICS* verschiebt für die Lösung des Problems den Fokus. Arbeitgeber generieren aus einer geringeren Zahl an Bewerbungen eine große Zahl an Vertragsabschlüssen, indem sie Passung herstellen, dadurch bewerben sich die „richtigen" Mitarbeiter.

Mit *FANOMICS* gestalten Sie eine fokussierte und orchestrierte Arbeitgebermarke. Mit aus der Positionierung abgeleiteten Unternehmenswerten als Kultur-Kern und sinnstiftenden Elementen wird eine fokussierte Identifikationsplattform angeboten, die dann im gesamten Rekrutierungsprozess immer wieder erlebbar wird. Dadurch entstehen bei den richtigen Bewerbern eine hohe Passung und eine gefühlte Einzigartigkeit (Monopolstellung im Kopf der Bewerber).

4.3.1 Wirkung des externen *Employer Fan Managements*

Mit dem Schwenk von der Arbeitgeberattraktivität (dem „Mehr ist mehr"-Mantra folgend) zur Arbeitgeberpassung (*FANOMICS*-Logik) läuten wir einen Paradigmenwechsel im sogenannten Employer Branding ein. Doch was ändert das genau, wenn man von der konkreten Zielstellung kommt, erfolgreich die richtigen Mitarbeiter zu gewinnen? Für eine Antwort auf diese Frage, vergegenwärtigen wir uns zunächst, was Arbeitgeber aktuell im oder für das Recruiting machen:

1. Die bereits beschriebene Vorgehensweise, dem „Mehr ist mehr"-Mantra folgend, führt zu einem großen Portfolio an Mitarbeiter-Benefits, die die Arbeitgeberattraktivität steigern sollen. Diese Vorgehensweise verfolgen viele Unternehmen, bieten neben dem Obstkorb und dem Getränkespender auch noch einen Kickertisch im Pausenraum, ganz abgesehen von konkreten Arbeitsmodellen und Vorsorgeleistungen. Das Ergebnis sind hohe Erwartungen und das Ingangsetzen einer Leistungsspirale.
2. Eine weitere und noch weniger fundierte Vorgehensweise folgt der Idee, dass Unternehmen sich als Arbeitgeber qualifizieren, indem sie mit einer schönen Design-Hülle in Form eines fetzigen Kommunikationskonzepts am Arbeitsmarkt daherkommen. Das schafft kurzfristig Awareness, ist aber ohne nachhaltige Substanz. Folglich werden damit bestenfalls kurzfristige Rekrutierungserfolge erzielt oder aber die Bewerber bleiben noch im Prozess hängen und entscheiden sich dann doch für den Arbeitgeber mit dem „Mehr ist mehr"-Mantra.

Für eine Einschätzung, welche Konsequenzen das Vorgehen nach dem „Mehr ist mehr"-Mantra hat, betrachten wir das *Fan-Portfolio* mit seinen beiden Achsen: Auf der x-Achse sehen wir die Zufriedenheit mit dem Arbeitgeber, in die die Bewertung von Mitarbeiter-Benefits einfließt. In der Regel werden mit Mitarbeiter-Benefits irgendwelche Bedürfnisse bedient (vgl. Abb. 4.35), sie zahlen damit nicht auf die Passung eines Bewerbers zum Arbeitgeber ein. Aus Sicht der potenziellen Führungskräfte und Mitarbeiter steigt die Arbeitgeberattraktivität, die Bewerber wandern auf der x-Achse nach rechts.

Der Arbeitgeber rekrutiert mit dieser Maßnahme folglich nach dem Zufallsprinzip die vier Gruppen in der rechten Hälfte des *Fan-Portfolios*: Söldner, Bewohner, Sympathisanten und Fans (vgl. Abb. 4.36). Eben die vier Gruppen, die durch eine überdurchschnittliche Zufriedenheit gekennzeichnet sind. Am wahrscheinlichsten ist jedoch, dass Arbeitgeber in erster Linie Söldner und nachgelagert Bewohner rekrutieren. Fans hingegen sind es eher selten, bleibt doch eine hohe Passung zwischen Arbeitnehmer und Arbeitgeber ein Ergebnis des Zufalls. Wird hingegen mit einer Arbeitgebermarke nach *FANOMICS*-Logik die Passung in den Mittelpunkt gerückt, steigt der Anteil von Bewerbern mit einer hohen *Fan-Indikation*. Die Arbeitgeberattraktivität dient dann als Nebenbedingung für das Recruiting, sind wir uns doch der Rolle von Mitarbeiter-Benefits als Hygienefaktoren bewusst.

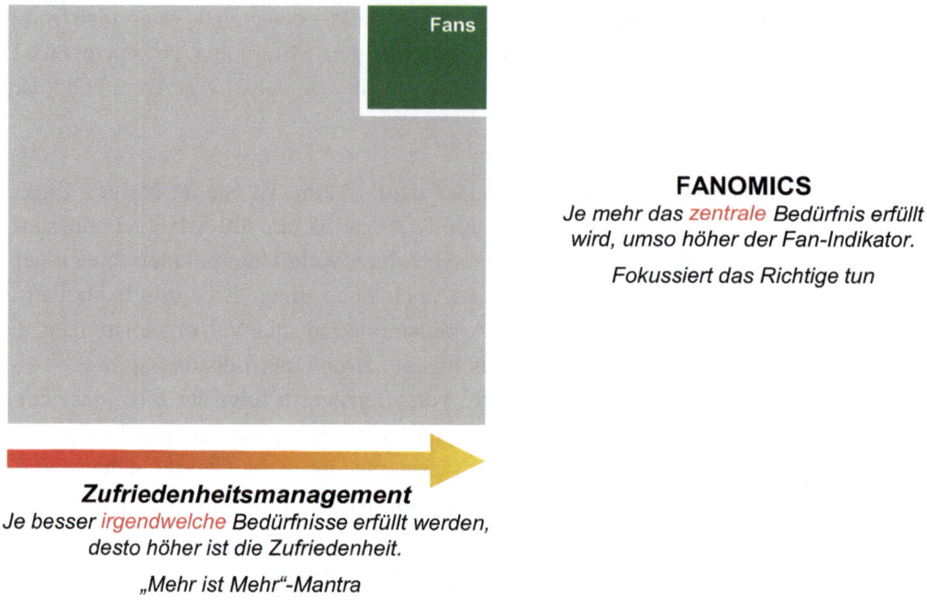

Quelle: Eigene Darstellung

Abb. 4.35 Mitarbeiter-Benefits bedienen irgendwelche Bedürfnisse und damit die Zufriedenheitsebene

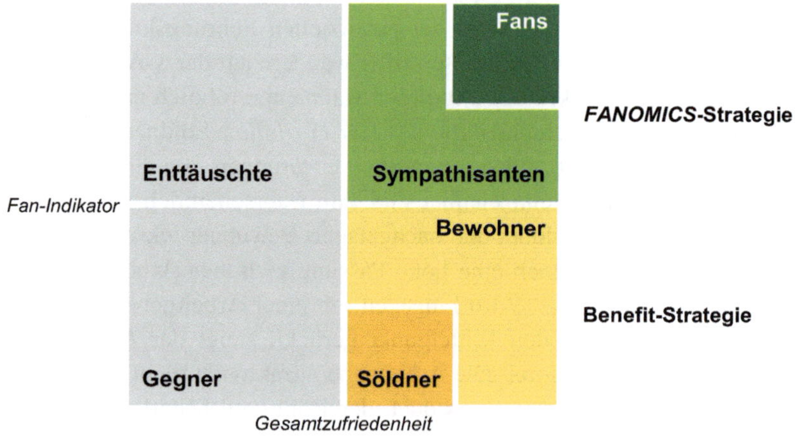

Quelle: Eigene Darstellung

Abb. 4.36 *FANOMICS*- und Benefit-Strategie adressieren unterschiedliche Segmente im *Fan-Portfolio* als Schwerpunkt

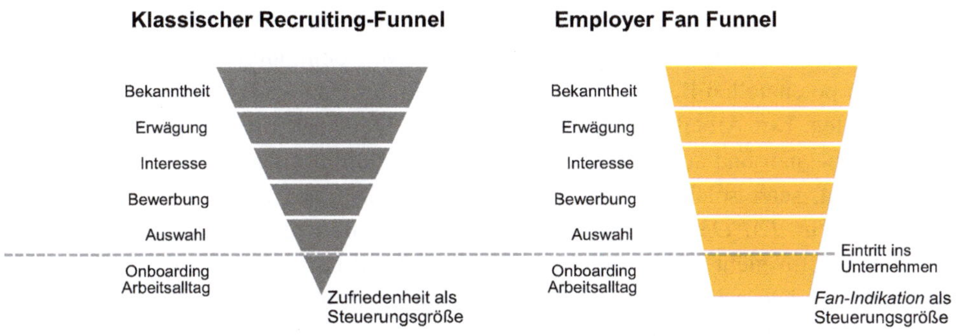

Abb. 4.37 *FANOMICS* Employer Fan Funnel im Vergleich zu einem klassischen Funnel

4.3.2 Employer Fan Funnel als Denkmodell für die Rekrutierung

Damit Unternehmen ihre Ressourcen gezielt einsetzen können, arbeiten sie in verschiedenen Anwendungsfeldern mit so genannten Trichtermodellen: Diese folgen im Kern dem AIDA-Modell aus den Kommunikationswissenschaften. AIDA steht für **At**tention, **I**nterest, **D**esire, **A**ction. Für Arbeitgeber verdeutlicht das Modell, dass die unzureichende Gewinnung von Mitarbeitern verschiedene Ursachen haben kann: So z. B., dass der Arbeitgeber nicht ausreichend bekannt ist oder dass das Angebot letztlich unzureichend ist. Ein klassischer Funnel im Recruiting folgt dem Aufbau in der obenstehenden Abbildung und ist in grau skizziert (vgl. Abb. 4.37). Fragt man Entscheider nach möglichen Ableitungen aus der Trichter-Logik, ist der erste Reflex, dass ein größeres Quantum von Bewerbern hineingegeben werden muss, damit unten eine entsprechende Menge herausfällt. Auf die Rekrutierung von Führungskräften und Mitarbeitern übertragen, bedeutet dies, dass eine große Menge an potenziellen Bewerbern erreicht werden muss, um die ausgeschriebenen Stellen besetzen zu können. Für Unternehmen mit einer starken Dachmarke, die zugleich die Arbeitgebermarke ist, z. B. ADIDAS, AUDI oder SIEMENS, ist das naheliegend. Doch diese Möglichkeit haben viele Unternehmen gar nicht, wenn wir an den deutschen Mittelstand denken – mal ganz abgesehen davon, dass es sich um ein sehr ressourcenintensives Vorgehen handelt.

Machen wir uns den Unterschied des klassischen Trichtermodells im Recruiting zum *FANOMICS* Employer Fan Funnel deutlich. Der Unterschied zum klassischen Modell ist, dass andere Trichterstufen den Mittelpunkt der Maßnahmen bilden. Nach der *FANOMICS*-Logik *können* Arbeitgeber bewusst in Kauf nehmen, bei einer geringeren Zahl von potenziellen Führungskräften und Mitarbeitern Aufmerksamkeit zu erzielen. Denn die fokussierte und orchestrierte Arbeitgebermarke, die Passung zu den richtigen Bewerbern herstellt, kompensiert das auf anderer Ebene. Die Folge: mehr Effizienz. Den Input kleiner halten, den Output erhöhen.

Betrachten wir die beiden Funnel im Detail: Die erste Stufe ist die „Aufmerksamkeit". In den klassischen Überlegungen wäre massive Kommunikation angeraten, um die Menge an potenziellen Bewerbern zu erhöhen, die ihre Aufmerksamkeit auf den Arbeitgeber richten. Der Arbeitgeber versucht dann mit Stellenanzeigen in Online und Print, Imagekampagnen und auf Messen auf sich aufmerksam machen. *FANOMICS* verzichtet darauf nicht, setzt solche ressourcenintensiven Maßnahmen aber sparsamer und zielgerichteter ein. *FANOMICS* bietet hier zudem ein Instrument, das vielen Unternehmen in der Reinform nicht zur Verfügung steht: den Fan-Mitarbeiter. Wie wir in Kap. 2 dieses Buches zeigen, verstehen sich Fan-Mitarbeiter als Botschafter ihres Arbeitgebers und empfehlen diesen gerne weiter. Durch die Etablierung einer Fan-Macher-Kultur, können Mitarbeiter diese Rolle glaubwürdig und erfolgreich übernehmen.

Ist die Aufmerksamkeit geschaffen, kommen die potenziellen Bewerber in die Phase des „Interesses". Diese Phase kann aufgrund glaubwürdiger Empfehlungen durch Fan-Mitarbeiter sehr kurz sein. Die späteren Bewerber nutzen die Empfehlung als Surrogat für eine weiterführende Recherche über den Arbeitgeber. Zudem qualifiziert sich ein nach dem *Employer Fan Management* agierender Arbeitgeber durch fokussierte und orchestrierte Schlüsselinformationen. Durch eine konsequent aus der Identifikationsplattform abgeleiteten Kommunikation erkennen die potenziellen Bewerber schnell, dass es sich hier um einen passenden Arbeitgeber handelt. Die Streuverluste gehen deutlich zurück. In der herkömmlichen Rekrutierung spielen Benefits eine große Rolle beim Aufbau von Interesse. *FANOMICS* setzt auf ausgewählte Benefits, die als Hygienefaktor zu verstehen sind. Bei der Auswahl von Benefits ist zudem relevant, ob diese die Identität des Unternehmens als Arbeitgeber unterstreichen. *FANOMICS* nimmt also Abstand vom „Mehr ist mehr"-Mantra.

In der „Bewerbungsphase" und der Phase der „Auswahl" erlebt der potenzielle Mitarbeiter bereits die Unternehmenskultur. Das Bewerbungsgespräch wird mit dem Personaler und ggf. dem zukünftigen Vorgesetzten geführt, das Verhalten und die Haltung der Unternehmensvertreter ist unmittelbar spür- und erlebbar. Für den Bewerber ist also fundiert prüfbar, inwiefern die versprochene Passung zwischen ihm und dem Unternehmen als Arbeitgeber tatsächlich vorhanden ist. An dieser Stelle greifen das externe und das interne *Employer Fan Management* ineinander. Denn ein unreifes internes *Employer Fan Management,* verbunden mit einer möglicherweise nicht-orchestrierten Führung und nicht konsequent und einheitlich erlebbaren Werten, führt zu einem diffusen oder gar irritierenden Abgleich zwischen der im Arbeitgebermarketing versprochenen Arbeitswelt und dem dann persönlich erlebten Realitätscheck im Gespräch.

Insgesamt gestaltet sich mit *FANOMICS* der komplette Rekrutierungsprozess effektiver, da sich von vornherein die richtigen Kandidaten mit dem passenden Mindset bei Ihrem Unternehmen bewerben. Und diese Selbstselektion der Bewerber erspart Recruitern Zeit und Geld. Indem ein Unternehmen die Aufmerksamkeit von passenden Bewerbern gewinnt, steigt die Effizienz bei der Kandidatensuche. Denn Bewerber, die sich gegen das Unternehmen entscheiden, werden entsprechend der Idee von *FANOMICS* nicht als verloren oder gar undankbar eingeordnet, sondern sollen die Bewerberreise mit einer hohen *Fan-Indikation* beenden. Aus einer Bewerberabsage von heute kann eine Zusage von morgen werden – sei es auch erst in fünf Jahren oder später.

Der Rekrutierungsprozess gestaltet sich mit *FANOMICS* auch nachhaltiger, da sich in der Regel Kandidaten mit hoher Passung bewerben. Teilt ein Bewerber sein Wertegerüst mit dem des Arbeitgebers, wird der Kandidat nach Unternehmenseintritt seine Potenziale in das Unternehmen einbringen: Unter anderem Motivation und Loyalität. Offene Stellen können somit langfristig und mit den richtigen Kandidaten besetzt werden.

4.4 Fokussierte Arbeitgebermarke

Unter wirtschaftlichen Gesichtspunkten muss Rekrutierung stets nachhaltig sein, neu angeworbene Führungskräfte und Mitarbeiter sollten also – unter normalen unternehmerischen Rahmenparametern – für einen möglichst langen Zeitraum Teil des Unternehmens bleiben. Denn nicht nur die Rekrutierung von neuen Führungskräften und Mitarbeitern kostet Geld, auch investieren viele Unternehmen große Summen in ihre Belegschaft, sowohl zu Beginn eines Arbeitsverhältnisses, im Sinne eines Onboardings, als auch im weiteren Zeitverlauf mit Blick auf das gesamte Beschäftigungsverhältnis. Eine Rekrutierung von Führungskräften und Mitarbeitern nach dem „Mehr ist Mehr"-Prinzip oder indem Bewerber möglichst affektorientiert gewonnen werden, führt nicht zu diesem Zielbild. Stattdessen muss die Arbeitgebermarke auf Basis der Identifikationsplattform erlebbar gemacht werden. Weitere sinnstiftende Elemente, wie z. B. die Positionierung in Richtung Kunde, die Vision und Mission des Unternehmens, stärken die Arbeitgeber zudem. Bewerber können sich dann fundiert für einen Arbeitgeber entscheiden, der zu ihnen und ihren Bedürfnissen passt.

4.4.1 Schritt I: (Positionierungsbasierte) Unternehmenswerte

Betrachtet man das Arbeitgebermarketing deutscher Unternehmen, kann man den Eindruck gewinnen, dass viele Unternehmen den Ratschlag, Unternehmenswerte im Arbeitgebermarketing zu berücksichtigen, bereits befolgen. Bei einem genaueren Blick wird aber deutlich, dass die Unternehmenswerte nur einen Regalplatz im Webauftritt der Arbeitgeber haben. Häufig sind die dort genannten Unternehmenswerte weder die Basis der gelebten Kultur, noch haben die Unternehmenswerte einen irgendwie gearteten determinierenden Charakter für andere kommunikative Darstellungen oder Angebote im Arbeitgebermarketing. Unternehmenswerte dienen dann ausschließlich dem „Window Dressing".

Die Lösung ist die Idee von Fokussierung und Orchestrierung. Die Fokussierung zeigt sich in einer wertebasierten Identifikationsplattform, die ohne ständige Modifikationen und/oder Ergänzungen auskommt. Kein Abweichen durch flexible Umdeutung der Werte oder Ergänzung weiterer Werte, wenn es situativ im Kontakt mit dem Bewerber angeraten scheint, sondern ein Bezug zu den Mitarbeiterbedürfnissen und eine Verzahnung mit der Positionierung. Es braucht einen konkreten Bedeutungsinhalt der Werte, der den Bewerbern gegenüber durch die Orchestrierung auch eindeutig ausgelegt wird. Auf diese Weise entsteht eine Arbeitgebermarke in der *FANOMICS*-Logik. Die erfolgreiche Umsetzung ist wiederum vom Orchestrierungsprozess abhängig, der diese Werte konsequent erlebbar macht.

Für eine Verdeutlichung schauen wir auf das Unternehmen *HILTI* (Abschn. 3.4). Die Unternehmenswerte von *HILTI* sind 1) Integrität, 2) Mut, 3) Teamarbeit und 4) Engagement. Das Wertegerüst wird damit begründet, dass das Unternehmen eine „fürsorgliche wie leistungsorientierte Kultur" benötigt, um den zentralen Kundenbedürfnissen gerecht zu werden. Bereits auf der Karriereseite im Webauftritt weist das Unternehmen auf diesen Anspruch hin – und zwar zualleroberst (HILTI o. J.b). Das Unternehmen weicht diese Botschaft auch nicht auf, in der Sorge, dass einzelne potenzielle Bewerber durch den dort formulierten Anspruch abspringen könnten. Das Unternehmen hat verstanden, dass es einen ganz bestimmten Mitarbeiter-Typus für den Erfolg bei seinen Kunden benötigt.

Mit der Fokussierung auf die eigene Identität, indem die Unternehmenswerte und ergänzende sinnstiftende Komponenten transparent und immer wieder erlebbar vermittelt werden, machen Unternehmen den ersten Schritt zu einer gelungen Arbeitgebermarke und erfolgreichen Rekrutierung von Führungskräften und Mitarbeitern.

4.4.2 Schritt II: Differenzierungschancen ermitteln

Mit einer gelungenen Orchestrierung erzielen Arbeitgeber bei potenziellen Bewerbern eine gefühlte Einzigartigkeit. Das Differenzierungspotenzial ist aber ungleich höher, wenn der Wettbewerb faktisch nicht die gleiche Position besetzt. Mit einer Analyse des Wettbewerbsumfelds auf dem Arbeitsmarkt erhält das Unternehmen die benötigten Informationen, um sich von anderen Angeboten abzugrenzen.

Bei der Suche nach Differenzierungsmöglichkeiten auf dem Arbeitsmarkt sollte Arbeitgeber interessieren, inwiefern welche Wettbewerber auf dem Arbeitsmarkt die gewählte Fokussierung der Arbeitgebermarke besetzen. Denn auf diese Weise erkennen Unternehmen die Möglichkeiten bzw. die Herausforderungen bei der Abgrenzung vom Wettbewerb und können inhaltliche Schwerpunkte für die Kommunikation ableiten. Wir empfehlen zu diesem Zweck das Instrument der Kommunikationsanalyse, mit der sich die folgenden Fragen beantworten lassen:

- Wie stellt sich Ihr Unternehmen als Arbeitgeber kommunikativ im Vergleich zu den zentralen Wettbewerbern dar?
- Welche Ihrer identifikationsstiftenden Elemente werden in der Kommunikation in welchem Umfang von welchem Wettbewerber kommunikativ bedient?

Die Grundlage für die Beantwortung dieser Fragestellungen ist die Analyse von verfügbaren Kommunikationsmaterialien wie Website, Broschüren, Werbeanzeigen und Präsentationen. Aus den Ergebnissen lässt sich ableiten, wo es möglicherweise unbesetzte relevante Themenfelder gibt, die Differenzierungsmöglichkeiten für den Arbeitgeber bieten. Auch bauen Sie mit diesem Instrument ein größeres Verständnis über den Wettbewerb auf. Möglicherweise nutzen einzelne Arbeitgeber die Möglichkeiten zur Differenzierung nicht oder kannibalisieren sich durch identische Profilierungsansätze gegenseitig. Ein Beispiel aus der Bankenwelt soll verdeutlichen, auf welche ähnliche Weise sich Arbeitgeber aus derselben Branche bei Bewerbern zu profilieren versuchen.

Betrachten wir die Apelle der beiden Arbeitgeber an mögliche Bewerber. *Bank A* spricht in der Bewerberansprache von „einer Zukunft, die Sie gestalten können". Um zu verstehen, wen die *Bank A* hier eigentlich adressiert, betrachten wir unser *Motiversum.* Im Kern werden Menschen angesprochen, die etwas verändern und bewegen möchten, die gestalten wollen. Damit bewegen wir uns im Motivraum „Autonomie & Macht". Eine weiterführende Analyse müsste zeigen, inwiefern der angrenzende Motivraum „Struktur & Kontrolle" oder der Motivraum „Spannung & Wagnis" ebenfalls angesprochen wird. Rücken wir nun *Bank B* in den Fokus: „Gestalte mit uns die Zukunft des Bankings" ist der Appell an mögliche Bewerber. Diese Botschaft ist nahe an der von *Bank A,* der adressierte Motivraum ist ebenfalls die „Autonomie & Macht" (vgl. Abb. 4.38).

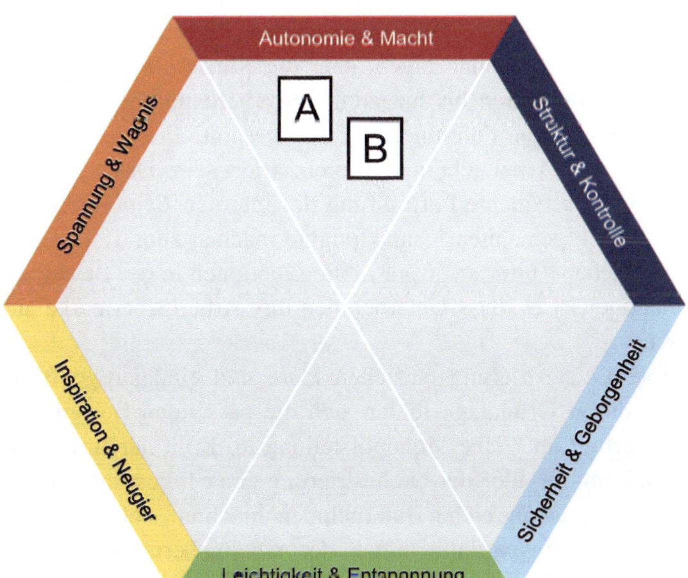

Quelle: Eigene Darstellung

Abb. 4.38 *Motiversum* und die Motivräume der Appelle von Bank A und Bank B

Der Fall, dass sich Arbeitgeber einer Branche auf dasselbe Motivfeld fokussieren, ist keine Seltenheit. Aus unserer Sicht ist eine solche Analyse trotzdem gerechtfertigt, denn der wirtschaftliche Schaden, sollte die Chance zur Differenzierung verpasst werden, wäre immens. Und die Erkenntnis, dass keine größere Differenzierung zum Wettbewerb vorliegt, macht allen Beteiligten auch deutlich, dass eine konsequente Orchestrierung über das Vorhandensein eines Wettbewerbsvorteils entscheidet. Potenzielle Führungskräfte und Mitarbeiter müssten sich auf den ersten Blick ein Bild von der Kultur („Wie sind wir?“) machen können. Die an Bewerber gerichteten eben genannten Slogans, wie z. B. „Eine Zukunft, die Sie gestalten können“, müssen auch zu der nach *FANOMICS*-Logik angepriesenen Kultur passen. Sonst werden Erwartungen geschürt, die bei Eintritt in das Unternehmen nicht erlebt werden – eine Bürde für die Entstehung von Fantum und ein Treiber von Fluktuation.

4.5 Orchestrierung der externen Arbeitgebermarke

Das Prinzip der Orchestrierung ist dem Leser dieses Buches mittlerweile hinlänglich bekannt. Es ist der zentrale Mechanismus, wenn es um die Erzeugung von wahrgenommener Einzigartigkeit geht. Arbeitgeber müssen demnach ihren Kultur-Kern und ergänzende identifikationsstiftende Komponenten, mit denen sie Passung zu den richtigen Bewerbern herstellen wollen, immer wieder vermitteln und dadurch erlebbar machen. Die zentralen Botschaften müssen an sämtlichen Kontaktpunkten, die ein Bewerber zu einem Arbeitgeber hat, erlebbar werden. Über die gesamte Bewerberreise hinweg. Angefangen bei Stellenanzeigen, über die Karriereseite des Unternehmens im Netz und mögliche Broschüren bis hin zum Bewerberhandling und dem Bewerbungsgespräch mit der zukünftigen Führungskraft: Das gesamte Erlebnis des Bewerbers muss entlang der fokussierten Arbeitgebermarke orchestriert sein. Das externe *Employer Fan Management* ist die konsequente Fortführung des internen *Employer Fan Management.* Die eben exemplarisch genannten Kontaktpunkte machen zum Teil bereits deutlich, inwiefern die Fan-Macher-Kultur an ausgewählten Stationen in der Bewerberreise erlebbar wird. Umso wichtiger ist es, dass Unternehmen ihre Arbeitgebermarke aus ihrer Kultur heraus definieren.

Bei gelungener Orchestrierung entstehen klare und einzigartige Bilder von einem Arbeitgeber. Auf dieser Grundlage fühlen sich die passenden Bewerber angesprochen, der Arbeitgeber verfügt über eine Monopolstellung im Kopf der Bewerber. Machen wir ein Gedankenspiel, um die Idee der Orchestrierung einer fokussierten Arbeitgebermarke zu verdeutlichen: Vier erfolgreiche Unternehmen möchten sich bei den richtigen Bewerbern profilieren und tragen dafür mittels der Arbeitgebermarke ihre positionierungsbasierte Kultur und Arbeitswelt nach außen. Die vier Unternehmen differenzieren sich voneinander durch unterschiedliche Arbeitgebermarken, die durch die folgenden und teilweise bekannten Gebäude repräsentiert werden (vgl. Abb. 4.39). Einem Bewerber ist

Quelle: *Crystal Tower Chengdu: Adobe Stock Weiming, Schloss Neuschwanstein: Adobe Stock Stewie Strout, Taj Mahal: Adobe Stock, EugeneF, Modernes Haus: Adobe Stock nuchao*

Abb. 4.39 Verschiedene Arbeitgeber visualisiert durch die Firmengebäude

bei Kontakt mit diesen Arbeitgebern vollkommen klar, dass er es hier mit unterschiedlichen Arbeitgebern zu tun hat.

Mit den vier Arbeitgebern verbinden Mitarbeiter sehr unterschiedliche Erwartungen an Werte und Kultur. Der Bewerber kann leicht eine Entscheidung über den am besten passenden Arbeitgeber treffen. Die Wahrnehmung so klarer und unverwechselbarer Profile ist das Ergebnis von konsequenter Orchestrierung einer differenzierenden und fokussierten Arbeitgebermarke, die alle vier Unternehmen umgesetzt haben. Gehen wir davon aus, dass sich der Bewerber für den Arbeitgeber 1, das Unternehmen mit dem Glasturm, entschieden hat. Doch wie sicher kann sich der Bewerber sein, dass dieses eine Unternehmen genau das mitbringt, was zu den Bedürfnissen des Bewerbers passt? In der Abbildung oben kann sich der Bewerber sehr sicher sein, weil der Arbeitgeber eine konsequente Orchestrierung seiner Arbeitgebermarke betrieben hat. Bei mangelnder Orchestrierung ist das schon nicht mehr so eindeutig, die wahrgenommene Einzigartigkeit des Arbeitgebers ist nicht mehr gewährleistet (vgl. Abb. 4.40). Betrachten wir das Ergebnis von unterschiedlichen Orchestrierungsprozessen, die der Arbeitgeber 1 umgesetzt hat. Im Falle einer konsequenten Orchestrierung entlang all seiner Berührungspunkte mit dem Bewerber, entsteht für Arbeitgeber 1 ein sehr prägnantes und unverwechselbares Bild. Der Bewerber kann damit intuitiv und schnell feststellen, ob der Arbeitgeber zu ihm passt. Im Falle inkonsequenter Orchestrierung werden Arbeitgeber austauschbar in der Wahrnehmung des Bewerbers. Schemenhaft ist der Arbeitgeber mit seinem Profil weiter zu erkennen, doch die unterbewusste Herstellung von Passung wird beim Bewerber nicht ohne Weiteres erfolgen. Vielmehr wird der Bewerber von Inkonsistenzen aufgrund der mangelnden Orchestrierung zum Nachdenken angeregt, wer und wie der Arbeitgeber wirklich ist.

Durch die Fokussierung der Arbeitgebermarke auf die definierten Unternehmenswerte als Kultur-Kern und durch die konsequente Orchestrierung über alle Kontaktpunkte

Quelle: Adobe Stock Weiming

Abb. 4.40 Gedankenbild des Unternehmens als Ergebnis unterschiedlich gelungener Orchestrierungsprozesse

von Bewerbern hinweg, gelingt auch die Verzahnung von Arbeitgebermarke und Unternehmensrealität. Durch eine konsequente Orchestrierung wird entlang der gesamten Mitarbeiterreise Passung hergestellt, von der Bewerbung, über das Arbeitsleben bis hin zu einem möglichen Austritt (vgl. Abb. 4.41). Besonders kritisch ist dabei, wenn ein Bewerber einen Bruch in der Passung zwischen den Kontaktpunkten des externen *Employer Fan Management* und denen des internen *Employer Fan Management,* also nach seinem Eintritt in das Unternehmen, feststellt. Die geschürten Erwartungen des Bewerbers werden dann durchgängig enttäuscht, die Beziehungsqualität zerrüttet, der Mitarbeiter entwickelt sich möglicherweise zum Gegner.

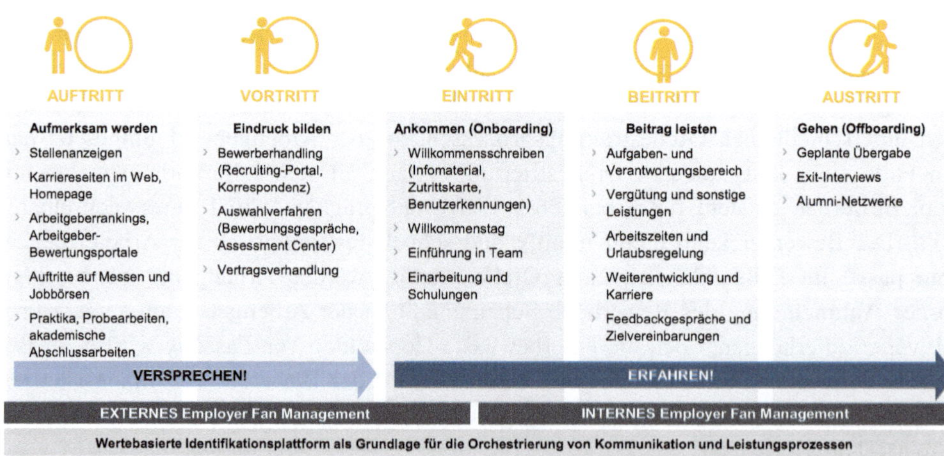

Quelle: Eigene Darstellung

Abb. 4.41 Die Mitarbeiterreise und Einordnung ins externe und interne *Employer Fan Management*

Die Unternehmenspraxis zeigt, dass viele Arbeitgebermarken nicht konsequent mit der Unternehmenskultur verzahnt sind. Zur Verdeutlichung nehmen wir die Perspektive der Bewerber ein: Die fehlende Verzahnung führt für diese Gruppe dazu, dass Realitäten beschrieben oder Erwartungen geweckt werden, die Mitarbeiter anschließend in dieser Form überhaupt nicht erleben können. Und wenn es schlecht läuft, dann fällt das auch an den persönlichen Kontaktpunkten, wie z. B. dem Bewerbungsgespräch, nicht auf. Arbeitgeber rekrutieren dann Führungskräfte und Mitarbeiter, die nicht zum Unternehmen und seine Ausrichtung auf den Kunden passen. Der Schaden ist groß: Nicht nur, dass die neuen Mitarbeiter ihre Erfahrungen mit den neuen Kollegen teilen (und bei *Fan-Portfolio*-Segmenten wie den Gegnern, Enttäuschten, Söldnern oder Bewohnern auch noch Resonanz erhalten), auch die Ausrichtung der Organisation auf die Positionierung und die Kundenbedürfnisse wird verwässert.

Erfahrungsgemäß ist das Versäumnis einer gelungenen Verzahnung von Außendarstellung und interner Realität aber kein beabsichtigter Etikettenschwindel, sondern die Folge davon, dass es den Verantwortlichen im Rekrutierungsprozess (Personal, Marketing, zukünftige Vorgesetzte im Bewerbungsgespräch) an einer klaren Orientierung für die Beschreibung der Realitäten fehlt. Es fehlt an einer prägnanten und ausreichend konkreten Formulierung, aber auch an persönlichen alltäglichen und kontinuierlichen Erlebnissen, was die Kultur denn nun auszeichnet, was sie bieten und nicht bieten soll. Mit anderen Worten: Die Identifikationsplattform wurde nicht explizit formuliert und implementiert.

Literatur

2HMforum. (2021) Fanfocus Deutschland. https://fanomics.de/fanfocus-deutschland/. Zugegriffen: 28. Juni 2024

2HMforum. (2023) Mitarbeiterfocus Deutschland. https://fanomics.de/mitarbeiterfocus-deutschland/. Zugegriffen: 28. Juni 2024

Becker R, Daschmann G (2022) Das Fan-Prinzip – Wie Sie aus Kunden wirklich Fans machen und wie Sie davon profitieren, 3. Aufl. Springer Gabler, Wiesbaden

Bruch H, Poralla S (2009) Wie Hilti über Generationen gute Führung garantiert. Harvard Business Manager. https://www.manager-magazin.de/harvard/wie-hilti-ueber-generationen-gute-fuehrung-garantiert-a-96c8a125-0002-0001-0000-000064135666. Zugegriffen: 10. Juni 2024

DieselNet (1998) Daimler-Benz and Chrysler sign merger agreement. https://dieselnet.com/news/1998/05daimler.php. Zugegriffen: 28. Juni 2024

Dm (2021) Bericht zur Zukunftsfähigkeit – Nachhaltigkeitsbericht Geschäftsjahr 2019/20. https://content.services.dmtech.com/rootpage-dm-shop-de-de/resource/blob/627134/c2823f36fcdc43cddabd9760655199b3/dm-drogerie-markt-bericht-zur-zukunftsfaehigkeit-2019-20-data.pdf. Zugegriffen: 28. Juni 2024

Dm (2024) Über uns – Mehr als ein Arbeitgeber. Deine Arbeitsgemeinschaft. https://www.dm-jobs.com/Germany/content/Ueber-uns/?locale=de_DE. Zugegriffen: 17. Juni 2024

ExBa (2008) Benchmarkstudie zur Excellence in der deutschen Wirtschaft. Qualität bewegt. Kapitel Kundenfokussierte Unternehmensführung, Kapitel Mitarbeiter motivieren, Motivierte beflügeln, Kunden begeistern. Hrsg. Forum! GmbH marketing + communication, DGQ – Deutsche Gesellschaft für Qualität. Bd. 8. S 42–52

ExBa (2009) Benchmarkstudie zur Excellence in der deutschen Wirtschaft. Erfolgreich in starken Zeiten. Kapitel Menschen machen Erfolge – ExBa zieht Bilanz. Hrsg. Forum! GmbH marketing + communication, DGQ – Deutsche Gesellschaft für Qualität, Bd. 9, S 46–51

Frankfurter Allgemeine Zeitung (2000) Ein Schachspieler redet. https://www.faz.net/aktuell/wirtschaft/dokumente-ein-schachspieler-redet-111763.html. Zugegriffen: 17. Juni 2024

Hammermann A (2022) Sinnstiftende Tätigkeiten binden Mitarbeiter. Institut der Deutschen Wirtschaft. IW-Kurzbericht 42/2022

Hilti (o. J. a) Unsere Werte. https://www.hilti.group/content/hilti/CP/XX/de/company/corporate-information/Strategie/core-purpose-and-values.html. Zugegriffen: 21. Juni 2024

Hilti (o. J. b) Where Your Best Belongs. https://careers.hilti.group/de-de/. Zugegriffen: 28. Juni 2024

Maier G W (o. J.) Führung. Gabler Wirtschaftslexikon. https://wirtschaftslexikon.gabler.de/definition/fuehrung-33168. Zugegriffen: 17. Juni 2024

Michler I (2011) Warum große Firmenfusionen immer wieder scheitern. Welt. https://www.welt.de/wirtschaft/karriere/leadership/article12878747/Warum-grosse-Firmenfusionen-immer-wieder-scheitern.html. Zugegriffen: 5. Juli 2024

Mintzberg H (1991) Mintzberg über Management – Führung und Organisation Mythos und Realität. Gabler, Wiesbaden

Möltner H, Göke J, Jung C, Morner M (2016) Neue Perspektiven zum nachhaltigen Erfolg durch Unternehmenskultur, 2. Aufl. Bertelsmann Stiftung, Gütersloh

Muller J, Green J, Tierney C (2001) Chrysler's Rescue Team. Bus Week 15:48–50

Natter E, Dr GR, Nausner M (2019) Wertesteuerung in Betrieben – Forschungsprojekt für das AMS Österreich/ABI. ÖSB Studien&Beratung gGmbH, Wien

Sass E (2019) Mitarbeitermotivation, Mitarbeiterbindung – Was erwarten Arbeitnehmer? Springer Fachmedien, Wiesbaden

Süddeutsche Zeitung (2010) Daimler und Chrysler – Hochzeit des Grauens. https://www.sueddeutsche.de/wirtschaft/daimler-und-chrysler-hochzeit-des-grauens-1.464777. Zugegriffen: 17. Juni 2024

Süddeutsche Zeitung (2013) Gescheiterte Fusion von Daimler und Chrysler – Pleite nach Lehrbuch. https://www.sueddeutsche.de/wirtschaft/gescheiterte-fusion-von-daimler-und-chrysler-pleite-nach-lehrbuch-1.1666592. Zugegriffen: 5. Juli 2024

5 Mitarbeiter als Fan-Macher und Wachstumstreiber

Mit *FANOMICS* gestalten Unternehmen eine Fan-Macher-Kultur, die einerseits Führungskräfte und Mitarbeiter zu Fans ihres Arbeitgebers und andererseits zu Fan-Machern in Richtung der Kunden macht. Bei der Anwendung von *FANOMICS* ist keine „Entweder-oder-Frage" zu beantworten, der integrative Charakter von *FANOMICS* hat immer „sowohl-als auch" zur Folge. Die Gestaltung einer *FANOMICS*-basierten Fan-Macher-Kultur hat stets zur Folge, dass die Mitarbeiter Fan-Macher-Potenziale bei den Kunden entfalten. Doch können Unternehmen durch gezielte Maßnahmen die Wirksamkeit ihrer Mitarbeiter nochmal erhöhen. Wir wollen uns deshalb damit beschäftigen, was Mitarbeiter zu erfolgreichen Fan-Machern macht – und lernen daraus, wie Arbeitgeber ihre Mitarbeiter auf dem Weg zum Fan-Macher unterstützen können. Mit unseren Erläuterungen werden wir feststellen, dass Fan-Mitarbeiter die wirksamsten Fan-Macher sind.

Doch zunächst möchten wir eine zentrale Frage in den Vordergrund rücken: Die Mitarbeiter welcher Abteilungen eines Unternehmens wirken eigentlich als Fan-Macher in Richtung der Kunden? Welche Mitarbeiter sind damit in der Verantwortung, die Kunden nachhaltig zu Fans zu entwickeln? Auf der Hand liegt, dass dies auf die Mitarbeiter aus den kundennahen Bereichen zutrifft – man denke nur an Vertrieb oder Serviceeinheiten. Schließlich wirken sie direkt auf die Kunden ein. Doch geht die Verantwortung für Fan-Machertum weit über den direkten Zugriff auf den Kunden hinaus. Es betrifft die gesamte Organisation und damit alle Mitarbeiter. Die Mitarbeiter aus den kundenfernen Bereichen sind genauso als Fan-Macher in Richtung der Kunden zu verstehen.

Denn in einem Unternehmen wirken alle Mitarbeiter systemisch aufeinander ein. Die Motivation und der Wille, bedürfnisgerechte Kundenerlebnisse zu gestalten, werden von einem auf den anderen Mitarbeiter übertragen. Allein in dieser Hinsicht beeinflussen Mitarbeiter aus kundenfernen Bereichen Mitarbeiter aus kundennahen Bereichen. Zudem sind Mitarbeiter aus kundennahen Bereichen in unserer modernen Arbeitswelt, in der

F. Meyer und R. Becker, *FANOMICS® – Mitarbeiter zu Fans machen*,
https://doi.org/10.1007/978-3-658-43163-1_5

eine starke Spezialisierung und Arbeitsteilung vorherrscht, im Kundenkontakt abhängig von Vorleistungen und Informationen anderer und eventuell kundenferner Kollegen. So ist ein Vertriebler auf Informationen aus dem Innendienst, der Buchhaltung oder dem Beschwerdemanagement angewiesen. Denn erst mit diesen Informationen kann er – abhängig vom jeweiligen Kontaktpunkt – einen bedürfnisgerechten Kontakt gestalten und damit Passung für den Kunden erlebbar machen.

An einigen konkreten Beispielen wollen wir die Bedeutung aller Mitarbeiter als Fan-Macher verdeutlichen – auch gerade der ohne direkten Kundenkontakt. Stellen Sie sich vor, *ALDI Süd* (Abschn. 3.1.6) möchte in seinen Filialen das Versprechen von „schnell" einlösen, ...

- der Kunde kann seinen Einkauf aber nicht wie gewohnt abwickeln. Denn die zuständigen Mitarbeiter haben nicht rechtzeitig nachbestellt, haben die Rechnungen nicht bezahlt oder haben logistisch schlecht geplant, sodass die Warenlieferung ausbleibt.
- die zu einer Wochenaktion angekündigten Produkte sind aber nicht verfügbar, weil die Werbe- und Kommunikationsabteilung die falschen Produkte ausgerufen hat.
- neue Mitarbeiter haben aber die Prozesse in der Filiale nicht im Griff, weil die Personalabteilung nicht ausreichend schnell vakante Stellen besetzt hat und deshalb zu wenig Zeit für Onboarding und Ausbildung blieb.
- die Online-Bestellungen können aber nicht in der versprochenen Geschwindigkeit abgewickelt werden, weil die IT-Abteilung sich bei der Einführung eines neuen Moduls des ERP-Systems nicht an den vereinbarten Zeitplan hält.

Die Bedeutung von Mitarbeitern in kundenfernen Bereichen als Fan-Macher in Richtung der Kunden lässt sich auch am Beispiel der Kontakte über digitale Kanäle zeigen – denn hier ist der persönliche Kundenkontakt ebenfalls nicht gegeben. Folglich könnte man unterstellen, dass Mitarbeiter, die für solche Kontakte verantwortlich sind, nicht in gleichem Maße kundenorientiert sein müssen, wie die Mitarbeiter am „Frontend", also im Vertrieb, im Verkauf und in der Kundenbetreuung. Wir haben festgestellt, dass die Mitarbeitermotivation und die Kundenorientierung der Mitarbeiter bei digitalen Kanälen aber sehr wohl eine bedeutende Rolle spielen. Und zwar nicht weniger als bei Mitarbeitern mit persönlichen Kundenkontakten. Denn was bedeutet es, wenn die Mitarbeiter im digitalen Kundenservice wegen ihrer technischen Fähigkeiten und nicht aufgrund ihrer ausgeprägten Kundenorientierung rekrutiert wurden? Sie optimieren ihren Kontaktpunkt eben technisch, nicht aber bedürfnisorientiert. Denn diesen Mitarbeitern ist oft nicht bewusst, wie das Ergebnis ihres Handelns auf den Kunden wirkt. Mitarbeiter aus „klassischen" Serviceeinheiten sind in der Regel besser geschult und auch besser geeignet: Hier ist also ein Umdenken notwendig, sowohl in der Ausgestaltung der Stellenprofile als auch in der Entwicklung der Mitarbeiter, die für digitale Kanäle zuständig sind.

Mitarbeiter sind in ihrer Rolle als Fan-Macher verantwortlich, bedürfnisadäquate Kontakte für die Kunden zu gestalten. Dabei kann kein Unterschied gemacht werden zwischen Mitarbeitern in kundennahen und Mitarbeitern in kundenfernen Bereichen. Das Erleben des Kunden ist das Ergebnis des Zusammenwirkens vieler Menschen. Dafür müssen interne Schnittstellen im Unternehmen perfekt ineinandergreifen. *FANOMICS* bringt in diesem Zusammenhang durch den Mechanismus der Orchestrierung bereits Bewegung in die Organisation. Im Besonderen schafft die persönlichkeitsbasierte Orchestrierung des Führungsteams beste Voraussetzungen für reibungslos passende Kundenerlebnisse: Die abteilungsübergreifende Zusammenarbeit wird optimiert und eventuell vorhandene Silos in der Organisation werden aufgebrochen.

Betrachten wir nicht das Unternehmen als System, sondern den einzelnen Mitarbeiter, dann finden wir zwei zentrale Voraussetzungen für ein erfolgreiches Wirken als Fan-Macher in Richtung der Kunden: Es geht 1) um die Kundenorientierung der Mitarbeiter und 2) um die Haltung der Mitarbeiter. Auf diese beiden Aspekte gehen wir im Weiteren detaillierter ein. Unter Berücksichtigung der Erkenntnisse aus Kap. 2 ist offensichtlich, dass die Fan-Mitarbeiter im Besonderen diese beiden Voraussetzungen erfüllen. Denn: Fans können, Fans wollen und Fans machen!

5.1 Fan-Mitarbeiter und Kundenorientierung

Die Kundenorientierung von Mitarbeitern wird weitläufig als ein besonders freundlicher und zuvorkommender Umgang mit den Kunden aufgefasst (Homburg 2001). Doch ist dieses unspezifische Verständnis von Kundenorientierung nicht zielführend, wie wir noch zeigen werden und wie unter Berücksichtigung der bisherigen Erläuterungen auch unmittelbar einleuchtend sein sollte. Kundenorientierung nach dem erwähnten weitläufigen Verständnis kann, z. B. als Freundlichkeit interpretiert, das Erleben des zentralen Kundenbedürfnisses sogar untergraben (siehe Beispiel zu *ALDI Süd* Abschn. 5.1.4). Als Kundenorientierung bezeichnen wir deshalb die Fähigkeit und die Bereitschaft von Mitarbeitern, zentrale Kundenbedürfnisse zu erkennen und sich auf diese einzulassen. Kundenorientierten Mitarbeitern gelingt es, an den Kontaktpunkten das Gefühl der Passung herzustellen. Sie tun genau das, was den zentralen Bedürfnissen der Kunden entspricht. Mit einer Fan-Macher-Kultur nach *FANOMICS* schaffen Unternehmen dafür die Voraussetzung. Insbesondere mit den positionierungsbasierten Unternehmenswerten formulieren Unternehmen Verhaltensleitplanken, die Mitarbeiter mit ihrem Handeln auf das zentrale Kundenbedürfnis ausrichten.

Um die Bedeutung der Kundenorientierung der Mitarbeiter für Fan-Machertum aufzuzeigen und um auch den Status Quo in Unternehmen erfassen zu können, haben wir basierend auf diesen Überlegungen einen Kundenorientierungsindex entwickelt. Dieser basiert auf vier Fragen, die sowohl im Rahmen von Kunden- als auch von Mitarbeiterbefragungen berücksichtigt werden können:

1. Die Mitarbeiter fühlen sich persönlich für die Zufriedenheit der Kunden verantwortlich.
2. Den Mitarbeitern fällt es leicht, sich in die Lage der Kunden zu versetzen.
3. Den Mitarbeitern ist klar, dass ihr Gehalt von den Kunden bezahlt wird.
4. Die Mitarbeiter empfinden häufigen Kundenkontakt als angenehm.

Die ersten beiden Aussagen messen den Willen und die Fähigkeiten, sich auf den Kunden und seine zentralen Bedürfnisse einzulassen. Die letzten beiden Aussagen hingegen messen die kundenorientierte Haltung der Mitarbeiter. Wie stark sich die so gemessene Kundenorientierung der Mitarbeiter auf das Fantum bei den Kunden auswirkt, ist in Abb. 5.1 dargestellt.

Das Schaubild verdeutlicht, dass Fan-Mitarbeiter eine stärkere Kundenorientierung zeigen (mit einem Indexwert von 81 (von 100 möglichen) Punkten als andere Gruppen des *Fan-Portfolios.* Gleichzeitig ist Kundenorientierung zentral für die Entwicklung von Fantum bei den Kunden. Die Fan-Kunden nehmen einen Indexwert von 90 wahr (von 100 möglichen Punkten), dieser sinkt dann sukzessive und erreicht seinen Tiefpunkt bei den Gegnern im B2C mit 34 Punkten. Wenn die Kundenorientierung einen solch starken Einfluss auf das Fantum bei den Kunden hat, sollten Unternehmen verstehen, welche Einflussfaktoren hinter einer hohen Kundenorientierung der Mitarbeiter stehen. Wir unterscheiden drei wesentliche Einflussfaktoren der Kundenorientierung.

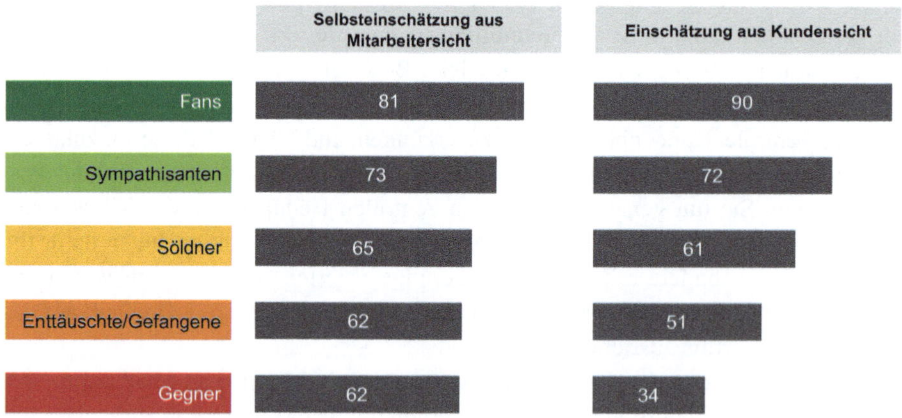

Werte: Mittelwerte auf einer Skala von 0 (keine Kundenorientierung) bis 100 (maximale Kundenorientierung)
Basis: Links: 1.325 befragte Arbeitnehmer; Rechts: 9.167 Kundeninterviews (B2C)
Quelle: *2HMforum.*-Grundlagenforschung *Mitarbeiterfocus* 2023 und *2HMforum.*-Grundlagenforschung *Fanfocus Deutschland* 2018

Abb. 5.1 Kundenorientierungsindex nach *Fan-Portfolio*

1. Mitarbeiter verfügen über das notwendige Wissen über die Kunden (= Customer Insights).
2. Mitarbeiter verfügen über die notwendigen Fähigkeiten.
   Diese beiden Einflussfaktoren repräsentieren das Können, ob die Mitarbeiter also in der Lage sind, sich kundenorientiert zu verhalten, um an den Kontaktpunkten das Gefühl der Passung zu erzeugen.
3. Mitarbeiter sind motiviert, sich kundenorientiert zu verhalten. Dieser Einflussfaktor drückt das Wollen aus, das wiederum stark von der Beziehung zum Arbeitgeber abhängt.

Insbesondere bei dem Einflussfaktor, der das Wollen beschreibt, ist die zentrale Frage, wie gut es Unternehmen gelingt, ihre Mitarbeiter zu Fans zu machen. Aber auch das Wissen der Mitarbeiter über den Kunden nimmt bei einer steigenden *Fan-Indikation* zu. Eine zunehmende Kundenorientierung ist damit die Folge von wachsendem Fantum unter den Mitarbeitern: Ein weiterer Aspekt zur Verzahnung der Mitarbeiter- und Kundenperspektive (vgl. Abb. 5.2).

5.1.1 Einflussfaktor 1: Verständnis über den Kunden (Customer Insights)

Immer wieder erleben wir bei unserer Arbeit mit Unternehmen, dass die zwingend notwendige Voraussetzung für kundenorientiertes Verhalten der Mitarbeiter nicht gegeben

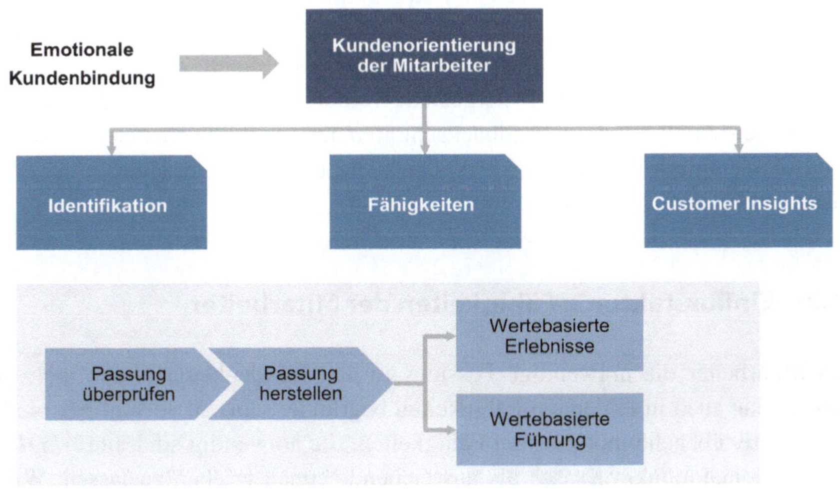

Quelle: Eigene Darstellung

Abb. 5.2 Einflussfaktoren der Kundenorientierung

ist. Denn sie kennen die zentralen Bedürfnisse der Kunden schlichtweg nicht. Ergebnis: Sie können nicht für die Wahrnehmung der Passung sorgen, zumindest nicht bewusst und systematisch. Das fehlende Wissen um die Kundenbedürfnisse bei den Mitarbeitern kann zwei Ursachen haben: Entweder kennen ihre Arbeitgeber die Kundenerwartungen selbst nicht. Gehen wir aber davon aus, dass die meisten Unternehmen, die sich mit *FANOMICS* beschäftigen, ihre „Hausaufgaben" gemacht haben, dann scheitert es eher an der notwendigen umfassenden und richtigen Vermittlung der Insights der Kunden an die Mitarbeiter. So ist es keinesfalls ausreichend, den Mitarbeitern im Rahmen einer Ergebnispräsentation die Befunde einer Kundenbefragung hinsichtlich der zentralen Kundenbedürfnisse vorzustellen. Damit ist die Materie in ihrer Komplexität weder verstanden noch erinnert. Daher sind vielmehr eine Konkretisierung und Vertiefung notwendig. Nur so können die Mitarbeiter die Erkenntnisse in ihre tägliche Praxis mit den Kunden einbringen: Sie müssen die zentralen Kontaktpunkte kennen, und sie müssen die relevanten Hebel verstehen, mit denen sie Passung herstellen können. Um nachhaltige Verhaltensveränderungen bei den Mitarbeitern auszulösen, braucht es Trainings, die die Mitarbeiter befähigen (siehe Abschn. 5.3).

Lassen Sie uns diesen Prozess wieder beispielhaft an *ALDI Süd* durchspielen: Erst die konsequente Vermittlung des zentralen Bedürfnisses nach „Schnelligkeit" versetzt die *ALDI*-Mitarbeiter in die Lage, intuitiv richtige, aber im Sinne des zentralen Kundenbedürfnisses falsche Verhaltensweisen zu hinterfragen, also zum Beispiel die überfreundliche und zuvorkommende Kundenkommunikation. Es ist also eine notwendige Voraussetzung, dass *ALDI* diese wesentliche Klärung vornimmt und auch an die Mitarbeiter kommuniziert. Was das konkret für die Mitarbeiter in den Filialen und ihr Verhalten im Arbeitsalltag bedeutet, wird damit noch nicht klar. Dafür ist es notwendig, den Mitarbeitern zu erläutern, an welchen Kontaktpunkten es besonders darauf ankommt, schnell zu sein, zum Beispiel an der Kasse. Nur so können die Mitarbeiter ihre Ressourcen korrekt priorisieren. Sie wissen aber immer noch nicht, wie konkret an der Kasse die Wahrnehmung von „schnell" hergestellt werden soll. Dafür hat *ALDI* – basierend auf umfassenden Analysen und Feedbackschleifen mit den Mitarbeitern – Verhaltensvorgaben und Trainingsmaßnahmen entwickelt, die über die Jahrzehnte immer weiter geschärft und optimiert wurden.

5.1.2 Einflussfaktor 2: Fähigkeiten der Mitarbeiter

Dass Mitarbeiter die notwendige Passung zu den Kundenbedürfnissen nicht herstellen können, mag auch in fehlenden Fähigkeiten begründet sein. So verfügt beispielhaft nicht jeder intuitiv über die motorischen Fähigkeiten, die notwendig sind, um *ALDI Süd*-Kunden den Kontaktpunkt „Kasse" als ausreichend schnell erleben zu lassen. Wir erinnern uns in diesem Zusammenhang an die Stellenausschreibung von *ALDI Süd* für Auszubildende in der Filiale: ganz bewusst setzt *ALDI Süd* auf Selbstselektion der potenziellen Mitarbeiter, indem an die Freude an körperlicher Fitness appelliert wird. Dies erhöht die Wahrscheinlichkeit, dass sich Kandidaten bewerben, die auch Passung zum Kundenbedürfnis „schnell" herstellen können. Wie können Unternehmen aber gegensteuern, wenn es an den Fähigkeiten der bestehenden Mitarbeiter scheitert? Die naheliegende Maßnahme sind Schulungen und Trainings, denn durch Anleitung und stetige Wiederholung verbessern wir unsere Fähigkeiten.

5.1.3 Einflussfaktor 3: Motivation durch Identifikation mit dem Arbeitgeber

Mitarbeiter müssen sich auch kundenorientiert verhalten wollen. In Kap. 2 dieses Buches haben wir gezeigt, dass Motivation ein charakteristisches Merkmal von Fan-Mitarbeitern ist. Mit einer hohen *Fan-Indikation* bringen Mitarbeiter das *Wollen* zum kundenorientierten Verhalten automatisch mit. Motivation, als die auf ein Ziel ausgerichtete Energie von Menschen, hängt stets vom konkreten Ziel ab. Die meisten Mitarbeiter bringen sich dann stark ein, wenn es um ihre eigenen Ziele geht. Mit einer hohen Identifikation mit ihrem Arbeitgeber bringen sich Mitarbeiter für die Ziele ihres Arbeitgebers ein, eben weil sie sich diese Ziele zu eigen machen und der Arbeitgeber ein wichtiger Teil der eigenen Identität ist (vgl. Abb. 5.3).

Der Einfluss der Motivation der Mitarbeiter auf die *Fan-Indikation* der Kunden, lässt sich am Beispiel einer Baumarktkette mit ihren Filialen zeigen. Wir haben den Zusammenhang zwischen *Fan-Indikation* der Kunden, Rentabilität und durchschnittlicher Mitarbeitermotivation betrachtet. Dabei weisen wir jeweils die besten und die schlechtesten 25 % der abgebildeten Filialen aus, und zwar in Form eines Indexwerts von 0

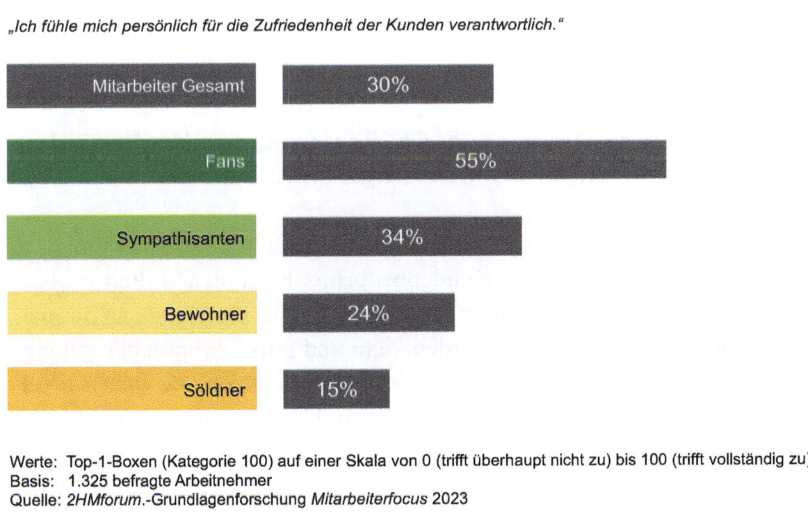

Abb. 5.3 Die Fans tragen den Herzblutfaktor in sich und sind kundenorientiert

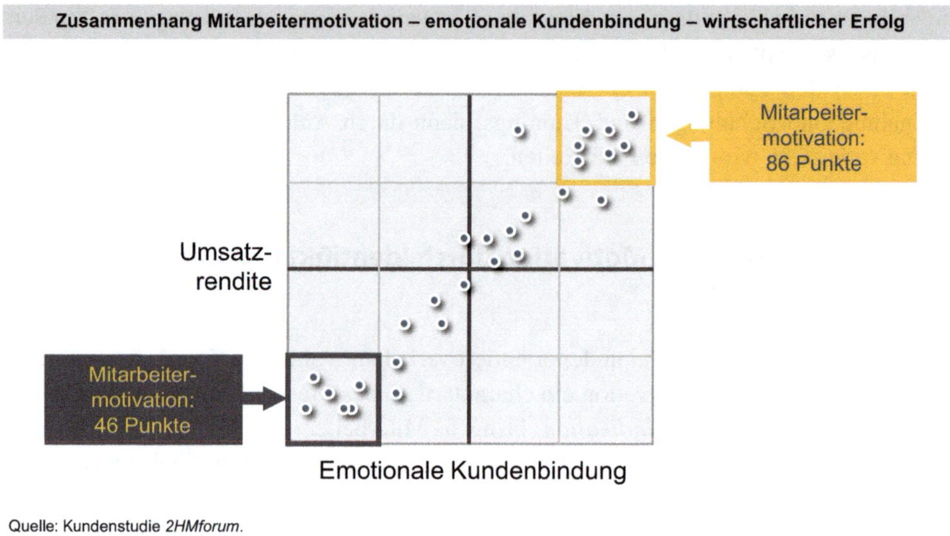

Abb. 5.4 Motivierte Fan-Mitarbeiter machen Kunden zu Fans und steigern so den wirtschaftlichen Erfolg

(minimale Motivation) bis 100 (maximale Motivation) (vgl. Abb. 5.4). Es zeigt sich, dass die Mitarbeitermotivation bei den Filialen mit der höchsten *Fan-Indikation* der Kunden und der besten Rentabilität fast doppelt so hoch ist wie bei den schlechtesten Filialen.

Mitarbeiter beeinflussen mit ihrem Verhalten – ob direkt oder indirekt – die Wahrnehmung von Passung bei den Kunden. Sie sind zentral für den Orchestrierungsprozess, weil sie maßgeblich die Kontaktpunkte in der Kundenreise gestalten. Eine hohe Kundenorientierung ist eine Voraussetzung, um als Fan-Macher wirksam sein zu können. Am Beispiel *ALDI Süd* möchten wir dies noch einmal vertiefend verdeutlichen.

5.1.4 Beispiel aus der Praxis X: *ALDI Süd* und das „schnell" an der Kasse durch Kundenorientierung der Mitarbeiter

Zwischen *ALDI Süd* und seinen Kunden gibt es unzählige Kontaktpunkte, an denen Mitarbeiter Passung zum zentralen Kundenbedürfnis herstellen sollten – also kundenorientiert handeln müssen. Ein zentraler Kontaktpunkte ist die Kasse, an der das Bedürfnis nach „schnell" erlebbar gemacht werden kann und muss. Mitarbeiter mit einer hohen Kundenorientierung wissen um dieses Bedürfnis der Kunden, sie haben die Fähigkeit und den unbedingten Willen dazu. Mitarbeiter von *ALDI Süd* müssen verstanden haben: Der Kunde möchte die Kasse so schnell wie möglich verlassen. Dazu sollte zum einen die Wartezeit möglichst kurz sein, zum anderen die eigentliche „Abfertigung" inklusive des Bezahlvorgangs möglichst schnell ablaufen.

Es stellt sich die Frage, warum dieses positionierungskonforme Erlebnis in einer *ALDI*-Filiale nicht erlebbar sein sollte. Und wir können einige Szenarien entwickeln, in denen das so ist – weil schlichtweg das Kundenbedürfnis nicht als zentral verankert ist. Gehen wir beispielhaft auf die Wartezeit an der Kasse ein:

- Sie könnte zu lange sein, weil zu wenige Mitarbeiter in den *ALDI*-Filialen im Einsatz sind und deshalb zu wenige Kassen geöffnet werden können, insbesondere in Stoßzeiten. Das wäre ein Thema der Personalressourcen- und Personaleinsatzplanung.
- Ebenfalls Auswirkungen auf die Wartezeit hat, dass zusätzliche Kassen nicht schnell genug von Mitarbeitern besetzt werden, obwohl diese in der Filiale verfügbar wären. Warum ist das so? Die Antwort ist nicht trivial. Verfügbare Mitarbeiter könnten den Ausruf zum Öffnen einer weiteren Kasse nicht gehört haben. Das wäre ein klassisches Thema der Infrastruktur: Es müssten (weitere) Lautsprecher installiert werden, oder die Mitarbeiter könnten Headsets tragen, über die sie direkt erreicht werden können. Ebenso denkbar: Der Mitarbeiter hat den Ruf gehört, reagiert aber nicht, weil er gerade mit dem Entladen einer Lieferung beschäftigt ist. Er priorisiert seine aktuelle Tätigkeit offensichtlich höher als den Kassendienst. Das könnte daran liegen, dass ihm gar nicht bewusst ist, wie wichtig es für das Erfüllen des zentralen Kundenbedürfnisses ist, die Kasse zu übernehmen. Es könnte ein neuer Mitarbeiter sein, dem die entsprechenden Grundlagen noch nicht vermittelt wurden. Dann handelt es sich um ein Kommunikationsdefizit, das dringend behoben werden müsste. Schließlich könnte ihm die Bedeutung bewusst sein, und er beschließt dennoch, die aktuelle Arbeit zu beenden, bevor er eine weitere Kasse öffnet. Das wiederum könnte verschiedene Ursachen haben: Zum Beispiel, weil bei der Anlieferung ein Engpass durch wartende Lkw besteht, der den Mitarbeiter unter Druck setzt. Dann wären die Logistikprozesse zu prüfen. Oder der Mitarbeiter mag die Arbeit an der Kasse nicht, er lädt viel lieber Ware ab, die Ursache ist also in seinen Fähigkeiten, Kompetenzen und Talenten begründet. Dafür gibt es zwei mögliche Lösungsansätze, die beide mit Führung und Organisation zu tun haben: Entweder führt *ALDI Süd* arbeitsteilige Prozesse ein, die es Mitarbeitern in den Filialen ermöglichen, entsprechend ihren Fähigkeiten und Talenten nur an der Kasse oder nur im Lager zu arbeiten. Wenn man den Arbeitsalltag in der Filiale eines Lebensmitteldiscounters kennt, so erscheint dieser Lösungsansatz realitätsfremd. Wahrscheinlicher ist, dass man einem Mitarbeiter, der seine Talente und Fähigkeiten nicht darin sieht, an der Kasse zu arbeiten, eine andere Tätigkeit als die bei einem Lebensmitteldiscounter nahelegen sollte.
- Ebenso denkbar ist, dass dem Mitarbeiter die Tätigkeit an der Kasse durchaus Freude bereitet, er aber nicht einsieht, warum er seine bestehende Arbeit unterbrechen soll, nur um schnell die Kasse zu besetzen, obwohl ihm die entsprechende Arbeitsanweisung bewusst ist. Wir haben es offensichtlich mit einem Haltungsthema zu tun, also mit einem klassischen Kulturthema: Möglicherweise beobachtet der Mitarbeiter beim Filialleiter ähnliche Verhaltensweisen, und seine Missachtung der Arbeitsanweisungen wird auch nicht sanktioniert. Dann handelt es sich um ein Führungsthema. Lebt der

Filialleiter die Werte von *ALDI Süd* dagegen vorbildlich vor, so stellt sich die Frage, ob der Mitarbeiter wirklich zu *ALDI Süd* passt. Dann haben wir es mit einem Thema des Personal-Recruitings zu tun. Nicht von ungefähr gilt der Sinnspruch „train for skills, hire for attitudes".

- Schließlich wirkt es sich auf die Wartezeit aus, wenn die Mitarbeiter an den Kassen den Einkauf eines Kunden nicht schnell genug „abfertigen". Auch dies kann zum einen etwas mit den Fähigkeiten und Kompetenzen zu tun haben, die sich natürlich trainieren lassen, aber sicher nur bis zu einem gewissen Grad. Dann muss man eben konstatieren, dass nicht jeder gleichermaßen für diese rasche Umsetzung geeignet ist, wie sie bei *ALDI Süd* an der Kasse eingefordert wird, um dem Dogma der Schnelligkeit gerecht zu werden. Und, Sie ahnen es bestimmt bereits, natürlich kommt an dieser Stelle auch der Umgang mit dem Thema der Freundlichkeit an der Kasse ins Spiel, den wir an anderer Stelle bereits erläutert haben: Sind die Mitarbeiter von *ALDI Süd* an der Kasse besonders freundlich, so mag dies für einzelne Kunden zwar ein positiveres Einkaufserlebnis implizieren, wird aber nach allgemein bekannten Grundregeln zwischenmenschlicher Kommunikation von diesen Kunden dann auch als Aufruf zum Smalltalk verstanden – was für die große Mehrheit aller anderen Kunden zu längeren Wartezeiten führt und so gegen die zentralen Kundenbedürfnisse verstößt, die *ALDI Süd* bedienen will. Ist ein *ALDI Süd* Mitarbeiter an der Kasse trotzdem auffällig freundlich, so kann dies zwei Ursachen haben: Entweder, er weiß es nicht besser, dann ist es ein Vermittlungsproblem, oder er weiß es, befolgt es aber nicht, weil es zum Bespiel nicht seiner Mentalität entspricht. Dann haben wir es wieder mit einem Haltungsproblem zu tun.

All diese Maßnahmen, die sich exemplarisch auf den hochrelevanten Touchpoint „Kasse" beziehen, wirken Touchpoint-übergreifend positiv auf die Wahrnehmung der Schnelligkeit von *ALDI*. Auch das wollen wir kurz anhand einiger Beispiele erläutern:

- Der mangelnde oder falsche Personaleinsatz hat Auswirkungen auf das Nachbestücken leerer Regale mit frischer Ware: Für den typischen *ALDI Süd* Kunden kann das bedeuten, dass er aufgrund fehlender Artikel warten muss oder einen unnötigen zusätzlichen Einkauf tätigen muss – beides vermeidbarer Zeitaufwand, der dazu führt, dass das Positionierungsversprechen nicht eingehalten wird.
- Bessere Kommunikation zwischen den Mitarbeitern durch infrastrukturelle Verbesserungen – etwa durch Tragen eines Headsets – wirken sich zum Beispiel auch in Eskalationssituationen positiv aus, wenn ein ganz bestimmter Mitarbeiter oder der Filialleiter benötigt wird.

Für die Touchpoint-übergreifende Orchestrierung müssen Mitarbeiter das zentrale Kundenbedürfnis an allen Kontaktpunkten erlebbar machen. Und das auch ad hoc, aus einem impliziten Verständnis heraus. Das verdeutlicht, wie bedeutend die Kundenorientierung mit ihren Erfolgsfaktoren ist: Wissen, Fähigkeiten und Wollen. Eine konsequente Vermittlung des Stellenwerts von „schnell", insbesondere gegenüber neuen Mitarbeitern, sensibilisiert für die Kundenkommunikation an allen anderen Touchpoints (Wissen). Die fokussierte Rekrutierung von Mitarbeitern, die zu *ALDI Süd* und seiner Positionierung passen, wirkt sich ebenfalls auf die gesamte Kundenreise positiv aus (Fähigkeiten und Wollen).

5.2 Fan-Mitarbeiter und Haltung

Entscheidend für das Wirken im Kundenkontakt ist neben der Kundenorientierung die Haltung von Mitarbeitern. Also die Einstellungen, Überzeugungen und Verhaltensweisen, die Mitarbeiter in Bezug auf ihre Arbeit und das Unternehmen zeigen. Haltung ist ein komplexes Konstrukt, das einerseits von individuellen Persönlichkeitsmerkmalen und andererseits von externen Faktoren beeinflusst wird. Eine Fan-Macher-Kultur stärkt die Haltung der Mitarbeiter durch zwei Aspekte: Mit einer hohen *Fan-Indikation* durch eine fokussierte und orchestrierte Identifikationsplattform (Unternehmenswerte als Kultur-Kern Abschn. 4.1.1) zweifelt der Mitarbeiter zu keiner Zeit an der Richtigkeit seines Einsatzes und den Zielen und Vorteilen seines Arbeitgebers. Die ergänzenden sinnstiftenden Elemente und die mit ihnen verbundenen Erfolgsgeschichten (Positionierung, Vision und Mission, gesellschaftlicher Beitrag, Produkte und Leistungen, Persönlichkeiten), bestärken die Mitarbeiter darüber hinaus in ihrem Tun. Mit einer starken Haltung unmittelbar verknüpft sind Selbstbewusstsein und die Selbstwirksamkeit von Mitarbeitern. Sowohl Selbstbewusstsein als auch Selbstwirksamkeit spielen eine zentrale Rolle dabei, wie Mitarbeiter ihre Arbeit und ihr Arbeitsumfeld wahrnehmen und wie sie darauf reagieren. Auf beide Aspekte gehen wir im Folgenden kurz ein.

Ein gesundes Selbstbewusstsein von Mitarbeitern ist wesentlich für die erfolgreiche Gestaltung von Kundenkontakten. Denn selbstbewusste Mitarbeiter haben eine ausgeprägte Selbstwahrnehmung und dadurch eine eindeutige Idee davon, welche Fähigkeiten und Potenziale sie mitbringen (Lichtenberg 1975). Aufgaben und Herausforderungen werden mit einer positiven Selbstwahrnehmung im Rücken deutlich optimistischer angenommen. Hinzu kommt bei selbstbewussten Mitarbeitern ein höheres Maß an Selbstsicherheit, was dazu führt, dass Mitarbeiter proaktiver handeln, und eine gesunde Bereitschaft entwickeln, Risiken abzuwägen und ggf. einzugehen. Darüber hinaus bringen selbstbewusste Mitarbeiter eine hohe Resilienz mit. Sie sind dadurch besser in der Lage, Rückschläge zu verkraften und aus Fehlern zu lernen – und letztlich mit einer daraus gestärkten Haltung die nächste Aufgabe anzunehmen.

Selbstwirksamkeit von Mitarbeitern beschreibt das Vertrauen einer Person in die eigene Fähigkeit, bestimmte Aufgaben oder Herausforderungen erfolgreich zu bewältigen. Selbstwirksame Mitarbeiter setzen sich hohe Ziele, vor allem aber sind sie überzeugt, diese auch erreichen zu können. Damit geht auch eine hohe Ausdauer bei der Zielverfolgung einher: Mitarbeiter lassen sich bei Schwierigkeiten oder Rückschlägen nicht von ihrem Weg abbringen. Rückschläge werden eher als Chance gesehen, sich weiterzuentwickeln und für die weitere Zielverfolgung zu lernen (Bandura 1977).

Die positive Haltung ist bei den passenden Mitarbeitern die Folge einer starken Fan-Macher-Kultur und ein Erfolgsfaktor für die Gestaltung positiver und passender Erlebnisse am Kundenkontaktpunkt: unablässig müssen die Mitarbeiter im Kundenkontakt versuchen, exzellente Kontakte zu gestalten. Es sind die Kultur und die sinnstiftenden Komponenten, die, in Kombination mit Erfolgsgeschichten, dafür sorgen, dass Mitarbeiter mit Rückgrat und Haltung in den Kundenkontakt gehen.

Wir machen in unserer Projektarbeit immer wieder einen zentralen Befund: Mitarbeiter unterschätzen in der Regel die Meinung und das Bild, dass Kunden vom Unternehmen haben. Beispielhaft können wir das an den Bindungstreibern zeigen, also den Imagefacetten des Unternehmens, die auf die Bedürfnisse der Kunde einzahlen (vgl. Abb. 5.5). In einem Selbstbild-Fremdbild-Vergleich erfassen wir die Bewertung des Unternehmens durch die Kunden entlang der Bindungstreiber (hellgrau). Zusätzlich sind die Mitarbeiter aufgefordert, die Bindungstreiber zu bewerten, aber entsprechend ihrer Einschätzung darüber, wie der Kunde wohl über das Unternehmen denkt (dunkelgrau und grün). Diese beiden Bewertungen stellen wir gegenüber und können einen Selbstbild-Fremdbild-Abgleich machen.

In diesem Beispiel sehen wir eine pessimistische Einschätzung der Mitarbeiter von der Kundensicht. Das Bild zeigt sich wenig differenziert, vielmehr sehen wir, dass die Mitarbeiter die Kundensicht auf das Unternehmen durchgängig unterschätzen. In diesem Zusammenhang stellen sich zwei Fragen: 1) Wie sollen Mitarbeiter Passung zu konkreten Kundenbedürfnissen herstellen, wenn sie der Überzeugung sind, dass das Unternehmen

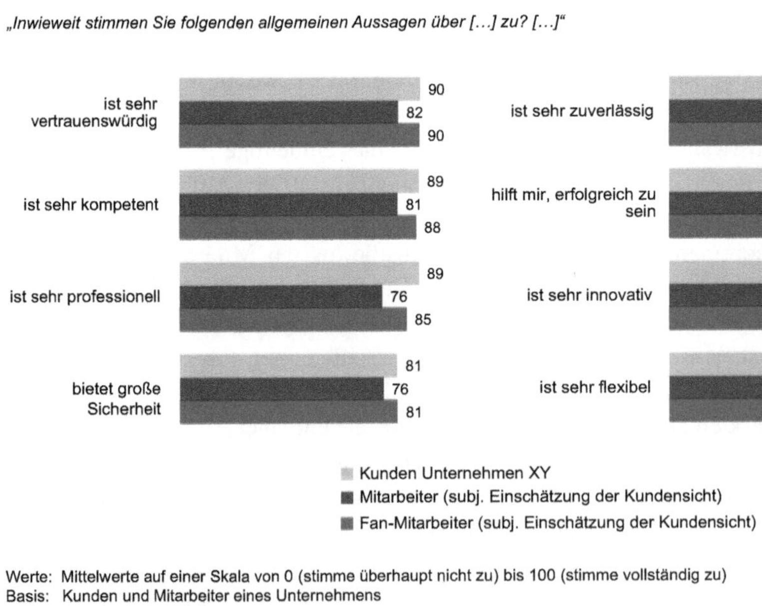

Abb. 5.5 Exemplarischer Selbstbild-Fremdbild-Vergleich

die dafür notwendigen Aspekte gar nicht mitbringt? 2) Wie sollen Mitarbeiter mit dem nötigen Selbstbewusstsein und der nötigen Selbstwirksamkeit am Kontaktpunkt mit den Kunden interagieren und exzellente Kontakte gestalten, wenn die Meinung über den eigenen Arbeitgeber derart zurückhaltend ist? Wir verdeutlichen das an einem Beispiel: Ein Vertriebsmitarbeiter eines Unternehmens sucht einen seiner Kunden auf, um diesem ein neues Produkt seines Arbeitgebers vorzustellen. Sein Auftreten gegenüber dem Kunden hängt von mehreren Aspekten ab: Neben der persönlichen Beziehung ist ganz wesentlich, was der Kunde aus Sicht des Mitarbeiters über das Unternehmen denkt. Geht er davon aus oder weiß er, dass der Kunde positiv über das Unternehmen und seine Produkte denkt, dann wird sein Auftreten von Souveränität und Selbstwirksamkeit geprägt sein. Ist er unsicher, weil er den Kunden nicht gut kennt, oder im Falle eines Neukunden oder Massenmarktes, dann wird er bereits zurückhaltender in seinem Auftreten sein. Die Interaktion mit seinem Kunden wird dann massiv von der Haltung beeinflusst. So verkaufen bspw. auch Verkäufer mit einer starken Marke im Rücken selbstbewusster als Verkäufer mit schwacher oder ohne Marke. Das verändert die Haltung der Mitarbeiter im Kundenkontakt.

Die Haltung des Mitarbeiters ist nicht nur entscheidend dafür, ob ein Mitarbeiter gerne ins Gespräch mit den Kunden geht. Eine positive Haltung hat darüber hinaus konkrete Mehrwerte, die einen erfolgreichen Kundenkontakt gewährleisten. Im Falle einer positiven Haltung sehen wir folgende Aspekte:

- Klarheit und Präzision: Mitarbeiter kommunizieren klarer und präziser, was die Passung und die Kontaktqualität erhöht.
- Überzeugungskraft: Mitarbeiter präsentieren ihre Argumente überzeugender, was das Vertrauen der Kunden und die Sicherheit in die Passung stärkt.
- Konfliktmanagement: Mitarbeiter sind besser in der Lage, Konflikte zu lösen und schwierige Kundeninteraktionen souverän zu meistern.
- Stressresistenz: Mitarbeiter bleiben auch in stressigen oder herausfordernden Situationen ruhig und gelassen, was zu positiveren Interaktionen führt.
- Schnellere Problemlösung: Mitarbeiter treffen schneller Entscheidungen und lösen Probleme effizienter, was das Kundenerlebnis verbessert.
- Initiative: Mitarbeiter zeigen mehr Eigeninitiative und sind proaktiver, was das positive Kontakterleben der Kunden steigert.
- Professionelles Auftreten: Mitarbeiter repräsentieren das Unternehmen professionell und tragen zu einem positiven Unternehmensimage bei.

Vergleichen wir im Fremdbild-Selbstbild-Vergleich nun die tatsächliche Bewertung der Kunden mit der geschätzten Bewertung der Kunden durch die Fan-Mitarbeiter (vgl. Abb. 5.6), werden die eben noch sichtbaren Abweichungen nivelliert. Die Fan-Mitarbeiter sind mit ihrem Perspektivenwechsel sehr nahe an der tatsächlichen Bewertung durch die Kunden und verfügen damit nachweislich über ein stärker ausgeprägtes Wissen über die Kunden – einer der Erfolgsfaktoren der Kundenorientierung. Dieses Ergebnis spiegelt

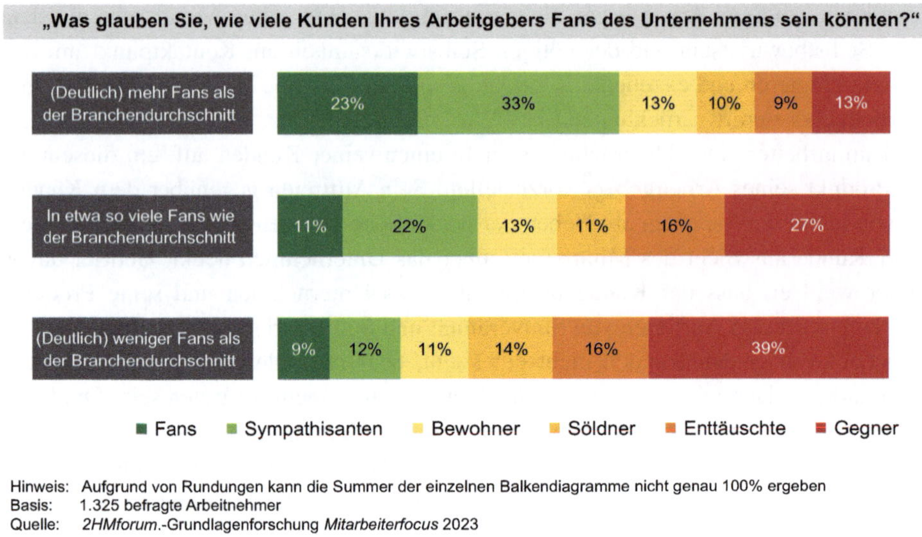

Abb. 5.6 Schätzung über das Fantum bei den Kunden

aber auch die positive Haltung der Fan-Mitarbeiter gegenüber ihrem Arbeitgeber als Anbieter für die Kunden wider. Fan-Mitarbeiter stehen fest hinter dem, was das Unternehmen macht – und das zeigt sich auch in ihrer Einschätzung über die Wahrnehmung des Unternehmens durch die Kunden. Die positive Einschätzung der Fan-Mitarbeiter legt nahe, dass sie auch auf einen höheren Anteil an Fan-Kunden setzen im Vergleich zu den übrigen Mitarbeitern des Unternehmens. Unser *Mitarbeiterfocus Deutschland* (2HMforum. 2023) zeigt dann auch, dass die Fan-Mitarbeiter den Anteil der Fan-Kunden höher einschätzen. Das hat unmittelbaren Einfluss auf die Kontaktqualität, denn der Fan-Mitarbeiter geht mit einer ganz anderen, nämlich positiven, Haltung in den Austausch mit den Kunden.

Zusammenfassend sind Fan-Mitarbeiter die besten Fan-Macher in Richtung der Kunden. Sie sind kundenorientiert und haben die richtige Haltung. Ob in kundennahen oder kundenfernen Bereichen, Fan-Mitarbeiter schöpfen aus einem größeren Wissen über die Kunden, bringen die notwendigen Fähigkeiten mit und sind hochmotiviert. Darüber hinaus agieren sie in der Sache oder im Umgang mit dem Kunden selbstbewusster und selbstwirksamer, haben folglich eine hohe Resilienz und eine starke Zielorientierung. Mit der Implementierung einer Fan-Macher-Kultur arbeiten Unternehmen gezielt auf dieses Setting bei ihren Mitarbeitern hin. Neben den in Kap. 4 beschriebenen Maßnahmen zur Implementierung, sollten ganz konkrete ergänzende Maßnahmen ergriffen werden, um Mitarbeiter zu Fan-Mitarbeitern in Richtung Kunde zu entwickeln.

5.3 Mitarbeiter zu Fan-Machern machen

Mit einer Fan-Macher-Kultur etablieren Arbeitgeber bei ihren Mitarbeitern eine hohe Kundenorientierung und eine positive Haltung – alles vereint in einer Mitarbeitergruppe: den Fan-Mitarbeitern. Mit diesem Potenzial sind sie die optimalen Fan-Macher in Richtung der Kunden.

In Anbetracht der tatsächlichen Verteilungen von Mitarbeitern im *Fan-Portfolio,* die wir in unserer Beratungsarbeit sehen, und des Bildes, dass uns diesbezüglich unser *Mitarbeiterfocus Deutschland* zeigt, sollten Unternehmen ergänzende Maßnahmen ergreifen. Maßnahmen, mit denen bei allen Mitarbeitern die Voraussetzungen schnell geschaffen werden, um als Fan-Macher zu agieren. Aber auch Maßnahmen, mit denen die Fan-Mitarbeiter zügiger und gezielter ihr Potenzial entfalten können. Nur weil ein Mitarbeiter Fan seines Arbeitgebers ist, muss er nicht ab dem ersten Tag die Kundenbedürfnisse „geatmet" haben. Fan-Mitarbeiter bringen ab dem ersten Tag großes Potenzial mit, doch auch diese Mitarbeitergruppe muss und wird jeden Tag lernen. Um das Fan-Machertum in Richtung der Kunden als Quick-Win zu verbuchen – und auch, um maximal davon profitieren zu können – sollten Kundenorientierung und Haltung systematisch aufgebaut werden. Auch wenn dieses Thema mittelfristig alle Mitarbeiter im Unternehmen gleichermaßen betrifft, haben wir die Erfahrung gemacht, dass es sich lohnt, in den kundennahen Bereichen zu starten.

Im Hinblick auf einen erfolgreichen Orchestrierungsprozess kommt es entscheidend darauf an, dass Kunden den Kontakt an einem hochrelevanten Touchpoint mit der Note „1" bewerten, denn nur dann kommt es zu dem Gefühl der Passung. Das erkennen wir, wenn wir die Bewertung des Touchpoints mit der *Fan-Quote* korrelieren. Wie wir Abb. 5.7 beispielhaft entnehmen können, übersteigt die *Fan-Quote* von Kunden mit einem perfekt passenden Kontakterlebnis die *Fan-Quote* aller Kunden – unabhängig von einem Kontakterlebnis – bei weitem. Doch schon bei einer Bewertung des Erlebnisses an dem Touchpoint mit der Note „2" sinkt die *Fan-Quote* deutlich unter die aller Kunden. Das bedeutet: Bereits bei der Bewertung eines Kontakts mit „2" oder schlechter hat der Kontakt der Beziehungsqualität geschadet. Dieser Befund lässt sich über alle Studien für alle Unternehmen in allen Branchen immer wieder replizieren. Wir haben uns daher entschieden, den Anteil der Kunden, die einen Kontakt mit der Note „1" bewerten, als relevante Steuerungsgröße für den Grad der Orchestrierung an einem Touchpoint zu verwenden.

Exzellente Kontakte sind für die Entwicklung von Fan-Kunden dermaßen entscheidend, dass Unternehmen an einzelnen Kontaktpunkten prüfen sollten, ob und inwiefern der Kundenkontakt optimiert werden kann. Lassen Sie uns zum genaueren Verständnis das Beispiel einer Sparkasse anschauen, die sich beim persönlichen Beratungsgespräch in der Filiale noch besser fokussieren möchte. Im Rahmen vorgeschalteter Workshops mit den zuständigen Mitarbeitern sowie qualitativen Befragungen von Kunden konnten wir Aspekte wie die Kundenorientierung der Mitarbeiter, die Gesprächsführung, die Lösungskompetenz, die Erreichbarkeit/Verfügbarkeit sowie die Schnelligkeit als potenziell relevant

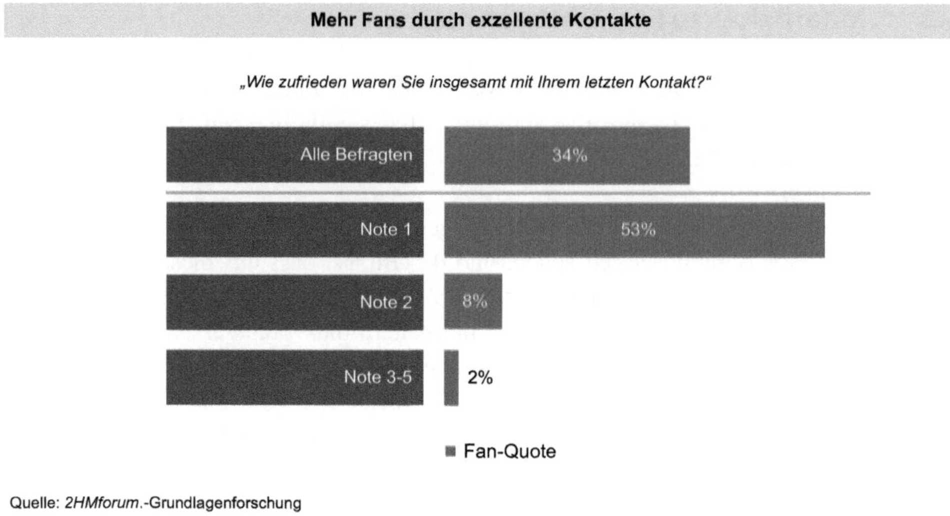

Abb. 5.7 Nur die Note „1“ zählt: Wenn Kunden bei einem Kontakterlebnis das Gefühl der Passung haben, steigt die *Fan-Quote*

für die Bewertung der Beratungsgespräche identifizieren. Diese Aspekte wurden daher in die Nachkontaktbefragung aufgenommen, und zwar „übersetzt“ auf konkrete Kundenerfahrungen. So wurde beispielsweise der Grad der Kundenorientierung mittels Aussagen wie „Der Berater war stets freundlich“ oder „Der Berater interessierte sich für mich“ erfasst.

Um zu verstehen, wie wichtig die einzelnen Aspekte sind, wird ihre sogenannte Treiberwirkung für die Gesamtzufriedenheit mit den Beratungsgesprächen ermittelt (dies erfolgt mathematisch durch Regressionsberechnungen). Das Ergebnis für unser Beispiel der persönlichen Beratungsgespräche in der Sparkassen-Filiale ist in Abb. 5.8 dargestellt: Die Kundenorientierung erweist sich als der wichtigste Treiber, gefolgt von der Gesprächsführung und der Lösungskompetenz. Offensichtlich kommt es dagegen weniger auf die Schnelligkeit an, denn dieses Thema erweist sich als am unwichtigsten. Die Ergebnisse werden dann für den Optimierungsprozess genutzt und helfen, Ressourcen richtig einzusetzen.

Auf dieser Grundlage kann die Befähigung der Mitarbeiter punktuell oder kontinuierlich durchgeführt werden, um die ausgerufene „1“ in der Notenskala für den Kontakt zu erreichen. Für die nachhaltige Entwicklung von Fan-Machern sollte die Befähigung der Mitarbeiter um die Vermittlung der richtigen Haltung flankiert werden. Ganz unabhängig von der aktuellen Beziehung eines Mitarbeiters zu seinem Arbeitgeber, müssen Voraussetzungen geschaffen werden für selbstbewusstes und selbstwirksames Handeln der Mitarbeiter im Kundenkontakt. Dafür sollte – abhängig von den Realitäten – den Mitarbeitern vor Augen geführt werden, dass und wie positiv die Kunden das Unternehmen sehen. So bspw. über *Fan-Quoten* bei den Kunden oder über einen Wettbewerbsvergleich

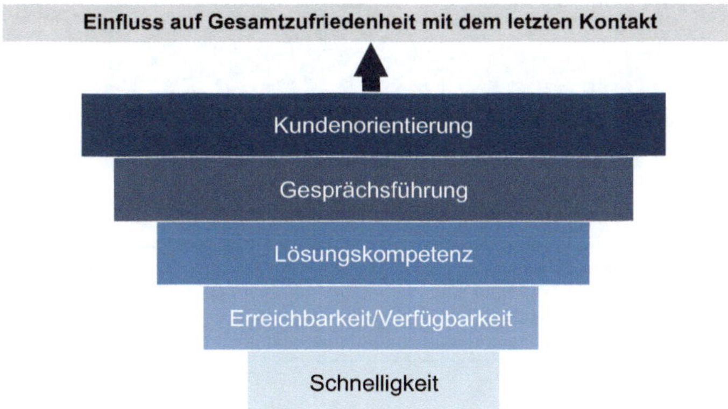

Quelle: Eigene Darstellung

Abb. 5.8 Ermittlung der Treiberwirkung bei Beratungsgesprächen: Die Zufriedenheit wird am stärksten von der Kundenorientierung beeinflusst

des Unternehmens aus Sicht der Kunden. Solche Maßnahmen entfalten ihr volles Potenzial vor allem dann, wenn sie in eine Fan-Macher-Kultur eingebettet sind.

Neben der Durchführung von Trainings, erfolgt eine systematische Entwicklung von Fan-Machern optimalerweise durch das Muster „Messen-Trainieren-Messen". Mit einer Initialmessung bei den Kunden wird der Status Quo am Kontaktpunkt aus Kundensicht erhoben. Auf dieser Grundlage werden die Mitarbeiter trainiert: Entlang des Themas Haltung und konkreter Kompetenzen, die wir oben exemplarisch in unserem Sparkassen-Beispiel verdeutlicht haben. Durch eine wiederholte Messung nach einem definierten Zeitraum, denn die Maßnahme muss schließlich beim individuellen Mitarbeiter greifen, kann die Entwicklung geprüft werden. Ein exemplarischer Prozess kann der Abb. 5.9 entnommen werden.

Über die Optimierung der Kontaktqualität an einem Touchpoint hinaus, bieten sich Workshop-Formate an, die den Mitarbeitern die Möglichkeit bieten, Input zu geben und gemeinsam über Passung erzeugende Vorgehensweisen zu reflektieren. Basierend auf den Workshop-Ergebnissen kann dann ein für alle verbindliches Soll-Konzept erarbeitet werden.

Beispiel aus der Praxis XI: DiBaDu: Perfekte Orchestrierung im telefonischen Kundenkontakt

In unserer Benchmarkstudie *Fanfocus Deutschland* (2HMforum 2021) ist die *ING* die Bank mit der höchsten *Fan-Quote* in Deutschland (vgl. Abb. 5.10). Das mag den Leser auf den ersten Blick überraschen, schließlich ist die *ING* eine Direktbank und damit ohne Möglichkeit, Beziehungen über die als besonders emotionalisierend geltenden persönlichen Kontakte aufladen zu können. Zudem ist die *ING* in den Köpfen vieler Verbraucher immer noch der Zinsführer, hat sie doch lange Zeit und vor allem in den

Abb. 5.9 Exemplarische Entwicklung von Mitarbeitern zu Fan-Machern nach dem Muster Messen-Trainieren-Messen

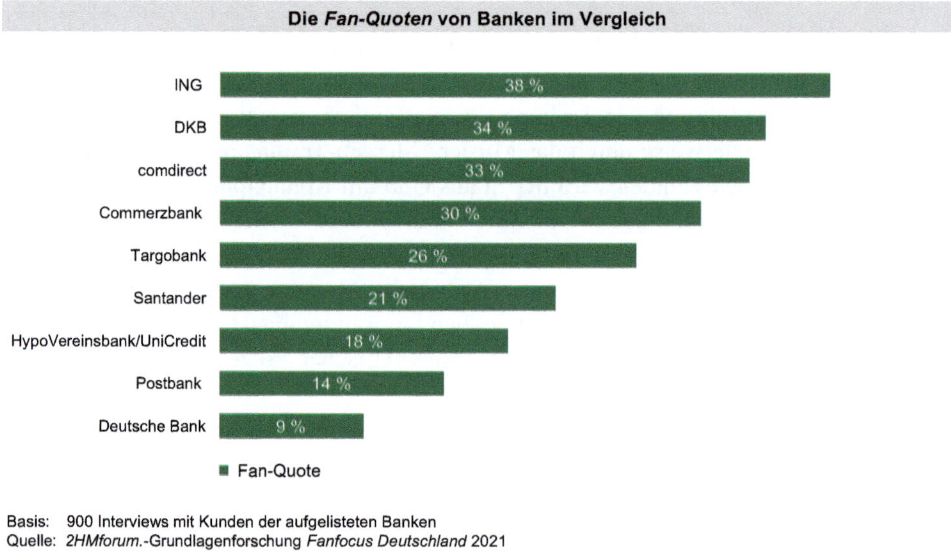

Abb. 5.10 Die *Fan-Quoten* von Banken im Vergleich

Anfangsjahren auf dem deutschen Markt stark mit Zinsvorteilen geworben. Und Kunden, die man über solche Angebote gewinnt, verhalten sich – um es in der Sprache unseres *Fan-Portfolios* auszudrücken – söldnerhaft. Also scheinbar eine schwierige Ausgangssituation, um Kunden zu Fans zu machen.

Wie schafft es die *ING* unter diesen Vorzeichen auf den ersten Platz in Sachen Kundenbeziehungsqualität unter allen marktführenden Banken in Deutschland? Die Antwort: durch konsequente Ausrichtung an den zentralen Kundenbedürfnissen. Im Folgenden erläutern wir Ihnen das anhand der telefonischen Kundenbetreuung. Dazu wollen wir zunächst auf das zentrale Bedürfnis der *ING*-Kunden schauen. Denn darauf gilt es sich zu fokussieren. Wer sich bewusst für eine Direktbank entscheidet und damit gegen das beratungsintensive Angebot der Filialisten, für den ist die persönliche Vor-Ort-Beratung offensichtlich nicht wichtig. Sehr häufig handelt es sich dabei um Kunden, die ein breites finanzielles Grundwissen mitbringen und daher nicht auf zeit- und kostenintensive Beratungsangebote angewiesen sind. Sie suchen eine Bank, die ihre Belange so schnell und einfach wie möglich umsetzt. Sie wollen selbst entscheiden, ob und wann sie mit ihrer Bank in Kontakt treten, und erwarten dann eine schnelle, abschließende Behandlung ihrer Anliegen.

Zwingend notwendig ist zur Erfüllung dieser Kundenbedürfnisse eine maximale Erreichbarkeit. Im Internet ist das einfach darstellbar, aber was ist, wenn sich ein Anliegen dort nicht lösen lässt? Dann ist die *ING* an 365 Tagen im Jahr und 24 h am Tag für ihre Kunden telefonisch erreichbar. Aber theoretische Erreichbarkeit ist eine Sache, faktische eine andere. Wohl wissend, wie wichtig eine verlässliche Umsetzung für die Erfüllung der zentralen Kundenbedürfnisse ist, hat sich der telefonische Kundenservice der *ING* hier hohe Ziele als Servicelevel gesetzt: Es sollen insgesamt mindestens 95 % der Gespräche entgegengenommen werden – und 80 % der Gespräche innerhalb von 20 s. Seit Jahren verfolgt die *ING* dieses Ziel – weil sie weiß, dass sie hier ein essenzielles Kundenbedürfnis bedient.

Doch maximale Erreichbarkeit ist nur eine Seite der Medaille, die Kunden erwarten ebenso eine schnelle, abschließende Bearbeitung ihrer Anliegen. Wie lässt sich das gewährleisten? Die *ING* ist zu dem Ergebnis gekommen, dass es dafür entscheidend auf die Mitarbeiter ankommt: Sie müssen nicht nur eine hohe fachliche Kompetenz mitbringen, sondern insbesondere die Fähigkeit und die Motivation, Kundenbedürfnisse zu verstehen und zu lösen. Daraus hat die Bank einige erstaunliche Schlussfolgerungen gezogen:

1. Im Gegensatz zu anderen Banken setzt die *ING* im telefonischen Kundenservice primär auf eigene Mitarbeiter und nicht auf externe Callcenter, auch wenn dies mit höheren Kosten einhergehen mag. Dies vor dem Hintergrund, dass eigene Mitarbeiter Motivation stärker spüren und transportieren, weil sie sich intensiver mit „ihrem" Unternehmen und seinen Zielen identifizieren. Diese Motivation wird für die Kunden als ausgeprägte Serviceorientierung spürbar und wirkt sich positiv auf die wahrgenommene Kontaktqualität und damit die emotionale Kundenbindung aus.
2. Gemäß dem Motto „Train for skills, hire for attitudes!" achtet die Direktbank bei der Auswahl ihrer Mitarbeiter für den Kundenservice weniger auf fachliche Kompetenzen als auf eine ausgeprägte kundenorientierte Haltung. Schon die Ansprache der Mitarbeiter bei der Rekrutierung auf dem Arbeitsmarkt vermittelt – wie Abb. 5.11 illustriert – diese Sichtweise. Fachliche Kompetenzen werden den ausgewählten Mitarbeitern dann in Lehrgängen vermittelt.

Abb. 5.11 Kundenorientierung als Persönlichkeitsmerkmal: Ansprache der *ING* zur Mitarbeiterrekrutierung. (Mit freundlicher Genehmigung von © ING AG 2014. All Rights Reserved)

3. Da es für die Kunden entscheidend auf die abschließende Bearbeitung ankommt, verzichtet die *ING* auf jegliche produktivitätsorientierte Sanktionierung. Das heißt: Es gibt keinerlei Vorgaben darüber, wie viele Gespräche ein Mitarbeiter in einem bestimmten Zeitfenster zu führen hat oder wie lange ein Gespräch im Durchschnitt dauern darf.
4. Die Zielsysteme und Trainingsmaßnahmen sind vielmehr konsequent auf das ausgerichtet, was am Ende wirklich zählt, nämlich die Wahrnehmung des Kunden. Ein regelmäßiges Kundenfeedback ist hier die notwendige Voraussetzung. Das heißt: Trainingsmodule und Evaluationsinstrumente entstehen nicht theoriegeleitet, sondern auf der Basis der Bewertung der Gespräche durch die Kunden und fundierter Analysen, die ermitteln, was die Bewertung der Kunden beeinflusst.

Diese Erkenntnisse und ihre Umsetzung sind ein Prozess, der sich über Jahre hinzieht und der kontinuierlich durch Nachkontaktbefragungen überprüft und wieder neu justiert wird. Dass sich bei so viel Konsequenz beachtliche Erfolge einstellen, sehen Sie in Abb. 5.12. Dargestellt ist die *Fan-Quote* unter den Anrufern der telefonischen Kundenberatung der *ING*. Der Anteil ist in den Jahren 2013 bis 2016 – dem Zeitraum, als die genannten Maßnahmen eingeführt wurden – um 12 Prozentpunkte gestiegen – und damit auch der Wertbeitrag des telefonischen Kundendialogs.

In diesem Kapitel haben wir bisher betrachtet, worauf es ankommt, wenn Mitarbeiter als Fan-Macher in Richtung der Kunden agieren wollen und sollen. Auch wurde deutlich, dass die Fan-Mitarbeiter hier die größten Potenziale mitbringen. Abschließend möchten wir nun darauf eingehen, welchen Einfluss Fan-Mitarbeiter mit ihren Potenzialen auf die Wachstumsoptionen eines Unternehmens haben.

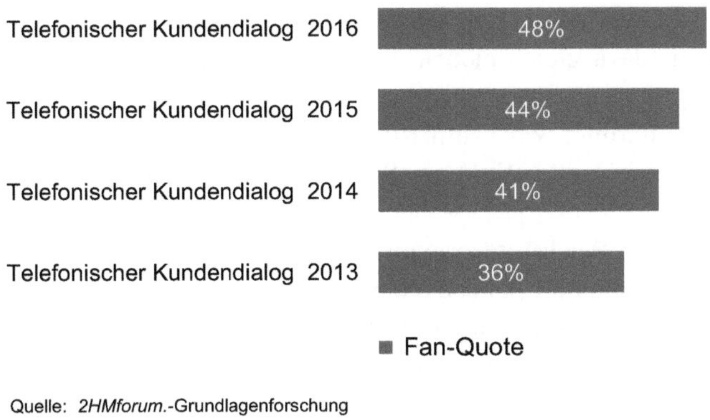

Abb. 5.12 Ergebnis konsequenter Touchpoint-spezifischer Orchestrierung: Steigerung der *Fan-Quote* im Zeitvergleich

5.4 Mitarbeiter-Potenziale als Wachstumstreiber

Eine Fan-Macher-Kultur steigert den Erfolg von Unternehmen durch die Nutzung von Mitarbeiter-Potenzialen – am stärksten sind diese bei Fan-Mitarbeitern ausgeprägt. Im Wesentlichen haben wir in diesem Zusammenhang bisher mit Effizienzsteigerungen argumentiert und zudem ins Feld geführt, dass eine Fan-Macher-Kultur alle Voraussetzungen mitbringt, um Passung bei den Kunden herzustellen und diese zu Fans zu entwickeln. Die Fan-typischen Verhaltensweisen von Bestandskunden mit hoher *Fan-Indikation* bringen den Unternehmen den erwünschten Erfolg, durch z. B. eine höhere Preisbereitschaft oder eine stärkere Loyalität. Doch für den Unternehmenserfolg ist es nicht ausreichend, lediglich Kostenvorteile zu generieren oder die direkt monetär wirksamen Potenziale der Bestandskunden auszuschöpfen. Langfristig müssen Unternehmen auch wachsen, indem sie sich neue Erlös- und Absatzmöglichkeiten erschließen. Doch warum ist das so? Wir fassen hier einige Gründe zusammen, weshalb Unternehmen nach Wachstum streben sollten:

- Wettbewerbsvorteile: Durch Wachstum kann ein Unternehmen seinen Marktanteil erhöhen, was zu einer stärkeren Marktposition und größeren Kontrolle über den Markt führt. Sie können durch ihre stärkere Marktpräsenz u. a. ihre Preisstrategien besser durchsetzen.
- Skaleneffekte: Mit zunehmendem Absatzvolumen profitieren Unternehmen von geringeren Stückkosten durch Fixkostendegression.
- Finanzielle Vorteile: Gesundes Wachstum führt oft zu höheren Umsätzen und Gewinnen. Das steigert die finanzielle Stabilität und stärkt die Investitionsfähigkeit des Unternehmens. Wachstumsorientierte Unternehmen sind zudem attraktiver für Investoren.

- Risikoreduktion: Wachstum geht häufig mit einer größeren Produktvielfalt oder neuen Märkten einher (dazu gleich mehr), was Abhängigkeiten und damit auch Risiken reduziert.
- Mitarbeiterrekrutierung: Wachstumsstarke Unternehmen entfalten auf viele Talente und Bewerber eine große Wirkung. Sie bieten mehr Entwicklungs- und Aufstiegsmöglichkeiten.
- Reaktionsfähigkeit: Wachstumsorientierte Unternehmen können häufig schneller auf Marktveränderungen und Chancen reagieren.
- Anpassungsfähigkeit: Wachstum hilft Unternehmen, sich besser an wirtschaftliche Veränderungen und technologische Fortschritte anzupassen.

Für die Realisierung von Wachstum – also die Generierung von zusätzlichen Erlösen und mehr Absatz – stehen Unternehmen zwei grobe Stoßrichtungen zur Verfügung: Sie können ihren Marktanteil innerhalb der schon erschlossenen Zielgruppen steigern (Marktdurchdringung) oder neue Märkte erschließen. Neue Märkte erschließen sich Unternehmen durch den Zugewinn neuer Kundensegmente oder über die Ausweitung der Produktpalette – oder über beides gleichzeitig. Es ergeben sich vier mögliche Wachstumsstrategien. Ansoff (1965) hat diese verschiedenen Wachstumsstrategien in seiner Produkt-Markt-Matrix einander gegenübergestellt (vgl. Abb. 5.13).

Der Ausgangspunkt der Wachstumsüberlegungen aller Unternehmen ist in der Regel der untere linke Quadrant der Ansoff-Matrix: die Marktdurchdringung. Denn sie ist die einfachste und am wenigsten riskante Strategie, da sie die geringsten Investitionen erfordert. Sie zielt auf die Erhöhung des Marktanteils durch eine Steigerung des Absatzes bei Bestandskunden oder durch den Zugewinn von Neukunden im gleichen Marktsegment – indem entweder Kunden vom Wettbewerb oder bisherige Nicht-Verwender in dem Produktsegment gewonnen werden. Der Vorteil der Strategie ist: Sie ist kostengünstig, weil hierfür die bereits vorhandene Produktpalette nicht modifiziert werden muss. Sie ist allerdings begrenzt wirksam, weil zu einem absehbaren Zeitpunkt eine Sättigung des Marktes erreicht sein wird. Spätestens mit dieser Sättigung des Marktes wird jedes Unternehmen versuchen müssen, weitere Absatzfelder zu erschließen – entweder durch Markt- oder durch Produktentwicklung.

Die Marktentwicklung zielt darauf ab, die Absatzfelder für die gegebene Produktpalette auszuweiten, also neue Märkte hierfür zu erschließen. Es handelt sich dabei um die vertikale Aufwärtsbewegung innerhalb der Matrix in Richtung „Neue Märkte". Dies kann auf zweierlei Weise erfolgen. Unternehmen können völlig neue Zielgruppen ansprechen: solche, die bislang nicht im Absatzfokus standen, oder aber Unternehmen bieten ihre Produkte auf zusätzlichen geografischen Märkten an. Ratsam ist die Marktentwicklung für Unternehmen, deren Stärke vor allem auf einer speziellen und begrenzten Produktfamilie liegt, für die auch in bislang nicht bedienten Märkten Absatzchancen gesehen werden. Da diese Wachstumsstrategie in einen neuen und bislang unbekannten Markt vorstößt, sind die Investitionen höher und die Erfolgsaussichten geringer als bei der Strategie der Marktdurchdringung. Entsprechend höher ist somit auch das Risiko.

Quelle: Ansoff (1965); Pfeile: eigene Ergänzungen; *2HMforum.*-Grundlagenforschung

Abb. 5.13 Produkt-Markt-Matrix nach Ansoff (1965)

Die Produktentwicklung strebt hingegen danach, Bestandskunden zusätzliche Produkte oder neue Varianten der herkömmlichen Produkte anzubieten. Es handelt sich dabei um die Seitwärtsbewegung innerhalb der Matrix in Richtung „Neue Produkte" ausgehend von der Marktdurchdringung. Ratsam ist dies für Unternehmen, deren Stärke in der bisherigen Marktposition und der Kundenbindung liegt und deren Produktpalette sinnvolle Ausweitungen und Variationen zulässt. Da zunächst Produktentwicklung notwendig ist, sind die Investitionen ebenfalls höher und die Erfolgsaussichten geringer als bei der Strategie der Marktdurchdringung. Auch hier ist somit das Risiko entsprechend höher.

Grundsätzlich ist auch eine zeitgleiche Kombination von Markt- und Produktentwicklung möglich: die Diversifikation. Sie zielt darauf ab, mit neu entwickelten Produkten, für das Unternehmen echte Innovationen, in bislang nicht erschlossenen Märkten neue Absatzfelder zu generieren. Es handelt sich dabei um die diagonale Aufwärtsbewegung innerhalb der Matrix in Richtung „neue Märkte" und in Richtung „neue Produkte" gleichermaßen. Da hier hohe Renditen möglich sind, mag dies im Einzelfall sinnvoll sein für Unternehmen, die im eigenen Haus großes innovatives Potenzial für eine neu erschließbare Branche sehen. Der erfolgreiche Einstieg von *Apple* in den Mobiltelefonmarkt mit gleichzeitiger Erfindung des Smartphones mag ein solches Beispiel sein. Doch so glänzend solche Beispiele wie *Apple* sind, die Regel ist, dass Unternehmen auf diesem Weg scheitern. Denn die Markteintritts- und Innovationskosten, also die Risiken der kombinierten Strategie von Markt- und Produktentwicklung, müssen miteinander multipliziert werden. Im Grunde sollte man jedem Unternehmen raten, diese kombinierte Strategie nicht zu verfolgen, sondern zunächst durch eine horizontale oder vertikale Bewegung in der Matrix einen der Nachbarquadranten zu besetzen, um dann von dort aus mit reduziertem Risiko diesen letzten Quadranten der Produktdiversifikation durch eine weitere vertikale oder horizontale Bewegung zu erreichen.

Entsprechend dieser Überlegungen haben wir eine Adaption der Produkt-Markt-Matrix vorgenommen (vgl. Abb. 5.14), in der wir – ähnlich wie *Ansoff* – die Wachstumsstrategien nach Bestandskunden- bzw. Neukundenorientierung einerseits und nach Bestandsprodukten und neuen Produkten andererseits differenziert haben.

Bei der Umsetzung der eben erläuterten Strategien durch Unternehmen sind ihre Fan-Kunden maßgeblich. Wer für eine steigende *Fan-Quote* bei seinen Kunden sorgt, wird von den Wachstumsstrategien profitieren können und unternehmerisch erfolgreich sein: Denn Fan-Kunden kaufen häufiger und geben mehr Geld aus für die Produkte „ihrer" Unternehmen – bedeutend mehr als andere Gruppen im *Fan-Portfolio.* Fan-Kunden zeigen zudem geringere Preissensibilität und sorgen so durch ein Mehr an Umsatz sowie durch Up- und Cross-Selling für steigende Erlöse. Damit haben sie den höchsten monetären Kundenwert und pflegen zugleich die längsten Geschäftsbeziehungen zu „ihrem" Unternehmen. Fans bewirken zudem auch mittelbar Umsatz- und Erlössteigerungen, weil sie ihr Unternehmen durch ihr Verhalten auf zahlreichen Handlungsfeldern unterstützen. Fans verzeihen eher Leistungsmängel und sind resistent gegenüber Abwerbungen und Negativempfehlungen. Fans empfehlen zudem selbst aktiv weiter und unterstützen hierdurch als Multiplikatoren die Neukundengewinnung. Auf diese Weise reduzieren sie die Kosten für die Neukundenakquise und generieren durch ihre Kommunikation zugleich ein Umsatzplus. Fans engagieren sich mit Ideen und Innovationen und bilden aufgrund ihres überdurchschnittlichen Involvements eine hervorragende Basis für Crowdsourcing – also das Einsammeln von Impulsen und Ideen aus der Fan-Gemeinde für die eigene Produktentwicklung –, was gleichermaßen die internen Entwicklungskosten deutlich reduziert und

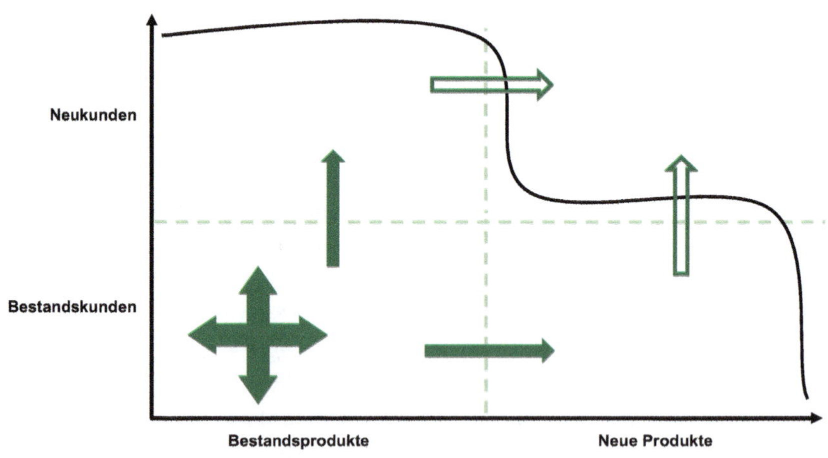

Quelle: *2HMforum.*-Grundlagenforschung; angelehnt an Ansoff (1965)

Abb. 5.14 Von der *Fan-Quote* unterstützte Wachstumsstrategien

die Erfolgschancen der Innovationen steigert. Durch all diese Mechanismen steigern Fan-Kunden unmittelbar und mittelbar sowohl den Umsatz als auch den Erlös – haben also den höchsten Customer Lifetime Value. Die Bedeutung von Fan-Kunden wird hier unmittelbar deutlich: In ihrer Rolle als Fan-Macher in Richtung der Kunden, schaffen sie für ihren Arbeitgeber ein stabileres wirtschaftliches Fundament und mehr Erfolg.

Doch die Kunden sind nur die eine Seite bei der Betrachtung der Wachstumsstrategien. Die Mitarbeiter sind dabei ebenso wichtig, denn die Kunden müssen erst zu Fans gemacht werden, die Produkte müssen erst entwickelt werden, neue Zielgruppen müssen mit teilweise langem Atem erst erschlossen werden – alles Aspekte, bei denen die Mitarbeiter eine zentrale Rolle spielen. Wer mit einer Fan-Macher-Kultur seine Mitarbeiter zu Fans macht, der ermöglicht erst die wirklich erfolgreiche Umsetzung der vier Strategien nach *Ansoff*. Verdeutlichen wir uns dazu, welchen Beitrag die Mitarbeiter mit ihren Potenzialen auf die Wachstumsstrategien haben.

Bei der Marktdurchdringung geht es um die Erhöhung des Marktanteils durch Steigerung des Absatzes bei Bestandskunden oder durch Zugewinn von Neukunden im gleichen Kundensegment. Für die Umsetzung dieser Strategie ist das Verhalten der Mitarbeiter wesentlich. Im Besonderen die Fan-Mitarbeiter, mit ihrer hohen Leistungsbereitschaft, sind produktiver als andere Mitarbeiter des Unternehmens. Sie bringen die Bereitschaft mit, auch die extra Meile zu gehen – und das sogar regelmäßig, wenn es für den Unternehmenserfolg notwendig erscheint. Allein der Wille des Fan-Mitarbeiters, als Fan-Macher in Richtung Kunde zu agieren, mit seiner Zielstrebigkeit und seinem Durchhaltevermögen, steigert die Chancen zur erfolgreichen Umsetzung dieser Strategie. Aber auch durch das Wissen über die Kunden und seine Fähigkeit zum kundenorientierten Verhalten, ist der Fan-Mitarbeiter in der Lage, die bestehende Kundschaft stärker zu durchdringen und bisherige Nicht-Kunden in dieser Zielgruppe zu erschließen.

Die zweite Wachstumsstrategie ist die Marktentwicklung, bei der Unternehmen vorhandene Produkte und Leistungen in neue Kundensegmente ausdehnen. Auch hier bringen Fan-Mitarbeiter mit ihrem Willen und ihrer Leistungsbereitschaft großes Potenzial ein. Besonderen Stellenwert haben Fan-Mitarbeiter bei der Umsetzung dieser Strategie aber durch überlegenes Wissen: Bei Fan-Mitarbeitern finden wir ein großes Verständnis für das Kundenbedürfnis der Kernzielgruppe, die Positionierung des Unternehmens und mögliche Abweichungen neuer Zielgruppen. Fan-Mitarbeiter bleiben dadurch der Positionierung des Unternehmens treu, neigen nicht zum adaptiven Verkaufen, was die Positionierung verwässert – durch Aufgreifen individuell wahrgenommener Bedürfnisse beim neuen Kunden in der Kommunikation. Fan-Mitarbeiter sind vielmehr in der Lage, die Positionierung für neue Zielgruppen entsprechend zu codieren und damit Passung zu erzeugen. Trotz dieser Fähigkeit sollten Fan-Mitarbeiter für die Bearbeitung neuer Zielgruppen zusätzlich befähigt werden.

Bei der Produktentwicklung versuchen Unternehmen Bestandskunden zu nutzen, um neue Produkte und Leistungen abzusetzen. Hier profitiert das Unternehmen einerseits von den Strukturen, die aus einer Fan-Macher-Kultur resultieren. Durch die optimierte abteilungsübergreifende Zusammenarbeit und den Aufbruch von Silos, sind

Unternehmen besser in der Lage, passende Neuprodukte für die Kunden zu entwickeln. Denn wenn die Kundenbedürfnisse in der Entwicklung verankert sind und gleichzeitig der Informationsfluss zu den kundennahen Bereichen gegeben ist, können erfolgreiche Innovationen entwickelt werden. Bei der Entwicklung neuer Produkte profitiert das Unternehmen zudem stark von der Lernbereitschaft der Fan-Mitarbeiter.

Die Diversifikation beschreibt das Wachstum über neue Produkte bei neuen Zielgruppen. Eine Fan-Macher-Kultur mit fokussierter Identifikationsplattform und ergänzenden sinnstiftenden Elementen ist in einer starken Position. Denn die hohe *Fan-Indikation* und Vision und Mission sind ein Kompass für die Mitarbeiter, wenn es darum geht, Vertrauen in den mit der Diversifikation verbundenen Transformationsprozess zu haben. Aber auch die Potenziale der Fan-Mitarbeiter sind hier unterstützend: Sie sind auch in schwierigen Zeiten treu, ihre Veränderungsbereitschaft ist zudem stärker ausgeprägt.

Die Abb. 5.15 fasst die Potenziale von Mitarbeitern mit hoher *Fan-Indikation* für die Wachstumsstrategien nach *Ansoff* zusammen.

Eine Fan-Macher-Kultur hat bei der Realisierung von Wachstum am Absatzmarkt zentrale Vorteile: Sie ermöglicht es, Wachstumschancen durch Fan-Kunden zu erschließen und Fan-Mitarbeiter können die Wachstumsstrategien mit ihrem Wissen, ihren Fähigkeiten und ihrer Motivation mittragen.

Quelle: *2HMforum.*-Grundlagenforschung; *angelehnt an Ansoff (1965)*

Abb. 5.15 Potenziale von Fan-Mitarbeitern für die Umsetzung der Wachstumsstrategie nach Ansoff

Literatur

2HMforum. (2021) Fanfocus Deutschland. https://fanomics.de/fanfocus-deutschland/. Zugegriffen: 5. Juli 2024

2HMforum. (2023) Mitarbeiterfocus Deutschland. https://fanomics.de/mitarbeiterfocus-deutschland/. Zugegriffen: 11. Juni 2024

Ansoff HI (1965) Corporate srategy – an analytic approach to business policy for growth and expansion. McGraw-Hill, New York

Bandura A (1977) Self-efficacy: toward a unifying theory of behavioral change. Psychol Rev 84(2):191–215

Homburg C (2001) Kundenzufriedenheit, 4. Aufl. Gabler, Wiesbaden

Lichtenberg JD (1975) The Development of the Sense of Self. J Am Psychoanal Assoc 23(3):453–484

Erfolgsfaktoren von *FANOMICS* 6

In diesem Kapitel gehen wir auf Erfolgsfaktoren von *FANOMICS* ein, die in den Jahren des Arbeitens mit dem Ansatz in vielen Kundenprojekten immer und immer wieder deutlich geworden sind. Dabei wollen wir uns auf drei besonders relevante Aspekte konzentrieren:

1. **Bewusstseins- und Akzeptanzaufbau im Unternehmen**
   FANOMICS ist ein ganzheitlicher Ansatz, der immer dann besonders erfolgreich eingesetzt werden kann, wenn insbesondere alle Führungskräfte, im besten Fall auch alle Mitarbeiter, frühzeitig integriert werden und den persönlichen Nutzen für ihre eigene Arbeit erkennen. Damit das gelingen kann, gibt es einige spezifische Maßnahmen, die wir Ihnen gerne vorstellen wollen.
2. **Kontinuierliche Implementierung und strukturelle Verankerung**
   FANOMICS bedeutet die Gestaltung einer Fan-Macher-Kultur, die in der Organisation tief verankert sein sollte, damit sie voll wirksam ist. Maßnahmen sollten nicht als einmalige Initiative verstanden werden, sondern müssen nachgehalten und gepflegt werden. Hier bietet sich an, Rollen und Verantwortung in Bezug auf *FANOMICS* und die Fan-Macher-Kultur zu definieren.
3. **Kontinuierliche Mess- und Zielsysteme**
   Um den Fortschritt Ihrer Bemühungen beim Aufbau einer Fan-Macher-Kultur zu überprüfen und um den Prozess steuern zu können, müssen Feedbackloops und Wirkungsmessungen integriert werden. Abhängig vom gewünschten und machbaren Reifegrad sind das einfache Feedbackschleifen, die durch die Führungskräfte und das Top-Management gelebt werden. Sinnvoller sind aber eine datenbasierte Steuerung auf Grundlage von (kontinuierlichen) Mitarbeiterbefragungen. Durch sie ist der Kulturprozess im Unternehmen nochmal präsenter und die Entwicklung der Kultur erfolgt systematisch.

F. Meyer und R. Becker, *FANOMICS® – Mitarbeiter zu Fans machen,*
https://doi.org/10.1007/978-3-658-43163-1_6

6.1 Bewusstseins- und Akzeptanzaufbau im Unternehmen

Nach der Implementierung von *FANOMICS* ist für Führungskräfte und Mitarbeiter vieles nicht mehr so wie zuvor. Wir reden von einem Paradigmenwechsel, der sich an einigen charakteristischen Punkten festmachen lässt:

- Die Unternehmenskultur definiert sich durch Unternehmenswerte als Kultur-Kern, die mit den zentralen Kundenbedürfnissen verzahnt sind. Die Umsetzung dieser Unternehmenswerte in den Arbeitsalltag der Mitarbeiter geschieht aber nicht von allein, denn die Werte sind als (neue) Spielregeln zu verstehen, an die sich die gesamte Belegschaft halten muss.
- Das Top-Management muss sich als Sponsor von *FANOMICS* verstehen und voll hinter dem Prozess stehen. Schon kleine Zweifel an der Ernsthaftigkeit drückt bei der Entwicklung von Unternehmenskulturen auf die Akzeptanz und die Motivation der Belegschaft, den Prozess mitzutragen und zu unterstützen.
- Die Führungskräfte übernehmen eine Rolle als Fan-Macher für die Mitarbeiter und sind für die übergreifende Orchestrierung der Unternehmenswerte in der Organisation verantwortlich. Sie haben damit eine Vorbildfunktion, sind die Stars der Mitarbeiter, und stehen möglicherweise stärker im Fokus der Mitarbeiter als zuvor. Die Fachlichkeit ist damit nicht mehr das eine zentrale Kriterium für Beförderungen.
- Die Mitarbeiter müssen die eine oder andere liebgewonnene Gewohnheit und bestimmte Verhaltensmuster ablegen. So zum Beispiel Kommunikationswege und -formen oder implizite Prozesse bei der Arbeit im Team.
- Der Nutzen von nach innen gerichteten Initiativen und Projekten bemisst sich an den Unternehmenswerten und an den ergänzenden sinnstiftenden Komponenten. Es braucht eine ständige Reflexion über den Effekt von Maßnahmen.
- Es geht zukünftig nicht mehr um „Mehr ist Mehr", sondern darum, fokussiert das Richtige zu tun – damit geht es auch darum, in Richtung der Mitarbeiter, in der Zusammenarbeit zwischen den Mitarbeitern und in Richtung der Kunden Dinge zu unterlassen. Dieses „Mehr Ja zum Nein"-Prinzip stellt Management, Belegschaft und Organisationen vor große Herausforderungen. Zu weit verbreitet ist die Angst, hierdurch Effektivität, Effizienz und Kunden zu verlieren.
- Mit *FANOMICS* ist Kundenorientierung nicht länger nur das Thema einiger Fachabteilungen, es betrifft die gesamte Organisation, insbesondere die strategisch und operativ Verantwortlichen, die sich zukünftig nicht mehr (ausschließlich) an monetären Kenngrößen aus dem Rechnungswesen messen lassen (sollten), sondern auch an ihrem spezifischen Beitrag, Kunden zu Fans zu machen und damit den nachhaltigen wirtschaftlichen Erfolg der Organisation zu sichern.

Diese Liste ließe sich beliebig verlängern, und sicher sind Ihnen beim Lesen des Buches weitere Aspekte aufgefallen, die uns mit Fug und Recht von einem Change-Prozess sprechen lassen, der die gesamte Organisation, das Management gleichermaßen wie die Belegschaft, betrifft.

Um Maßnahmen anführen zu können, die das Bewusstsein und die Akzeptanz bei der Gestaltung einer Fan-Macher-Kultur steigern, möchten wir Ihnen kurz die Charakteristika eines solchen Change-Prozesses erläutern. Veränderungen bergen immer auch Chancen, sind per se nichts Schlechtes, und dennoch reagieren viele „Betroffene" zunächst einmal mit Ablehnung oder Skepsis. Wenn Unternehmen sich das klar machen, fällt es ihnen auch leichter, bestimmte Wahrnehmungen und Reaktionen zu verhindern oder aufzufangen. Das ist wesentlich für einen erfolgreichen Kulturprozess. Betrachten wir die sogenannte Change-Kurve für ein besseres Verständnis des Einflusses von Veränderung auf Mitarbeiter (vgl. Abb. 6.1).

Die Veränderungskurve beschreibt die emotionalen und psychologischen Reaktionen, die Menschen typischerweise auf Veränderungsprozesse zeigen – jedenfalls dann, wenn ein solcher Prozess nicht moderiert wird. Insgesamt unterscheiden wir sechs Phasen: 1) Schock und Überraschung, 2) Ablehnung und Verweigerung, 3) Rationale Einsicht, 4) Akzeptanz und Experimentieren, 5) Emotionale Akzeptanz und 6) Integration und Commitment.

1. Überraschung (Schock): Mitarbeiter sind bei anstehenden Umbrüchen und Veränderungen zunächst einmal überrascht. Je nach (gefühlter) Tragweite der Veränderung sind sie auch geschockt. Im Rahmen einer Kulturveränderung sind Mitarbeiter zunächst im Ungewissen, was genau passiert und können auch nicht abschätzen, was die Veränderung für die Organisation und die eigene Person wirklich bedeutet. Mitarbeiter können sich dann schwertun, auf die Veränderung zu reagieren, und sind aufgrund dieser Unsicherheit auch in ihrem weiteren Arbeitsalltag schwerfällig.

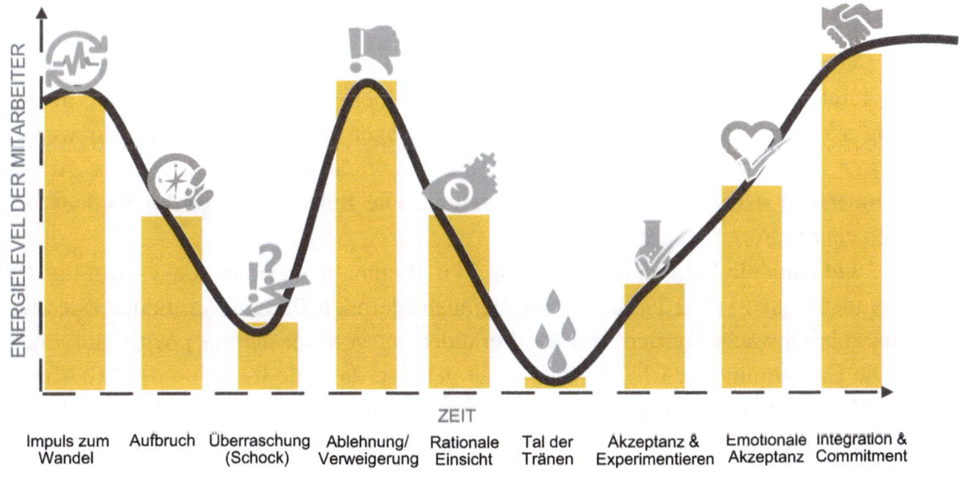

Abb. 6.1 Phasen der Veränderung bei Mitarbeitern entsprechend der Change-Kurve

2. Ablehnung und Verweigerung: Nach der Phase der Überraschung folgt häufig eine Phase der Ablehnung, die dann auch in der Wahrnehmung der Mitarbeiter vieles überschattet, was objektiv gesehen gut und konstruktiv ist. Die Überraschung schlägt um in Skepsis und Sorge. Einzelne Mitarbeiter neigen dazu, sich in dieser Situation an Gewohnheiten zu klammern und die Veränderung infrage zu stellen.
3. Rationale Einsicht: Nach und nach verstehen die Mitarbeiter, wozu die Veränderung führt und warum diese überhaupt nötig ist. Die emotionale Reaktion rückt in den Hintergrund, die Ratio gewinnt die Oberhand. Es bleibt die Unsicherheit, die die Mitarbeiter nun aber nicht mehr ratlos zurücklässt. Mitarbeiter verstehen nun die Notwendigkeit der Veränderung und sind motiviert, sich mit der Veränderung auseinanderzusetzen.
4. Akzeptanz und Experimentieren: Die Veränderung wird langsam akzeptiert als zukünftige Normalität. Mitarbeiter beginnen deshalb, neue Wege auszuprobieren. Die Sorge weicht einer Neugier und Erleichterung. Die eigene Arbeitsweise und der Arbeitsalltag werden in dieser Phase reflektiert, angepasst und weiter experimentiert.
5. Emotionale Akzeptanz: Nun wird die Veränderung vollständig akzeptiert durch die Mitarbeiter und sie fühlen sich sicherer im Umgang mit neuen Mustern. Die Veränderung wird vollständig in die eigene Arbeitsweise und den eigenen Arbeitsalltag integriert.
6. Integration und Commitment: Die Integration der Veränderung ist vollständig abgeschlossen. Die Mitarbeiter engagieren sich nun teilweise mit Zuversicht für und in der neuen Kultur. Sie sind produktiv und unterstützen konstruktiv neue Prozesse und Strukturen.

Die Einführung einer Fan-Macher-Kultur ist ebenfalls ein Veränderungsprozess – wobei die Tragweite für verschiedene Unternehmen unterschiedlich groß ist. Zudem durchlaufen nicht alle Mitarbeiter sämtliche idealtypischen Phasen in der gleichen Intensität und/oder Geschwindigkeit. Auch die Reihenfolge, in der verschiedene Mitarbeiter diese Phasen durchlaufen, ist nicht identisch. Die individuelle Reaktion auf Veränderung ist abhängig von persönlichen Erfahrungen, Einstellungen und der Resilienz. So werden Mitarbeiter mit einer hohen *Fan-Indikation* einen Veränderungsprozess ihres Arbeitgebers mittragen oder sogar engagiert mittreiben. Die Bewohner oder die Söldner sind hingegen eher in Sorge um ihre Pfründe.

Doch wie kann ein Veränderungsprozess so implementiert werden, dass – um im Bild der Veränderungskurve zu bleiben – die herausfordernden Phasen vermieden oder wenigstens abgeschwächt werden und die Veränderung von vornherein positiv aufgefasst wird? Die Erläuterung der Change-Kurve hat gezeigt, dass die Reaktion der Mitarbeiter viel mit Unsicherheit und fehlendem Wissen zu tun hat. Daraus lassen sich einige Faktoren für eine gelungene Initiierung und Implementierung von *FANOMICS* als Schritt zu einer erfolgreichen Fan-Macher-Kultur ableiten:

- In Phasen der Veränderungen suchen Menschen Orientierung. Diese Orientierung vermitteln in Unternehmen in erster Linie die Unternehmensführung und das gesamte Führungsteam. Das bedeutet für Sie: Wenn Sie selbst der Top-Entscheider sind, sollten Sie sich an die Spitze der Bewegung stellen und in Ihrer Organisation unmissverständlich klarmachen, dass Sie *FANOMICS* als wesentlichen Baustein zur Sicherung nachhaltigen Unternehmenserfolgs einführen. Sind Sie nicht der Top-Entscheider, dann gewinnen Sie Ihren Ansprechpartner aus der Geschäftsführung für *FANOMICS* als „Projektsponsor". Das wird die Chancen einer erfolgreichen Einführung steigern.
- Führungskräfte spielen in Veränderungsprozessen eine zentrale Rolle. Zwar sind sie von der Veränderung ebenso betroffen wie Mitarbeiter ohne Führungsverantwortung. Doch sollten sie den Interessen des Unternehmens näher sein und damit ihre Vorbildfunktion wahrnehmen können. Wenn Sie Führungskraft sind, ist es an Ihnen, die Mitarbeiter in Einzelgesprächen „mitzunehmen", die Mitarbeiter mit ihren offenen Fragen und Sorgen zu begleiten und letztlich das Verständnis für die anstehenden Veränderungen und damit verbundenen Ziele zu vermitteln.
- Beim Bewusstseins- und Akzeptanzaufbau kommt es auf eine fundierte Vermittlung an, und zwar zweistufig: zunächst im Management und dann in der Belegschaft unter enger Einbindung des Managements. Hier hat sich in vielen Unternehmen das Format des *FANOMICS*-Workshops bewährt, der gleichermaßen das zugrunde liegende *Fan-Prinzip,* die Wirkmechanismen und insbesondere den Nutzen für das Unternehmen sowie für jeden Einzelnen greifbar macht. Schließlich sollten auch die einzelnen Schritte bei der Implementierung erläutert, Verantwortliche benannt und Zeitpläne geklärt und kommuniziert werden. Führungskräfte und Belegschaft sollten zur Mitgestaltung angeregt und eingebunden werden.
- Ergänzend zur Erläuterung des Gesamtprozesses sollten Sie ihre Belegschaft über einzelne Schritte kontinuierlich informieren und einbinden, um das Verständnis und die Akzeptanz zu fördern. So ist bspw. entscheidend, über welche Formate die ausgearbeiteten Unternehmenswerte vermittelt werden. Eine E-Mail-Kommunikation wird dem Bedürfnis der Mitarbeiter nach Information und Wertschätzung nicht gerecht – und ist auch ein schlechter Start, wenn man über die notwendige Umsetzung der Unternehmenswerte durch jeden Einzelnen im Arbeitsalltag denkt. Führen Sie eher eine Townhall unter Mitwirkung des Top-Managements durch und binden Sie einen Ausblick ein, wie es genau weitergeht im Prozess.
- Meilensteine sollten dafür genutzt werden, das gemeinsam Erreichte zu reflektieren und wertzuschätzen – in kleinen Teams und mit der gesamten Belegschaft. Das positive, aber auch glaubwürdige, Framing des Prozesses durch die Führungskräfte ist hier von großer Bedeutung. Erfolgskommunikation ist im Aufbau der Fan-Macher-Kultur ebenso wichtig wie für die Pflege und Vitalität. Im Arbeitsalltag sollten sich Führungskräfte das Engagement von Mitarbeitern im Veränderungsprozess bewusst machen und deren positiven Beitrag zurückspielen.

Die Einführung von *FANOMICS* ist als Veränderungsprozess in Ihrem Unternehmen zu verstehen. Daher wollten wir Ihnen unsere Hinweise zum Bewusstseins- und Akzeptanzaufbau basierend auf zwei Jahrzehnten Beratungserfahrung an die Hand geben. Doch lassen sich die daraus abgeleiteten Erkenntnisse nicht eins zu eins auf jedes Unternehmen übertragen. Finden Sie Ihren eigenen Weg, wie Sie *FANOMICS* einführen und ausgestalten. Und trotz aller Veränderung, die gute Nachricht zum Schluss: Die Gestaltung einer Fan-Macher-Kultur nach *FANOMICS* ist mit vielen positiven Effekten verbunden: für Mitarbeiter, für Kunden, für das Unternehmen. Mit einer begleitenden Kommunikation und Moderation des Prozesses haben wir daher stets aufgeschlossene Organisationen erlebt.

Lassen Sie uns und andere Unternehmen an Ihren Erfahrungen teilhaben: Nutzen Sie die Plattform www.fanomics.de, auf der wir Informationen und Materialien zur Verfügung stellen, z. B. zur Unterstützung der Fan-Botschafter. Zudem bieten wir Ihnen hier die Möglichkeit zum Austausch mit anderen Unternehmen, die ebenfalls mit *FANOMICS* steuern oder dies gerade in Angriff nehmen.

Die wichtigsten Tipps zum Bewusstseins- und Akzeptanzaufbau

1. Die Implementierung von *FANOMICS* ist ein Change-Prozess, der die gesamte Organisation betrifft: Machen Sie ihn zur Chefsache!
2. Binden Sie das gesamte Management frühzeitig ein und lassen Sie es bei der Umsetzung aktiv mitarbeiten.
3. Sorgen Sie für eine nachhaltige Kommunikation unter Einbindung Ihrer Führungskräfte. Geben Sie Ihren Mitarbeitern Sicherheit und Orientierung. Vermelden Sie erste Erfolge.
4. Nutzen Sie die Erfahrungen anderer Unternehmen, die sich auch für die Unternehmenssteuerung mit *FANOMICS* entschieden haben, und nehmen Sie am Austausch teil.

6.2 Kontinuierliche Implementierung und strukturelle Verankerung

Die Entwicklung von Unternehmenskulturen ist keine einmalige Investition, sondern ein andauernder Prozess, der von der kontinuierlichen Pflege durch alle Beteiligten profitiert. Es droht immer mal die Gefahr, dass der Drive in der Organisation im Laufe der Zeit nachlässt. Solange die Veränderung noch auf dem Weg oder erst kürzlich abgeschlossen ist, werden – nach Überwindung möglicher Skepsis – vor allem die Chancen gesehen. Die Mitarbeiter sind in der Mehrheit motiviert, die Kultur mitgestalten und aufbauen zu können. Doch auch das Neue, das Konstruktive, das initiale Mitgestalten droht nach einiger Zeit zur Gewohnheit zu werden. Damit sinkt das Involvement und die Dynamik geht zurück. Eine Fan-Macher-Kultur mit ihren Kernmechanismen „Fokussierung“ und „Orchestrierung“ droht dann zu verwässern. Daher machen wir Ihnen nun einige Vorschläge, mit welchen Strukturen und Maßnahmen Sie die Vitalität der Fan-Macher-Kultur gewährleisten können.

Bei der Einführung von *FANOMICS* sind 1) Institutionen zur Steuerung und zur Qualitätssicherung sinnvoll. Dazu gehört die Einrichtung eines Lenkungskreises und die Schaffung der Rolle des *FANOMICS*-Dirigenten. 2) Die Fan-Macher-Kultur kann durch Personifizierung gestärkt werden. Mit dem Top-Management als Projekt-Sponsoren, der Benennung von Wertepaten und von Fan-Botschaftern bekommt die Fan-Macher-Kultur echte Gesichter. 3) Die Fan-Macher-Kultur gewinnt an Vitalität durch kontinuierliches Erlebbarmachen durch strukturelle Elemente und damit über die Fan-Macher-Rolle der Führungskräfte hinaus. Mit Werteaktionen und Mitarbeitergimmicks sowie Refresher-Workshops für Mitarbeiter und Führungskräfte gewinnt die Kultur weiter und dauerhaft an Kraft.

6.2.1 *FANOMICS*-Lenkungskreis und *FANOMICS*-Dirigent

Mit einem *FANOMICS*-Lenkungskreis institutionalisieren Sie die Steuerung und Überwachung des Gesamtprozesses. Die Wahrung der Fokussierung der Fan-Macher-Kultur, mit der die Organisation Passung zu den Mitarbeitern herstellt und das Unternehmen auf die Kundenbedürfnisse ausrichtet, ist Aufgabe des Lenkungskreises. Er stellt damit sicher, dass die Verzahnung von Positionierung und Unternehmenskultur nicht durch kulturelle Dynamik oder anderweitige Initiativen in der Organisation verwässert wird. Zudem trifft der Lenkungskreis Entscheidungen bezüglich der Priorisierung von Teilprojekten, mit denen die Fan-Macher-Kultur auf- und ausgebaut wird. Beispielsweise sind neben den Kernelementen einer *FANOMICS* Fan-Macher-Kultur einige strukturelle und prozessuale Voraussetzungen zu schaffen. In einer dazu entwickelten Roadmap (siehe Abb. 6.2) könnte im Feld Führung der Aufbau von Basiskompetenzen nötig sein oder für die Optimierung der internen Kommunikation müssen Strukturen und Prozesse geschaffen werden. Im Lenkungskreis werden diese Projekte definiert, priorisiert, kontinuierlich geprüft und Ressourcen bereitgestellt.

Im Hinblick auf die Umsetzung der Roadmap hat der Lenkungskreis die Aufgabe, den Fortschritt zu überwachen und alle Initiativen der Roadmap auf Zeit- und Budgeteinhaltung zu prüfen. Dabei sollten kontinuierlich mögliche Hürden und Probleme eruiert und in die Planung integriert werden. Das Gremium sollte daher regelmäßig zusammenkommen, je nach Phase des Kulturprozesses jeden Monat oder alle drei Monate. In den Sitzungen werden Berichte zu den Teilprojekten präsentiert und diskutiert, Probleme adressiert und es wird über das weitere Vorgehen entschieden.

In den Lenkungskreis sollten Sie die relevanten Stakeholder bei der Einführung von *FANOMICS* einbinden. In der Regel besteht er aus der Unternehmensführung, hochrangigen Führungskräften und operativen Entscheidern. Wenn sie nach einer kleinen

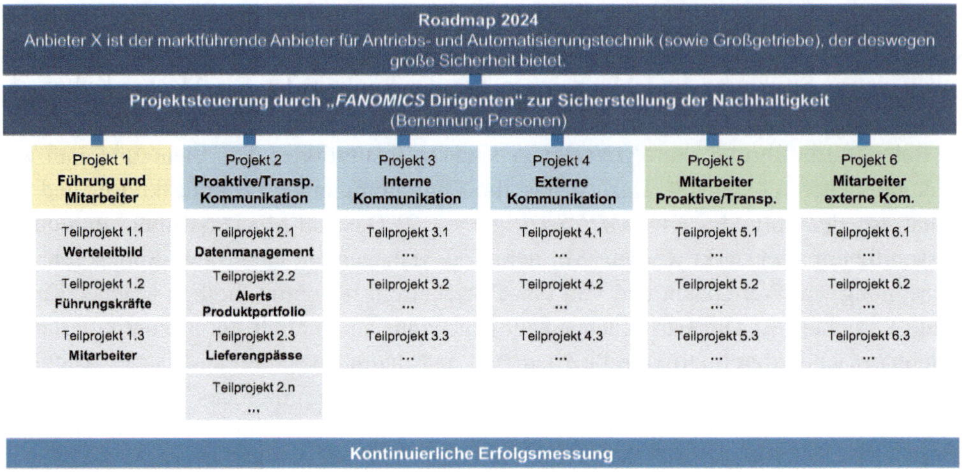

Quelle: Eigene Darstellung

Abb. 6.2 Beispielhafte Themen der Roadmap aus einem *FANOMICS*-Lenkungskreis

Lösung für den *FANOMICS*-Lenkungskreis suchen, sollten Sie wenigstens ein Mitglied der Geschäftsführung und drei bis vier Entscheider der operativen Führungsebene (z. B. Vertrieb/Marketing, Personal, Service, Segmentverantwortliche) sowie Mitglieder aus einem Kreis von Fan-Botschaftern berücksichtigen. Aus diesem Kreis braucht es auch einen Verantwortlichen, bei dem am Ende die Fäden zusammenlaufen, welcher die Übersicht über das große Ganze behält: den *FANOMICS*-Dirigenten. Der *FANOMICS*-Dirigent steht dem Lenkungskreis vor, muss aber nicht aus dem Kreis der Geschäftsführung kommen.

6.2.2 *FANOMICS*-Sponsoren, Wertepaten und Fan-Botschafter

FANOMICS ist kein Instrument einer Fachabteilung allein. Als Managementsteuerungssystem betrifft es strategisch und operativ Verantwortliche gleichermaßen. Daher sollte auch die Verantwortlichkeit breit verteilt sein. Sowohl auf der Führungsebene als auch unter den Mitarbeitern sollte die Verantwortlichkeit für die Entwicklung der *FANOMICS* Fan-Macher-Kultur verankert sein. Wir unterscheiden hierbei die *FANOMICS*-Sponsoren, Wertepaten und Fan-Botschafter.

Die Rolle der *FANOMICS*-Sponsoren sollte das Top-Management übernehmen. Sie übernehmen die Gesamtverantwortung für das Projekt, schaffen und vermitteln die Vision im Zusammenhang mit der Einführung einer Fan-Macher-Kultur. Sie stellen Ressourcen und Führung bereit. Über ihre Stellung im Unternehmen fördern sie aktiv die Unterstützung für das Projekt durch Mitarbeiter und Führungskräfte. Als Fürsprecher sorgen sie maßgeblich für Akzeptanz und positive Wahrnehmung des Ansatzes. Sie fordern zudem den *FANOMICS*-Dirigenten und die verantwortlichen Projektleiter und Führungskräfte im Hinblick auf Budgets, Zeitplan und Qualitätserwartungen immer wieder konstruktiv heraus.

Wenn das Top-Management als *FANOMICS*-Sponsor fungiert, stellt das mittlere und untere Management die Wertepaten. Allerdings ist nicht ausgeschlossen, dass sich auch das Top-Management als Wertepaten zur Verfügung stellt. Wertepaten haben die Aufgabe, die Unternehmenswerte zu fördern und deren Einhaltung zu thematisieren. Zwei Spielvarianten können wir hinsichtlich der Rolle von Wertepaten unterscheiden: a) Die Wertepaten sind eine Gruppe von Personen im Unternehmen, in der Regel Führungskräfte, die hinter sämtlichen Unternehmenswerten stehen und diese vertreten und fördern. In der zweiten Variante b) steht ein Wertepate auch immer nur für einen ausgewählten Unternehmenswert. Wir haben mit unseren Kundenprojekten die Erfahrung gemacht, dass die Spezialisierung auf einen Unternehmenswert Vorteile bietet: Der Fokus des Wertepaten auf einen Wert ist einfacher für die Person in dieser Verantwortung, die Passung zwischen der Persönlichkeit des Wertepaten und dem zugeordneten Wert kann sichergestellt werden und damit ist das Agieren des Wertepaten authentischer. Die Rolle des Wertepaten für das gesamte Wertegerüst eines Unternehmens ist hingegen sehr aufwendig und damit nicht in der gewünschten Form leistbar. Die Wertepaten sind in die Struktur des Lenkungskreises eingebunden. So zeichnen sie sich zwar auch verantwortlich, die Werte nach eigenem Ermessen zu repräsentieren und zu treiben, doch sollten sie sich an neuralgischen Punkten auch mit dem *FANOMICS*-Dirigenten und den Mitgliedern des Lenkungskreises abstimmen. Beispielsweise können explizite Strukturen, wie z. B. Veranstaltungen, um einen Wert herum geschaffen werden. Solche Maßnahmen gilt es aber für alle Unternehmenswerte zu orchestrieren. Mit folgenden Aktivitäten nimmt der Wertepate seine Rolle in der Organisation wahr:

- Vorbildfunktion: Wie jede Führungskraft bei der Implementierung von *FANOMICS,* muss der Wertepate sich wertekonform verhalten. Doch durch seine allen bekannte Verantwortung für einen ausgewählten Unternehmenswert, nimmt der Wertepate selbstverständlich eine Sonderrolle bei der Vorbildfunktion ein.
- Information und Kommunikation: Wertepaten sollen über ihren Wert sprechen und Botschaften in die Organisation senden. Dabei steht nicht zwingend der bidirektionale Austausch im Vordergrund, sondern die unidirektionale Vermittlung von Apellen, Erfahrungen, Erfolgen. Das kann z. B. über das Intranet, einen internen Newsletter oder interne Social-Media-Kanäle erfolgen.
- Austausch und Reflexion: Wertepaten sollten Gelegenheiten schaffen, bei denen sie über die Bedeutung der Werte sprechen und deren Umsetzung im Alltag diskutieren können. Wertepaten sollten den Mitarbeitern hier positives Feedback und konstruktive Kritik an die Hand geben, um eine kontinuierliche Entwicklung zu fördern. Dies kann z. B. in Form von Workshops, Seminaren oder informellen Gesprächsrunden

geschehen. Dabei sind im Besonderen Formate bedeutend, die die Führungskräfte in ihrer Vorbildfunktion stärken.

- Best Practice und Lerngelegenheiten: Wertepaten sollten interne Aktivitäten und Projekte fördern, die die Auseinandersetzung mit den Werten zum Ziel haben. Dabei sollte im Besonderen auf Best Practice zurückgegriffen werden, um das wertekonforme Verhalten am echten Arbeitsalltag greifbar zu machen.
- Mentoring und Unterstützung: Wertepaten sollten als Mentoren agieren, indem sie individuelle Unterstützung und Beratung bieten. Dies hilft den Einzelnen, die Werte besser zu verstehen und in ihr eigenes Verhalten zu integrieren. Führungskräfte sollten den Wertepaten regelmäßig als Ratgeber für wertekonformes Verhalten und Führung ansprechen können.
- Integration in den Alltag: Werte sollten nicht nur theoretisch besprochen, sondern in den täglichen Abläufen und Entscheidungen integriert werden. Wertepaten tragen dazu bei, indem sie gemeinsam mit dem Lenkungskreis erarbeiten, ob und wie einzelne Werte in Richtlinien, Verfahren und Strukturen verankert sind.

Bei der Auswahl der Wertepaten ist darauf zu achten, welche Führungskraft bereits als vorbildlicher Träger eines Wertes wahrgenommen werden. Denkbar ist auch die Benennung eines Teams an Wertepaten für einen einzelnen Wert. Insbesondere bei größeren Unternehmen mit mehreren Hierarchieebenen, mehreren Standorten oder schlichtweg einer großen Mitarbeiterzahl ist dieser Ansatz sinnvoll. So steht der gesamte Prozess durch Benennung mehrerer Paten auf breiteren Füßen, immerhin soll die Rolle für Rückfragen der Mitarbeiter zur Verfügung stehen. Dazu profitiert die Ausübung der Rolle von vielfältigen Perspektiven und Ideen für das Erlebbarmachen des konkreten Unternehmenswertes. Zudem können mit dieser Struktur, sofern Wertepaten durch die gesamte Hierarchie benannt werden, auf allen Ebenen Best-Practice-Beispiele gefunden werden, die die Mitarbeiter für ihre tägliche Arbeit motivieren. Für ein einheitliches Vorgehen bei der Ausübung der Rolle sollten aber regelmäßige Abstimmungen zwischen den Wertepaten erfolgen. Das kann wiederum der *FANOMICS*-Dirigent steuern.

Da die operative Reichweite von Wertepaten begrenzt ist, bietet sich die Einführung und Ausbildung sogenannter Fan-Botschafter an. Fan-Botschafter kommen in der Regel aus der Mitte der Organisation, sind damit Führungskräfte oder Mitarbeiter auf allen Ebenen. Ihre Aufgabe ist, die Entwicklung der Fan-Macher-Kultur im Ganzen zu reflektieren und die Kultur mit ihren Werten über ihre informellen Netzwerke im Unternehmen zu verankern. Bei der Rolle der Fan-Botschafter hat sich der Fokus auf einen Unternehmenswert nicht bewährt, sondern sie treiben im Ganzen die Kulturentwicklung. Über die Vermittlung und Verankerung der Unternehmenswerte hinaus, haben die Fan-Botschafter auch die Funktion, die Brücke von der Kultur zur Vermittlung der Positionierung im Kundenkontakt zu schlagen: Sie müssen damit auch ein größeres Verständnis von den Kundenbedürfnissen haben und sensibilisieren auf dieser Grundlage für die Notwendigkeit der Verzahnung mit der Kultur und der Orchestrierung an den Kundenkontaktpunkten.

- Vorbildfunktion: Fan-Botschafter leben die Unternehmenskultur und Werte authentisch vor und dienen so als Vorbilder für andere Mitarbeiter. Ihr Verhalten und ihre Handlungen reflektieren die gewünschte Kultur der Organisation.
- Kommunikation und Vermittlung: Fan-Botschafter vermitteln die Unternehmenskultur an neue Mitarbeiter, sind damit in Onboarding-Programmen aktiv. Sie kommunizieren die Bedeutung und den Nutzen der Kultur, der Werte und der Positionierung in Richtung Kunde regelmäßig an die Mitarbeiter.
- Förderung von Engagement und Beteiligung: Fan-Botschafter ermutigen und motivieren Mitarbeiter, sich aktiv an der Kultur und den Aktivitäten der Organisation zu beteiligen. Dies kann durch die Organisation von kulturellen Events, Workshops oder Teambuildingaktivitäten geschehen.
- Feedback und Unterstützung: Fan-Botschafter sind Ansprechpartner für Mitarbeiter, die Fragen oder Bedenken bezüglich der Unternehmenskultur oder der Positionierung haben. Sie sammeln Feedback und arbeiten daran, kulturelle Herausforderungen oder Probleme zu identifizieren und anzugehen.
- Kulturelle Initiativen und Projekte: Fan-Botschafter initiieren und leiten Projekte, die darauf abzielen, die Unternehmenskultur zu stärken und weiterzuentwickeln. Dies kann die Entwicklung neuer Programme, Richtlinien oder Initiativen umfassen, die die Kultur unterstützen.
- Training und Entwicklung: Fan-Botschafter bieten Schulungen und Workshops an, die den Mitarbeitern helfen, die Unternehmenskultur besser zu verstehen und zu verinnerlichen. Sie arbeiten daran, kulturelle Kompetenzen und Bewusstsein zu fördern.
- Brückenbauer: Fan-Botschafter fungieren als Verbindungsglied zwischen verschiedenen Abteilungen und Ebenen der Organisation, um eine einheitliche und kohärente Unternehmenskultur zu fördern. Sie arbeiten daran, kulturelle Barrieren abzubauen, Silos zu öffnen und die Zusammenarbeit zu stärken.
- Evaluierung und Verbesserung: Fan-Botschafter bewerten regelmäßig den Zustand und die Wirksamkeit der Unternehmenskultur. Sie identifizieren Bereiche, die verbessert werden müssen, und sie können, in Abstimmung mit dem Lenkungskreis, Strategien zur kontinuierlichen Verbesserung der Kultur entwickeln.

Neben der Personifizierung der Fan-Macher-Kultur über die hier beschriebenen Rollen, sollte die Vitalität der Fan-Macher-Kultur über ausgewählte strukturelle Elemente gestärkt werden. Diese sorgen dafür, dass die Kultur über die Aktivitäten der Führungskräfte hinaus sichtbar und erlebbar wird. Darauf gehen wir im folgenden Abschnitt ein.

6.2.3 Strukturelle Elemente für die Vitalität einer Fan-Macher-Kultur

Die Unternehmenswerte als Kultur-Kern und die ergänzenden sinnstiftenden Elemente der Fan-Macher-Kultur müssen regelmäßig erlebbar gemacht werden. Das liegt einerseits in der Verantwortung von Führungskräften, Wertepaten und Fan-Botschaftern. Doch sollten über den Lenkungskreis auch feste Strukturen und Prozesse geschaffen werden, um die Werte kontinuierlich erlebbar zu machen. Explizite Werteaktionen haben sich dabei als zielführend erwiesen.

Werteaktionen sind gezielte Initiativen, Aktivitäten oder Programme, die darauf abzielen, die Unternehmenswerte zu fördern, zu leben und in den Arbeitsalltag zu integrieren. Sie sind ein Schlüsselelement dafür, dass die Fan-Macher-Kultur von allen Mitarbeitern getragen wird, und sie sollten unter Beteiligung aller Hierarchieebenen durchgeführt werden. Auch wenn die Zielgruppe vor allem die Basis einer Organisation ist: Top-Management und Führungskräfte sollten mit ihrer Vorbildfunktion deutlich sichtbar sein.

Damit Werteaktionen wirksam werden, müssen sie konsistent und langfristig angelegt sein. Einmalige Aktionen haben lediglich kurzfristige Effekte. Über die Sichtbarkeit der Führungskräfte hinaus, ist der zentrale Erfolgsfaktor bei Werteaktionen, dass die Mitarbeiter aktiv in die Gestaltung und Umsetzung der Werteaktionen einbezogen werden. Das fördert die Akzeptanz und wiederum das Engagement der Mitarbeiter. Auch dürfen Werteaktionen nicht unreflektiert abgewickelt werden, sondern müssen auf ihren Erfolgsbeitrag hin geprüft werden. Der Effekt von Werteaktionen sollte also messbar sein und gemessen werden, um mögliche Anpassungen für die Zukunft vornehmen zu können und sie kontinuierlich zu verbessern. Hier können Pulsbefragungen (siehe Abschn. 6.3) zur Anwendung kommen. Wir möchten Ihnen hier einige Beispiele für Werteaktionen nennen, die Sie für Ihr Unternehmen aufgreifen können:

- Werteworkshops: Workshops, in denen die Unternehmenswerte diskutiert und praxisnah vermittelt werden.
- Wertemissionen: Teams arbeiten an Projekten, die die Unternehmenswerte in die Praxis umsetzen, z. B. interne Kommunikationsstrukturen oder auch ausgewählte gesellschaftliche Projekte.
- Feedbackmechanismen: Regelmäßige Feedbacksitzungen, in denen Mitarbeiter Feedback zu ihren Erfahrungen mit den Unternehmenswerten geben können.
- Anerkennung und Belohnung: Programme zur Anerkennung und Belohnung von Mitarbeitern, die die Unternehmenswerte besonders gut leben.
- Mentoring und Coaching: Einsatz von Mentoren oder Coaches, die Mitarbeitern helfen, die Unternehmenswerte in ihrer Arbeit zu integrieren.
- Kulturelle Veranstaltungen: Veranstaltungen und Aktivitäten, die die Unternehmenswerte feiern und erlebbar machen, wie z. B. Teambuildingevents oder Firmenfeiern.

Ein Element, das ebenfalls mit Werten aufgeladen werden kann, das aber unabhängig davon die Fan-Macher-Kultur stärkt, sind Rituale in der Organisation. Rituale in Unternehmen sind wiederkehrende, symbolische Handlungen oder Veranstaltungen. Die Kraft der Rituale rührt daher, dass sie eine feste Struktur und Vorhersehbarkeit im Alltag bieten. Das fördert Sicherheit, Stabilität und Wohlbefinden. Rituale schaffen gemeinsame

Erlebnisse, die das Gefühl von Zugehörigkeit fördern und den Zusammenhalt stärken. Durch diese wiederkehrenden gemeinsamen Aktivitäten wird der Teamgeist gefördert und das Vertrauen der Mitarbeiter gestärkt. Besonders wirkmächtig sind Rituale, wenn sie einen Bezug zur gemeinsamen Identifikationsplattform herstellen – also den Unternehmenswerten, den sinnstiftenden Elementen oder den Kundenbedürfnissen. Letztlich schaffen Rituale gemeinsame Erinnerungen und Traditionen, die die Mitarbeiter emotional verbinden.

Rituale können in unterschiedlichster Ausgestaltung in Erscheinung treten: Onboarding-Zeremonien, Geburtstagsfeiern, Arbeitsjubiläen, Firmenausflüge, gemeinsames Frühstück oder die Auszeichnung des Mitarbeiters des Monats sind nur einige Beispiele für mögliche Rituale.

Um Werteaktionen und Rituale greifbarer und nachhaltig zu machen, bietet sich der Einsatz von Mitarbeiter-Gimmicks an. Insbesondere Werbeartikel als kleine Geschenke, die die Werte und Kultur repräsentieren und im Arbeitsalltag sichtbar sind und genutzt werden, haben sich bewährt. So kann ein Unternehmen seinen Mitarbeitern gebrandete Büroartikel zur Verfügung stellen, Kleidung mit dem Firmenlogo oder technische Gadgets wie Kopfhörer oder Powerbanks. Durch das Tragen oder Nutzen der Artikel fühlen sich Mitarbeiter stärker mit dem Unternehmen verbunden und das Gemeinschafts- und Zugehörigkeitsgefühl steigt. Allerdings sollten Sie darauf achten, Werbeartikel nicht ziellos und ohne Anker zu verteilen, sie nicht zu kleinen Geschenken verkommen zu lassen, sondern gezielt an die Unternehmenskultur und die Positionierung anzudocken. Dann fördern sie eine zielgerichtete interne Kommunikation.

Damit der Aufbau und die Gestaltung einer Fan-Macher-Kultur nachhaltig gelingen, empfehlen wir zudem Refresherworkshops für Führungskräfte und möglicherweise auch die Mitarbeiter. Refresherworkshops sind Schulungsveranstaltungen, die dazu dienen, vorhandenes Wissen und Fähigkeiten aufzufrischen und zu aktualisieren. Aufgrund der zentralen Rolle der Führungskräfte sollte diese Zielgruppe hier im Mittelpunkt stehen. Doch warum sind Refresher nötig? Zum einen ist eine einmalige Verankerung dessen, was die Fan-Macher-Kultur ausmacht und was die Führung zu leisten hat, bei Weitem nicht ausreichend für eine optimale Implementierung. Zum anderen sind aufgrund von Fluktuation auch neue Führungskräfte und Mitarbeiter zu befähigen, damit sie die Fokussierung und Orchestrierung umsetzen können. Nun rechtfertigt nicht jede Neueinstellung einer Führungskraft eine erneute Workshopreihe mit der gesamten Führung. Die Führung sollte aber regelmäßig zusammenkommen, um die Fan-Macher-Kultur und ihre tragenden Säulen zu revitalisieren. Hier können dann auch neue Kollegen berücksichtigt werden. Für eine optimale Aktivierung der Fan-Macher-Kultur bieten sich zu Beginn der Implementierung von *FANOMICS* kürzere Abstände für die Refresher an, z. B. alle drei Monate. Nach 12 Monaten ist die Kultur dann bereits etablierter, sodass der Turnus auf ein Jahr ausgeweitet werden kann.

Maßnahmen zur Verstetigung der Fan-Macher-Kultur

1. Wenn Sie mit *FANOMICS* erfolgreich sein wollen, müssen Sie die Fan-Macher-Kultur bei zentralen Personen verankern und den Prozess institutionalisieren. Das kann über die Einrichtung eines Lenkungskreises und die Benennung eines *FANOMICS*-Dirigenten erfolgen.
2. Um die Unternehmenswerte nachzuhalten und dauerhaft zu vitalisieren, sollten Unternehmen Wertepaten benennen und die kulturelle Entwicklung durch Fan-Botschafter unterstützen.
3. Über Werteaktionen und Rituale wird die Fan-Macher-Kultur weiter gestärkt. Wichtig dabei ist die Kontinuität und das Vermeiden von einmaligen Maßnahmen sowie ein dringender Bezug der Maßnahmen zur Fan-Macher-Kultur.
4. Mit Refresherworkshops wirken Sie einerseits dem Vergessen entgegen und stärken die Befähigung und Kompetenz der Führungskräfte und Mitarbeiter über die Zeit. Im Besonderen zu Beginn des Aufbaus einer Fan-Macher-Kultur sollten diese in einem kürzeren Turnus durchgeführt werden.

Damit die Entwicklung der Fan-Macher-Kultur steuerbar wird, empfiehlt sich die Einführung von Messsystemen. Datenbasiert kann somit überprüft werden, wo die Kultur steht. Das macht die fundierte Ableitung von Maßnahmen zur weiteren Stärkung der Kultur möglich.

6.3 Kontinuierliche Mess- und Zielsysteme zur Erfolgssteuerung

Für die systematische Entwicklung einer Fan-Macher-Kultur braucht es fundierte Informationen bzw. Daten, die den Zustand der Kultur punktuell bzw. kontinuierlich messen. Zur Entwicklung der Unternehmenskultur trägt das deshalb bei, weil die Informationen a) die Möglichkeit zur Steuerung der Kultur durch Ableitung passender Maßnahmen bieten und b) die gesamte Organisation für die relevanten Aspekte und die Modellidee für den erfolgreichen Aufbau einer Fan-Macher-Kultur nach *FANOMICS* sensibilisieren. Klassische Kennzahlen aus dem Personalmanagement, z. B. Fluktuationsrate oder Bindungsrate, sollten daher um ausgewählte Kennzahlen ergänzt werden, die auch regelmäßig gemessen werden. Diese Kennzahlen leiten sich unmittelbar aus den Elementen und Mechanismen von *FANOMICS* ab:

- *Fan-Indikator* und *Fan-Quote* Mitarbeiter: Strategische Key Performance Indicators (KPI), die den Effekt der Fan-Macher-Kultur bei den Mitarbeitern messen. Die Entwicklung der *Fan-Quote* weist auf das Funktionieren der Kultur hin und deutet zudem an, wie kraftvoll die Kultur in Richtung Kunden arbeiten kann. Bei Stagnation oder

Rückgang der *Fan-Quote* sollten Unternehmen verstärkt in die Ursachenforschung gehen.

- Vitalität der Unternehmenswerte: Kern dieser Information ist die Erlebbarkeit der Unternehmenswerte im Arbeitsalltag. Dabei sollten die einzelnen Werte von Interesse sein, damit Unternehmen Anhaltspunkte haben, an welchen Stellen und in welchem Umfang die Kultur Entwicklungsbedarf hat. Im Besonderen bei jungen Fan-Macher-Kulturen sollte Verankerung der Werte differenzierter erfasst werden als lediglich über die Erlebbarkeit. So empfiehlt *FANOMICS* die Nutzung eines Trichtermodells, das von der Bekanntheit der Werte, über die Vertrautheit mit den Werten, bis hin zur Erlebbarkeit und dem eigenen Erlebbarmachen der Werte reicht.
- Wertekonformität der Führung: Die zentrale Bedeutung der Führung als Vorbilder und Kanal für die Werte legt nahe, dass mit einer eigenen Kennzahl erfasst werden sollte, inwiefern sich die Führung entsprechend der Werte verhält und diese erlebbar macht.
- Sinnstiftende Komponenten: Die Wahrnehmung des Unternehmens und seine Performance entlang der sinnstiftenden Komponenten, z. B. Vision und Mission oder gesellschaftlicher Beitrag, sollte aufgrund der Bedeutung für die Gestaltung einer Fan-Macher-Kultur ebenfalls gemessen werden.
- Die Zielgruppen dieser Informationen sind die Geschäftsführung, die Personalabteilung, das Führungsteam und die Mitarbeiter. Die Geschäftsführung kann anhand dieser Kennzahlen die Steuerung des strategischen Projekts „Fan-Macher-Kultur" vornehmen, oder die Steuerung durch den Lenkungskreis einfordern. Die Personaler können daraus konkrete Ableitungen für die operative Personalarbeit entwickeln, z. B. Schulungen oder Trainings. Die Führung, die als Vorbilder und Fan-Macher in Richtung der Mitarbeiter in der Verantwortung sind, können die Kultur zum Leben zu erwecken und vitalisieren. Und letztlich die Mitarbeiter, die motiviert sein müssen, die Kultur weiterhin mitzutragen. Für die maximale Wirkung sollten die Kennzahlen in eine Balanced Scorecard oder ein alternatives Zielsystem, z. B. Objectives and Key Results, integriert werden. Die für *FANOMICS* zentralen Kennzahlen lassen sich im Wesentlichen in die Perspektive „Lernen und Entwicklung“ integrieren. Konsequenterweise würde aber auch die *Fan-Quote* bei den Kunden in die Perspektive „Kunden“ integriert. Der Erfolg bei den Kunden bestärkt Mitarbeiter nämlich in den positiven Gedanken über die Kultur.

Unternehmen haben verschiedene Möglichkeiten, die oben beschriebenen Informationen zu erheben. Dabei nutzen Sie diese Ansätze idealerweise nicht als Alternativen, sondern gehen multimodal vor. Wir möchten Sie an dieser Stelle für drei Instrumente sensibilisieren:

1. Mit einer strategischen *FANOMICS* Mitarbeiter- und Kulturbefragung erhalten Sie in größeren zeitlichen Abständen einen umfassenden Befund über Ihre Fan-Macher-Kultur.

2. Mit kontinuierlichen Pulsbefragungen begleiten Sie kulturelle Initiativen oder erfassen punktuelle Entwicklungen. In der Regel geht es hier um die Wahrnehmung und Passung der Werte und die sinnstiftenden Komponenten.
3. Mit einem 360°-Führungskräfte-Feedback erfassen Sie u. a. das wertekonforme Verhalten der Führungskräfte.

Der erfolgreiche Einsatz von *FANOMICS* in Ihrem Unternehmen verlangt, dass Sie die zentrale Kennziffer, die *Fan-Quote*, nachhaltig als strategisch und operativ relevante Steuerungsgröße platzieren. Die *Fan-Quote* ermöglicht nicht nur einen Blick in die Zukunft, sondern lehrt uns, wie wir diese Zukunft managen sollten, um eine effektive Kultur zu gestalten und profitabel zu wachsen. Die umfassende und systematische Messung der Kennzahlen für das gesamte Unternehmen erfolgt mit der *FANOMICS* Mitarbeiter- und Kulturbefragung. Bei der zielgerichteten Durchführung dieses Instruments sehen wir drei Erfolgsfaktoren, die Sie beachten sollten:

- Der erste Erfolgsfaktor ist die Belastbarkeit und damit die Glaubwürdigkeit von Daten – im Zusammenhang mit der Messung der *Fan-Quote* also des Mitarbeiterfeedbacks. In diesem Zusammenhang ist der Stichprobenumfang respektive die Rücklaufquote ein wesentlicher Aspekt. Idealerweise basiert das Mitarbeiterfeedback auf einer vollständigen Erhebung. Ist dies nicht möglich, sollte man zumindest möglichst große Stichproben je Analyseeinheit anstreben, um belastbare und insbesondere trennscharfe Ergebnisse zu generieren. Denn wie aussagekräftig sind wohl Ergebnisse aus Abteilungen aus einer Studie, wenn beispielsweise lediglich 20 von 100 Mitarbeitern teilgenommen haben?
- Der zweite Erfolgsfaktor ist die stets aktuelle Messung der *Fan-Quote*. Lassen Sie uns zunächst überlegen, warum dies so wichtig ist: Wenn die Messung einmal jährlich (oder noch seltener) durchgeführt würde, bestünde die Gefahr, dass sich die Aufmerksamkeit nur kurzfristig auf die Mitarbeiterbeziehung und Kulturentwicklung richte. Nun könnte man einwenden, dass durch Zielvereinbarungen und kontinuierliche Kampagnen das Thema „Mitarbeiter" und „Kultur" stets auf der Agenda sei. Die praktische Erfahrung in den Unternehmen zeigt jedoch, dass der Ressourceneinsatz stark von aktuellen Eindrücken geprägt ist. Jeder kann sich ein eigenes Bild davon machen, was passiert, wenn in der Personalabteilung in kurzen Abständen operative Kennzahlen, z. B. Fluktuation oder Trainingskosten pro Kopf, kommuniziert werden, aber die *Fan-Quote* nur höchst selten. Es braucht also regelmäßig Daten zur Kulturentwicklung, auch in der mit einer strategischen Mitarbeiterbefragung verbundenen Breite und Tiefe. Die Messung sollte dann zu vorgesehenen Zeitpunkten, oder auch, wenn es inhaltlich sinnvoll erscheint, durchgeführt werden. In diesem Zusammenhang möchten wir unsere Erfahrung teilen, dass das Top-Management gelegentlich dazu neigt, zu Beginn von Transformationsprozessen keine Erhebungen durchführen zu wollen – aus Sorge, dass das aktuelle Bild schwierig sein könnte. Doch genau in diesen Phasen ist die Messung besonders wichtig. Denn das Management kann so aktiv

steuern und signalisiert gleichzeitig an die Belegschaft, dass es die Initiative ernst nimmt und auch schwierige Phasen nicht scheut.

- Der dritte Erfolgsfaktor sind differenzierte Auswertungen zu einer Mitarbeiterbefragung: Erst die differenzierte Messung der Beziehungsqualität, anstelle der aggregierten Messung, ermöglicht es den Verantwortlichen, gezielt zu reagieren. So ist eine differenzierte Messung mindestens nach Abteilungen nötig. Diese ist zudem die notwendige Voraussetzung dafür, die zuständigen Entscheider für die erreichten oder nicht erreichten Ergebnisse verantwortlich zu machen (hier hilft ergänzend das Ergebnis des 360°-Führungskräfte-Feedbacks). Der Erfolg einer Steuerung mit der *Fan-Quote* hängt entscheidend davon ab, wie differenziert die Ergebnisse erhoben und zur Verfügung gestellt werden. Bei der Ausdifferenzierung der Ergebnisse des Mitarbeiterfeedbacks nach Verantwortungsbereichen und Verantwortlichkeiten ist jedoch auch zu berücksichtigen, dass die *Fan-Quote* nicht für alle Zwecke die richtige Steuerungsgröße ist. So muss man zwischen dem Erleben des Arbeitsalltags oder dem Führungsverhalten und der *Fan-Quote* unter den Mitarbeitern unterscheiden. Für die Messung solcher Aspekte greift die *Fan-Quote* zu kurz und demotiviert sogar fallweise. Denn wirksam beeinflussen können Führungskräfte das Erleben des Arbeitsalltages von Mitarbeitern häufig nur teilweise. So kann die Leistung der Führungskraft vorbildlich sein, die *Fan-Quote* der Teammitglieder ist trotzdem nur durchschnittlich.

FANOMICS-Pulsbefragungen sind kurze und häufig durchgeführte Umfragen, die darauf abzielen, ein Stimmungsbild oder eine Bewertung von Mitarbeitern zu zentralen Aspekten einer *FANOMICS*-Fan-Macher-Kultur zu erheben. Im Gegensatz zu umfassenden jährlichen Mitarbeiterbefragungen sind Pulsbefragungen darauf ausgelegt, schnell und häufig durchgeführt zu werden, um zeitnahe und relevante Einblicke zu gewinnen. Sie enthalten in der Regel nur wenige aber präzise Fragen, die sich auf spezifische Aspekte der Kultur konzentrieren. Sie können allgemein durchgeführt oder aber mit internen Veranstaltungen oder Initiativen verknüpft werden, z. B. nach oder im Rahmen eines Rituals oder einer Werteaktion. Werden Pulsbefragungen entkoppelt von Events durchgeführt, dann bietet sich eine wöchentliche oder monatliche Erhebung an, mindestens aber sollte vierteljährlich in die Organisation reingefragt werden. Denn nur dann erreicht das Unternehmen kontinuierliche Einblicke in die Wahrnehmung und Stimmung der Mitarbeiter. Mit Pulsbefragungen als Ergänzungen zur großangelegten Mitarbeiterbefragung erreichen Unternehmen folgende Vorteile:

- Kontinuierliches Feedback: Regelmäßige Befragungen ermöglichen es, Trends und Veränderungen in der Unternehmenskultur zeitnah zu erkennen und zu verfolgen.
- Steigendes Commitment: Durch die regelmäßige Einholung von Feedback fühlen sich die Mitarbeiter gehört und geschätzt, was die Identifikation mit dem Unternehmen erhöhen kann.

- Schnelle Problemerkennung: Probleme oder Bedenken können frühzeitig erkannt und angegangen werden, bevor sie eskalieren.
- Datenbasierte Entscheidungen: Die gesammelten Daten bieten eine solide Grundlage für kurzfristige Entscheidungen und Maßnahmen zur Verbesserung der Unternehmenskultur.
- Erhöhte Agilität: Die Organisation kann flexibler und schneller auf Veränderungen und Herausforderungen reagieren, da sie ständig über aktuelle Informationen verfügt.

Insgesamt sind Pulsbefragungen ein effektives Werkzeug, um die Fan-Macher-Kultur kontinuierlich zu überwachen und zu verbessern. Eine zentrale Rolle bei der Implementierung von *FANOMICS* kommt den Führungskräften zu. Aus diesem Grund legen wir Ihnen nahe, ergänzend zu den beiden eben erläuterten Erhebungsinstrumenten, ein weiteres Format mit Fokus auf die Führungskräfte zu integrieren. Organisationen müssen die Haltung und das Verhalten der Vorbilder für die Mitarbeiter fundiert verstehen. Zum Beispiel: Wie ist das wertekonforme Verhalten der Führungskraft? Und wie ist das Führungsverhalten über die Wertekonformität hinaus? Ein belastbares Instrument, um die Performance der Führungskräfte zu reflektieren und sie gezielt im Sinne der Fan-Macher-Kultur weiterzuentwickeln, ist das 360°-Führungskräfte-Feedback. Dabei werden die Führungskräfte von verschiedenen Personengruppen innerhalb (und ggf. auch außerhalb) der Organisation bewertet: Neben der Selbsteinschätzung und dem Feedback durch den eigenen Vorgesetzten, werden Führungskräfte durch Kollegen, durch die eigenen Mitarbeiter und möglicherweise noch durch interne und/oder externe Kunden bewertet. Das ergänzende Feedback durch die Kunden spiegelt wiederum die *FANOMICS*-Idee der Verzahnung von Positionierung und Unternehmenskultur wider. Alles in allem erhalten Organisationen mit diesem Verfahren ein ganzheitliches Bild der Kompetenzen, Verhaltensweisen und Leistungsfähigkeit einer Führungskraft und können das Fan-Machertum gezielt und systematisch sicherstellen und entwickeln.

Maßnahmen zur datenbasierten Steuerung und Kontrolle der Fan-Macher-Kultur

1. Wenn Sie mit *FANOMICS* erfolgreich sein wollen, müssen Sie die *Fan-Quote* als zentrale Steuerungsgröße konsequent messen. Auch die Passung und das Erleben der Werte sollte gemessen werden.
2. Als Grundlage einer gezielten Steuerung ist die differenzierte Messung der Beziehungsqualität nach Abteilungen und Teams nötig. Dies erfolgt über eine *FANOMICS* Mitarbeiter- und Kulturbefragung.
3. Die damit erhobenen KPIs sollten in ein Zielsystem wie eine Balanced Scorecard integriert werden – sofern ein Unternehmen eine solche pflegt oder diese einführen möchte.

4. Regelmäßige Messungen über Pulsbefragungen, die sehr punktuell Themen und Entwicklungen abbilden, sollten großangelegte Befragungen ergänzen.
5. Die besondere Relevanz der Führungskräfte legt ein fundiertes 360°-Feedback für die Führungskräfte nahe. Auf diese Weise können Organisationen gezielt an der Entwicklung dieser für *FANOMICS* so relevanten Personengruppe als Fan-Macher in Richtung Mitarbeiter arbeiten.

So macht die *LIEBLANG Dienstleistungsgruppe* ihre Mitarbeiter zu Fans

7

7.1 Fan-Mitarbeiter bei *LIEBLANG*

„Es sind die Menschen, die mein Unternehmen ausmachen“.

Dieses Zitat stammt von *Ernst Lieblang,* Gründer der *LIEBLANG Dienstleistungsgruppe.* Es waren für uns schon immer mehr als nur Worte: Die darin zum Ausdruck kommende Überzeugung gehört zur *LIEBLANG*-DNA.

Aber wie setzen wir diese Philosophie um und wie tragen wir sie in das Unternehmen hinein? Wie stellen wir sicher, dass Kunden und Mitarbeiter diese Botschaft täglich spüren, dass es die werthaltigen Beziehungen sind, die den Kern unseres Unternehmens ausmachen?

Als *Roman Becker,* Co-Autor dieses Werkes, mit der Idee auf mich zugekommen ist, in diesem Buch unsere gemeinsame Geschichte mit *FANOMICS* in einem Gastbeitrag zu erzählen, habe ich nicht gezögert. Denn Mitarbeiter und Kunden zu Fans zu machen, ist ein wichtiger Grundstein unseres wirtschaftlichen Erfolgs, es hilft uns aber auch, den Geist des Firmengründers weiter zu tragen und stärkt uns als Führungskräfte in der Überzeugung, dass die konsequente Ausrichtung am wirtschaftlichen Erfolg und an den Bedürfnissen unserer Mitarbeiter und Kunden kein Widerspruch darstellt, sondern das eine – richtig gemacht – das andere bedingt. Wir sind noch lange nicht am Ende unserer Reise, die auch sicher nicht immer einfach ist. Schon jetzt – nach wenigen Jahren – erkennen wir einen Zusammenhang zwischen dem Anstieg der *Fan-Quote* unter unseren Mitarbeitern und unserem wirtschaftlichen Erfolg. Daher möchte ich Sie in diesem Kapitel gerne auf den bisherigen Weg mitnehmen.

Dieser Beitrag wurde von Roman Großmann, Geschäftsführer der LIEBLANG Dienstleistungsgruppe erstellt.

F. Meyer und R. Becker, *FANOMICS® – Mitarbeiter zu Fans machen,*
https://doi.org/10.1007/978-3-658-43163-1_7

Die *LIEBLANG* Gruppe ist ein bundesweit agierendes Dienstleistungsunternehmen. 1951 im Mannheimer Hafen von *Ernst Lieblang* ursprünglich als Stauereibetrieb gegründet, decken wir heute eine breite Palette an Dienstleistungen ab: von der Gebäudereinigung, über die Grün- und Außenanlagepflege und die Bereiche Catering, Sicherheitsdienste, Hotelservice und noch vieles mehr. Die *LIEBLANG* Gruppe beschäftigt 2024 ca. 6840 Mitarbeitende in 15 Unternehmen an 16 Standorten. Mit einem Umsatz von rund 165 Mio. Euro im Jahr gehören wir zu den 25 größten Dienstleistern in unserem Segment in Deutschland. Auch wenn wir in den Top-25 sind – beherrscht wird der Markt in Deutschland von Großunternehmen, die teilweise mehrere zehntausend Mitarbeiter beschäftigen. Der Wettbewerb ist spürbar von einem reinen Preiskampf geprägt – es ist nicht leicht, sich den Kunden gegenüber abseits vom Preis und mit guten Leistungen allein auszuzeichnen.

Auch auf Mitarbeiterseite stellt in unserem Sektor eine für alle verständlich kommunizierte und gelebte Unternehmenskultur eine Herausforderung dar. Denn der größte Teil unserer Beschäftigten arbeitet im gewerblichen Bereich, nur ein Bruchteil in der Verwaltung. Die Branche ist geprägt von vielen ausländischen Kollegen – es gilt sich intensiv mit dem Thema der Sprachbarrieren zu beschäftigen. Dies gilt auch abseits der Ausbildung, für die eigentlichen Tätigkeiten selbst: Wie kommuniziere und lebe ich meine Kultur, wie erreiche ich meine Mitarbeiter überhaupt? Wir beschäftigen bei *LIEBLANG* Mitarbeiter aus über 100 Nationen. Alles, was wir intern kommunizieren, muss immer mehrsprachig erfolgen, weil sonst nicht jeder erreicht werden kann. Es ist ganz wichtig, sich immer in Erinnerung zu rufen: Mit wem wird gesprochen, und wer kann wie erreicht werden? Nur, wenn dieser Fokus auf die Mitarbeiter gegeben ist, gelingt es, die Herausforderungen der Branche zu meistern.

Der Fokus auf die Bedürfnisse der Kunden kann nur gelingen, wenn die Mitarbeiter gewillt und dazu in der Lage sind, dass dafür Notwendige bei der täglichen Auftragserledigung zu tun. Fan-Mitarbeiter, die die Positionierung des Unternehmens leben, sind kein Selbstzweck. Wir brauchen sie, um unsere Kunden zu Fans zu machen. Sie sind es, die uns erfolgreich machen. Das Zusammenspiel zwischen Kunden und Mitarbeitern hat mir *Ernst Lieblang* einmal anschaulich erklärt: „Es gibt zwei ganz wichtige Faktoren, auf die das Unternehmen achten muss. Das eine sind die Mitarbeiter, denn die sorgen dafür, dass der Kunde zufrieden ist. Das andere sind die Kunden, denn sie bezahlen uns, damit wir unsere Mitarbeiter bezahlen können." Dieses Credo hat *Herr Lieblang* bis zu seinem Tod 2011 spürbar gelebt! Der Tod des Firmengründers war für uns alle ein spürbarer Einschnitt. Er hatte mit sieben Gesellschaftern zu diesem Zeitpunkt eine gute Grundlage für die erfolgreiche Fortführung des Unternehmens hinterlassen – aber wie man es kennt: Auch die besten Pläne gehen nicht immer auf. Wir waren in der damaligen Struktur nicht nur sehr heterogen, es gab in der Gesellschaftergruppe auch sehr unterschiedliche Vorstellungen darüber, wie das Unternehmen geführt werden sollte, welche Vision es gibt und wie die Unternehmensstrategie aussieht. Jeder hatte das Wohl des Unternehmens vor Augen – dennoch gab es zu wenig Einigkeit, sodass wir uns die nächsten Jahre hauptsächlich mit uns selbst beschäftigt haben.

In dieser Zeit haben wir auch verstärkt den Kontakt zu Mitarbeitern und Kunden verloren. Jahrelang gelebte Rituale wie Jubilar-Ehrungen, die Mitarbeiterzeitung, aber auch essenzielle Themen wie der tägliche wertschätzende Umgang mit den Mitarbeitern sind immer mehr in den Hintergrund getreten oder ganz verschwunden. Uns Gesellschaftern ist es nicht gelungen, dem Unternehmen eine geeinte Führung zu geben – es ähnelte immer stärker dem Klischee des großen Konzerns: Jeder arbeitete für sich in seinem Ressort, ohne eine konsequente gemeinsame Richtung zu verfolgen. Das ist kein erfolgsversprechendes Vorgehen – und so ist auch die vorher starke Entwicklung bei Umsatz- und Unternehmensentwicklung ins Stocken gekommen.

In dieser Situation stand ich gemeinsam mit meinem heutigen Gesellschafterpartner *Alois Sieburg* vor der Frage: Ist es das, wofür *LIEBLANG* steht? Wenn das Unternehmen weiter erfolgreich sein sollte, mussten wir geeint auftreten. So haben wir gemeinsam von 2015 bis 2017 eine Übernahme gestaltet und waren ab Januar 2018 nur noch zwei Gesellschafter mit einer gemeinsamen Vision. Diese Vision galt es dann zu gestalten. In Strategieworkshops wurde nach viel Analyse und Diskussion unsere „Vision 2025" verabschiedet: „*LIEBLANG* als Top-Arbeitgeber gewinnt durch nachhaltige und innovative Lösungen Fans und sichert damit den Unternehmenserfolg." Hier mag der aufmerksame Leser bereits aufhorchen – aber nein, wir hatten damals noch nichts von einem *Fan-Prinzip* gewusst. Wir hatten allerdings sehr gute Erfahrungen damit gemacht, aufgrund von Weiterempfehlungen unserer Kunden schnelles Wachstum einleiten zu können – und diese Vision schien uns im Geiste mit dem Firmengründer zu vereinen. Also machten wir uns daran, diese Positionierung auch mit Leben zu füllen. Da ging es zunächst darum: Was ist überhaupt ein Top-Arbeitgeber? Wer bewertet das und wo stehen wir da?

Da wir bereits recht selbstbewusst bezüglich unseres Status als Top-Arbeitgeber waren, machten wir uns schnell auf die Suche nach einem Ansatz, der uns diesen Status bestätigt und uns bei der nachhaltigen Weiterentwicklung unterstützt. In dieser Recherche sind wir dann auf das *Fan-Prinzip* gestoßen. In einem ersten Schritt haben wir also eine Grundlagenbefragung bei Mitarbeitern und Kunden durchgeführt. Der Aufwand hierfür ist nicht zu unterschätzen: Es galt, Mitarbeiter aus über 100 Nationen in 15 Bundesländern (nur im Saarland sind wir nicht vertreten) zu befragen. Das war eine große Herausforderung!

Die Ergebnisse haben uns dann überrascht. Die Zufriedenheitswerte waren sehr gut, die *Fan-Quote* unter den Mitarbeitern war auch deutlich über dem Durchschnitt – aber lag mit 25 % trotzdem unter dem, was wir uns erhofft hatten.

Wirklich ernüchternd waren allerdings die Kundenbewertungen. Auch hier waren wir zwar knapp über der branchendurchschnittlichen *Fan-Quote,* schnitten aber in der Bewertung unserer Positionierung und in den wichtigsten Bindungstreibern schlecht ab. Es wurde uns schnell klar: Die damalige Positionierung „Von Menschen für Menschen" ging komplett am Kunden vorbei (vgl. Abb. 7.1). Es gab keinen Kundenbezug, kein Versprechen, das auf die zentralen Bedürfnisse der Kunden einzahlt. Mit Hilfe das *Motiversums* (Siehe Kap. 4) konnten wir die wahren Motive identifizieren, die den zentralen Kundenbedürfnissen zugrunde liegen.

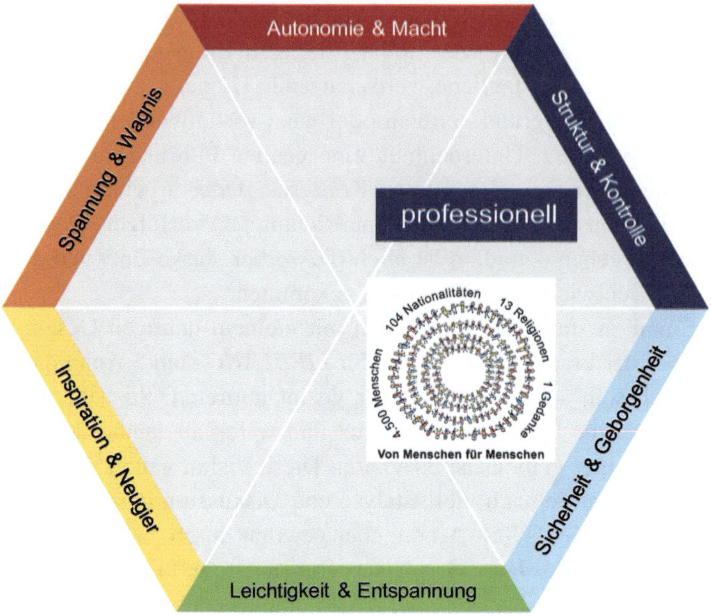

Quelle: *2HMforum.* Quantitative Statusanalyse Kunden, August 2018, *2HMforum.* Kommunikative Wettbewerbsanalyse, April 2019

Abb. 7.1 Die ehemalige *LIEBLANG* Positionierung im *Motiversum*

Als wichtigste Bedürfnisse im Hinblick auf die *Fan-Indikation* der Kunden konnten wir die Bindungstreiber „professionell", „innovativ", „effizient" und „nachhaltig" identifizieren – im *Motiversum* sind diese Bedürfnisse im Motivbereich „Struktur und Kontrolle" verortet. Unsere bisherige Positionierung „Von Menschen für Menschen" ließ sich generell nur schwer bestimmten Motiven zuordnen. Wenn überhaupt, dann wurde damit das Motiv der „Sicherheit und Geborgenheit" adressiert, das sich für unsere Kunden als komplett irrelevant erwies.

Auch auf der Bewertungsebene gab es schlechte Nachrichten: Auf der *Fan-Ampel* (Siehe Kap. 4) gab es erschreckend viele gelbe und rote Felder, die uns bescheinigten, diese wichtigsten Kundenbedürfnisse nur durchschnittlich oder unterdurchschnittlich zu erfüllen (vgl. Abb. 7.2). Dieses Ergebnis war für uns aufrüttelnd und warf natürlich Fragen auf. Zuallererst: Wie haben wir es überhaupt geschafft, das Unternehmen so lange in gutem Fahrwasser zu halten? Die Antwort auf diese Frage ließ sich aus dem Wettbewerbsvergleich ablesen, denn dieser wurde von seinen Kunden mindestens genauso schlecht bewertet wie wir von unseren. Nachdem die Ergebnisse verdaut waren, zog schnell ein neues Mindset ein. Diese Daten waren kein Risiko, sie waren eine Chance. Wir mussten an unserer Positionierung arbeiten und uns neu aufstellen, und wenn uns dies gelingen würde, so könnten wir uns klar vom Wettbewerb absetzen, in Richtung Kunde, aber auch in Richtung Mitarbeiter!

Wahrnehmung	Relevanz für Fan-Indikator	Bewertung Lieblang	Lieblang ist im Vergleich zum Wettbewerb gesamt...
ist sehr effizient	hoch	schlecht	gleich
ist sehr innovativ	hoch	schlecht	gleich
arbeitet sehr nachhaltig	hoch	schlecht	gleich
arbeitet sehr professionell	hoch	schlecht	gleich
gutes Image/guter Ruf	mittel	mittel	gleich
ist sehr zuverlässig	mittel	mittel	gleich
ist sehr seriös	mittel	gut	gleich
ist sehr kompetent	mittel	mittel	gleich
ist sehr vertrauenswürdig	mittel	mittel	gleich
ist sehr strukturiert	mittel	schlecht	gleich
ist sehr erfolgreich	mittel	schlecht	gleich
ist sehr flexibel	mittel	mittel	gleich
bietet große Sicherheit	mittel	schlecht	gleich
ist sehr sympathisch	mittel	gut	gleich
ist sehr transparent	niedrig	schlecht	gleich
ist sehr sozial	niedrig	schlecht	gleich
ist sehr ehrlich	niedrig	gut	gleich
ist immer erreichbar	niedrig	gut	gleich

Basis: Kunden, Wettbewerb; Relevanz-Spalte: abhängige Variable = Fan-Indikator; Items absteigend nach ihrer Relevanz sortiert
Quelle: *2HMforum*. Quantitative Statusanalyse Kunden, August 2018

Abb. 7.2 Die relevanten Bindungstreiber im Vergleich

Aus den Ergebnissen der Kunden- und Mitarbeiterbefragungen und vieler interner Workshops wurden dann drei Vorschläge für die zukünftige Positionierung ermittelt, die im Kern auf die identifizierten hochrelevanten Bindungstreiber aus der *Fan-Ampel* aufsetzen:

1. der *innovative* Dienstleister,
2. der *nachhaltige* Dienstleister und
3. der *professionelle* Dienstleister.

Die Positionierung als *innovativ* war zunächst sehr verlockend für uns. Wer will schon nicht gerne innovativ sein? Und auch aus Kundensicht wäre diese Positionierung attraktiv, in einer Branche, die zumindest nicht als sonderlich innovativ gilt. Aber wie sieht es auf Mitarbeiterseite aus, was bedeutet *innovativ* für den einzelnen Mitarbeiter, wie bekommen wir diese Identität überzeugend in das ganze Unternehmen getragen? Wir kamen schnell zu dem Schluss, dass der Aufwand, *LIEBLANG* überzeugend als den *innovativen* Dienstleister zu positionieren, riesengroß gewesen wäre. Ähnlich verhielt es sich mit *nachhaltig*. Auch hier wäre der Aufwand, sich in der Branche glaubhaft als *nachhaltig* zu differenzieren sehr groß gewesen.

Bei der Entscheidungsfindung haben wir uns daher wieder auf das Grundmotto unseres Firmengründers besonnen: „Es sind die Menschen, die das Unternehmen ausmachen". Die zentrale Säule für *LIEBLANG* sind unsere Mitarbeiter, die mit ihrer Kompetenz und professionellen Leistung unsere Kunden überzeugen. Und wer will nicht gerne ein Profi sein, auch in den zu Unrecht als „einfacher“ geltenden Berufen wie Reinigungskraft, Sicherheitsmitarbeiter, Koch oder Gärtner? Das Selbstverständnis als Profi seine Arbeit gut zu machen, stärkt das Selbstwertgefühl und sorgt für hohe Einsatzbereitschaft. Also kamen wir zu unserer Positionierung: der *professionelle* Dienstleister.

Im Folgenden wurden Markenwerte, Unternehmenswerte und Führungsgrundsätze entwickelt, die alle zu der neuen Positionierung passen mussten. Basierend auf den erhobenen Daten aus der Kunden- und der Mitarbeiterbefragung wurde aus der Positionierung „Der professionelle Dienstleister“ ein konsistentes Wertehaus, gebaut auf den drei Grundsäulen *Kompetenz, Strukturiertheit* und *Zuverlässigkeit.* Unsere neue Positionierung lautete entsprechend: „*LIEBLANG* ist der professionelle Dienstleister, der eine hohe Kompetenz besitzt und sich durch seine Zuverlässigkeit auszeichnet. Dies gelingt *LIEBLANG* durch zuverlässige und kompetente Mitarbeiter, Kompetenz in der technischen Ausstattung und den Methoden sowie strukturierten Prozessen und Abstimmungen.“ Kommunikativ haben wir die Positionierung in der L^3-Formel umgesetzt (vgl. Abb. 7.3):

L^3 = kompetent x strukturiert x zuverlässig.

Was sagt die L3-Formel aus? Für uns bedeutet Professionalität:

1. Wir sind kompetent in dem, was wir tun. Sprich: Dass wir die Fähigkeiten und Fertigkeiten besitzen, unseren Job gut auszuführen, und zwar völlig gleich, ob es sich um eine Tätigkeit im Management oder als Reinigungskraft handelt. Kompetenz ist der erste Baustein der Professionalität.
2. Außerdem erwarten wir eine gewisse Struktur im Handeln. Das gilt für uns als Unternehmen genauso wie für jeden einzelnen Mitarbeiter.
3. Zu guter Letzt muss mit Professionalität eine hohe Zuverlässigkeit einhergehen. Denn was nutzt es, wenn ein Mitarbeiter eine hohe Fachkenntnis besitzt, ihm bestes Arbeitsmaterial zur Verfügung steht und seine Aufgaben top durchstrukturiert sind – er aber jeden Morgen verschläft?

Alle drei Faktoren müssen folglich zusammenkommen: Kompetenz, Struktur und Zuverlässigkeit. Nur dann ist der Anspruch an Professionalität erfüllt.

Die kommunikative Umsetzung unserer Positionierung mit der L^3-Formel ging einher mit einem neuen Logo: Als Mannheimer Unternehmen aus der Stadt der Quadrate sollte

Quelle: *LIEBLANG* Gruppe

Abb. 7.3 Die *LIEBLANG* Formel. (Mit freundlicher Genehmigung von © LIEBLANG Group 2024. All Rights Reserved)

es ein Quadrat sein. Das L erklärt sich von selbst – die drei Säulen sind die drei Säulen unserer Markenpositionierung. Das Logo ist nach oben rechts offen, da wir natürlich immer offen sind in Richtung unserer Kunden und Mitarbeiter und diese in unsere Unternehmensentscheidungen mit einbeziehen.

Wenn die neue Positionierung aus Managementsicht hergeleitet, ausformuliert und als Claim umgesetzt ist, gilt es, diese in der Belegschaft bekannt zu machen und so weit zu verankern, dass jeder sie versteht, verinnerlicht und in seiner täglichen Arbeit umsetzen kann. Um die der Positionierung und der L^3-Formel zugrunde liegenden Gedanken und die damit zusammenhängenden Anforderungen an die Mitarbeiter zu kommunizieren, haben wir in vielen Workshops gemeinsam mit den Mitarbeitern Antworten auf die folgenden Fragen gesucht:

- Was bedeutet es für jede einzelne Position bei *LIEBLANG,* kompetent, strukturiert und zuverlässig zu arbeiten?
- Was bedeutet es genau für eine Reinigungskraft – und zwar differenziert für eine Reinigungskraft im Verwaltungsgebäude, eine Reinigungskraft im Außenbereich usw.? Oder für einen Sicherheitsmitarbeiter oder einen Mitarbeiter in der Verwaltung?

Jeder Mitarbeiter muss verstehen und transparent nachvollziehen können, was exakt von ihm erwartet wird, ob er diesen Erwartungen in seinem Job gerecht wird und ob er somit gemäß den Unternehmenszielen agiert. Diese klar kommunizierten Ziele bieten im Folgenden eine gute Grundlage zur Beurteilung ihrer Tätigkeit für Vorgesetzte und Mitarbeiter. Sie ermöglichen auch sachliche Kritik bei Nichterreichung der definierten Ziele und sorgen so für einen fairen und offenen Umgang – etwas, das in unserer Branche nicht überall gegeben ist.

Für uns war klar: Wenn wir als der professionelle Dienstleister wahrgenommen werden wollen, dann müssen wir das von innen nach außen leben. Und nur, wenn wir das tatsächlich so leben, werden wir auch die passenden Mitarbeiter finden. Das Bewusstsein hierfür bei den Führungskräften zu verankern, war eine zunächst unterschätzte Aufgabe. In einzelnen Fällen mussten wir uns sogar von wirtschaftlich erfolgreichen Führungskräften trennen – weil diese die gewünschte Firmenkultur nicht täglich vorlebten und nicht danach handeln konnten oder wollten. Und hier kann es keine Kompromisse geben: Nur die konsequente Umsetzung schafft Identität, ansonsten kann man es bei blumigen Sätzen und schönen Bildern belassen – der Erfolg wird sich nicht einstellen.

Neben den grundsätzlichen Rollenerwartungen war auch die Beantwortung der Frage nach der konkreten Umsetzung der Positionierung an den wesentlichen Touchpoints zwischen LIEBLANG und seinen Mitarbeitern sowie zum Kunden ein wichtiger Bestandteil des Prozesses: Woran machen Kunden und Mitarbeiter überhaupt fest, dass wir professionell sind? Auf Grundlage dieser Ergebnisse haben wir dann unsere Mitarbeiterreise neu definiert und geschärft.

7.2 Die *LIEBLANG*-Mitarbeiterreise

Jede Mitarbeiterreise beginnt mit dem Recruiting. Zunächst haben wir für jede Position klar definierte Kompetenzprofile erarbeitet, die erfüllt werden müssen, damit Professionalität, so wie sie von uns definiert wurde, erlebbar wird. Bei Führungskräften werden diese noch durch individuelle Profilanalysen untermauert. Damit ermitteln wir die emotionalen Motivatoren unserer aktuellen und zukünftigen Führungskräfte und stellen sicher, dass diese zu den definierten Rollenprofilen passen. Das Ziel ist es, mittels der definierten Kompetenzprofile Mitarbeiter einzustellen, die zu unserer Unternehmenskultur passen und die ihre Aufgaben authentisch erfüllen können und wollen.

Der zweite Schritt der Mitarbeiterreise ist das Onboarding-System, das wir komplett umgestellt haben. Das Onboarding war vorher geprägt durch einen Mangel an Konsistenz – es wurde an jeder Stelle im Unternehmen ein wenig anders gemacht. Das lässt sich auch mit unserer damaligen Positionierung begründen. Denn ab ca. 2015 wurde „Von Menschen für Menschen" noch mit „Wir lieben Vielfalt" ergänzt. Das sind beides positive Werte, mit denen wir uns immer noch identifizieren können, es hat aber nicht viel dahintergesteckt. Die Positionierung war bei Unternehmenseinstieg nicht mit einem klaren Fahrplan verbunden, also wurde das Onboarding immer mehr den einzelnen Bereichen überlassen und dies mit dem Wert der „Vielfalt" begründet. Das hatte zur Folge, dass bestimmte Kompetenzbereiche oder Werte oftmals ausgeblendet wurden, weil diese aus Sicht einzelner Verantwortlicher für das Onboarding nicht entscheidend waren. Das ist aus Unternehmenssicht ein Riesenfehler. Heute haben wir das Onboarding vereinheitlicht, führen es digital durch und haben es direkt mit dem Recruitingsystem verknüpft. Alle Unterlagen, die reinkommen, werden zentral digital aufbewahrt und sind jederzeit zugänglich und alles läuft auf Basis der drei Säulen Kompetenz, Struktur und Zuverlässigkeit.

Auf derselben Plattform sind auch die Themen rund um den dritten Schritt der Mitarbeiterreise „Unterweisung und Schulungen" vereinheitlicht worden. Es gibt für jeden Mitarbeiter einen Soll-Ist-Vergleich, welche Kompetenzen bereits vermittelt wurden und wo es noch Schulungsbedarf gibt. Auf dieser Soll-Ist-Analyse basierend werden Schulungen und Trainingsunterweisungen aufgebaut und in jährlichen Gesprächen mit den Kollegen in der Hierarchie von oben nach unten bearbeitet und zugewiesen. Wir möchten, dass unsere Mitarbeiter sich fortbilden, wir möchten aber Fortbildungen nur um der Fortbildung willen vermeiden. Indem wir den Bedarf mit dem aktuellen Stand der Kompetenz abstimmen, gehen wir sicher, dass die Mitarbeiter bestmöglich für ihre Arbeit befähigt werden und dass die Weiterbildung sowohl den Kollegen als auch dem Unternehmen hilft.

Besonders wichtig für *LIEBLANG* ist der vierte Baustein der Mitarbeiterreise, die Führungskultur. Bei uns gilt der oberste Grundsatz des professionellen und respektvollen Umgangs, wobei es sich dabei nicht um eine Einbahnstraße handelt. Wir vermitteln den Gedanken der offenen Kommunikation in beide Richtungen, auch die Mitarbeiter haben das Recht, ihre Führungskräfte offen zu kritisieren. Es kommt dabei nicht darauf an, ob die Kritik im Einzelfall immer berechtigt ist, es geht vielmehr darum, der Wahrnehmung der Mitarbeiter immer einen Raum zu geben, die Kritik anzunehmen und im Zweifelsfall die Differenzen auch offen zu erklären. Das hat für uns etwas mit Wertschätzung zu tun. Wir entscheiden nicht nur von oben nach unten, jeder Profi im Team leistet seinen wertvollen Beitrag. Damit müssen die Führungskräfte natürlich lernen umzugehen. Nicht jeder ist das gewohnt und es ist gar nicht so einfach, Kritik nicht persönlich zu nehmen, sondern offen anzunehmen. In gemeinsamen Workshops und Weiterbildungen befähigen wir unsere Führungskräfte dazu. Diese offene Feedbackkultur ist eine wichtige Voraussetzung dafür, dass wir unsere Positionierung als „Der professionelle Dienstleister" stärken und für die Kunden entlang der Kundenreise immer wieder erlebbar machen.

Der fünfte Schritt, die interne Kommunikation, ist nach dem Tod des Firmengründers sträflich vernachlässigt worden. Und bei einem Mangel an offizieller Kommunikation finden die Informationen andere, informelle Wege: Es entstehen Gerüchte und der Flurfunk wird zum zentralen Informationsmedium. Völlig unabhängig vom Wahrheitsgehalt der so durchsickernden Informationen ist das keine befriedigende Situation für die Mitarbeiter und ein weiteres Beispiel für die zu dieser Zeit mangelnde Konsistenz der Führungs- und Kommunikationskultur innerhalb des Unternehmens. Heute gibt es eine klar strukturierte interne Kommunikation, sodass wir unsere Informationen aus erster Hand und in passender Form weitergeben können und intern wie extern einheitlich passend zu unserer Positionierung auftreten. In monatlichen Townhalls – dem *LIEBLANG* Café – bekommen alle Führungskräfte über alle Hierarchien hinweg zeitgleich dieselben Informationen und haben dasselbe Recht, Fragen zu stellen und Antworten zu bekommen. Auch durch diese Runden ist es uns gelungen, das mittlere Management besser mitzunehmen, das bei der Initialmessung eine niedrige *Fan-Quote* hatte, sodass diese sich selbst gut informiert fühlen und die Informationen auch richtig an ihre Mitarbeiter weitergeben. Aber auch die Mitarbeiter selbst werden mit einbezogen. Unsere Mitarbeiterzeitung wird viermal im Jahr publiziert und unter Federführung der internen Kommunikation direkt mit Inhalten und Zuarbeiten aus allen Bereichen des Unternehmens gefüllt. Die direkte Mitarbeit an diesem Gemeinschaftsprojekt ist auch ein guter Weg, um eine gemeinsame Identität und Stolz auf die gemeinsame Arbeit und das Unternehmen zu schaffen.

Die harte Arbeit für eine gemeinsame Identität wird nur dann funktionieren, wenn es eine regelmäßige Überprüfung der Ergebnisse gibt, womit wir bei der sechsten Stufe der Mitarbeitereise angekommen sind. Dafür nutzen wir alle zwei Jahre eine umfangreiche Mitarbeiterbefragung, mit deren Hilfe die bisherigen Maßnahmen und ihre Umsetzung bewertet werden, und anhand derer auch immer wieder neue Maßnahmen und Pläne entwickelt werden. Zusätzlich haben wir Anfang 2023 auch das Mitarbeiterbarometer eingeführt, welches wir mehrmals im Jahr erheben. Diese Befragungen geben uns die Möglichkeit, deutlich schneller zu reagieren und sie sind deutlich kürzer als umfassende Mitarbeiterbefragungen: Die drei Hauptfragen für das *Fan-Portfolio* werden mit nur fünf Fragen zu den Bereichen Führungsverhalten und Weiterempfehlungsbereitschaft ergänzt.

Die digitale und dadurch schnelle und einfache Durchführung senkt die Hemmschwelle für die Mitarbeiter immens, wir sehen immer bessere Teilnahmezahlen. Und wir sehen die Erfolge unserer Maßnahmen, gerade bei jüngst zugekauften Unternehmen gibt es Zuwächse in der *Fan-Quote* bei den Mitarbeitern von 10 %, vor allem bedingt durch das zunehmend positiver bewertete Führungsverhalten. Diese Befragungen halten uns auf dem richtigen Weg, und sie bestärken uns in unserer Überzeugung, dass Unternehmen mit gelebter Wertschätzung und Führungskultur mehr erreichen können als mit einem Tischkicker.

Der siebte Schritt der Mitarbeiterreise hat viel Überzeugungsarbeit benötigt. Unsere Führungskräfte führen mindestens einmal im Jahr direkte 1:1-Feedbackgespräche mit unseren Mitarbeitern. Uns ist in der Einführung dieser Maßnahme oft das Argument begegnet, dass man ohnehin jeden Tag mit seinen Mitarbeitern spreche. Es geht hier aber nicht einfach nur um ein Gespräch, in dem Arbeitsanweisungen und Rückmeldungen gegeben werden. In unseren Feedbackgesprächen sollen sich die Führungskräfte Zeit nehmen und ergründen, was gut gelaufen ist, was nicht so gut gelaufen ist, was sich der Mitarbeiter wünscht und wie wir seine Kompetenz und gefühlte Passung zum Arbeitgeber weiter steigern können. Das stellt einen nicht zu unterschätzenden Aufwand für die Führungskräfte dar. Dennoch sind diese Gespräche aber ein Zeichen gelebter Wertschätzung und Kultur, die von den Mitarbeitern sehr positiv aufgenommen werden.

Ein weiteres Herzensthema des Top-Managements sind unsere regelmäßigen Mitarbeiterevents – der achte Schritt auf unserer Mitarbeiterreise. Auch diese waren zwischendurch vernachlässigt worden, heute sind sie ein wichtiger Bestandteil unserer Unternehmenskultur. Unser jährliches Hoffest zieht von Jahr zu Jahr mehr Besucher an, bei „LIEBLANG schwingt sich auf" sammeln unsere Mitarbeiter auf freiwilliger Basis an einem Wochenende bei gemeinsamen Aktivitäten Geld für einen guten Zweck, welches dann von uns verdoppelt wird. Oder die Mitarbeiter backen gemeinsam mit von uns gestellten Zutaten, verkaufen die Plätzchen im Unternehmen und spenden den Erlös. Es geht hierbei nicht um Bespaßungsmaßnahmen, sondern auch hier ist das Thema Wertschätzung ganz wichtig. Viele Kollegen arbeiten in Bereichen, in denen sie von den Kunden selten Wertschätzung erfahren, das macht es umso wichtiger, diese intern zu leben. Im Rahmen des Hoffestes ehren wir unsere Jubilare auf der Bühne, mit Urkunde und persönlichen Worten von den Gesellschaftern. Diese Ehrungen werden von den Jubilaren positiv wahrgenommen, ihre Resonanz zu erleben ist auch für das Management großartig.

Eine weitere spannende Aktion ist „LIEBLANG macht blau". Am 3. April jedes Jahres bleiben wir nicht alle zuhause – an diesem Tag übernehmen das Management und die Verwaltung für einen Tag die Arbeit der gewerblichen Mitarbeiter. Dieser Tag hilft zum einen, dass wir im Top-Management Aspekte der täglichen Arbeit aus der Perspektive unserer Mitarbeiter kennenlernen und Erfahrungen machen, die ohne eigenes Erleben schwer zu vermitteln sind. Zum anderen steigert es den Respekt vor der Leistung, die unsere Mitarbeiter in der täglichen Auftragserledigung bringen. So kann es vorkommen, dass ein Manager nach einem Tag im Arbeitseinsatz mit dem Reinigungspersonal im

Hotel die Rückmeldung bekommt: „Chef, die Qualität war ja ganz gut, aber das Tempo muss deutlich gesteigert werden!" Diese Tage schweißen zusammen und helfen uns, die gefühlte Grenze zwischen den gewerblichen Mitarbeitern und jenen in der Verwaltung zu überwinden.

Zu guter Letzt kommt der unbeliebteste Schritt der Mitarbeiterreise, der leider nicht immer zu vermeiden ist. Doch auch ein Exit sollte gut begleitet werden. So wollen wir verstehen, warum der Mitarbeiter das Unternehmen verlassen möchte. Natürlich kann es nicht gelingen, alle Mitarbeiter glücklich zu machen und für immer zu binden. Das ist auch gar nicht unser Ziel. Aber es ist wichtig, bei Kündigungen nachzuhaken, vor allem wenn es in bestimmen Bereichen verstärkt zu Abgängen kommt. Nur so verstehen wir, ob alles in diesen Bereichen so läuft, wie wir es uns vorstellen, oder ob es grundsätzliche Probleme gibt, zum Beispiel beim Führungsverhalten. Dann müssen wir schnell und gezielt gegensteuern, um weitere Abgänge zu verhindern.

Nun stellen Sie sich vielleicht die Frage, ob sich dieser enorme Aufwand der konsequenten Neuausrichtung und Positionierung lohnt. Ich kann Ihnen versichern, er tut es! Wir haben in den jüngsten Befragungen eine *Fan-Quote* unter den Mitarbeitern von 43 %, das entspricht einer Steigerung von 18 % (vgl. Abb. 7.4)! Dennoch ist das für uns nur ein Zwischenschritt, wir peilen eine *Fan-Quote* von 50 % an. Schon jetzt lassen sich die positiven Effekte durch verschiedene KPIs nachvollziehen:

- Wir haben eine Fluktuationsquote von 9,2 %, mit der wir deutlich unter dem Branchenschnitt von 13,8 % liegen. Diese Differenz spart uns bereits eine Menge Arbeit in der Einarbeitung und verbessert gleichzeitig auch die Leistung dem Kunden gegenüber, da wir mehr zuverlässige und erfahrene Mitarbeiter haben.

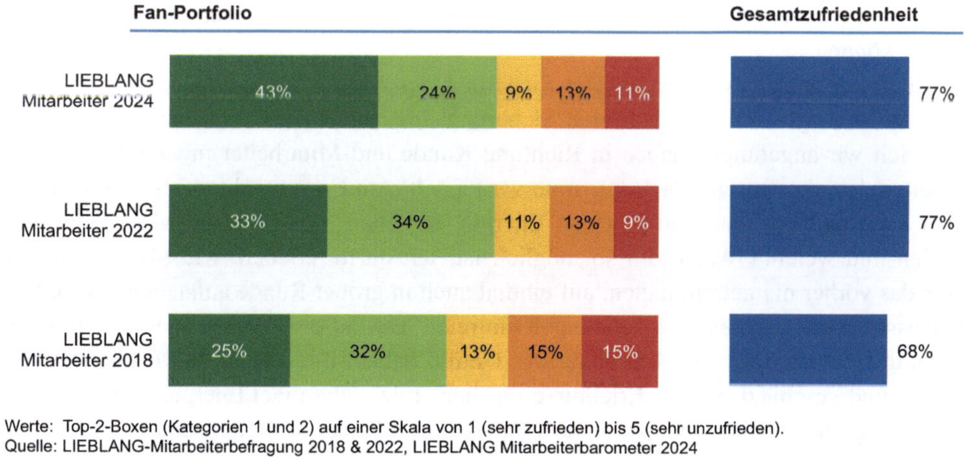

Abb. 7.4 Mitarbeiter *Fan-Portfolio* im Zeitvergleich

- Dazu passend haben wir eine durchschnittliche Betriebszugehörigkeit von 15,2 Jahren, die Jubilarauszeichnungen sind also keine Seltenheit bei uns! Die lange durchschnittliche Betriebszugehörigkeit in Verbindung mit Kunden, die uns schon seit langer Zeit die Treue halten, zeigt uns, dass wir vieles richtig machen. Bei einem großen Kunden aus der Chemiebranche erfüllen wir bereits seit 70 Jahren den Auftrag zur Gebäudereinigung, und es gibt Mitarbeiter, die diesen Kunden über einen großen Teil dieser Zeit betreut haben. So etwas funktioniert nur, wenn die Passung zu Mitarbeitern wie zu Kunden gegeben ist.

Unsere Mitarbeiter profitieren von unseren Bemühungen, weil sie das Gefühl haben, sie können bei uns ihren Beitrag leisten, werden gehört und können sich in einem Umfeld entwickeln, in dem sie wertgeschätzt werden. Wir bemühen uns mit wachsendem Erfolg, dass diese Wertschätzung auch immer mehr vom Kunden direkt wiedergegeben wird. Gefühlte Wertschätzung wird in Zeiten des immer stärkeren Fokus auf Sinnhaftigkeit zu einem wichtigen Thema. Es gibt Branchen, in denen die Sinnstiftung leichter zu erfüllen ist als bei uns. In der Dienstleistungsbranche muss diese im Job selbst zu finden sein, die Arbeitsbedingungen und die gelebten Unternehmenswerte müssen den Mitarbeitern eine gefühlte Sinnstiftung ermöglichen.

Letztendlich darf man beim Thema der Mitarbeiterbeziehungen den Kunden nicht aus den Augen verlieren. Ohne diese können wir keine Mitarbeiter beschäftigen, aber diese sind es auch, die am stärksten von unseren Fan-Mitarbeitern profitieren. In Zeiten des Fachkräftemangels können Dienstleistungsunternehmen ihre Leistungen zunehmend nicht mehr anbieten, weil sie keine Mitarbeiter mehr dafür finden. Trotz fortschreitender Automatisierung, die bei uns eine Rolle spielt, wird es immer Aufgaben geben, die von Menschen durchgeführt werden müssen – und hier fehlen schon jetzt viele Arbeitskräfte. Versorgungssicherheit ist für die Dienstleister ein wichtiges Thema, und wenn diese dank unserer treuen Fan-Mitarbeiter gegeben ist, profitieren davon am Ende am meisten unsere Kunden, die sich auf einen kontinuierlichen, professionellen Dienstleister verlassen können.

Aber was haben wir davon? Die Sicherung der Mitarbeiterbeziehungen ist für das Unternehmen gleichzeitig auch eine Sicherung des dauerhaften wirtschaftlichen Erfolges. Seit wir angefangen haben in Richtung Kunde und Mitarbeiter mit *FANOMICS* zu arbeiten, hat sich unsere Wachstumsrate verdoppelt. Am Ende macht es als Unternehmer aber auch einfach Spaß und gibt viel Energie, zu sehen, wie wohl die Mitarbeiter sich fühlen und welches Wachstum so möglich ist. Ich durfte erleben, wie Mitarbeiter, die sich das vorher nie getraut hätten, auf einmal auch in großer Runde aufstehen und selbstbewusst für die eigenen Überzeugungen eintreten. Das ist ein Zeichen, dass die Positionierung fruchtet, dass die Mitarbeiter das Gefühl haben, ihre Arbeit und Expertise wird gehört und geschätzt. Solche Erlebnisse machen stolz, geben viel Energie – und sie sind ein ganz großer Ansporn weiterzumachen und die Entwicklung weiter voranzutreiben.

Mehr als „nur" Erfolg: Wie *FANOMICS* dem Wirtschaften einen Sinn gibt

Vor einiger Zeit eröffnete der Geschäftsführer eines großen Mittelständlers das Gespräch über *FANOMICS* mit der Aussage: „Wir brauchen dringend neue Mitarbeiter. Der Arbeitsmarkt ist aber extrem herausfordernd!" Und während man noch darüber nachdenkt, weshalb das Unternehmen eigentlich wohl neue Mitarbeiter benötigt, nimmt man den ersten Teil der Aussage zur Kenntnis und stimmt dem zweiten Teil der Aussage zu. Um dann doch nachzufassen, weshalb das Unternehmen so dringend neue Mitarbeiter benötige. Es könnte mit Wachstum zu tun haben, aber nein, in diesem Fall war es eine hohe Fluktuation. Und man muss konstatieren: Die Rekrutierung als Lösung setzt hier nicht an der Wurzel des Problems an. Denn der eigentliche Schlüssel ist in diesem Fall die Mitarbeiterbindung, flankiert durch eine erfolgreiche Rekrutierung, deren Schultern dann weniger breit sein müssen.

Alles in allem muss man dennoch festhalten, dass es nie so schwer war, die richtigen Mitarbeiter zu gewinnen und seine Mitarbeiter zu Fans zu machen. Um diese Feststellung zu begründen, vergegenwärtigen wir uns die beiden Wesensmerkmale des Fans. Aus der sozialwissenschaftlichen Forschung herausgearbeitet haben wir: Fans weisen eine hohe Identifikation mit ihrem Star auf und schreiben diesem eine subjektive Einzigartigkeit zu, wenn es um die Erfüllung ihrer zentralen Bedürfnisse geht. Diese beiden Wesensmerkmale erklären, warum es für alle Arbeitgeber attraktiv ist, von Fan-Beziehungen zu lernen und die zugrunde liegenden Mechanismen auf ihre Organisation und Mitarbeiter zu übertragen. Denn als einzigartig werden Arbeitgeber und ihre Angebote von den Mitarbeitern schon lange nicht mehr wahrgenommen.

Früher war das anders. Arbeitnehmer waren ihrem Arbeitgeber häufig ein Leben lang verbunden, sie legten einen wesentlichen Anteil ihrer Motivation in ihren Job, Karrieren mit vielen Wechseln des Arbeitgebers waren nicht die Regel, die Unterschiede zwischen den Arbeitgebern waren leichter zu erkennen und die Transparenz durch Vergleiche im Internet gab es nicht. Die Haltung der Arbeitnehmer und die Voraussetzungen und Strukturen am Arbeitsmarkt stellten zusammengefasst die Arbeitgeber vor weniger große Herausforderungen. Der zunehmenden Mobilität der Arbeitnehmer, der Urbanisierung,

F. Meyer und R. Becker, *FANOMICS® – Mitarbeiter zu Fans machen*,
https://doi.org/10.1007/978-3-658-43163-1

die mit der Verlagerung des Lebensmittelpunktes einhergeht, der Rückgang des Arbeitskräftepotenzials insgesamt, dem stärkeren Abwägen von Arbeitnehmern zwischen Arbeit und Freizeit setzten Arbeitgeber eine Vielfalt an Mitarbeiter-Benefits entgegen. So konnten sie sich differenzieren – wenn auch mit zunehmend steigendem Aufwand. Der Überbietungswettbewerb nahm seinen Lauf und endete bis heute in einem „Mehr ist Mehr" des Zufriedenheitsparadigmas. Die Krux für Unternehmen: Mit diesem Ansatz gewinnen Arbeitgeber vor allem irgendwelche Mitarbeiter, sie gewinnen die Mitarbeiter aufgrund fehlender Passung aber nicht nachhaltig und vor allem nicht zwingend die Mitarbeiter, mit denen das Geschäftsmodell erfolgreich betrieben werden kann.

Mit *FANOMICS* haben wir einen Ausweg aus dieser Misere entdeckt. Denn *FANOMICS* zeigt auf, wie sich Arbeitgeber in der Wahrnehmung ihrer Mitarbeiter differenzieren können und gleichzeitig bei ihren Kunden erfolgreich sind:

- Dabei geht es zunächst um die Entwicklung von Unternehmenswerten, die zu den zentralen Mitarbeiterbedürfnissen passen und die mit den Kundenbedürfnissen verzahnt sind.
- Dann geht es um die Orchestrierung aller Kontaktpunkte der Mitarbeiter im Arbeitsalltag, denn nur so lässt sich das Gefühl der Einzigartigkeit herstellen. Es reicht also nicht, einzelne Leistungs- oder Kommunikationsprozesse zu optimieren, und es reicht auch nicht, wenn sich einzelne Führungskräfte besonders anstrengen. Jeder und alles muss fokussiert und abgestimmt agieren.

Obwohl wir seit einigen Jahren mit *FANOMICS* einen Weg aufzeigen, wie sich Unternehmen dem Überbietungswettbewerb entziehen und so noch erfolgreicher werden können, ergreift längst nicht jedes Unternehmen die Chance zur Implementierung. Und das, obwohl sie fast alle propagieren, ihre Mitarbeiter zu Fans machen zu wollen. Wir haben drei zentrale Ursachen identifiziert, warum sich viele Unternehmen so schwertun, ihren Worten auch Taten folgen zu lassen:

1. Es hat sicherlich mit dem notwendigen Paradigmenwechsel vom „Mehr ist Mehr"-Mantra zur Fokussierung und Orchestrierung zu tun, der viele Unternehmen davon abhält, die Komfortzone mit (noch) akzeptablem Erfolg zu verlassen und diesen Weg zu beschreiten.
2. Nicht nur, dass der Paradigmenwechsel ein Umdenken einfordert, auch müssen etablierte Strukturen und Prozesse überdacht und teilweise aufgebrochen werden. Liebgewonnene Gewohnheiten im Arbeits- und Führungsalltag müssen infrage gestellt und aufgegeben werden. Führungskräfte müssen sich im Unternehmen stärker vernetzen und aktiv Silos aufbrechen, anstelle der Pflege einzelner „Fürstentümer". Der Nutzen dieser Veränderung wird zunächst oft nicht von allen gesehen. Ein Steuerungsmodell wie *FANOMICS,* lässt sich deshalb auch anfangs schwer vermitteln.

3. Die Fehlsteuerung der Kulturentwicklung zum Auf- und Ausbau von Mitarbeiterbeziehungen durch eine Ausrichtung auf die Beseitigung von Defiziten ist die dritte Hürde. Negative Botschaften über vermeintliches Entwicklungspotenzial in der Organisation oder ständige Forderungen seitens der Gegner- oder der Söldner-Mitarbeiter verzerren die Gesamtwahrnehmung der Entscheider. Schon einige dieser kritischen Statements und Vergleiche mit anderen Arbeitgebern oder Medienberichte zu Trends im Arbeitsleben – um nur einige Quellen zu nennen – können zu Verunsicherung seitens des Top-Managements führen. All das überstrahlt die Wirklichkeit, der tatsächliche Handlungsbedarf auf der Leistungsebene wird in der Folge überbewertet. Es fehlt an alternativen Steuerungsgrößen, die die Aufmerksamkeit auf wirksame und ökonomisch sinnvolle Mechanismen richten.

Wie unter diesen Rahmenbedingungen nicht anders zu erwarten, haben sich trotz erheblicher Bemühungen und Investitionen in die Beziehung zu ihren Mitarbeitern, die Erfolge in vielen Unternehmen nicht eingestellt. *FANOMICS* hat das Potenzial, diesen Trend umzukehren – als *der* Gamechanger für die Beziehungen zwischen Arbeitgebern und Mitarbeitern. Denn *FANOMICS* liefert den Beweis, dass werthaltige Mitarbeiterbeziehungen eine wesentliche Voraussetzung für Mitarbeiterbindung, -produktivität und -gewinnung – und letztlich der Motor hinter nachhaltigem unternehmerischem Wachstum – sind. Notwendige Bedingung ist die Abkehr von der Zufriedenheit als dominante Steuerungsgröße und vom korrespondierenden Steuerungsmodell – dem Zufriedenheitsmanagement mit seinem „Mehr ist Mehr"-Paradigma – und die Einsicht, dass es im Wesentlichen *nicht* darum geht, Mitarbeiterzufriedenheit zu steigern.

In jahrelanger Forschung und auf der Grundlage unserer vielen Kundenprojekte haben wir das *Fan-Prinzip* entdeckt und darauf aufbauend *FANOMICS* und seine Implementierungsfelder entwickelt. Wir konnten nachweisen, wie die konsequente Ausrichtung auf die *Fan-Quote* und das *Fan-Prinzip* Unternehmen erfolgreicher macht. Wir konnten zeigen, dass dies auf die aktivierten Potenziale der Fan-Mitarbeiter zurückzuführen ist, die eine große Loyalität mitbringen, hochmotiviert sind, sich mit den Produkten und Leistungen ihres Arbeitgebers bestens auskennen, die Bedürfnisse der Kunden verstanden haben und ihren Arbeitgeber aktiv weiterempfehlen. Wir konnten zeigen, dass Unternehmen, die nach den Grundsätzen von *FANOMICS* arbeiten, sehr erfolgreich in ihrer Branche sind, und umgekehrt, wie plausibel sich der Misserfolg von Unternehmen mit Verstößen gegen die Regeln des *Fan-Prinzips* erklären lässt. Eine weitere wesentliche Erkenntnis aus unserer langjährigen Forschungs- und Beratungstätigkeit ist, dass die konsequente Ausrichtung an den Steuerungselementen von *FANOMICS* nicht mit zusätzlichen Kosten einhergeht, im Gegenteil. Durch die konsequente *Fokussierung* werden Ressourcen effizienter eingesetzt, die notwendigen Investitionen sinken. Das bedeutet, wer sich strikt an die Grundsätze von *FANOMICS* hält, steigert die Beziehungsqualität zu seinen Mitarbeitern und spart dabei noch Geld. Beide Effekte zusammen erklären den enormen Wachstumsschub.

Wir halten fest: Dieses Buch führt den Nachweis, dass Fan-Mitarbeiter ein höheres Potenzial als andere Mitarbeitergruppen haben. Mit der *Fan-Quote* bieten wir Unternehmen eine neue, verlässliche Währung, um den Status ihrer Mitarbeiterbeziehungen zu messen. Mit dem *Fan-Portfolio* können alle Mitarbeiter entsprechend ihres Potenzials für ihren Arbeitgeber zugeordnet und damit zielgenau angesprochen werden. Und mit *FANOMICS* liefern wir das Steuerungssystem, mit dem jedes Unternehmen seine *Fan-Quote* steigern kann. *FANOMICS* wirkt zudem sinnstiftend, weil es Unternehmen auf die Qualität menschlicher Beziehungen ausrichtet.

Nun haben wir mit *FANOMICS* doch gerade den Beweis angetreten, dass Beziehungsqualität ein Unternehmen erfolgreicher macht, und *FANOMICS* somit auch ein wachstumsorientiertes Modell ist. Wie passt das nun dazu, sich auf die Qualität menschlicher Beziehungen auszurichten. Mit *FANOMICS* dreht sich die Zielvorgabe um: Denn es geht zunächst darum, sich und die eigenen Ziele und Wünsche zurückzustellen, sich auf die Motive und Bedürfnisse der Mitarbeiter und Kunden einzulassen und alles, aber auch alles, auf diese auszurichten. Wer bereit ist, diesen Schritt mitzugehen, wird mit *FANOMICS* automatisch erfolgreich sein. Aber dieser Erfolg wird quasi zum positiven Nebeneffekt einer Orientierung auf menschliche Beziehungsqualität.

Indem wir unsere Mitarbeiter zu Fans machen, werden wir also nicht nur erfolgreicher in eigener Sache, sondern wir tragen auch dazu bei, unsere Mitarbeiter glücklicher zu machen. Und das ist sinnstiftend – für die Mitarbeiter wie für das Unternehmen. Und was für Mitarbeiter gilt, lässt sich auch auf alle anderen Stakeholder von Unternehmen und Organisationen übertragen, auf Kunden, Mitglieder, Lieferanten, ehrenamtlich Tätige und die Öffentlichkeit: Konsequent umgesetzt rückt *FANOMICS* Menschen, deren Bedürfnisse und deren Beziehungen in den Mittelpunkt allen Handelns – die Rendite dieser Fokussierung stellt sich dann quasi von selbst ein. *FANOMICS* ist somit nicht nur der Weg zu wirtschaftlichem Erfolg, sondern auch eine sinnstiftende beziehungsorientierte Ausrichtung des eigenen Handelns für jedes Unternehmen.

GPSR Compliance

The European Union's (EU) General Product Safety Regulation (GPSR) is a set of rules that requires consumer products to be safe and our obligations to ensure this.

If you have any concerns about our products, you can contact us on ProductSafety@springernature.com

In case Publisher is established outside the EU, the EU authorized representative is:

Springer Nature Customer Service Center GmbH
Europaplatz 3
69115 Heidelberg, Germany

Batch number: 07936126

Printed by Printforce, the Netherlands